ON GLOBAL ORDER

POWER, VALUES, AND THE CONSTITUTION OF INTERNATIONAL SOCIETY

全球秩序的崩塌与重建

[英] 安德鲁·赫里尔（Andrew Hurrell） 著
林曦 译

中国人民大学出版社
·北京·

中文版序

本书关注的核心问题是“在全球化时代实现全球秩序的可能性”。它与过去十年中日渐风靡的全球治理辩论紧密联系在一起。但是，笔者关注的不是从理论上去理解某特定机构，而更多的是评价世界政治制度化的整体特点，针对全球体系的不同治理方式包含了何种道德和规范上的承诺，以及现有国家间机构是否有能力去应对实践和规范层面上的挑战。和那些充斥于美国政治科学研究中的唯理论、技术官僚和利益驱动的学术派别不同，笔者的研究强调的是国际社会所面对之挑战的三重性：我们需要把握人人共享的共同利益，调节不平等实力，并调和文化多样性和价值观冲突。从本质上讲，秩序之所以是一个政治问题，其原因就在于，我们很难找到一种正当的全球政治形式，能够“包打天下”，一口气应对所有上述三个方面的挑战。本书从“英国学派”这一宽泛的国际关系研究视角出发，旨在揭示这一视角如何提供一个在历史和理论角度讲都强有力的观察点，用以分析全球秩序那不断变化的特性。[①]

为了给这个中文版本提供一点背景知识，请允许笔者对本书英文版印行以来全球秩序格局的演化趋势做一简要说明，而且，笔者也坚信，最近的一些发展情形证实或者佐证了本书的基本观点。

在 20 世纪 90 年代，很多人都是通过“自由国际主义”（liberal internationalism）

---

① 对“英国学派”的新近简要论述，参见 Tim Dunne，‘The English School’，in Christian Reus-Smit and Duncan Snidal eds.，*The Oxford Handbook of International Relations*（Oxford：Oxford University Press，2008），267 - 285。更长篇幅的论述，参见 Andrew Linklater and Hidemi Suganami，*The English School and International Relations*：*A Contemporary Reassessment*（Cambridge：Cambridge University Press，2006）；and Barry Buzan，*From International to World Society*？*English School Theory and the Social Structure of Globalization*（Cambridge：CUP，2004）。有关“英国学派”的完整参考文献，参见如下网址：http：//www. polis. leeds. ac. uk/research/international-relations-security/english-school/。

或者笔者称为的“自由连带主义”（liberal solidarism）的视角来理解全球秩序。全球化把许多事物都变成了明日黄花：过去那个由大国间相互竞争而组成的“威斯特伐利亚世界”，实力平衡政治，以及一个以国家主权和严格的不干预规则为基础、垂垂老矣的国际法体系。尽管我们离开威斯特伐利亚的道路貌似有些坎坷，但是，正式和非正式的多边机构正在发挥更大的作用；国际层面上制定出来的规则和规范，从范围、密集程度和渗透程度来讲都大大增加，影响着国内社会的组织方式；许多新的行为主体日渐参与到全球治理当中去；我们正在朝强制执行全球规则的方向迈进；而且，针对国家主权以及“国家、公民和国际社会”这三者之间的关系，在政治、法律和道德认识的层面上，发生了一个根本性的变革。

除了“不同国家间治理方式的范围在扩大”之外，人们还越发关注超国家的复杂治理领域。在过去，这种治理的特点是：全球规则制定的复杂性；私人市场行为体以及公民社会组织发挥作用，传播价值观，并让这些价值观在国家间机构中得到采纳；通常构建于复杂的跨国和跨政府网络之上的、非正式但却有章可循的治理机制，其范围在扩大；而且，国际法和国内法之间，不同国家的行政体系之间，都在进行相互的渗透。从这一视角来看，国家渐渐失去了作为享有特权的主权机构的地位，而是变成了许多行为主体当中的一员，一起参与到一个更宽泛、更复杂的社会和法律进程当中去。

学者们，尤其是欧美学者，讲述了三种有关自由的故事。有些人强调制度以及制度之间的合作性逻辑。我们需要制度去处理那出现在全球化世界中、日渐复杂的集体行动难题。治理挑战的复杂性意味着，国际法和跨国政权必然会在数量、范围和种类上激增。它也意味着，包括发展中大国在内的大国利益范围在日渐扩展，并更为紧密地融入到全球经济和国际社会当中去（正如20世纪90年代的说法，“与国际接轨”），制度所带来的功能性好处，自然会驱动、推动着它们，走向更多合作和采取更“负责任”的行为模式。这一进程未必是易如反掌或自动进行的，但至少前进的大方向大家都看得很清楚。

其他学者则强调一种康德式的理念：由于自由经济学和经济上相互依存度日益加深、支撑自律的全球公民社会的自由法律秩序的出现，以及由不同国家组成的多层次自由资本主义体系树立起的成功典范等因素，自由价值观会逐步、循序渐进地传播开来。另外一派学者则讲述了一个主要是以美国为中心的故事。的确，美国是单极世界的中心。但是，华盛顿一直以来都有动力约束自己，遵守它在冷战期间所创立起来的那些制度，以便安抚小国，并防止平衡美国实力的对抗力量出现。这一点，既符合其价值观，也符合其理性自利。在全球化时代，一个理性的霸主应当认识到软实力的重要性和作用。作为对美国的自我约束和由此产生的“程序正当性”（procedural legitimacy），以及美国提供全球公共品和由此产生的“输出型正当性”（output legitimacy）的回报，其他国家会默认并接受美国拥有和运作该体系的地位。①

人们已经把第二次世界大战的挑战抛在脑后。通过上述三个进程的混合作用，那些先前挑战了西方秩序的“老式第三世界”的国家们，现在越发被该秩序所网罗、社会化并与之融为一体。实力的性质和动力都在改变。软实力的重要地位已经超越了强制性的硬实力；各种自由的实力聚集在一起，更多的是对别人产生吸引，而不是让人感到反感或受到威胁。一个自由和成功的欧盟在部分弱小邻国中激发起仿效并成为其成员国的强大动力。这一成功的范例给我们带来的启示是，在一个更大的范围中，在一个更长的时期内，我们会看到整个世界朝着自由和发达方向演进的类似模式。一个新型的“制度利益”（*raison de système*）会出现，并改变和最终取代那过时的“国家利益”（*raison d'état*）观念。

如此看来，20 世纪 90 年代的标志，就是自由在节节攀升的清晰感觉、美国有权利也有实力去决定何为“自由式的全球秩序”的清晰假设，以及西方秩序可行并能够提供出路的清晰信念。的确，当然会有一些被孤立起来的无赖之徒和极端的拒绝派分子（rejectionists），但是，正如克林顿总统信心满满地向世人宣告的那样，这些事物只不过是“历史的反面教材”罢了。

在论述全球治理时，许多西方人的著作都倾向于过于简单地回避有关调节实力（尤其是不平等实力），以及调和价值观冲突存在困难的问题，尽管从分析的角度来讲这种做法有它的吸引人之处。治理关注的焦点是，找出集体行动问题，以及如何提供全球公共品。另外一种看法不受重视，即把治理看成关注秩序化、保存实力，并回答“谁运用实力”“代表了谁的利益”“对谁造成了伤害”等问题。同理，从自由、

---

① 对这一逻辑的详细阐释，参见 G. John Ikenberry，*After Victory*：*Institutions*，*Strategic Restraint*，*and the Rebuilding of Order after Major Wars*（Princeton：Princeton University Press，2001），也请一并参见他最近的一些著作。

利益驱动的角度来解释全球治理问题的做法经常掩饰或逃避了价值观、基础目标、世界观等方面的深层次冲突。从规范层面来讲，和治理有关的辩论，常常被效率和有效性的议题所左右，而不是去讨论道德价值问题，或者某个具体安排的好坏对错。

因此，学术界对全球秩序的辩论，总是被一个双重的自由霸权所支配：一个历史主义的霸权，它异常简单地假设，历史是在一条单行道上向前行驶；另一个是分析性的自由霸权，它倾向于运用一个狭隘的“代理”（agency）观念，它们几乎没有留出余地，让我们去历史性地分析那些“被人们假设成‘无历史’（ahistorical）的理性选择和集体行动逻辑”赖以运作的结构，它为“理解这些逻辑的时空根源”留出的余地就更少了。

从当下的视角来看，我们可以指出一大堆扰乱了这一图景的因素，它们推动着全球秩序回到一个广泛的威斯特伐利亚方向上去。国际社会中的这些多元主义部分具有的持之以恒的重要性，构成了本书的核心分析内容。它们重新取得的重要地位显著提升，且包含了如下内容：人们重提安全的显著性，国家安全议题重现活力，各种战事和平叛活动也多了起来；民族主义的力量持续存在或起死回生，我们再也不可能从政治和分析的角度把它存放在一个标记为“种族冲突”的盒子里，相反，它表现在身份政治以及该体系中大国的外交政策行动之中；核武器的重要性重新抬头，成为地区安全复合体之结构的核心，并在建构大国等级以及“上宾座次安排”的过程中发挥了重要作用；最后，实力平衡悄然回归，既是国家政策的动机（好比美国的亚洲政策），也是所有二线国家外交政策中的组成部分——它针对的不是“硬平衡”（hard balancing）或建设硬实力，而是“软平衡”，其形式，要么是试图明确否认美国霸权地位的正当性，要么就是提出一些替代性的正当观。

更为重要的是，随着 20 世纪 90 年代向前推进，经济全球化从结构和动力两方面反哺了一个威斯特伐利亚式的国家体系，而不是指向了对该体系的超越。事实证明，国家作为经济行为体，在寻求控制经济流动及维护疆界，以及利用和发展以国家为基础的重商主义模式去管理经济问题（尤其是和资源竞争以及能源地缘政治有关的经济问题）等方面手段很多样。最重要的是，自由全球化的动态发展过程和成功案例对国家间政治实力的分布产生了一个重要的影响——最重要的莫过于实力“东”移和“南”移。如果我们对 20 世纪 90 年代实力转移的辩论聚焦于实力从国家转移到了公司和非国家行为体，那么，过去十年中发生的“实力转移”就集中在如下方面：发展中大国在崛起，国家指导经济活动，以及如下两者之间的不匹配：一方面是现有全球经济治理安排，另一方面是在那些可以做出有效经济决策、手握实权的大国之间的实力分配。全球金融危机又推动了这些变革的发展。极富历史意义的是，金融危机爆发，且非常严重地破坏了各大经济体，以及全球资本主义体系中心所拥有的技术性和道德性权威。

当然，我们可以简单地认为，这些发展趋势就是体现了国际关系再一次回归到过去的“威斯特伐利亚规范”——对此，罗伯特·卡根（Robert Kagan）会说，这是历史的回归、梦想的终结。[①] 的确，像约翰·米尔斯海默（John Mearsheimer）这样的美国新现实主义者会说，这再一次证明了实力政治的威力。的确，大国政治再一次成为国际关系中的主要议题。但是，正如笔者在本书第二章所言，国际关系研究中的诸多悖论之一就在于，新现实主义异常坚定地无视实力的社会维度，以至于它无法对“实力”这一被它宣称为核心范畴的理念给出一个完整和令人信服的论述。毕竟，正是由于各种意义、意识形态和正义主张相互冲突以及与不平等具体实力格局的互动，才导致了稳定的合作困难重重。即便我们相信，一个由各种规则和社会规范组成的共同框架很重要，但是，这并不意味着，实力、强制和冲突就不会在国际关系中发挥一个主要且常常是支配性的作用。如果我们想要理解等级、实力平衡或大国角色，或者，比如我们想要研究人权，那么，对于这两者而言，社会规范都同样重要。

“英国学派”的著作一直以来都坚持认为，将现实主义和自由主义这两种论述直接一分为二的做法过于简单、毫无助益。因此，时至今日，我们有必要直面和分析当下国际社会那复杂、混合和备受争议的特点——它面临着一系列“威斯特伐利亚式”的经典挑战（尤其与实力转移和新兴大国崛起有关），但是这些挑战的背景，却带有强烈的“后威斯特伐利亚式”特点，比如，全球化这一具体现实情况，正当性的特点的变化，以及国际—国内这两者之间的平衡的改变（对于那些大型、内向型（introspective）的社会而言，情况亦如此）。笔者在本书以及最近一些著作中提出的核心观

① Robert Kagan，*The Return of History and the End of Dreams*（New York：Vintage，2009）.

点，关注的就是国际政治秩序这一混杂、复合和备受争议的特点。[①]

首先，它之所以是“后威斯特伐利亚式”的，是因为，无论是各国还是国际社会作为整体，其所面对的外交政策和治理挑战在性质上已经发生了结构性的变化。处理这些挑战——气候变化、稳定的贸易规则、全球大流感、一个信得过的全球金融体系——将继续牵涉到维系如下规则：这些规则塑造了国内社会的组织方式；从结构上讲，它们和各种跨国进程紧密联系在一起，这些进程超越了各种和“领土性”（territoriality）以及主权有关的根深蒂固的观念，它们依赖于一系列范围广泛的行为体进行积极、有效的参与，且使得我们需要许多不同形式的治理、国际法和国际政治组织。尽管我们可以说，一个死灰复燃的“威斯特伐利亚式”实力政治仍然具有重要性，但这种变革是结构性的，而且很可能是不可逆转的。

其次，它之所以是“后威斯特伐利亚式”的，是因为，本书关注的核心主题之一——政治正当性问题发生了变化。所有国家和社会秩序都需要获得权威和正当性；而单靠粗暴力量是没法维系这种权威和正当性的。所有大国都需要努力把实施低级的高压政治的能力转化成正当的权威。布什总统执政的时期，标志着霸权或自上而下的治理模式破产了。“国际机构的正当性可以建立在‘拥有高超经济或技术知识’这种主张的基础上”，这一理念显然早就已经不吃香了，而金融危机的爆发，则加快了它的衰落。我们从一个由西方主导的国际秩序中继承下来的那些制度，显然已经被证明运作不良，而且，主导的市场行为体和技术专家们都没有任何现成的想法和答案。因此，以有效输出和技术知识为基础的正当性，就有可能面临供应不足的问题，并进一步推动大家去要求机构扩大成员数量，以期增加正当性和代表性权威。

---

① 笔者最近的著作对这些主题进行了一些延伸，包括一个主旨演讲，题目是《1989 年到 2010 年之间的国际法：对其所作所为的一个评价》（International Law 1989-2010：A Performance Appraisal），修改之后发表在：James Crawford and Sarah Nouwen eds.，*Select Proceedings of the European Society of International Law*，Volume Ⅲ（Oxford and New York：Hart Publishing，2012），3－20；‘Hegemony，Liberalism and Global Order：What Space for Would-be Great Powers?’ *International Affairs* 82，1（January 2006），1－19；‘Narratives of Emergence：The End of Third World?’，*Critique Internationale*，56（July/August 2012），17－38。英文版见 *Revista Brasileira de Economia Política* 33，2（April/June 2013），203－221；‘Power Transitions，Global Justice and the Virtues of Pluralism’，*Ethics and International Affairs* 27，2（2013），1－17。‘Power Transitions，Emerging Powers and the Shifting Terrain of the Middle Ground’，即出，收录在：Cornelia Navari ed.，*Middle Ground Ethics*（Basingstoke：Palgrave Macmillan，forthcoming 2013）；（with Terry Macdonald）‘Global Public Power：The *Subject* of Principles of Global Political Legitimacy’，*Critical Review of International Social and Political Philosophy* 15，5（December 2012），553－571；（with Sandeep Sengupta），‘Emerging Powers，North-South Relations and Global Climate Politics’，*International Affairs* 88，3（2012），463－484。

“后威斯特伐利亚式”背景的第三个元素，和如下事物有关：我们所谓的“威斯特伐利亚的地方化”（provincializing of Westphalia），以及实力从一个“由核心西方工业化国家组成的世界”中向外转移，从历史上看，该“世界”首先是围绕着欧洲和欧洲殖民秩序，继而围绕着美国以及“大西方”（the Greater West）而建立起来的。

与很主流的美国式国际关系分析方法不同，“英国学派”的学者们长期以来都坚持认为，从局限于欧洲的国际社会到全球范围内的国际社会的转变，代表了20世纪最重要的发展情况之一。这一转变涉及五种不同的斗争——争取去殖民化并终结帝国，争取主权平等，争取种族平等，争取经济正义，以及争取文化解放。它开启了许多深层次的难题：在何种程度上，去殖民化以及第三世界和南方集团的涌现，打断和挑战了国际社会的共同规则和制度？国际社会成员数量的不断扩大从长远角度来讲意味着什么？国际社会曾经一度是建立在欧洲或西方文化的基础上，那么，现在，国际社会已经壮大、脱离了这一文化基础了吗？如果是，那么它现在的文化基础（如果有的话）又是什么呢？

毫无疑问，“英国学派”的许多著作都体现了某种带有偏见、以西方为中心、具有历史迷惑性的叙事方式。然而，新兴的非西方大国在崛起，实力从工业化西方的世界核心向更大范围扩散开来，这两个因素都会让我们重新关注如下议题：我们需要将各种不同的秩序观放置在宽泛的历史框架中，并考虑这会给当下国际社会提出什么样的问题。自19世纪中叶起，盎格鲁—美利坚以及欧洲式全球秩序上升为主导地位。从那以后，基于此展开的有关乎实力政治秩序、国际法律建构和全球经济治理的五花八门的观念和实践就层出不穷地被建构了出来。时下有关实力转移的辩论提出了很多关于该秩序是否在未来还能够长期延续的问题。

安德鲁·赫里尔

2014年1月于牛津

致　谢

本书的内容，是关于那些继承了主权国家这一形式的社会，通过何种方式去适应如下变化：全球化、特点在不断演变的全球政治秩序，以及当下国际社会所面临的主要政治和道德困境。

在思想上给我最多启发的，莫过于研究这一领域的赫德利·布尔（Hedley Bull）——我的恩师。他的睿智在如下方面尤为突出：他那严谨的批判态度、提出深度问题的能力以及他所坚持的学术研究方式，即超越一时的政策辩论和当下的学术潮流去看问题。读者将会在本书各章中明显看到，本书的基础是笔者在过去数年中与一批优秀的学者进行的一些令人如坐春风的合作性研究：与路易斯·福西特（Louise Fawcett）共同进行的比较地区主义研究；与恩盖尔·伍兹（Ngaire Woods）在全球化和不平等方面的合作研究；与阿姆里塔·纳利卡（Amrita Narlikar）在南方国家方面的合作研究；与阿南德·梅农（Anand Menon）在欧洲一体化和欧洲国家方面的合作研究；以及与贝内迪克特·金斯伯里（Benedict Kingsbury）在环境和国际法方面的合作研究。我要特别感谢贝内迪克特·金斯伯里，他是所有当下国际法和社会研究领域中最富原创性的思想家，本书中许多观点和论述都是从我们在牛津和纽约的合作、交谈和共同教学中得来的。我也较多地参考了我的同事们的想法和著作，尤其是劳伦斯·怀特黑德（Laurence Whitehead）、卡利波索·尼古拉迪什（Kalypso Nicolaidis）、亚当·罗伯茨（Adam Roberts）、罗斯玛丽·富特（Rosemary Foot）以及珍妮弗·韦尔什（Jennifer Welsh）；我在许多不同的地方进行了共同教学，参加了无数的工作坊和会议，还和许多其他朋友和同事进行了富有教益的讨论，这些都给了我灵感。这些人包括：（在牛津的）理查德·卡普兰（Richard Caplan）、马丁·西德尔（Martin Ceadel）、奥德丽·克罗宁（Audrey Cronin）、约翰·达尔文（John Darwin）、安妮·戴顿（Anne Deighton）、迭戈·甘贝塔（Diego Gambetta）、亚历山德拉·根丘

(Alexandra Gheciu)、吴翠玲（Evelyn Goh）、盖伊·古德温-吉尔（Guy Goodwin-Gill）、苏迪尔·哈扎吉萨（Sudhir Hazareesingh）、云丰空（Yuen Foong Khong）、马库斯·科恩普罗布斯特（Markus Kornprobst）、吉尔·勒舍尔（Gil Loescher）、沃恩·洛（Vaughan Lowe）、尼尔·麦克法兰（Neil MacFarlane）、沃尔特·马特利（Walter Mattli）、戴维·米勒（David Miller）、拉纳·米特（Rana Mitter）、卡尔玛·纳布勒西（Karma Nabulsi）、帕特里夏·欧文斯（Patricia Owens）、萨拉·珀西（Sarah Percy）、詹姆士·皮斯卡托里（James Piscatori）、约亨·普兰托尔（Jochen Prantl）、阿维·什拉姆（Avi Shlaim）、亨利·舒伊（Henry Shue）、休·斯特罗恩（Hew Strachan）和费德里科·瓦雷塞（Federico Varese）；以及（不在牛津的）菲利普·阿洛特（Philip Allott）、阿米塔夫·阿查里雅（Amitav Acharya）、伊曼纽尔·阿德勒（Emanuel Adler）、迈克·巴尼特（Mike Barnett）、查尔斯·贝茨（Charles Beitz）、埃丽卡·本纳（Erica Benner）、马茨·贝达尔（Mats Berdal）、汤姆·比尔施泰科（Tom Biersteker）、简·博尔登（Jane Boulden）、艾伦·布坎南（Allen Buchanan）、迈克尔·拜尔斯（Michael Byers）、巴里·布赞（Barry Buzan）、拉斯-埃里克·塞德曼（Lars-Erik Cederman）、莫莉·科克伦（Molly Cochran）、詹姆斯·德·德里安（James Der Derian）、格尔森·丰塞卡（Gelson Fonseca）、皮埃尔·哈斯纳（Pierre Hassner）、罗伯特·杰克逊（Robert Jackson）、埃迪·基恩（Eddie Keene）、罗伯特·基欧汉（Robert Keohane）、高洪柱（Harold Koh）、马尔蒂·科斯肯涅米（Martti Koskenniemi）、尼科·克里施（Nico Krisch）、安德鲁·林克莱特（Andrew Linklater）、詹姆斯·梅奥尔（James Mayall）、戴维·马隆（David Malone）、莫妮卡·塞拉诺（Monica Serrano）、黛安娜·图西（Diana Tussie）、约瑟夫·韦勒（Joseph Weiler）和尼古拉斯·惠勒（Nicholas Wheeler）。

我还特别有幸与许多优秀的博士生共同奋进，他们的想法让我在讨论本书的诸多核心主题时获益良多。这些同学包括：蒂姆·邓恩（Tim Dunne）、艾莉森·范·罗伊（Alison van Rooy）、苏库马尔·佩里瓦尔（Sukumar Perival）、岛津直子（Naoko Shimazu）、斯蒂芬·霍普古德（Stephen Hopgood）、詹姆斯·林（James Lin）、卡伊·奥尔德森（Kai Alderson）、席麦娜·凯特纳（Chimène Keitner）、罗伯特·福克纳（Robert Falkner）、斯蒂芬妮·库特纳（Stephanie Kuttner）、维维恩·科林伍德（Vivien Collingwood）、卡罗琳·迪尔（Carolyn Deere）、特里·麦克唐纳（Terry

MacDonald)、亚历克斯·贝茨（Alex Betts)、马蒂亚斯·斯佩克托尔（Matias Spektor)、拉胡尔·拉奥（Rahul Rao）以及帕尔·恩斯特龙（Par Engstrom)。从机构的角度而言，我很感激牛津大学纳菲尔德学院（Nuffield College)，它不但慷慨地提供物质方面的支持，而且还给我机会，让我在社会科学的王国中推敲学习。下列机构也提供了令人深受启发的环境和富有洞见的听众：纽约大学法学院、布朗大学沃森中心（Watson Center)、巴西利亚和圣保罗大学以及墨西哥学院（El Colegio de Mexico)，在此我深表感谢。

第十章的较早版本是我在2006年所作的一场马丁·赖特讲座（Martin Wright Lecture)，以《一个世界？多个世界？国际社会研究中诸地区的地位》（One World? Many Worlds? The Place of Regions in the Study of International Society）为题，发表在《国际事务》（*International Affairs*）第83卷第1期（2007年1月）上。第十一章的较早版本，以《美国霸权政治下的和平或者一个不安全的帝国?》（Pax Americana or the Empire of Insecurity?）为题，发表在《亚太国际关系》（*International Relations of the Asia Pacific*）第5卷第2期（2005年）第153～176页上。其他章节或多或少都是建立在笔者一系列关于国际社会的早期著作之上。米丽娅姆·普里斯（Miriam Prys)、马蒂亚斯·斯佩克托尔以及桑迪普·森古普塔（Sandeep Sengupta）都是非常杰出的研究助理，为我提供了许多帮助。多米尼克·拜厄特（Dominic Byatt）极富耐心，脾气和善，最终成功地让书稿得以出版。我要感谢他和他在牛津大学出版社的同事们在出版本书过程中所付出的心血和汗水。

我最想感激的，是我的家人——亚斯明（Yasmin)、亚历克斯（Alex）和安妮塔（Anita)，我要感谢他们毫无保留的爱、耐心和支持。一切都因他们而值得。

安德鲁·赫里尔

2007年2月

目　　录

第三部分　替代方案

第四部分　结论

第一章

全球治理

关于处理21世纪全球性挑战之必要性的讨论一直绵延不绝——气候变化、核扩散、传染病流行，以及经济全球化，等等。这一辩论的大部分内容必然是技术性和专题性的。但是，它回避了一系列大而难的**政治**问题：世界的政治组织方式是什么？我们应当如何去组织世界？我们需要何种政治组织形式来应对人类在21世纪所面临的诸多挑战？本书在参考国际关系、国际法以及全球治理等方面著作的基础上，致力于提供一个清晰、宽泛的引论，来分析全球政治秩序——世界政治中治理模式和制度化进程发生了何种变化；最重要的挑战是什么；前方的道路又会如何。

我们需要强调，政治挑战空前绝后，如果我们宣称，我们已经“解决”了国内政治秩序的问题，那这绝对是在夸大其词。但是，我们至少可以指出，有那么一些成功的国家，既提供了稳定的政治秩序，又把许多其他价值观都制度化了，比如政治民主或社会福利。即使模式难以复制和转移，我们也都知道加拿大和瑞典的确存在。在全球层面上，智识、实践和规范等方面的挑战属于完全不同的秩序范围。我们不能简单地假设，在许多人看来不可或缺的那些全球治理方式，实际上就一定可行。的确，我们能够指出，国际法和机构在增加，但是，缺陷和失败之处也很明显；并且，许多现存的有限制度的稳健程度令人担忧。的确，我们可以指出，在个别地区（主要是欧洲），存在完备的制度化治理机制；但是，它们的出现也有历史的偶然性。在很大程度上，“欧洲模式代表了一个可以适用于其他地区的可行模式”，这种说法仍然很值得怀疑，更勿论将其应用到全世界。

本书的核心在于，关注这个历史上遗留下来的由主权国家组成的无序社会，看它是否有能力为全球化时代的全球政治秩序提供一个实际上可行、规范上可接受的框架。有学者曾经从技术官僚以及利益驱动的角度来研究全球治理和制度主义，与这些著述不同，笔者将强调和说明，国际社会所面临的挑战具有三重属性：我们需要把握那些人人共享的共同利益；我们需要调节不平等实力；我们需要调和文化多样性和价值冲突。要想找到一种正当的全球政治形式来应对这三个挑战非常困难。正是这种困难，才使得秩序问题从本质上讲是一个政治问题。

政治秩序

那么，我们怎样开始思考国际政治秩序呢？许多人分析社会秩序，不管是在国际关系（如赫德利·布尔（Hedley Bull））还是在社会理论（如乔恩·埃尔斯特（Jon Elster））领域，都先从一个带有欺骗性的简单区分开始：作为事实的秩序和作为价值的秩序。[1]一方面，我们可以在人类稳定和通常行为模式的意义上理解社会秩序。这一描述将该秩序对比于混乱、不稳定或者缺乏可预见性等状态。另一方面，社会秩序要求存在某种特定的、人们赋予了意义的目的模式。该模式涉及一个特定组合的目标、动机以及价值观，还能导向某特定结果。它之所以是一个带有欺骗性的简单区分，乃是因为，正如我们将要见到的那样，要把秩序作为事实和秩序作为价值区分开来，通常是很困难的。

如果我们从目的模式的角度来理解秩序，那么，什么样的目的、目标和价值观才会是和国际生活相关的呢？在1965年，雷蒙·阿隆（Raymond Aron）提出了如下国际秩序问题："在何种条件下，人类（其分歧之处如此之多）才能够不仅仅是避免毁灭，而且还能够在一个星球上较好地共同生活在一起？"[2]阿隆明显是从最低纲领（minimalist）的角度来看待"较好地生活在一起"。人们曾将秩序理解为我们在一个无政府状态的国家间体系中可能获得的"共同生存的最低条件"。阿隆将国家视为秩序的主要代理人，由此完全出于实际目的的考虑，把国际秩序和全球秩序看成了同义词。并且，他对"秩序"的定义刻意避免了讨论共同价值，或者我们需要什么样的必要条件，来促进某种共同的愿景，或者全球社会的理想组织方式。

数年后，赫德利·布尔将秩序定义为"一种（人类个体或群体的关系）模式，它能导向某种特定结果，是一种推广特定目标或价值观的社会生活安排方式"[3]。布尔在一定程度上比阿隆更乐观，但是，他是从有限和最低纲领的方向来分析这些"特定目标和价值观"的。布尔对世界政治秩序的经典研究，集中于从国际社会无政府状态中人们制定的规则和共同的制度框架。它的无政府状态之处在于，没有任何共同的权力来执行法律或为合作撑腰；但是毕竟，只要各国意识到共同的规则和价值观，在共同的制度运作中合作，并且看到遵守这些规则、通过这些制度来运作是大家共同的利益，那么，它就还是个社会。只不过，这必定是一个单薄而脆弱的社会，在其中，国际社会生活的三个基本目标仅限于保存国际社会本身、维持各个国家的独立以及调节（而非根除）国家和社会间的战争和暴力。[4]

正是基于这些想法，我们才能够确认第一个用来思考国际秩序的分析框架：一个由主权国家组成的多元和有限的社会。世界由相互独立的主权国家组成，它们反过来又通过各种各样的政治实践和制度架构联系在一起。如果我们主要从这个角度去思考问题，就能以此来理解世界政治的政治成分。这些政治实践和制度通过何种方式、在何种程度上减少了冲突，并促成了一定程度上的合作和稳定？通过对这种方式和程度进行评估，我们就能理解全球政治秩序的问题。各国及其政府已经在它们自身当中建立了何种有序和合作性的关系？国家和其他行为体通过一些规范、规则和制度来构造和梳理彼此之间的互动，从中我们可以看到哪些共同目标和价值观（如果有的话）呢？

对于那些以这种方式思考的人而言，国家间合作和国际法永远都不可能提供一个稳定和普遍的和平。只要有多个主权者，就有可能产生冲突，而国家间合作和国际法最多只能缓和这种冲突。我们要问的相关问题，不是人类怎样才能创建某种国际社会形式或国际合作机制去体现他们对正义的诉求，或者将某种特定的"良善社会"观念普遍化。我们应该问，国家和其他群体怎样才能尽量不去伤害彼此，在一个充斥着战争和核武器的时代中以物种延续的方式继续生存下去。因此，国际社会秩序的核心目标是生存和共存；政治框架的组成部分是一个国家间多元国际社会所拥有的核心制度——国际法、大国、势力均衡、外交以及战争。

虽然这个观点有其局限性且论调是悲观的，但是，它的重要性体现在与其他观点的区别上：其他观点将国际生活视为某种永恒斗争和冲突，其中不存在什么社会元素；更有甚者，还有一些观点认为，战争在个人和社会生活中有积极的一面。世界上仍然有许多人拥护暴力，还有人愿意用战争和暴力来追求自己的政治、经济或宗教目的。但是，和刚刚过去的一段时间相比，现在很少有人认为，从规范层面上讲，在构建世界整体秩序的过程中，战争和冲突是一种值得追求的特征。

这一由主权国家组成的多元主义社会有其狭隘性和局限性，这无疑反映了冷战中意识形态和地缘政治的激烈冲突。但是，它也从一个根深蒂固的西方思想传统中汲取了养分，该传统长期以来从多元主义或最低纲领的角度看待国际社会。国际关系思想史的一个核心流派与一个理念有关，该理念在 18 世纪初被称为"国家间社会"（a society of states），而到了 19 世纪则更多地被称为"国际大家庭"（Family of Nations）。多元主义社会涉及创建一些最低纲领的规则、认识和制度，旨在限制不可避免的冲突，因为在多元和碎片化的政治体系之中，冲突是在所难免的。多元主义社会的规范性结构建立在如下基础之上：各国相互承认、作为国际社会中独立和法律上平等的成员；在受最低纲领约束的条件下，它们可以自由地促进自己的目标；各国不可避免地依赖自保和自助。

第二章会更深入地解析这一多元主义的国际社会观。笔者将努力超越“威斯特伐利亚体系”那颇有讽刺意味的形象，并说明，古典多元主义作为一种不断延续的思想和实践传统，有其自身的丰富性。笔者将解释，为何多元主义仍然是强大、有影响力的思考国际秩序的方式。有些人仍然认为，它在规范层面上是有吸引力的。有人说，作为继承了这一传统的现代人，我们活该要去接受一个有局限和最低纲领的国际社会形式，因为他们悲观地认为，我们还在受权力政治（power-politics）的约束。还有人深深地怀疑，价值共识是否足够深厚，是否真的能在世界的不同国家和社会间存在。本章将解释人们在提出这些实力和价值观的主张时都涉及了哪些层面。

国际社会能够或应当致力于形成何种形态？上述这种有局限的观点长期以来一直面临着众多强有力的批评。但是，直到 20 世纪，推动变革的力量才变得更加强大。在实践的层面上，出现了一个剧烈和持久的变化：我们走向了影响日益深远的国际制度，国际规则、规范和制度的范围、幅度和渗透性（intrusiveness）都呈几何级数增长。在规范性志向的层面上，变革的影响更加深远，不可阻挡地催生了一个信念，即我们必须重新构想国际秩序、重新提出概念。人们逐渐意识到，一个可接受的最低秩序，必须限制国家发动战争的自由，而且，必须创建国际规则，去影响各国的国内结构和组织，赋予国内个人和群体以权利和义务，并且努力体现某种“普遍共同善”的理念。人们正当预期的范围呈几何级数增长。[5]的确，这些变化的深刻性和激进程度，是极易被忽视的。

为了把握这些变化，第三章将考察另一种思考国际社会的方式——一种自由连带主义式的国家间社会观（a liberal solidarist society of states）。我们可以从如下方面看到连带主义的核心理念：人们经常呼吁建立一个“国际社会”，从而实现一系列更加广泛的政治和道德目的。粗略地讲，它是一个国家体系，我们可以让它运行得更好，它也力求缩小法律与强权、法律与道德之间的差距——哪怕这一差距永远也无法消除。连带主义拥有深厚的历史根基，形式多种多样。但是，20 世纪 90 年代许多学术和政策辩论都围绕着自由连带主义（liberal solidarism）进行，反映了一种自由乐观主义（liberal optimism）的态度，这种态度源于以下两大因素：冷战终结；而且，在很大程度上，自由理念貌似已经征服了全世界。第三章将解析自由连带主义一些最重要的特征，并考察那些用于解释治理和制度化模式变迁的主要理论逻辑。这一章也将更为细致地阐明正当性（legitimacy）这一关键概念——分析正当性的五个维度，并说明连带主义实践及主张通过何种方式影响了我们对“全球政治秩序的正当形式应当包含何种内容”这一问题的理解。

本书探讨的是国际秩序的本质和诸多可能性，而非一般层面上的世界政治。国际社会的理论家想要做的事情，不是去提出某种整体的世界政治理论（不管该理论可能看上去是什么样、不管它想要解释什么样的内容），而是提出一系列没有相互关联的、关于政治秩序及支持该秩序的规则和规范的问题。同样地，我们从对国家这一传统的关注点开始，并不意味着国家就是世界政治中唯一正当的研究对象，也不意味着它们就必定还处在我们的“控制之下”。这里的重要之处在于区分秩序代理人，以及有待秩序化的对象所在的领域。在传统欧洲国家体系中，国家是秩序的主要代理人，创建制度的目的在于针对那些范围相对狭窄的互动关系，它们按照战争、和平和外交等主题分门别类，后来的许多著述也都沿用了这些主题作为它们的标题。在 20 世纪，那些有待调整和制度化的各种议题、问题的范围都已经扩大了。因此，核心问题之一就变成一个以国家为基础的政治秩序如何苦苦挣扎着去适应这些变化，以及一个原本以主权为基础的法律秩序如何去寻求针对跨国力量和跨国空间的管制之方。

然而，我们不能仅仅从国家的角度来考察社会秩序。至少从 18 世纪末开始，西方人对社会秩序的理解，是建立在三大领域的相互关系的基础之上：国家、市场以及公民社会。从这一视角来看，我们需要考虑市场交换、相互关系（mutuality）和团结（solidarity）的作用，而非仅仅考虑强制性的政治控制和基于谈判的政治协调。这种思维方式强调，不同的复杂社会关系模式建构了社会生活，且常常独立于国家权力和法律。随着全球体系中国家间管制范围的扩大，它也开始越来越多地与其他两个领域（市场和公民社会）的秩序化机制产生联系。正如我们将在与全球经济相关联的情况中所见到的那样，公共（基于国家）和私人（基于市场主体）的管制模式（modes of regulation）之间经常会发生来回变动，这也确实产生了许多混合样态。如果我们不理解在国家和跨国层面上同时运作的公民社会群体和非国家组织的行动和行为的话，那么我们也没法理解，许多环境问题是通过哪些方式得以“治理”的。

第四章考察我们思考全球政治秩序的第三种方式：在国家之上和之外（around and beyond the state）的复杂治理观。这一章的分析将提出并推进自由连带主义的许多特征：全球规则制定的复杂性；私人市场主体和公民社会群体在表达价值观中发挥的作用，这些价值观之后被吸收到国家间制度之中；非正式但同样有规可循的治理机制的范围正在日益扩大，且常常建立在跨国、跨政府的复杂网络之上。这一观点和社会、经济的全球化进程紧密地联系在一起，认为传统国家间治理不断地被纳入一个更为广泛的进程之中，在其中，国内和国际事务、国际公法和国际私法、（更普遍地讲）公私领域之间那种过时的区分正在不断地遭到侵蚀。国家曾经作为享有特权的主权机构而存在，现在它失去了这一地位；相反，它变成了众多行为体中的一员，参与到一个更为广泛和复杂的社会和法律进程当中去。这一章将从三个主题的角度来审视这一困难和富有争议的领域：国家间治理的深化、公民社会的作用，以及市场和经济治理的重要性。

在详细说明了这三个框架之后，第二部分的五章将继续审视一些全球政治秩序讨论中可能出现的核心难题：民族主义和身份政治、人权和民主化、战争和不安全因素、经济全球化，以及生态挑战。在每一个主题中，笔者都会先从该问题的历史背景开始，接着说明与之相关的国际社会理念和实践如何演化和发展，然后我再讨论所涉及的不同问题的性质和变革的限度。

第三部分的重心有所调整，打开了两个相互交织（cross-cutting）的视角。第十章审视一个全球体系的世界和不同区域世界间的关系。一方面，我们拥有“一个世界”，包含资本主义全球化、全球安全动态，以及全球制度和全球治理，并且许多人都看到，我们目前的政治体系还在围绕着一个超级大国运转。另一方面，区域层面上的政治秩序已经变得愈发稳固地扎根在世界政治的架构当中，且有许多重要元素包含在正在崛起的一个多区域国际关系体系中。这一章将理清脉络，考察“一个世界”的各种力量和因素如何在不同区域之间发挥作用，并且，那些形形色色的区域性世界，如何活跃在有关全球政治秩序不断变化发展的各大辩论之中。虽然这一章关注的是区域主义这一具体议题，但是，一个世界/多个世界之间的相互关系，和“同时从两方面视角来看待问题”的必要性这两个因素，决定了本书分析议题（如民族主义、全球化、环境、人权等）的方式。

第十一章将考察帝国和全球政治秩序之间的关系。这不可避免地要涉及美国的角色。但是，像其他章节一样，笔者的目的在于，将美国的角色和位置放置在一个更广泛的概念和历史语境当中。从历史的角度来看，笔者认为，多元主义视角下的秩序一直以来关心的都是等级制、势力均衡。而且，如果全球化增加了人们对治理的需求，如果创立多边机构也没法满足这一需求，那么，等级制就代表了一种替代模式。但是，这一章的核心观点表明，我们对美国实力的实际情况和通过霸权来建立秩序的可行性都深表怀疑。虽然美国实力惊人，但是，最令人吃惊的却恰恰是这种实力的局限性、不稳定性和不确定性。这些局限性在强制性地运用实力时就可以非常直接地被看出来，但是，它们的意味远不止于此，由此可以质疑“美国是一个无可匹敌的全能的霸权，有能力作为轴心去构建一个有效和正当的秩序”这种简单化的看法。

核心观点

本书主要力求把复杂的问题说清楚，提出一个整体性观点，我们可以用三大主题来进行归纳：国际社会发生变革的方式、主要困难和挑战是什么，以及前进之路可能会如何。

首先，变革的性质和程度。尽管我们直接关注秩序和治理问题，但是，显而易见的是，国际社会的特征发生了非常巨大的改变，我们很难通过以国家为基础的多元主义框架来理解这些变化。对于全球经济治理、全球环境管理以及在不同地区之中发展出来的复杂治理结构而言，情况尤其如此。但是，它也影响到了安全这一传统国际关系研究的核心地带。而且，显而易见的是，人们对“何为国家”以及“政府及其公民之间关系”等问题的认识也发生了变化。我们必须严肃对待那些支持结构性和系统性变革的争论。有人否认国际政治关系的特征发生了显著的变化，他们所依赖的国际秩序议程观是狭隘的，国家间权力政治竞争逻辑观是片面的，和对国际法和制度之作用的看法是保守的，这种观点使得我们没法理解国际社会（主要是 1945 年以来的这段时期）在特征上所发生的深远变革。[6]

国际社会如果不去考虑从全球化中衍生出来的诸多深远挑战——包括经济、社会、政治和生态等各个维度，对其的描述就会不太充分。毫无疑问，在连带主义和跨国这两个维度上，国际和世界社会的密集程度都已经大大增加，这反映了世界社会日益增长的复杂性，牵涉到范围越来越广泛的行为体和进程，国际法和国际机构的范围和幅度都发生了深远的变革。如果不提到诸如征服与安全管理、自决和人权、创立完备的机构和制度来解决全球经济和生态问题等规范的变革，那么，我们就没法严肃认真地思考国际关系。连带主义和跨国规范有政治、法律和道德的实在性，哪怕我们完全出于实际考虑，国家也需要用这些规范来为自身的行为做辩护，并从那些承载和制定了这些规范的国际机构当中寻求正当性。

但是，另一方面，以国家为基础的多元主义仍然在当下国际社会的政治、法律和规范性结构中发挥基础性作用。有关“后威斯特伐利亚”转型主义的言说，实质上夸大了我们超越基于国家和主权的秩序的程度——不管是从政治、法律还是从道德的角度来看。此外，自由连带主义和其他替代性的治理模式，其政治基础都岌岌可危、不甚牢靠，这意味着尽管雄心勃勃的国际社会希望在规范上大展宏图，但这些宏图仍然深深地被强权国家的偏好和利益所污染；当社会连带主义合作不够强大或半途而废时，人们对传统多元主义国际社会的需求就会强烈起来；而且，即便连带主义价值观真的成为大家的共识，其推广也会既依赖于又强化了主要国家或国家集团的实力和优越地位。因此，我们处理的不是一个已经消逝或者正在消逝的威斯特伐利亚世界，就像大部分转型主义者所宣称的那样；恰恰相反，在这个世界中，连带主义和世界主义的治理观，常常不甚愉快地与过时的多元主义秩序在各个方面共存。

顺着这一逻辑，本书将要阐明的第二组观点与国际社会面临的主要困难和问题有关。正如许多人都已经注意到的那样，目前世界上现存的有限制度，情况也都好不到哪里去。如下两种机构似乎都存在痼疾，第一种是全球性的机构，如联合国、《不扩散核武器条约》、世界贸易组织（WTO）、世界银行、国际货币基金组织（IMF）；第二种是一些哪怕是最完备和有效的区域性组织，比如欧盟、北约，或者北美自由贸易区。从更一般的层面上来看，存在一个人们日渐认识到的日益严重的治理赤字（governance deficit）以及合作的供应不足（under-provision）——这关系到法律和规范体系所体现的那些目标，关系到许多治理功能性理论希望引导人们去期待的那种结果，以及关系到许多人对“21 世纪可能会要求有一个什么样的秩序”这一问题所持有的合理的和常识性的看法。

当下国际社会的特点是，存在复杂多样的理念、观点和价值观；而且寻求得到认同的政治身份也很多元，有些身份在稳固的国家中相对有保障，许多其他身份则和现有制度和政治结构处于模棱两可或高度紧张的关系中。全球不平等仍然很极端，日常治理程序的大部分内容，还有许多基础性的社会选择，都是在“不平等且常常是强制性的运作权力”的阴影下做出的。许多道德理念和规范现在都嵌入国际社会的制度和实践之中，但是观点、价值观和身份的多样性没法在直接诉诸这些共同道德原则的基础上得以协调。虽然利益驱动的合作逻辑发挥了基础性的作用，但是，全球治理不能被简化为提供国际公共品或解决那些人人都能理解的集体行动问题。接下来的章节会理清脉络，并说明那些受利益驱动的针对全球治理问题的自由派解释，经常会掩盖或避开人们在价值观、基础目标以及看待世界的方式等上面的深刻分歧，以及创造稳定和正当的合作形式这一过程遇到了实力和财富极大不平等的阻力，而这些极大的不平等恰恰是国际政治体系、全球化世界经济以及被人们称为“全球公民社会”的特征。

由此，笔者对挑战的论述就尤其强调价值观冲突和实力不平等。在强调价值观发挥作用的过程中，要点在于，我们不仅仅专注于哪些例子最突出地体现了价值观冲突和世界观互不相容——正如我们在“文明冲突”“文明斗争”或“西方对抗全世界”这样的热烈辩论中所看到的那样。尽管其形式没有那么富于戏剧性，但是连带主义以及一些更复杂的治理模式的出现，不可避免地提出了“相互冲突的社会价值观如何秩序化”的问题。随着主权这条“吃水线”的降低，随着全球治理越来越深入到国内社会的组织形式之中，社会差异和价值观冲突的政治显著性也随之高涨。随着法律秩序从高喊口号的平台上走下来，走向更为缜密、极具渗透性的运作规则，以及设立更强大的机制来实施这些规则，这些不同的价值观也变得更加显著。在某些领域（比如人权），人们已经广泛地意识到这一问题。但是该问题的棘手程度远超人权领域。因此，安全政治就不光靠信任和订立可信赖的契约等行为来推动，其推动力同时还在于人们在价值观上的深刻分歧，这些价值观必须要整合到我们对安全的理解之中：促进谁的安全——国家的？民族的？政治制度的？个人的？共同宗教信仰者（co-religionists）的？同样地，从自由派的视角来看待全球环境谈判，我们也会很容易就忽视我们缺乏一个共同的文化或认知基础这一事实，这能让我们把“可持续性”这一很大程度上停留在空谈层面上的共识性价值观，转化成稳定和有效的运行规则。

不平等是国际政治生活中的一个核心事实。当然很多人都在辩论，全球经济不平等的程度如何，以及这一不平等状况将可能如何变化。但是实力和状况的不平等一直以来都是国际生活里面的显著特征之一，大家对这一宏观图景看得还是比较清楚的。全世界收入的大约85%流入了占全世界人口20%的最富人口手里，而最穷的60%人口则只得到了6%。高收入国家占据了全世界大约一半的能耗，产生了接近一半的二氧化碳。还有，正是不平等的政治维度，直接地催生了全球政治秩序的问题——首先，国家在适应国际体系和全球化资本主义所带来的许多变化和挑战的能力方面存在不平等；其次，在国际社会中发展起来的治理结构，都通过一定的方式既反映又强化了更大范围内的不平等格局，这些格局已经成为全球体系的标志。制度并不像自由理论经常宣称的那样是中立的竞技场，用于解决共同问题；相反，制度是权力和支配的场所。在一整套影响了社会、经济和政治生活方方面面的议题之上，绝大多数的弱小行为主体都日渐沦为被动的"规则接受者"（rule-takers）。

除了价值观冲突的严重性之外，全球不平等还代表着另外一个阻止我们去实现正当的全球政治秩序形式的障碍。一方面，不平等隐含在许多最严重的挑战之中，比如那些和冲突及不安全、环境问题、侵犯人权等方面有关的挑战。另一方面，传统国际秩序模式的正当性的基础是等级制和不平等，这种正当性已经日渐受到挑战。在1950年，当时高收入国家的人口约占全球人口的32%；今天，这个数字是20%；到2050年，有可能是13%。到2050年，西欧可能只占全球人口的4%，日本只占1%多一点。这又一次说明，那些关心"一个世界"之稳定性的人将会需要愈发注意"许多世界"的不同声音和观点，以及从历史的角度来看在全球政治秩序实践以及有关该秩序的辩论中被边缘化的民族和群体。

第三种观点关乎规范性意味以及议题，涉及我们应当瞄准何种全球政治秩序这一问题。虽然我想努力阐明对多元主义的理解和实践仍然具有活力，但是国际社会所面临的那些挑战，从本质上讲意味着如果我们退回到一个以国家为基础的单薄的多元主义之中去，这将很成问题。和全球化相联系的结构性状况，安全挑战的性质发生了变化，强大政治力量（既包括国家也包括非国家实体）所体现的那些规范性志向非常多样，且在不停扩张——所有这些因素都使得我们难以接受赫德利·布尔在其1977年的著作《无政府社会》的结尾所规定的那条底线：一个由国家组成、单薄的多元主义国际社会能为我们提供一个可行的最佳手段，以维持世界秩序。

更重要的是，核心规范性议题涉及谁是"我们"这个问题，当我们努力去创建一个实践上更可行、道德上更可接受的全球政治秩序形式时，该问题就一直处在核心地位。在这里我想强调一下，把政治世界主义和道德世界主义两者联系起来是很重要的。这就是说，如果我们仅仅提出一种观点或愿景，去说明我们认为世界应该向何处去，那么，不管该观点或愿景多么详细，论证多么有力，或者对我们和同道中人有多大的吸引力，它都是不够的。相反，我们的任务在于，努力地思考在什么样的条件下，全球社会作为一个整体，我们可以有意义且有说服力地捍卫、证明和批评道德原则和道德理念。在最后一章，我将说明，有三个条件是至关重要的：道德上通俗易懂(moral accessibility)、制度稳定性以及有效的政治能动性。

带动国际社会前进

这一研究将国际社会作为核心理念，将其应用到21世纪早期的全球政治格局之中。在这个过程中，本研究大大参考了此前的国际社会研究。笼统地讲，本研究可以归入所谓的"英国学派"[7]。我们在许多方面都可以看到这一参照系。首先，我们对秩序这一问题进行了广泛的理解；其次，我们坚持认为辨别人们所持有的不同国际社会观是至关重要的，从某种意义上说，这些不同的观念显然是通过分析建构起来的，同时，它们历史悠久，和实践以及那些参与到实践中的行为体之间是复杂和变幻的关系；最后，笔者认为，政治理论作为一项活动，没法干净利落地分为国际政治的经验分析和纯粹的规范性运用，相反，政治理论围绕在一组从历史上传承下来的政治辩论的周围，它必将仍然是开放式的、没有结论的。

但是，本研究也与"英国学派"存在许多差异。首先，笔者的目的在于带出对不同国际社会观的详细论述。对于像怀特（Wight）和布尔这样的学者而言，主要挑战在于恢复和捍卫格劳秀斯的国际社会理念，一方面，将其对立于霍布斯，他强调战争和冲突的元素，另一方面，将其对立于康德或革命分子，他们强调跨国团结和由国家组成的社会的超越性。这样一种三分法（trilectic）的难度在于，它不仅仅涉及对某些核心角色做出了严重的错误安排[8]，同时，更重要的是，格劳秀斯的**中间路线**（via media）内容仍然极为广泛，包含了一系列范围宽广且常常前后不一致甚至相互矛盾的元素。

第二个差异关乎我们对待权力的方式。赫德利·布尔和马丁·怀特提出的这种三分法最严重的缺陷之一，就是倾向于将权力视为属于国际生活中一个独立的"元素"或"流派"。因此，格劳秀斯的国际法和社会的分支，就不同于霍布斯的权力元素和权力竞争，以及康德对全球共同体理念的强调。虽然的确在一些场合和场景中，权力明显处于至高无上的支配性地位，但是在这种“三分法”的举措中，我们没法理解权力的社会层面，以及权力和规范、规则、制度等之间的重要联系。现实主义者和自由派大多数情况下将权力理解为和法律相对的简单事物。政治权力不能仅仅通过实质性武力和因素来理解。从内在角度来看，它是一个社会概念。不管我们在什么时候运用权力，问题将会不可避免地指向权力的证明和正当化。

除了英国学派的论述之外，本研究还与制度主义和全球治理的著述有着明显的交集。[9]这部作品的大部分内容旨在探究全球社会的巨大复杂性，方法是找出那些使得合作发生、社会秩序得以创造和维持的基础性机制和逻辑。[10]规范和制度被认为是社会互动过程中谈判和协商的产物，而不是个人行为体或集团所属的某个社会的“给定物”。正如詹姆斯·科尔曼（James Coleman）所言：“社会规范……说明一群人认为何种行动才是正当或正确、不正当或不正确的。它们是有目的地被创造出来的，原因在于，那些首创或帮助维持某规范的人们认为，遵守该规范符合他们的利益，而违反该规范则损害他们的利益。”[11]这种看法被应用到国际生活中时，我们关心的是，制度要通过什么样的方式让各国出于自身利益进行理性合作。国家被理解为理性行为体，为某种计算后果的逻辑所驱动。理性制度主义认为，人们有目的地创建规范和制度，以解决各种各样的集体行动问题。正如一位提倡这种视角的领军人物所言：

> 制度主义者并没有将国际制度置于国家之上，将其提高到一个神话般的权威地位；恰恰相反，各国当初之所以建立制度，就是为了实现自己的目的。面对相互依存状态中的各种协调和合作困局，各国政府要求国际制度让它们能够通过有限的集体行动来实现自身的利益。[12]

恰恰是这种推理，才能解释为何最近有如此之多的讨论，都集中在“治理”（相对政府而言）和“全球治理”的概念之上。

> 在最一般的层面上，治理涉及建立和运行社会制度（好比游戏规则有助于定义社会实践、分配角色并引导扮演这些角色的人进行互动），它们能够在一个行为体相互依存的世界中解决冲突、促进合作，或者更一般地讲，缓和集体行动难题。[13]

从这个角度来看，全球治理最好被理解为对集体行动问题日益严重的一种应对措施，这些问题随着社会、生态和经济相互依存关系的不断深入而产生。这种相互依存关系创造了巨大的共同收益空间，但是，在无政府形式状态下，合作是困难的，因为存在履行协议的问题以及作弊和搭便车的诱惑。全球化没有带来利益的自动和谐，但它的确创造了日益增长的合作需求，也减少了人们对相对收益（relative gain）的担忧程度——哪方获得了多少，这具备何种权力政治意味——现实主义认为，长期以来，这种担心是有效合作最大的潜在障碍。本书要说明的国际社会观，挑战了在 20 世纪 90 年代主导了大部分全球治理论著的分析自由主义和政治自由主义。虽然从分析角度而言这些论著给人以极深刻的印象，但是，它们倾向于非常轻松地对如下问题一笔带过：调节权力尤其是不平等权力，以及对价值冲突进行调解时会遇到的各种难题。[14]从政治角度来看，它们倾向于过于轻松地假设，冷战终结，人人就特定核心自由价值观达成了基础性共识，并且，我们可以几乎毫无问题地驾驭自由西方的权力，去实现那些人人共享的共同目标。[15]

第三种全球秩序的视角，关注的既不是目的和从未间断的模式，也不是能动者在集体行动情形中所面临的动机问题，而是那些塑造了人类能动选择的广泛政治、经济和社会力量，历史潮流以及结构性趋势。[16]从这个角度来看，通过发掘整体性逻辑以及决定该逻辑的规律，我们就可以理解各个组成部分的行为——那些和霸权兴衰有关的结构性政治力量[17]；全球资本主义的结构性经济逻辑[18]；跨国社会力量使我们能够理解那些先前受到压制的人民奋起反抗殖民主义，还有一波又一波的民主化浪潮；最后但也是同样重要的一点，所有社会活动都必定发生在具有复杂动态性的生物圈中。如果我们没有广泛地关注这些结构性的力量，没有对它们的源泉、重要性以及持久性采取一个立场，那么，我们就没法对国际政治秩序进行论述。但是，这些问题本身并非本研究的核心重点之所在。

理论基础

笔者的重点与其说在于对特定制度或治理制度出现和发展的方式进行理论解释，不如说在于评价以下方面：世界政治的制度化特点在不断变化，各种制度主义和全球治理理念中的规范性承诺，以及现有制度是否足以应对实际性和规范性的挑战。这一视角反映了一系列更广泛的理论承诺，笔者无法在此对这些承诺一一进行辩护。[19]但是我们应当注意到以下五个基本要点：

第一，它显然驳斥了如下观点，即我们可以仅仅从现实角度来审视国际体系，将其视为一个去中心化、无政府状态的结构，在其中，功能上毫无区别的国家，仅在权力分布上有所差别。该“体系”的核心部分，是一个历史上构建出来、不断演化中的结构，包括共同认识、规范、规则和对彼此的期望。国家主权、国际法或战争等概念并非由实力政治游戏赋予的。相反，以历史为基础的对战争或主权的共同认识，塑造了政治游戏的本质、玩游戏的方式，以及（非常关键的是）游戏如何变化及演化。因此，我们不能把国际关系作为一个独立于人类或历史渊源的抽象游戏来进行传授或分析。它是在自己过去的基础上成长起来的，尽管它还未完全长大并脱离过去，而且，该体系是一系列变化和发展的复杂历史进程的产物。当然，存在着非常强大的、反复出现的冲突和合作之政治逻辑，但是，这些不能直接转变为历史的、固定不变的体系规律。历史之所以很重要，是因为在一定程度上，所有人类社会，包括国际社会，都依赖于自身的历史叙述，来使自己所处的位置以及向何处去的看法正当化。因而，在国际关系研究中一个重要的元素，就是挖掘行为体对国际政治的理解，然后考察这些不同的理解如何被整合成某种可理解的模式、传统或意识形态。历史也很重要，因为概念从本质上讲是不断变化的、饱含争议的、多元的和完全不直接的，而我们还要用这些概念去描绘国际政治、法律和道德景观——“我们”是谁的身份在这些概念上打上了不可磨灭的印记。强调历史的重要性，并不是要在我们的论证中采取一种轮回观和无尽的复制观。它不是说所有事物都不变。要点恰恰在于，我们只能通过细致地审视过去才能理解变迁，追溯国际社会那变化中的构成方式，并且我们需要尽可能地保持头脑清晰，来认识这其中所涉及的政治难题的本质和严重性。

第二，虽然现实结构很重要，但是离开了行动者持有的共同认知，我们就没法理解这些现实结构。在这一点上，笔者采用的是一个广泛意义上的建构主义方式，不是把国际社会结构看成世界政治的“天生”特性，而是在社会行为体的具体社会实践以及主体间性意义（inter-subjective meanings）上生产和复制的产物。这些意义并不只是个人的主观想法，相反，它们是存在于行为体之间的共同理念，它们还嵌入了历史实践和经由历史建构的规范性结构之中——比如，国际法律规则和实践、国际政治规范，以及赋予以上规则、实践和规范以生命力的主导意识形态和实践。我们的核心任务在于试着解释发生在国际法律秩序中的主要变迁。但同样很重要的是，我们要避免一个过度法律主义的视角。规范性结构包含了政治规范——一个经典的例子是，在主要大国之间，出现了各种对势力范围（spheres of influence）的不同理解。它也包含如下实践：条件限制增加（这一点将在第三章和第八章中讨论），国际法专家已经广泛地承认了其重要性，但是在法律结构中这种条件限制仍然显得别扭。

它还包含了道德协商（moral deliberation）的传统。由此，战争和冲突发生的背景是我们从历史上继承了一个由各种理念构成的传统，这些理念很可能出现在欧洲（事实上是基督教）世界中，但是，它们已经深深地嵌入国际社会的制度和实践当中。不同的个人和社会持续卷入战争和冲突中；我们有道德上和政治上的必要去努力理解战争所涉及的内容；随着时间的推移，一系列范围有限的、听上去可信的观点，引导着人们去创立一些易懂的模式、传统和意识形态。这些内容构成了人们就武力使用而展开的法律辩论和道德论战的核心议题，包括人们对什么才是正义战争的不同理解。正如迈克尔·沃尔泽（Michael Walzer）所言，“我们在不同时期反复重申的那些观点和判断塑造了我所说的**战争的道德现实性**（the moral reality of war）——即所有道德语言所描述的经历，或者那些在其中必然要使用到道德语言的经历”[20]。

第三，重要的是，我们要记住规范、规则和制度在国际生活中所扮演的多重角色。它们很可能作为管制规则限制选择的范围，或者作为限定因素，个体能动者在其中追求自己的偏好。这种规则观支撑了如下共同主张：比如，与使用武力有关的国际法没法“控制”国家的作为。虽然许多时候情况的确如此，但是，要害在于规范和规则还可以扮演许多其他的角色，它们能起到的作用远大于此。规范和规则有助于解释行为体如何被建构出来，谁能采取行动且采取何种社会和政治行动。它们有助于我们理解行为体的身份，从而理解它们偏好的渊源。再者，规范不仅仅是限制行动和建构行为体，它还赋予其行动能力和权力。因此，规范是我们理解动员、证明和正当化行动之力量的关键。

第四，这一理论进路反映了这样一种观点，理念在我们理解和解释政治行动之中发挥了作用。我们不仅可以通过国家领导人被迫要做的事情或者权力和利益计算促使他们去做的事情，而且还可以通过他们所坚信和为之奋斗的那些理念、价值和原则，来理解国家行为或国际秩序格局。正如罗伯特·穆齐尔（Robert Musil）所言，如果存在所谓的现实感，那么，就应该也存在一种可能感。[21]基于这个理由，我们应当警惕在下列两者之间进行的那种过于一刀切式的划分：后果的理性逻辑（a rational logic of consequences）和合乎规范的适当性逻辑（a norm-following logic of appropriateness）。[22]埃尔斯特将以下两者进行了对比：那些对后果过于敏感的工具理性行动，以及被理解为内化的康德式律令的那些规范（盲目、强制、机械或甚至是无意识的）；克拉斯纳（Krasner）区分了以下两者，一方面是作为结果的行动，另一方面是“被想当然”“深深嵌入”或者“内化”的规范（这就是他阐释英国学派著作的方式）。[23]然而，我们计算后果的方式常常并不是显而易见的，而且，难以独立于我们对法律或道德规范的认识。如果我们想要理解后果逻辑和适当性逻辑通过何种方式相互关联，那么时间和程序尤其重要。在任何一个时间点上，可能下列这种思维方式的确有用，即行为体在计算利益后果，以及对适当性进行规范性的评估两者之间做出选择。但随着时间的推移，特定种类的规范变得如此显而易见（如奴隶制、人权或军事征服），作为国际政治和法律图景的特征，它们是如此地广为接受并被视为自然而然的，以至于它们成为了一部分方式，被行为体用来例行公事地计算后果和替代性政策选择方案的成本与收益。

即便我们怀疑，那些诉诸政治理念、法律原则和道德目的的做法只不过是自利行为的理性化，但它们仍然可能影响政治行为，因为我们非常需要为行动提供正当理由。正如斯金纳（Skinner）所言：

> 我们无法……从某能动者公开承认的原则只不过是他事后（ex post facto）理性化的理由中得出推论：它们在解释该能动者的行为中没有发挥任何作用。正如我想要强调的那样，这种观点忽视了下列事实的意义，即每个能动者都拥有某种标准动机，对自己不受欢迎的社会或政治行为进行正当化。首先，这意味着他必然会致力于主张，他那些看上去不受欢迎的行为实际上是出于某一系列人人都接受的社会或政治原则。并且，反过来，这也意味着，即便该能动者的实际动机并不是他自己所宣称的那些原则里面的任何一条，他还是会被迫以如下方式去行为，即他的行为仍然符合本人动机真的是出自这些原则的主张。承认这些意义，就是接受如下观点：在这种情形下，所有理性能动者能采取的行为进程的大小，一定是部分地取决于他能够公开宣称的那些合情合理原则的范围有多大。[24]

第五，也是最后一点，本书采纳了一种特定的视角去看待如下两者的关系：规范性理念在政治实践中所扮演的角色（国际秩序的道德理念是如何影响了政治行为?），以及有关伦理行为本质的理性辩论（我们应当有何作为?）。这种规范理论观（我将在最后一章完整地提出来）专注于去理解，而非毫无批判地接受"我们需要在规范上达成共识"的观点，共识是在国际社会中发展起来的，而且，我们还需要在那些已开始植根于国际和全球社会共同实践活动中的价值观和推理模式的基础上，构建大正义观（greater justice）的论断和观点。

本书关注的是国际社会变化中的构成（constitution），约瑟夫·韦勒（Joseph Weiler）道出了这一术语的三个内涵。首先，构成意味着广泛的制度性实践、规范和约定俗成的行为，这些因素统合在一起定义了一个政治体的构成方式；其次，构成意味着一个政治体得以建构并在其中发生变化的那些进程；最后，构成意味着该政治体的生命力、力量和稳健程度。[25]笔者自知能力有限，难以胜任这项工作。但是，请允许笔者对此进行简单的辩护。在此借用一下约翰·鲁杰（John Ruggie）所提出的一个极其恰当的术语，国际关系作为一个学术领域的唯一目的，就是旨在解释世界如何得以维系。[26]全球体系的巨大复杂性意味着任何一种类似的综合都必然只是片面的、不完整的。尤其是在这样一个时代，唯学科化走得如此之远，而且学科内的研究已经变得比以往任何一个时期都更加专业化，此时，综合的需求就大大增加了。对国际关系研究者而言，重要的是要避免将该领域看成一系列分离和割裂开来的领域——如果在理论上是更加纷繁复杂的话——而不去理解它们是如何相互联系在一起。同样重要的是，我们既要认真对待世界的心理地图（mental maps）和宏大图景，也要对其进行批判性的学术检视，因为这两者在塑造政治实践中功不可没。

当下的情况尤其如此，因为"国际秩序"或者"全球治理"的语言在政治上从来就不是中立的。的确，生产和提出秩序方案、概念和理论的能力是运用权力的核心组成部分。我们司空见惯的是，在世界秩序辩论中，最强国的声音主宰了整个讨论，它们要么大谈这个世界应当如何，要么把自己的想法强加给这个世界。再者，"秩序"和"治理"这样的措辞，很容易就会导致如下那种夸大其词的看法：在国内，我们有可能把政治生活安排得美妙而井井有条，但是在国际上，这就变得非常不可能了。在它暗示的图景中，政治很难与下列因素相调和：全球体系那巨大无比的复杂性，在其中运行的诸种逻辑——权力、利益和身份——的多重性，以及对其进行塑造的那些力量的动态性和不可预见性。这一长期的挑战经由一些因素而变得更加困难了，这些因素包括变迁的速度，以及我们对于大规模社会体系的理解很有限，这些社会体系的特点是复杂、非线性和不可预见。我们也需要一直对政治学核心概念那些可变的和不稳定的含义保持警觉，有关全球秩序的辩论都是围绕着它们展开的——国家、民族、权力、霸权、安全和民主。我们的语言和概念努力去处理其中涉及的难题。借用诺瓦利斯（Novalis）的话来说，我们所能尽力去做的，无非就是在混乱的面纱中，去揭示政治秩序那粗犷又千变万化的轮廓。

注 释

［1］Hedley Bull，*The Anarchical Society：A Study of Order in World Politics*，3rd edn.（Basingstoke，UK：Macmillan，2003），esp. 3－12；Jon Elster，*The Cement of Society：A Study of Social Order*（Cambridge：Cambridge University Press，1989），1－16. 更一般的看法，参见 Dennis Wrong，*The Problem of Order：What Unites and Divides Society*（New York：Free Press，1994）；N. J. Rengger，*International Relations，Political Theory and the Problem of Order*（London：Routledge，2000）；T. V. Paul and John Hall（eds.），*International Order and the Future of World Politics*（Cambridge：Cambridge University Press，1999）。

［2］雷蒙·阿隆，见 Stanley Hoffmann，'Conference Report on The Conditions of World Order'，*Daedalus*，95/2（1966），456。

［3］Bull（2003：3－4）. 也可以参见斯坦利·霍夫曼（Stanley Hoffmann）对秩序的定义："即各种规范、实践以及进程，用来确保所涉及的社会群体满足自己的基本需求"。Stanley Hoffmann，'Is there an International Order?'，in *Janus and Minerva：Essays in the Theory and Practice of International Politics*（Boulder，CO：Westview，1987），85。

［4］对布尔观点的详尽分析，参见 Kai Alderson and Andrew Hurrell（eds.），*Hedley Bull on International Society*（Basingstoke，UK：Macmillan，2000），chs：1－3。

［5］将人们在较早时期强调最低纲领的共存观与以下这一最近的定义作对比："基于这些目的，'世界秩序'描述的是一种全球治理制度，该制度将合作制度化，并且充分包容了冲突，以至于所有国家及其民族可以达到更好的和平和繁荣，提高他们调节地球的能力，并且符合人类尊严的最低标准"，Anne -Marie Slaughter，*A New World Order*（Princeton，NJ：Princeton University Press，2004），15。

［6］关于国家间冲突的不可避免和持续性，参见 John J. Mearsheimer，*The Tragedy of Great Power Politics*（New York：W. W. Norton，2001）。"令人悲哀的事实是，国际政治一直以来都是无情和危险的，它可能会一直如此。虽然大国间竞争的强度在减弱和消退，但是，它们互相猜忌，并

总是在权力上互相争斗”（同上书，2 页）。即便如米尔斯海默（Mearsheimer）这样的新现实主义者有理由感到悲观，这并不意味着，新现实主义就能提供一个准确的认识，去理解这种悲观态度的理由，或者提供一种直面这种悲观的最佳方式。对于新现实主义者有关制度变迁或者制度不变迁的最重要的观点，参见 Stephen D. Krasner，*Sovereignty：Organized Hypocrisy*（Princeton，NJ：Princeton University Press，1999）。从克拉斯纳式的观点来看，主权从来都只不过是一个传统或参照点，并且总是充满了可以用强权来进行解释的不正常现象或例外情况，强权国家践踏国际法，只要这样做符合它们的利益。而且，基于主权的法律秩序从来就不是一个有约束力或限制力的体制；权威结构从未能够掌控实力不平衡的状况；由于这一点对于整个现代国家体系的历史而言都是如此，通过“是否真的发生了深远的变化”这一角度来思考问题就显得毫无意义了。

［7］有关英国学派的一般论述，参见 Brunello Vigezzi，*The British Committee on the Theory of International Politics（1954－1985）：The Rediscovery of History*（Milan：Edizioni Unicopli，2005）；Tim Dunne，*Inventing International Society：A History of the English School*（Basingstoke，UK：Macmillan，1998）；Barry Buzan，*From International to World Society? English School Theory and the Social Structure of Globalization*（Cambridge：Cambridge University Press，2004）；以及 Andrew Linklater and Hidemi Suganami，*The English School of International Relations：A Contemporary Reassessment*（Cambridge：Cambridge University Press，2006）。

［8］过去 20 年见证了许多学者研究格劳秀斯的丰硕成果。尤其参见 Richard Tuck，*The Rights of War and Peace：Political Thought and International Order from Grotius to Kant*（Oxford：Oxford University Press，1999）；Benedict Kingsbury，‘A Grotian Tradition of Theory and Practice：Grotius，Law and Moral Skepticism in the Thought of Hedley Bull’，in Ian Clark and Iver B. Neumann（eds.），*Classical Theories of International Relations*（Basingstoke，UK：Macmillan，1996），42－70；以及 Edward Keene，*Beyond the Anarchical Society：Grotius，Colonialism and Order in World Politics*（Cambridge：Cambridge University Press，2002）。但是，正是因为学者对其他传统的分析，才让人觉得“国际关系教科书”为该主题描绘了一幅非常容易导致误解的思想史图景。有人对霍布斯做了更为细致的研究，尤其参见 Noel Malcolm，‘Hobbes’ Theory of International Relations’，in *Aspects of Hobbes*（Oxford：Oxford University Press，2002），432－456；关于康德，参见 James Bohman and Matthias Lutz-Bachmann（eds.），*Perpetual Peace：Essays on Kant's Cosmopolitan Ideal*（Cambridge，MA：MIT Press，1997）；以及 Andrew Hurrell，‘Kant and the Kantian Paradigm in International Relations’，*Review of International Studies*，16（1990），183－205。

［9］例如，参见 Oran Young，*Governance in World Affairs*（Ithaca，NY：Cornell University Press，1999）；Joseph S. Nye and John D. Donahue（eds.），*Governance in a Globalizing World*

(Washington, DC: Brookings, 2000); and Paul F. Diehl (ed.), *The Politics of Global Governance: International Organizations in an Interdependent World* (Boulder, CO: Lynne Rienner, 1997)。

[10] 例如，参见 Karol Soltan, Eric M. Uslaner, and Virginia Haufler (eds.), *Institutions and Social Order* (Ann Arbor, MI: University of Michigan Press, 1996)。

[11] James S. Coleman, *Foundations of Social Theory* (Cambridge, MA: Harvard University Press, 1990), 242.

[12] Robert O. Keohane, 'Institutionalist Theory and the Realist Challenge after the Cold War', in David A. Baldwin (ed.), *Neorealism and Neoliberalism: The Contemporary Debate* (New York: Columbia University Press, 1993), 273 - 274; and Robert O. Keohane, *Power and Governance in a Partially Globalized World* (London: Routledge, 2002). cf: Robert Axelrod: 'what works well for a player is more likely to be used again, while what turns out poorly is more likely to be discarded, An Evolutionary Approach to Norms', *American Political Science Review*, 80 (December 1986), 1097.

[13] Oran Young, *International Governance: Protecting the Environment in a Stateless Society* (Ithaca, NY and London: Cornell University Press, 1994), 15. 也请参见 James N. Rosenau and Ernst-Otto Czempiel (eds.), *Governance without Government: Order and Change in World Politics* (Cambridge: Cambridge University Press, 1992); 以及本书第四章关于治理的进一步讨论。

[14] Michael Barnett and Raymond Duvall (eds.), *Power and Global Governance* (Cambridge: Cambridge University Press, 2005)，尤其是第 1 章，既讨论了"全球治理"的用途，也讨论了当前有关实力的学术辩论。

[15] 学术潮流和政治趋势之间的紧密关系不是什么巧合。学术上的国际关系研究（尤其是在美国）自从其作为一个学术领域得以创立开始，就一直非常紧密地联系于美国政治和外交政策的优先考虑、偏好和偏见。有关方面的经典讨论，参见 Stanley Hoffmann, 'An American Social Science: International Relations', in *Janus and Minerva: Essays in the Theory and Practice of International Politics* (Boulder, CO: Westview, 1987); 以及 Miles Kahler, 'Inventing International Relations: International Relations Since 1945', in Michael W. Doyle and G. John Ikenberry (eds.), *New Thinking in International Relations* (Boulder, CO: Westview, 1997), 20 - 53。

[16] 布赞（Buzan）的目的在于对英国学派的思想进行一个结构性的诠释（Buzan, 2004）。

[17] 参见 Robert Gilpin, *War and Change in World Politics* (New York: Cambridge University Press, 1981)。

[18] 参见 Robert Cox, *Production, Power, and World Order* (New York: Columbia Univer-

sity Press，1987）以及（with T. Sinclair），*Approaches to World Order*（Cambridge：Cambridge University Press，1996）。

［19］想要了解更详细的分析，包括有关学术著作更详细的参考文献，参见 Andrew Hurrell，'Norms and Ethics in International Relations'，in Walter Carlsnaes，Thomas Risse，and Beth Simmons（eds.），*Handbook of International Relations*（London：Sage，2002），137－154。

［20］Michael Walzer，*Just and Unjust Wars：A Moral Argument with Historical Illustrations*（New York：Basic Books，1977），15.

［21］Robert Musil，*The Man without Qualities*，translated by Sophie Wilkins and Burton Pike（London：Picador，1995）；对比卡尔（E. H. Carr）对现实主义局限性的看法："最重要的是，死守现实主义教条一定会失败，因为它没法提供任何基础，让我们去开展有目的或有意义的行动"，*The Twenty Years' Crisis，1919－1939*（Basingstoke，UK：Palgrave，2001），86。

［22］James G. March and Johan P. Olson，*Rediscovering Institutions：The Organizational Basis of Politics*（New York：Free Press，1989）.

［23］Elster（1989：100）and Krasner（1999：44－48）.

［24］Quentin Skinner，'Some Problems in the Analysis of Political Thought and Action'，in James Tully（ed.），*Meaning and Context：Quentin Skinner and His Critics*（Cambridge：Polity Press，1988），116－117。正如斯金纳所言，一个结果就是"每一个革命分子在这个程度上被迫回到战斗之中"（同上书，112 页）。正当性的概念将在第三章中进行更为充分的讨论。

［25］J. H. H. Weiler，*The Constitution of Europe：'Do the New Clothes Have an Emperor?' and Other Essays on European Integration*（Cambridge：Cambridge University Press，1999）.

［26］John Ruggie，'Embedded Liberalism and the Postwar Economic Regimes'，reprinted in *Constructing the World Polity：Essays in International Institutionalization*（London：Routledge，1998），1.

第一部分

诸框架

第二章

重新审视无政府社会

本章将列出以国家为基础的多元主义国际社会观的主要特征，并介绍该观念产生的一些主要议题、辩论和困境。笔者首要的目的在于建立一个初步的框架，我们可以在该框架之下评价相关的发展情况及替代性观念。第二个目的在于说明为何多元主义一直以来都是一个如此强大而富有影响力的思考国际秩序的方式。虽然本书认为，我们不可能退回到多元主义的世界，但重要的是，我们要理解多元主义的状况，看到它一直在政治和法律实践、政治理论中保持活力。许多人仍然认为，它具有强大的政治力量和规范性的吸引力。本章分为四节，分别审视多元主义和国家、多元主义和实力、多元主义和价值，以及多元主义和法律。

多元主义和国家

“在我们所继承的世界秩序观中，处于支配地位的是国体（statehood）这一概念。”[1]在政治理论和国际关系中根深蒂固的国家主义有许多渊源。对于一些人而言，它基于现代国家作为主导的社会和政治秩序形式在历史中崛起，国家在面对潜在的挑战者或竞争者时表现出持久的生命力，不管这些挑战者或竞争者是跨国公司、国际机构或跨国社会运动和非政府组织（NGOs）。其他人则认为，它基于民族国家所扮演的角色，它是个人忠诚和社群效忠（communal allegiance）的主要对象。但是，不论其基础是什么，我们无法忽略的是，在西方的政治想象中，国家这一理念和意识形态拥有巨大的力量；我们同样无法忽略，在欧洲帝国扩张以及去殖民化的过程中，这一意识形态通过一定的方式被全球化了。现代国家的形成过程很复杂，国家形成的历史备受争议，实际存在的国家类型及其之间的不平等总是难以吻合于“现代国家”理想类型的特征。但是，一旦建立，国家就开始主宰政治本体的全局，它也主宰了许多最强大的政治理论、道德反思和国际法律分析传统。

许多人认为，多元主义国际秩序观已经不重要或过时了，这一论调是基于对国家那变化和缩小中的作用所做的经验性判断。正如我们从那些谈论全球化、人权和安全问题的章节中可以看到的，许多评论者将下列看法视为定理，即国家在撤退，它软弱无力、空洞无物（如最近一些书的标题）。不消说，这种说法并没有打动多元主义者。的确，国家的特征及其所面临的状况已经改变了，但是，最令人惊讶之处在于国家在面对这些变革和挑战之时的那种适应力（resilience）。我们可以看到，政治民族主义在下列两者中表现出了持久的生命力：那些旨在建立新国家的运动，以及为许多业已存在的国家提供强大的意识形态支持；哪怕是全球自由化，国家仍然继续发挥经济作用；军事力量在定义何为国家（韦伯对于国家的经典定义是将其视为拥有对正当暴力的垄断），以及作为公共政策的核心工具时仍然发挥着重要作用。

再者，过去和现在都很难避开国家的视角来观察这个世界。詹姆斯·斯科特（James Scott）强调了国家如何让社会变得显见和易懂，以便控制它们。“前现代国家在许多重要方面都差不多是两眼一抹黑；它甚少了解臣民及其财富、封地和收成、所处位置以及确切的身份。它缺乏那种像‘地图’一样说明其领土和人民详细情况的东西。在大多数情况下，它缺乏一种方法、一种度量衡，使得它能够将其所知道的东西‘翻译’成共同的标准，这种标准对于一个综合性视角（synoptic view）而言是必要的。”[2]国家的发展及其目标、角色的扩大都牵涉到创造许多简化的范畴并将其制度化，然后借助这些范畴去理解和操作社会与自然世界，具体方式有：地图、普查、调查以及国家统计制度；对个体分门别类，以利于税收、征兵及公民身份；以及强制性使用全国性语言、建立全国性的教育制度。“国家机关所使用的范畴不仅仅是用来理解其周遭环境的手段；它们还是一种权威性的旋律，全国人口中的大部分都必须跟随此旋律而舞动。”[3]如此一来，我们所看到的和感受到的世界，在许多层面上是由那些想要建立、控制和管理国家的人创造出来的。

但是，如果我们想要解释国家的适应性，则既不能通过“国家仍然具有政治重要性”这样的经验性论断，也不能通过有关国家之认知嵌入性（cognitive embeddedness）的主张来进行。对于多元主义者而言，国家之所以应当继续被放置在我们探究全球政治秩序的核心，是因为存在一些极有力而审慎的道德理由。

第一种观点直截了当地由霍布斯而来。它强调，国家是防御无政府状态的堡垒，它在提供安全上最有希望。根据这一观点，探究国家起源毫无意义，而把玩假设性的替代方案则是危险的。对内提供秩序、对外进行防御定义了国家的目的，并且，从早期的国家理论家开始，比如布丹（Bodin）和霍布斯，国家正当性首先取决于它有能力维持国内和平并促进国际安全。伊斯兰古语说得好：“六十年的暴君统治，胜过哪怕只是一个晚上的无政府状态。”[4]的确，国家很容易就会对公民安全造成威胁，并且，不负责任的国家集权会导致大规模的政治暴力，无论是在国内社会还是国家间的战争。正如约翰·基恩（John Keane）所言，也许，“国家真的是危险的和平化工具”[5]。但是，对于多元主义者而言，没有什么理由可以说明，没有国家的政治（当然是在缺乏安全、可持续的外部力量来提供政治秩序的情况下）代表了一条可持续的道路，以期遏制或限制社会暴力。相反，国家维持正当秩序的能力正在不断下降，这在全世界的很多地方导致了暴力的私有化，因为不同的社会群体越来越有能力发动武装力量，这也导致了安保的私有化，因为社会群体追求自我保护，不管是通过增加民兵组织（vigilantism）、组成半军事群体的方式，还是通过在一个不断扩张的商业市场上购买安保。当私有化的安保变得随处可见之时，那些弱势和贫穷的人就成为最脆弱的群体。在这种情况下，国家就像在其他情况下一样肯定是这一问题的主要组成部分，但是，它也同样是解决方案里面不可或缺的部分。这一霍布斯式的国家视角，对于我们理解纯粹法学概念中的主权限度而言，也具有十分重要的意义。的确，许多宪政体制都会寻求限制和控制主权者的权力。这是自由宪政秩序的核心之所在。但是，同样真切的是，当面对关键的内部或外部挑战之时，如果要保证国家得以存续，就必须在某个地方拥有有效的强制性权力以及行动的意志和能力。当然，这正是韦伯定义国家的方式——一种基于领土的政治秩序形式，其维持靠的是武力的威慑和运用。对于那些研习这一传统的人而言，正是这一特征，才将国家内部的政治生活同国际制度以及超越国家的不同治理形式区分开来。

第二种主要观点关乎多样性和多元主义。国家作为一种制度（不一定特指某国家）以及国家主权机器为多元主义提供了载体，为保护多样性提供了框架。激发这种主张的是如下理念：民族、国家和社群都拥有身份，它们都可以正当地寻求国家的保护并表达权力来拓展自己的身份。如果国家和国家主权提供了基本的制度框架，那么，这一框架正是某种政治共同体观念，以及一种对自决的道德价值的信念——在大多数情况下该信念是民族性的但经常会渐变成文化的和宗教的信念——该信念开始经常地为如下理念提供政治力量和道德意义：我们居住在一个由不同的民族国家所组成的世界中。正如我们将在第四章中看到的那样，这种观点已经开始深刻地影响到我们对行为体身份及其特征和道德目标的讨论。这就是该话语体系的一个基本特征，通过它，有关政治权威和领土控制的主张得以表达和证明。我们可以认为，一个凝聚力强的民族共同体的重要之处（与之相伴随的还有一个不可避免的创造神话的过程），在于它拥有某种内在或本质主义的价值。对于许多不自由的民族主义派别而言，情况正是如此。但是，对于自由社群主义者和伦理特殊主义者而言，情况亦是如此，他们对“什么是良善和值得憧憬的社会”的看法强调共同文化和共同伦理标准的重要性。基于工具性的理由，我们可以对紧密的政治共同体形式青睐有加，在自由民族主义者看来，只有我们认同某个民族共同体，才能产生有意义的公民身份，并提供一个有保障的基础来构造和实施社会正义理念。[6]或者，在反殖民的民族主义者看来，它们的价值在于促成团结、创造出有效的能动性去反抗外部压迫。

第三种观点强调集体自我治理（collective self-governance）的重要性。一个多元主义的国际社会拓展了民族或共同体进行自我治理的权利，同时将外力尤其是强国进行强制和干预的风险最小化，创建一个世界政府或一个更强大的全球集权国家也会带来威胁，多元主义的国际社会能将该威胁降至最低程度。越是强调人民主权，国家所代表的政治共同体就越是重要。比起那些在激烈讨价还价（horse-trading）中产生的法律、颇令人怀疑的国家代表所制定的协议以及表达和反映人民意志的法律，其正当性和价值都更高。但是，还有其他的政治观，其用意是强化一种以国家为基础的多元主义的吸引力。比如，受共和传统影响的人，很有可能会赋予某特定国家内不同形式的政治责任和爱国主义以很高的优先地位。自卢梭以降，共和主义者总是倾向于高看某种小型、团结政体中积极参与的公民，而怀疑那些远离大家的机构。最后，那些认同密尔（J. S. Mill）观点的人又强化了这一政治自治观，密尔认为，“真实的”和有效的民主一定是本土培育出来的，因此，他怀疑任何出口民主的努力，或者将民主规范整合进国际法和社会的努力。

多元主义和实力

即便我们接受以国家为基础的全球政治秩序观，但我们也还是不知道，为何只要一个非常单薄且是最低限度的国际社会观就能让我们感到满足。毕竟，多元主义国际社会著述者显然承认共同利益的现实性。随着它在历史上的发展（尤其是从霍布斯到瓦泰勒（Vattel）的这一个时期内），国际社会理念最初的论断是，从经验上讲，将非本民族的生活方式描述为野蛮的是错误的，低估了合作的可能性。各国进行合作是因为，不管它们的价值观有多么不同，也不管它们的权力关系多么问题重重，它们都还是可以看到获益的可能性。规则、法律和条约可以（并且事实上也经常如此）在缺乏最高权威机构的情况下出现。它们对双方都有利，因为它们有助于塑造人们的期待，增加国际生活的可预见性，由此减少不确定性和不安全感。然而，把握共同利益并不简单，因为首先存在调节实力冲突的问题，其次还有一个问题，就是如何在不同的、经常互相冲突的价值之间进行协调。

多元主义的第一部分回答与权力以及调节不平等权力的问题有关。我们主要的直觉反应是，如果社会环境的特点是权力极大的不平等、制度脆弱不堪和社会深刻的分歧，那么，我们就很难消除该环境中的胆怯、恐惧和猜忌。根据这一传统观点，无政府状态——即缺乏集权政府——创造了一个自助体系（a self-help system），在其中，每个国家别无选择，只能靠自己来保证安全。不平等的权力和对手的实际能力产生潜在的国家安全威胁。如果一个国家比邻国要强大很多，那么，该大国就有可能会被看作危险并引发恐惧，“我们此处所说的恐惧不是一种没来由的情感（unreasoning emotion），而是一种对未来恶行的理性担忧”[7]。这反过来会导致安全竞争并出现势力均衡来作为该体系的核心政治体制。正如根茨（von Gentz）在1806年所说的：“如果没有任何外部考虑来防止一个国家压迫另一个相对弱小的国家，那么在这种情况下，哪怕该国的力量再弱小，对于整体的利益而言，它的力量都还是会显得过于强大。”[8]再者，国际关系中权力的巨大不平等有可能刺激国家间竞争，阻碍那些推动朝共同安全方向前进的努力，并使得国际关系国内化（domesticate）。教科书上对国际关系的描述倾向于过分强调无政府状态，而对不平等又重视不足。

> 从内部角度来看，不平等是政治经历中一个重要的组成部分，虽然它远远没有达到成为政治经历全部的地步。内部政治也是下列因素的领域：权威和法律、已有建制，以及已经在社会范围内得以沉淀和建立起来的为人处世之道。在国际层面上，不平等则更接近于政治经历的全部。国家权力和力量的差异，以及国家能力和资质的不同，几乎涵盖了国际政治研究和实践的全部内容。情况之所以如此，不仅仅因为国际政治缺乏那些建立于国家内部的有效法律和制度，而且也因为，国家间的不平等比起国家内部的不平等而言要严重得多。[9]

即使刻板的现实主义立场夸大了这种不安全感的紧张度和持续性，在国内和国际环境之间的不平等在程度上所体现出来的巨大差异，的确会对如下的可能性产生巨大的消极作用：一个集中的法律和秩序体系，以及其他在结构上稍逊一筹的治理形式。不平等意味着，有些国家不那么需要他国的合作和容忍，违法者的权力很可能就超过执法者，并且，即便情况并非如此，任何强制制裁违法者的企图，都将牵涉到大规模的冲突。根据这一观点，权力和利益的结构以及不平等的程度，经常会使得我们难以（如果不是“不可能”的话）解决许多冲突。所有的政治，尤其是世界政治，都是不同的社会、政治理想观念之间进行争斗的竞技场。这些相互竞争的看法，其特点就是争权夺势，以及人们运用权力的方式，都将是我们需要研究的中心焦点**之一**（而不一定是**唯一**焦点）。

人们常常讽刺现实主义的立场，并且，现实主义者自己（尤其是那些新现实主义者）经常会犯自我嘲讽的毛病，重要的是我们要了解这种观点**不**意味着什么。它并不取决于如下看法：在“国内秩序”和“国际无政府状态”之间存在着绝对和永恒的对立。毕竟，摩根索（Morgenthau）的政治现实主义，既是对宪政政府在魏玛德国大街上轰然倒塌的回应，同时又是对位于日内瓦的国际联盟（League of Nations）处处失败的回应。而且，它反映了摩根索对所有社会秩序脆弱性的强有力的洞察，包括发达、繁荣的西方国家中的社会秩序。在20世纪90年代，尤其是“9·11”事件之后，人们经常在下列两者之间做出显著的区分：一个现代的、理性的西方对应于一个外部的世界，后者由前现代国家和不理性甚至是野蛮的文化组成。这样一种举动忽略了对启蒙运动唯理主义的批判在很大程度上已经成为西方哲学和政治传统中的一个核心组成部分，并且，它还过于轻率地对如下事实一笔带过：自由资本主义民主的“胜利”并非命中注定，而是许多机遇和偶然的产物。[10]西方主流传统，既包括战争和非民主的政治，也包括民主、和平和人权；如果我们认为，这个世界可以安全和保险地区分为两大区域：一块区域和平、宁静，另一块区域冲突、混乱，那么，这样的想法虽然让人心安，却只不过是幻觉——20世纪90年代欧洲的核心地带又重现集中营和种族主义暴力，这对我们来说是当头棒喝。的确，存在这样一种深刻的认识，即战争和冲突的可能性，都仍然在继续定义着何为政治“常态”以及我们对政治秩序的理解。正如帕斯夸里·帕斯奎诺（Pasquale Pasquino）所言，战争“这个概念让我们可以理解不同形式的和平与秩序及其存在方式”[11]。

我们对于权力持久的关注并不依赖于如下观点：国际生活中唯一的硬通货就是军事实力，并且，正是对被压迫的恐惧才催生了人们对权力不平等的疑虑。相反，担忧可能始于如下恐惧：一个较强大的国家，即便与弱国有着共同价值观，也可以“立下法律”强加在弱国头上，让互动和合作的分配方式向有利于自己的方向倾斜，在别国身上强加自己的价值观和处事方式，并且破坏程序规则，而这些规则正是长期、稳定和正当合作所赖以建立的基础。如果我们不能够驾驭不平等的权力，使之朝向某种集体权威，或者使之牢牢地嵌入国家间或社会间合作的稳定架构之中，那么我们就不能忽视该权力不平等所具有的潜在政治意味——不是因为它们将不可避免地导致战争和冲突，而是因为权力的反复无常将可能影响法律和规范秩序的性质和运行。

那么，这一担心对于国际社会而言意味着什么？显而易见的是，它指向了势力均衡的重要性。[12]在历史上，多元主义国际社会观和势力均衡之间的关系很密切，势力均衡被视为一个用来维护国家的独立性（但是并非所有国家的独立性）的主要手段、一种用来限制和约束最强大和潜在霸权的手段、一种将克制和约束引入外交政策的方式，以及一个让国际法和制度得以运行的重要背景条件。在过去，势力均衡不仅仅是一个根深蒂固的国家行为模式（秩序作为常态），还成为一个人们有意识去维护的制度，遵循自身的政治规范（秩序作为目的性模式）。按照这一视角，下列几种情况就变得非常重要，不同国家开始拥有某种共同的势力均衡感，这能得到发扬并成为一个自洽和基础牢固的准则，它甚至还有可能成为国家体系制度结构或（如巴特菲尔德（Butterfield）所言）宪政结构中的一部分。[13]那么，国际社会学者对势力均衡所做的强调就显得重要，他们认为，势力均衡不是表达了权力竞争中某种自动的或机械的逻辑，而是作为一套制度，自身拥有共同的规则、相互理解和不言而喻的假设，这些因素有助于权力政治中的讨价还价，并对各方都同意的结果赋予正当性。[14]正当性同理，在过去，核威慑的稳定性并非取决于核发射系统的机械原理，而是取决于出现了一套有关“何为可接受行为”的共同理解。正是由于缺乏这样的理解或者它们遭到了侵蚀，才产生了冷战中那些最严重的危机和威慑失败事件。

与势力均衡历史紧密联系在一起的，是一种对战争的特定认识。多元主义秩序的核心特点之一，就是战争作为一个显著的法律和社会范畴的出现，这涉及有组织的群体基于政治目的而发动暴力，且有别于私人战争（private war）。在多元主义的世界里，军事力量曾代表了一种正当的工具，人们可以求助于、控制和使用该工具，至少可以期待它能有效推广国家目标，实现基本权利的自我实施（self-enforcement），其中首要的是自我防御权以及维护势力均衡。从政治上看，它曾经是——套用克劳塞维茨（Clausewitz）的著名表述——“一种真实的政治工具”；从法律上讲，它曾经是——正如19世纪一位著名的国际法专家所言——“一种大家都允许的、将决策付诸实践的模式”。多元主义国家建构的核心在于如下理念：存在一个政治暴力的内在逻辑，即强制和政治非常紧密地结合在一起。正是基于这些理由，布尔这样的多元主义者才会将战争理解为国际社会的一种制度——在如下事物中居于核心地位：个别国家中的政治、势力均衡的运行、该体系结构发生变化的方式，以及实施集体安全和推广共同目标（至少潜在的情况如此）。

对于进步主义自由派而言，谈论那种可接受的处于控制之下的暴力，在道义上来说是可疑的，其作用基本上只是为粗暴现实政治（crude Realpolitik）献上一首稍加伪装的颂歌。但是，在多元主义者看来，这是一种危险的、一厢情愿的想法，它误解了政治的本质。政治发言人需要理解暴力的理性，部分原因在于他要学习如何在政治上获得成功，而另外的原因则在于从利益和理性（包括暴力理性）的角度来思考问题将增加而不是减少政治的可接受性。对于经典的国家利益（raison d'état）传统而言，理性不是那种随便就能得到的东西；政治的核心在于完成一个极其困难的任务——在政治生活的混乱和偶然之上施加某种理性和秩序，并且对抗权力那反常的内部逻辑以及花言巧语在政治事件中所扮演的破坏性角色。[15]同样地，正是基于上述这些观点，一种强大的审慎和情境伦理（prudential and situational ethics）传统出现了，对此最清晰的表述莫过于韦伯的责任伦理，它用来替代某种控制力量，该力量蕴含在具有决定性的正式规则或者有约束力的伦理原则之中。道德政治应当紧密联系于国家建设实际，并与政治家对自己所在的政治共同体所承担的责任紧密联系在一起。（不可避免地）诉诸政治暴力总是伴随着反常和出乎意料（unintended）的后果，而且，按照韦伯的话说，“在道义上是可疑的，或者至少在道德上是危险的”。根据这一立场的“强”表述，不存在什么至高无上的全球正义原则可以适用于外交政策。政治道德作为一种艺术，就是成功地航行在风雨交加的海上；审慎成为了至上的政治美德。但是，即便存在一些超越国家的共同正义原则，在面对政治行动特点中的偶然性和反常结果之时，如果想要将这些原则付诸实践，则仍然会涉及大量的审慎判断、现实上的变通，以及在互相竞争的目标之间进行痛苦的取舍。

国际关系学界耗费了大量的精力来关注势力均衡，而倾向于忽略不平等和秩序之间的联系。同样地，人们对国际法的关注，主要是把它看成一个水平合作体系，并且，人们是如此热切地想要避免错误地把国际法和国内法相提并论并强调其执行，以至于它也同样倾向于忽视不平等的问题。在传统欧洲国家体系中，不平等曾经常被视为是失序（disorder）的源泉。小而弱的国家可能会招致攻击，而强国则完全可以通过威慑来避免这种攻击。它也可能成为大国进行地缘政治竞争的焦点。但是，不平等长期以来都是我们分析国际秩序的核心之所在。首先，在过去，正是因为国家间的不平等，国际社会的经典理论家才把国际生活与个体间的自然状态（the state of nature）区分开来。霍布斯认为，每个人杀死别人的能力相同，因此他们怕被别人杀死的恐惧也是相同的。正是这种恐惧，才说服了自然状态中的人约束自己，组成一个共同体。霍布斯有句名言："胆怯源自平等，战争源自胆怯。"[16]但是，国家间权力的差异，对比处于自然状态中的个人而言，是诸多重要差异中的一种，这种差异展示出了如下可能性：国际社会是一种独特的政治组织形式。

其次，制度化的等级形式是多元主义者理解如何培育和维持国际秩序的核心之所在，也是将这些理解制度化的政治规范的核心之所在。虽然势力均衡的逻辑可能的确会自动运行，但是，只有通过大国所扮演的共同管理者的角色，才能将该逻辑的危险性和不可避免的摩擦降至最低。大国如果想要推进秩序，则既可以通过调整彼此之间的关系（外交、研讨会、代表团、联合干预）的方式，也可以通过在其势力范围和结盟体系内利用它们针对附属国的不平等实力。更为重要的是，传统国家体系曾是一个帝国秩序。不同派别的国际关系理论家所讲述的故事都基于经过平衡或正在平衡中的权力，以及核心国家间的霸权斗争。他们在绝大多数情况下忽略欧洲国家体系的第二副面孔——帝国主义面孔，以及在很大程度上，殖民主义是国际社会中一种主要制度。如果我们可以说，秩序存在于传统国家体系之中，那么，在这个意义上讲，它作为一个功能，既属于经过平衡的权力，也属于不平等的或等级性的权力。

传统国家体系是这样一种体系，既标志着不平等，又是在不平等的基础上构建起来的。工业的快速发展，出现了更有效的行政和组织国家结构，民族国家的巩固，以及军事技术和组织中的变革——所有这些因素的结合，导致了一小撮大国的崛起，它们主宰了国际政治局势。再者，如果不平等在过去标志着国家体系的核心，那么，欧洲核心国和边缘国之间的关系就仍然是更加不平等的。工业革命和武器技术革新为欧洲大国史无前例地控制全世界提供了基础。欧洲殖民秩序建立在附属领地之上，这些领地在国际关系中没有扮演任何有形的角色（formed role），这也是一种经济制度，其标志是强迫性地开放边缘经济体及其人口；而且，有一系列的文化预设强调西方和白人文化的优越性以及某种自然的信仰，即进步意味着复制欧洲模式——这一个假设同样地适用于马克思和密尔。[17]

而今，在西方对国际体系的主导受到挑战的过程中，情况的确发生了很大的改变，这一挑战主要体现在1900—1990年这一时期之内——尤其是去殖民化，以及争取平等主权和种族平等的斗争。正如我们所看到的那样，同样真实的是，平等已经进入国际社会规范结构中的方方面面。但是，虽然借由主权平等的修辞进行伪装，在整个20世纪，这一历史悠久的等级秩序观仍然是极其强大的、极有影响力的一个观念。因而，像冷战“秩序”和1945—1989年的长期和平，就是以非常传统的方式建构起来的，围绕着调控超级大国之间的势力均衡（武器控制条约、峰会以及危机处理机制）来进行，并且通过利用等级制的方式（相互——通常是心照不宣地——承认各自的势力范围，还创建了一个寡头的不扩散体系，用来限制核俱乐部的准入）。再者，正当国际机构在数量和范围上都急剧膨胀的时候，等级制和不平等仍然是这些机构形成和运行的核心之所在。在国际联盟时期，情况显然如此。

> 国际联盟并非一个背离之前国际制度的全新尝试。象征性地讲，其盟约并非一份独立的契约，而是在《巴黎和约》的基础上形成的，这些和约，反过来，又是源自一场由五个主要胜利国主导的会议。……即便在签署了和约之后，许多由此产生的问题都仍然由如下机构来裁决：协约国最高委员会（the Supreme Council of the Allied and Associated Powers）或其代理机构——位于巴黎的大使会议（the Conference of Ambassadors）及其分支——索赔委员会（the Reparations Commission）。[18]

这一情况一直持续到了1945年之后。有时候，等级制所发挥的秩序化作用成为了正式的制度，比如联合国安理会（UNSC）常任理事国的特殊权利和义务、国际货币基金组织和世界银行的加权表决架构，或八国集团（G8）的作用范围扩大。[19]等级制也反映在有权有势的封闭性团体或世界贸易组织（WTO）之中，其实际决策规则通过一定的方式把控了对国际金融的管理（正如国际结算银行或金融稳定论坛所体现的情况）。最后，等级制和主要大国所扮演的秩序化重要角色，也可以在那些非正式的国家群体——联系群（Contact Groups）、核心群（Core Groups）以及友邦群

(Groups of Friends)——中看到，它们在正式体制之内和周围展开活动。

但是，如果实力真的是如此之重要，为什么我们还要在乎国际社会理念？为什么不坦白承认，然后就专注于实质性的权力，它要么关乎国际政治制度（正如现实主义和新现实主义者所言），要么关乎资本主义世界经济的结构性动力（正如马克思主义和新马克思主义者所言）？

首先，权力这一问题不能仅仅通过实质性能力来进行理解，如新现实主义者所说的那样。建构主义强调规范与规则，常联系于某种较为乐观的国际关系观。但是，比起现实主义者——尤其是所谓的防御性新现实主义者（defensive neo-realists）那自我安慰的唯理主义视角，建构主义对“权力”和“权力问题”的看法将遇到更多的麻烦，甚至将是悲剧性的。[20]毕竟，正是由于不同的含义、意识形态、正义主张在与各种不平等权力模式互动的过程中发生了冲突，才使得稳定的合作变得如此问题连连。让我们回忆一下韦伯对那些把所有政治都简化为“权力政治”的人的毫不留情的批判，这种举动揭露了“人们非常可悲和肤浅地缺乏对人类行动之**意义**的关怀，这种厌倦的态度对所有行动（尤其是政治行动）深陷在悲剧中而难以自拔的事实一无所知”[21]。关注意义自然会引导我们去注意语言问题。语言不能被理解为就是直接或简单地促进沟通及集体行动，并且，政治语言与其所要努力去描述的那个世界的关系是不精确的和模糊的，经常发生的情况是，这一关系要依赖于尼采所说的“一支由各种比喻组成的见风使舵的军队”（mobile unstable army of metaphors）。政治语言（包括特定语言中的特定文化资源）的使用，在获得和巩固权力的过程中发挥了重要作用，相比较而言，它还有一个动态且经常是无法掌控的品性。正如乔治·斯坦纳（George Steiner）提醒我们的那样：

> 言辞能带领我们前进到意识形态冲突之处，从彼时起，我们就毫无退路可言。这是政治悲剧的根源之所在。口号、陈词滥调、修辞抽象化、虚假的对偶，开始占据心灵。……政治行为不再是从现实里面自发出来的或是对现实的反应。它在死去的修辞的核心之处冻住了。语言不是在蒙田（他知道原则只有在设想时才有持久性）的意义上让政治变得可疑和易逝，相反，语言将政客们封闭在确定性的盲目（the blindness of certainty）或者正义的幻象之中。[22]

恰恰是由于这些原因，外交以及外交语言和实践中那华丽的矫揉造作，曾在人们对国际社会制度的传统分析中扮演了如此重要的角色。外交对于国际社会而言非常重要，因为它是合作性社会秩序最低条件和前提要求的基础，沟通的能力、有必要存在（语言的和程序上的）共同习俗以便沟通，并提供一个制度性框架让政治妥协在紧张，甚至经常是困难重重的情况下得以进行。它也在推崇人人共享的国际共同体理念中扮演了一个表达性和象征性的角色。同样地，在其他场合（比如冷战时期或者所谓的“针对全球恐怖主义的长期战争”中），当它自己的存在受到威胁和质疑之时，情况亦是如此。

其次，规范和制度对于我们理解实力政治在某一特定时期的形式和特点具有核心意义。战争的例子也许提供了最为清晰的例证。战争和暴力冲突常常表面上看上去毫无规则和规范可言。但是，战争是一种特定的社会冲突形式，如果我们离开了一系列在历史上不断演进的复杂法律和道德规范、规则，那么，就没法理解战争与其他暴力形式的关系，以及它与“常态”政治实践之间的联系。至少从我们已知的各种战争形式来看，它是一个具有内在规范性的现象。因此，对国际社会的关注并不会像人们经常错误假设的那样导致一个柔性的、自由的、只关心推广法制和道德的格劳秀斯主义（a soft，liberal Grotianism）。“共同规则和社会规范框架具有重要作用”这一信念，并不意味着权力、强制和冲突不会在国际关系中扮演一个主要的、经常是主导性的角色。我们都知道，社会规范在诸如人权研究等领域中占据核心地位，同样地，对于我们理解帝国主义、势力均衡或大国角色，它们也同样具有核心意义。

再次，规范对于我们理解政治动员以及协调行动的力量至关重要。正如哈丁（Hardin）所言，“认同于某个群体很重要，因为它能让大国之间相互协调”[23]。对某个种族群体、民族主义运动或者民族国家的强烈认同感，使得政治领袖们能够更容易地获取资源、建立军队和说服成千上万的人去战斗和牺牲自己的生命。对于这种社团层面上的力量，现实主义者显然无话可说。规范也是建构性的。正如霍利斯（Hollis）所言，“它们不但使集体行动变得更加简单易行，而且也创制了活动的形式”[24]。规范和规则有助于解释行为体如何被建构出来：谁能采取行动且采取何种社会和政治行动。它们有助于我们理解行为体的身份，并由此了解他们诸多偏好的渊源。规范可以被理解为表达了国家和其他群体是何物、它们所属何方以及它们扮演了何种角色。在所谓的反恐战争中，想象一下规范性主张在构建身份方面所表现出来的巨大政治力量吧，“善对恶”，“文明对野蛮”，“异端对信徒”以及“他们对我们”。要点在于，我们要承认规范、规则以及制度所扮演的多重角色。它们很有可能作为管制规则，旨在限制选择的范围，或者作为限定因素，个体能动者在其中追求自己的偏好。这种规则观包含在如下共同主张之中：有关动武的国际法没法“控制”国家的作为。虽然许多时候情况的确如此，但要害在于，规范和规则还可以扮演许多其他的角色，它们能起到的作用远大于此。

最后，而且也是最重要的一点，规范和制度对于实力的稳固和正当化而言至关重要。根据标准的现实主义和新现实主义观点，制度从古至今都注定只不过是国家权力以及强国利益的简单反映。随着实力的转移，随着最强国利益的不断演进，制度化的主导模式会自动跟进。按照这种观点，制度“不重要”，它们没有自己的主动性和遵守的动力（compliance pull），只能影响行为主体的动机或算计，或者影响我们理解利益或建构偏好。新现实主义学者正确地强调，权力至关重要，并且强国将永远拥有更多的选择，比如，决定哪些议题通过正式的国家间机构或市场机制得以谈判解决；影响谈判博弈的规则以及可以列入议程的事项；在谈判过程中采取一系列的大棒加胡萝卜手段，包括威胁直接进行强制；以及最后一点，如果任何机构使其变得过于束手束脚，则强国可以选择从中退出。制度不仅仅关系到解决共同问题或推广共同价值等自由目标，也是反映和巩固权力等级制和强国利益的权力场。

这样一种观点严重低估了制度的重要性，它们能巩固和正当化一般层面上的权力和具体层面上的霸权或不平等权力。毕竟，权力是一种社会属性。要理解国际关系中的权力，我们必须将其和其他具有社会性质的概念放在一起，这包括名望、权威和正当性。大部分政治权力争夺都是追求正当和有权威的控制，这样才能避免依赖于成本过高且危险的野蛮暴力和高压政治。国家需要国际法和机构的程度超过了现实主义者承认的范围，目的既在于共同承担那些保护自己利益的物力和政治成本，也在于获得权威性和正当性，单靠粗暴力量是没法维系的。所有大国都需要努力把实施低级的高压政治的能力转化成正当的权威。正如怀特所言，“政治的基本问题是证明权力是正当的。……权力无法证明其自身的正当；我们必须寻求某些出离于权力本体之外的东西来为其正当性提供辩护，将其转化成‘权威’”[25]。基于这一理由，我们不应、也不可能将法律看成某种与“政治利益”分离开来的事物。国际关系学术研究的一个大悖论就是由于现实主义如此坚定地忽视权力的社会维度，以至于它没有办法就自身所宣称的核心范畴给出一个完整的令人信服的说法。

多元主义和价值

如果说有限的多元主义秩序观背后的驱动力之一，是对霸权政治及政治合作难以持久的悲观看法，那么另外一种驱动力则来自对在国际和全球社会的层面上是否存在共识和共同价值观的怀疑。所有共同体和政治体都必须找到方法来解决多样性和价值冲突的问题。毕竟，冲突是存在于所有道德之中的，哪怕是在一个单一的文化体系之中，由于不同原则相互联系的方式，以及共同原则如何被适用于某一具体案例的实际情况，冲突也都会产生。对于国际社会而言，一直以来存在的问题都更深入，如果想要创建一个国家间的普遍社会或世界社会，那我们都将不得不面对宗教、社会组织、文化和道德愿景之间的根本性差异。这些难题的基础可能是阿玛蒂亚·森所言的“人类多样性广泛存在这一经验事实”[26]。正如以赛亚·伯林（Isaiah Berlin）所言，它们可以反映人类各种善的多元性、矛盾性甚至不可通约性。或者，它们也许基于如下看法：恰恰是社会实践、价值观、信仰和制度上的各种**差异**，才最重要地表达了我们的**共同**人性。[27]差异之所由，人性之所在。

对价值的关注有历史、理论和规范的维度。

从**历史**维度来看，传统欧洲国际社会论者将下列观点奉为定律，即国家间社会的存在和团结在某种程度上是与共同价值观联系在一起的。一个共同的文化可能会通过如下方式来支撑起国际社会：缩小实质价值上的冲突范围；帮助参与各方互相接受为正当的行为体；或者提供一种共同的语言，既可以拿来谈判和订契约，又可以拿来讲理和说服别人。有些人强调，由各有所长的精英来操演的某种共同的国际政治或外交文化发挥了作用，他们至少对共同价值或世界观有着某种承诺。其他人则强调共同的社会价值观，不管这些价值观是基督教的、欧洲的还是文明的。[28]在 18 世纪，国际社会学者经常视欧洲为一个“大共和国”（grande république），其联合的纽带是吉本（Gibbon）所说的“宗教、语言和习俗上的大体相似性”。在 19 世纪，国际社会指称的对象经常被视为是一个由开化民族组成的欧洲大家庭。的确，许多有影响力的 19 世纪国际法学家反对将国际法理解为各国和各主权者的意志或认可的产物这一理念。相反，他们视国际法为历史和文化共同体的产物。法律从当代社会经济进步和一体化进程步伐加快的过程中获得了力量，且还反映了一整套紧密的共同历史、文化和法律传统，尤其是和继承了罗马法的传统有关。“如果法律曾是共同意识作用的结果，并且‘存在一个共同的欧洲意识’看上去是一个不容置疑的事实，那么，国际法这一现实就深深地扎根于社会和文化现实之中。”[29]

当我们考虑国际社会的历史演进进程及其当下困境之时，三组问题随之而来。第一组问题关乎成员身份。如果共同文化和共享的价值观在支撑国际社会核心方面扮演了重要的角色，那么，它们自然会催生有关疆界和成员身份的诸多问题。创建国际社会，尤其是在全球范围内的个别地方成功地巩固了一个越来越紧密的国际社会，这两者自然会导致圈内国和圈外国的区分。如果存在一个国际社会，其限度何在？它是否包括了整个人类，还是只局限于个别区域？如果它是有限度的，那么包容和拒斥的原则又是什么？在何种程度上这样一种区分的存在本身成了不稳定和不安全的一个缘由？一方面，存在一个历史悠久的西方传统，其原则和理念的基础是排他性的，比如基督教的身份、欧洲人种或“开化民族”等；另一方面，在西方思想中有这样一个强大的反潮流，它坚称存在一个人类的普遍共同体，该反潮流的主要思想源泉是历史悠久的自然法传统。一个相关的问题关乎“跨越鸿沟”（across the divide）的互动模式。有这样一种极端情况，对于那些没有能力强迫他国尊重其独立性的国家而言，现实主义学说经常否认这些国家拥有法律和道德权利。另一种极端则是革命主义者的教条，它坚称不管是对于个人还是共同体而言权利绝对平等，并且以追求解放为己任。在这两极之间，自由派存在着深刻的分歧（直到现在都仍然如此）。有些人拥护这样的观点，主张大力（如果从来都不是那么绝对的话）尊重多元主义和共同体及文化间的平等，他们强调主权和不干预等规范。对于那些不在核心圈内的国家而言，其他人只承认它们拥有附条件或者次要的权利，他们主张通过干预或帝国主义，以推广内部核心圈那些具有内在优越性的价值观。[30]正如我们将看到的那样，一个更为雄心勃勃的连带主义国际社会的出现，导致了关乎成员身份以及圈内圈外之间关系这一传统问题的再度出现。在何种程度上，自由连带主义及其有条件的主权观念牵涉到一种新的文明标准？在何种程度上，“国际社会受到威胁”可以通过“无赖国家、贱民（pariahs）和不法之徒”这样的语言来进行解读？在何种程度上，成员身份原则可以为干预主义或者事实上回归帝国主义的行径提供正当理由？

第二组问题牵涉到国际社会的扩大。对比于大量主流的国际关系分析，国际社会论者坚称，从欧洲国际社会到全球国际社会的转变，代表了20世纪最重要的发展历程之一。该转变牵涉到五大类的斗争——争取去殖民化和帝国终结、争取平等主权、争取种族平等、争取经济正义，以及争取文化解放。虽然这些领域的斗争成败各异，但是，去殖民化的过程，以及在非西方世界中涌现出来的权力中心，对由西方主导的国际体系构成了挑战；相比之下，在19世纪与20世纪之交，全世界那独特的和不证自明的特征貌似还是由西方主导着世界体系。但是，对于那些相信文化重要性的人而言，这一转变也提出了许多困难重重的问题。去殖民化和第三世界的出现，在何种程度上中断和挑战了国际社会中的共同规则和制度？从长远的角度来看，成员范围扩大对于国际社会意味着什么？国际社会作为其基础的欧洲或西方文化是否已经不再适用，并且，如果情况真的如此，那我们可以说它拥有何种文化基础（如果有的话）呢？[31]

在后冷战世界，人们大多关注反西方化的文化反弹（cultural backlash）概念，不管这一反弹采取的形式是作为反全球化运动的一部分，还是作为极端化的、反西方的伊斯兰主义的一个元素。也有很多人看到，为文化认同而进行的斗争加剧了，身份政治的活动也变激烈了（本书第五章的内容）。下列问题较少有人评论但是同样至关重要，即那些在反抗西方霸权的斗争中处于先锋地位的国家和社会——一般而言是全体发展中国家，具体而言就是一些大的发展中国家，如中国、印度和巴西——究竟发生了什么。冷战终结和全球化的推进在多大程度上有助于巩固有关“一个自由连带主义国际社会值得追求”的全新共识？大家所谓的“全球南部”（the Global South）在多大程度上适应了经济和政治自由主义？如果是这样的话，这是否因为每个国家都不可避免地需要同美国的霸权地位达成妥协？或者，它是否反映了自由连带主义价值观真的已经国际化了，并且一个西方化的共同文化，或者更宽泛一点说，一个现代性的共同文化已经传播开来？笔者将在第八章中讨论这些问题。

当我们谈论国际社会从其历史上的西方中心地带扩大到其他地方时，这会引导我们去注意最后一组问题，各大文明或文化实体在何种程度上应当被视作全球秩序，而非国家或民族国家的终极单位（ultimate units）？最近一段时间以来，比较有影响力的是萨缪尔·亨廷顿（Samuel Huntington）所提出的观点，即世界沿着文化和文明的脉络分割成不同部分，而主导全球秩序的，正是文明和文化之间的冲突。[32]但是，我们在以下论述中可以看到一些更早的例证，斯彭格勒（Spengler）认为历史在八种文化或文化有机体的系列中行进，每一种文化或文化有机体都“没有窗户”、自我封闭且基本没有相互理解的可能；在汤因比（Toynbee）看来，民族国家应被视为更大的文明实体的一部分，文明的兴衰构成了历史。[33]“文明历史论”的问题，已经有很多人都讨论过了；很多人也都知晓那些对文明冲突论的批评。难就难在要在文明之间划出清楚的地域界线，更难的地方在于还要赋予它们以一种连贯整体行动的能力。亨廷顿过于强调未经区分的文明范畴（“文明和文化两者都指的是某个民族的整体生活方式”）——以至于把文化给物化和本质化了，却低估了任何特定文化传统中的发展趋势、冲突和矛盾的多重性。我们很难将世界看成是由一些数量有限的文化组成的，每种文化都有其自身不变的核心，尤其是当我们考虑到各种规范和理念在全世界范围内传播所依赖的渠道和力量还在扩张之时。

但是，在20世纪20年代，斯彭格勒的观点大行其道，40年代汤因比的观点广为流传，90年代亨廷顿的观点颇为流行，这些现象都说明了，在规范层面上，从文明和文化实体的角度来看待全球秩序还是很有吸引力的。在上述这些例子中，它们的语言、理念和图景都反映了一种与历史建构起来的、人们强烈切身感受到的文化信仰有关的深刻密切关系。当然，这些语言、理念和图景还为争夺政治权力提供了一系列极有力的意识形态资源。正如我们在所谓的“西方”对抗“伊斯兰恐怖主义”的“文明”斗争中可以看到的那样，双方互为食饵、相依为命，都参与到一场操纵扎根于文化的各种意识形态和乌托邦观念的激烈斗争中。

这就带领我们来到价值观问题的第二个维度，即**理论**的维度。价值观在政治行动中所扮演的角色是复杂的。正如迈克尔·赫克特（Michael Hechter）所言，价值观是采取行动的“事先”理由，或者相对而言普遍和持久的内在行动检验标准。[34]理性是有条件的且面向未来的，相对而言，价值观是历史的产物。它们是那种将各个社会以及国际体系区分开来的东西。我们也许确实无法用同一尺度对它们进行衡量，或者，更常见的情况是，它们塑造理性行动意义的方式可能会有助于或阻碍人们去尝试开展互相合作。[35]

的确，秩序不能仅仅等同于存在一个共同的价值体系，也不能等同于规范性的共识。毕竟，价值体系不是一蹴而就的。它们由社会活动者（social agents）为实现特定目的而创造和维持，因为如果人们能确保这些价值得以维持，他们就能得到回报。[36]比如，让我们考虑一下对伊斯兰的不同认识是如何在政治上被建构出来的，这涉及形形色色的利用宗教理念来达到工具性和策略性目的的政治行为体。有些对秩序的论述仅仅关注共同价值的角色，这会带来事后推理（post hoc reasoning）或将人类主体简化为盲目遵循内化价值的自动机器等循环论证（circularity）的风险。但是，把价值冲突简化为对权力的争夺是肤浅的做法，风险在于低估了冲突的深度和范围。正如阿隆所强调的那样，权力仅仅只是达成目的的手段，国际社会研究要关注究竟是哪些目的，此类目的不可避免地存在多样性，多种多样的目的之间也必然存在冲突。[37]

价值是我们理解冲突本质和合作可能性的根本。正如恐怖主义向世人清楚展示的那样，重点在于避免如下假设，即暴力理性或政治后果的叠加效应，无论从哪种视角来看，无论是在哪种文化、历史和经济的语境下，看起来都是一样的。就分析角度而言，我们需要的不是僵化地区分“我们”所理解的政治理性与不理性和狂热的对立，而恰恰是更大程度地在语境中来理解价值和行动之间的各种联系。价值对于理解各种冲突的强度和时间跨度是至关重要的。比如，在许多种族和民族主义的冲突中，的确存在大量的策略性理性。此类冲突并非不理性或是原始人般仇恨的表达，而且理性主义者对种族冲突的论述是很有解释力的。但是，这种理性大部分是“价值理性”行为（套用韦伯的术语），其中尊严、自尊等价值观增强了个体去承受高昂代价和做出巨大牺牲的意愿（这些常常是长期的代价）。[38]许多此类冲突的动力在于要求得到文化认同、身份和平等地位；此类需求带来的结果之一，就是一个群体追求认同的动力来源，经常会牵涉到对另一个群体的污蔑（dehumanization），这就堕落到仇恨和暴力的恶性循环当中，且会逐渐销蚀逻辑和语言的力量。认同和尊重，对于修正主义国家的需求（the demands of revisionist states）而言同样重要。对国际秩序正当性的挑战，很少产生于弱者的抗议。它们更经常产生于如下情形之中，一些国家或民族有能力也有相应的政治组织去要求改变现有秩序及其主导规范，以反映它们自己的利益、关注和价值。因此，20 世纪国际历史的一个核心主题，就是修正主义国家争取“平等”（Gleichberechtigung），涉及领土的重新分配、承认区域势力范围，以及有动力在正式和非正式国际机构中争取平等地位。

如果价值观对于我们理解冲突很重要的话，那么，它对于理解全球体系中合作的方方面面也是同样重要的。这一问题经常在唯理主义者研究那些在国际关系中拥有如此之影响力的法律和机构的方法中被低估了。此类方法也许的确提供了一种强有力的论述，去说明发生下列情况之后合作如何可能，双方已然相信，它们都是某共同事业或共同体中的一部分，拥有可以通过合作行为来推进的共同利益。它们假设，参与者的正当性已经被接受，存在一个谈判的共同语言，人们拥有有关潜在收益的共同看法，并且存在某种机制至少可以潜在地保障契约得以达成。一旦大家都认同于并承诺于某种道德共同体（不管从特征上看是如何的最低限度），并且在该共同体之内，能出现有关潜在共同利益的看法，那么，参与者的确就有审慎的理由来进行集体合作。但是，仅靠理性的审慎，我们无法解释博弈是怎么开始的，以及从个体角度而言为何每个参与者可能会选择开展合作。唯理主义视角忽视了某些因素，它们可以用来解释以下问题：订立契约如何且为何变得可能，阻止共同事业的出现可能存在哪些障碍，以及价值观在理解上述障碍中所发挥的作用。

有些国际关系论述重视文化和价值，它们同样面临着许多潜在的陷阱。首先，要把文化同语境区分开来，这一点很重要。文化不一定就是重要的，但差异和多样性一定是重要的。世界各地对世界秩序的认识千差万别，反映了民族和区域的历史差异、社会和经济情势与条件的差异，以及政治语境和轨迹的差异。谨慎地重视语境有助于我们在惊涛骇浪中航行，一方面避免化约论的普遍主义（reductionist universalism），另一方面避免文化论的本质主义（culturalist essentialism）。[39]其次，我们不应当对文化定义过多，以至于把它变得近乎无限地宽泛，我们也不应当把那些应当被分离开来的元素合并到一起（比如，在目前有关伊斯兰的辩论之中，我们需要将宗教同文化分离开来），这一点很重要。正如我们在上面所说的那样，亨廷顿的文明观对我们不会有任何帮助。最后，如果我们从把现代和前现代社会割裂的视角来看待文化特殊主义，以及诉诸民族主义或宗教文化价值观的群体为何会出现，那么，这样的观点也同样无益。原教旨主义的出现和现代化联系紧密，不仅仅是由于存在一些可能推动它产生的因素，同时也是由于，通过一定的方式，全球化为原教旨主义提供了新的动员渠道、新的政治行动形式以及新的共同体的可能性。[40]

多元主义对文化和价值的关注的第三个维度是**规范性**的。多元主义的视角强烈地主张如下看法：多样性是人性的一个基本特征，道德、民族和宗教忠诚度之间的冲突并非是无知或不理性的结果，而是多元价值观的反映，我们用这些多元化的价值观来评判政治安排和各种美好生活观。他们将下列观点视为自由派和马克思主义者一个永恒的幻想，即现代化和发展将自然而然地诱使各种社会、文化和伦理愿景走向趋同化。那种以国家为基础的多元主义，其持久的吸引力之一在于，它貌似提供了一种方式——也许是最不坏的一种方式——在一个人们无法就根本价值观达成广泛共识，或者对“能否建立跨文化的品德”这一问题持怀疑态度的世界里组织全球政治。这主要是通过三种途径来实现的。第一种途径可以在下列古谚中看出，“待人如待已”（live and let live），以及“有了好篱笆，才有好邻家”（good fences makes good neighbours）。如果多样性和价值观冲突是国际生活中如此重要的特点，那么，我们应当寻求以如下方式来组织全球政治：赋予群体在其自身事务中集体自治和文化自主的空间，并且降低它们在“世界应当如何秩序化”这一问题上产生冲突的程度。如此一来，我们就会看到有人持“我们要大力强调主权”的观点和不干预或少干预的互惠承诺；以及势力均衡作为一种手段以限制强国掠夺的重要性。如果生活方式不可避免地存在多样性，如果我们不能简单地诉诸某种共同的“平常心”（ordinary morality），且如果理性辩论不能达成一致意见，那么，最佳的行动路径当然就只能是放低我们的眼光、寻求和平共处？在原则上，承认差异并为其提供空间具有重要性，因此就和关于审慎的和平观融合到一起，使得不同群体能够形成它们自己的国家和政治共同体，这是一种减少冲突的方式。

另一种多元主义策略声称，道德价值应当尽可能地被排除在特定的国际制度之外。现实主义强调客观民族利益这样一种理念，人们总是容易从经验的层面上来批判这种观点，但是，正如那些所谓的“现实主义者”的世界中所发生的那样，它表达了一种规范性的理念，即如果国家试着去抛开根本价值观或者深层次的意识形态承诺，转而专注于有限利益的讨价还价，那么，国际生活将会变好，或者至少变得不那么坏；而且还有可能将这些利益的特点同人们对正当性和正当外交政策行为的某种共同认识联系起来。正如我们在下一节中将看到的那样，在实证主义国际法的规范性美德这一问题上，有人已经做出了相似的规范性论断。

再次，持怀疑态度的多元主义者钟情于如下理念：也许有可能促成有关最低规则的跨文化共识，以构建一个有限的国际社会。正是基于这个理由，哈特构建于霍布斯假设之上的、有关自然法最低限度内容的观点在布尔的思想中起到了如此关键的作用。[41]我们可以看到，该理念是这样展开的，布尔强调“社会生活的基础性条件”；他试图去区分国家间社会中基础性、首要和普遍的目标；他努力从分析的角度把这些目标同国际社会的历史制度联系起来。因此，有一个**分析性**的步骤（在我们以这种方式对社会进行有意义的描述之前，哪些最低条件是必须存在的）、一个**历史性**的步骤

(我们能够在多大程度上在国家的实践当中将它们对这些条件的接受单独拎出来)，以及一个**规范性**的步骤（要具备何种最低共存条件，在价值观上存在尖锐冲突的人才能够达成一致）。

多元主义在规范层面上的情况，常常基于怀疑论以及一种有限政治观。由国家间社会支撑起来的有限国家间秩序，提供了一种有着显著道德意味的手段，以期在如下世界中促进共处和限制冲突，在这个世界中，不存在一个有关更为详细的合作形式的共识，并且更为复杂的国际机构容易受制于特殊利益和最强国的特定价值观。人们可能不太能察觉得到丛林法则，而道德很有可能一直都处在边缘状态。但是，在缺乏某种坚定理由让我们相信改变国际社会是可行的情况下，这些细微的收获从道义上讲仍然具有丰富的意义。然而，一个多元主义社会支撑起来的秩序，并不仅仅拥有一种结果论或工具性的价值。对于拥护这种秩序的人而言，它不仅仅拥有以一种克制的方式来调整国际行为的能力，也能创造条件提供一个稳定的制度框架，以便协商实质性的规范；发展出一套共同的语言，对于一项主张从正反两方面展开论述和辩论，且在一定程度上通俗易懂，具有权威性；嵌入一整套的正式规则，这些规则至少体现了各种平等因素并对强国的实力和野心进行某种限制，从而让一个更为正当和道义上更有抱负的政治共同体出现。

多元主义者仍然坚持，如何在对立的道德、社会和政治价值观中进行协调，仍是世界秩序所面临的最重要和最困难的挑战之一。事实上，下面这些问题至关重要：国际社会有多广、多深？就人们所追求的世界秩序之性质达成共识，其强度如何？我们可以通过何种方式来实现这种共识？对于规范性问题而言，这些也是至关重要的：我们应当赋予特定人类共同体的传统和实践以何种价值？我们如何能够在对这些共同体所承担的义务和对整体人类所承担的义务中找到平衡？即便存在一个洛克式的“伟大和自然的人类共同体”，借用约翰·邓恩（John Dunn）的话，它会是一个“过度多样化的自然共同体”[42]。

多元主义和法律

我们可以从上文所讨论过的内容当中直接推断出多元主义国际法律秩序观的主要

特征。它是一种基于国家和国家主权概念之上的国际法观念。国际法是国家间社会或者一个“由国家组成的大家庭”（a Family of Nations）的法律，每个国家都享有一定程度的、针对他国的独立性，并互相承认最高政府对其领土和人民拥有统治权。有位极富影响力的国际法学者曾经如此定义主权，“乃至高无上的权威，该权威独立于任何其他世间的权威。……因此，（它）在本国的领土内外都包含了全方位的独立性”[43]。因此，主权包含领土的独立性和权威性以及对人民的至高无上的统治权。

当然，一个基本的问题是，这种至高无上权威性的主张，如何能与国际法和国际社会的理念互相协调在一起。主权意志和法律义务之间的紧张关系曾通过“认可/同意”（consent）这一理念在多元主义的冲突中得到了“解决”。国家间法律的基础，是“各国一致同意，由一个法律规则组织来规范它们之间的互相交流”。从实证主义者的角度来理解法律，它是人类旨在满足特定社会目的而进行的一种努力，而非从形而上学、自然法或抽象理性当中而来。[44]法律的权威与其内容无关，而与一个大家都同意的社会承认体系有关。对于实证主义者而言至关重要的是，基于认可的国际法强调的是渊源（条约和协约、习惯的规则以及国际司法裁决），以及确认并评判该渊源的法律论证实践。国际法被解读为一种水平的公共秩序（经常是以一套双边契约的理念为模本），其中，非经事先同意，任何主权者都不会服从于规则。在这一基础上，从定义的角度来看，主权就不可能是无条件的，而只有在被他国承认之时才有意义。它是一个共同的社会特质（social quality），基于这一点，出于对这一特质同样为他国所固有且国际法应该对国家施加某种约束等方面的考虑，我们就必须限制绝对的独立性和至高无上的权威地位。由此看来，古典国际法的一个主要元素涉及详细制定有关国家和主权构成的那些规则。对领土内权威的权限设定，构成了规则和制度之结构的核心部分，使得不同的政治共同体得以共存。正如詹宁斯（Jennings）所言，“传统国际法的使命和目的，在于限定主权权力在某个领土范围内的实施”[45]。另一主要元素关注的，则是那些对国家之间就战争与和平进行互相沟通和互动而言十分必要的规则。

然而，我们必须要说，许多有关国家和主权的多元主义论述从性质上看都是空洞无物、毫无裨益的。它们奉若神明般地接受了内部主权和外部主权之间的区分；它们将国家的各种定义罗列出来，就像1933年《蒙特维多国家权利与义务公约》（Montevideo Convention）所给出的定义那样（一个永久的人口基础、一个确定的领土、一个政府以及与他国建立关系的能力）；并且，判断一个政府是否有资格获得承认并成为国际社会的一分子，它们主要强调的是政府是否运作高效并能够对领土实施有效的控制。但是，这些论述似乎脱离于有意义的国家理论，而且很难解释国家实践——比如，对于19世纪以来涌现出来的新建国家的认可度以及对这些国家建国实践的干预程度，就必须愈发紧密地关联于如下理念：国家究竟是或应当是何物，以及国家、民族、制度和社会之间关系的复杂性。毫无疑问，这反映了在一个主权之间相互猜忌且常常交战的世界中，人们对法律的可能性怀着一种持续、复杂、饱受折磨的心态。但是，这种在学说上的徘徊不前也反映了我们很难达成一种共识，将那些有关国家和社会的国内组织方式的价值观，全部整合进国际法构架之中——这一点与我们将在第三章中讨论的法律观有着显著的区别。因此，多元主义视角下的国际社会基础是如下假定和观点：假定人民及其政府相互适应；并且从正当性的狭隘角度而言，政府被认定为主权权力的正当表达方式。[46]

这样一种法律观与权力息息相关——两者之间的关系的确如此紧密，以至于在那些批判这种观点的人看来，它仅仅是复述了实践中的做法，并为政客的各种勾兑以及（更经常发生的情况是）各种恶行进行辩护。我们能明显地在有关势力均衡和对待战争的态度中看到这种“现实主义”。有时候，势力均衡被视为直接联系于法律秩序，正是基于这一理由，国际社会的多元主义者会迷恋于瓦泰勒和奥本海(Oppenheim)的著作。更经常发生的情况是，势力均衡被视为一种促成条件和背景状况，没有这一条件和状况，国际法和国际机构就无法运作。每当实力政治的平衡是高度冲突（比如冷战时期）或者实力极不平衡（比如后冷战时期）之时，国际法的相对自主性就会因此受到威胁。[47]如果多元主义采取另一端更为强硬的现实主义立场，那么，势力均衡、战争以及根据法律来调整大国关系就会被赋予明显的优先地位。

多元主义法律秩序观中另外一副重要的面孔，是调整在和平（尤其是外交的常规化）或开战中两国或多国之间的互动。该法律秩序的核心面孔，乃是“战争”构成了一种社会暴力的特定形式。一场战争牵涉到有组织的群体（不管是国家还是其他类型）之间为实现政治目的而采取的暴力。它是政治群体代理人（agents）之间的冲突。这是诸多方式中的一种，凭借它，公共战争能与私人暴力区分开来，即前者拥有一个共同目的——由此人们将海盗（当然还有最近的恐怖主义分子）看成全人类的公敌(hostis humani generi)。从法律和战争的角度来看，从18世纪末到20世纪中叶，这一时期见证了一个从“诉诸战争权”（jus ad bellum）到着重强调“战时法”（jus in bello）的显著变迁。对于战争权而言，原因在于人们看到，不存在一个用来判断开战是否正义的价值共识，并且人们也相信，如果将上述判断付诸实践，则只会导致更多的冲突。对于战时正义而言，原因在于，人们相信战争所采取的方式将威胁到国际社会，而存在一些非常强大、出于自利的克制理由（许多战争法的效力来自互惠互利），并且，考虑到冲突具有内在的扩张性逻辑，如果不进行克制则将导致冲突加剧的风险。正如康德所言，“因此，即便是在战争时期，下列情况必须仍然一直是可能的，即对敌人的态度拥有某种信任，否则就无法达成和平，敌对行为就会变成一场歼灭战（bellum internicinum）”[48]。

在1914年之前的世界中，国际法显而易见地体现了“辩护”和反映权力的一面：大国作为国际安全管理者发挥了特殊的作用，拥有特殊的地位；主要国家通过自身的实践或协定在设置国际法规则方面发挥了主要作用；在一定程度上，法律反映了强国的利益，而很少对强国使用武力和诉诸战争进行限制，并且维护那些被迫签订的条约的效力。同样地，大部分对正式帝国所下的定义都取决于以下两者：事实上（de facto）拥有强制和控制的能力，以及法律上（de jure）有一系列正当权威的主张，得到他国的接受并且被整合进该体系的主流规范之中。但同样重要的是，非正式的帝国建立在一系列范围广泛、针对弱国和半殖民地的控制之上，这些控制都在法律上得以创建和制度化，牵涉到不平等条约、强加的出口制度、强逼出来的让步，以及“临时占领”。最后，自决理念毫无容身之地，居主导地位的是大国设定标准，决定吸纳哪些非欧洲政治共同体为国际社会成员。

对于辩护者而言，除非把法律和权力政治秩序的现实进行调和，否则，在此引用朱利叶斯·斯通（Julius Stone）的观点，它的“存在形态就会犹如飞蛾一般，年复一年、不可避免且危险重重地扑翅，飞进那毁灭性的权力火焰当中”。

> 为了避免无所作为的存在状态，国际法律秩序采纳了一条非常规的道路，为与压倒性大国可能发生的冲突准备了一套规则。它允许军事战胜国通过强加和约的方式，将自己要求规定的条款整合进国际法的内容之中。通过这种方式，它至少让其他的规则得以保存，并保证自身能继续存在下去。通过这一内在机制，它将某种最终结果整合进法律秩序，否则该结果就会变成法律外（extra-legal）或甚至是不合法的（illegal）革命。[49]

这种对权力中心地位的强调，导致人们认为，法律在维持国际秩序方面仅能发挥有限的作用。国际法不足以维持国际秩序。许多重要的规范是政治规范，而非法律规范（比如有关势力范围、危机处理或者势力均衡的规范；或者如下情况：赫尔辛基进程中的人权规定，在逐步解除欧洲冷战状态中发挥了重要作用，但这些规定并不代表正式的法律规则）。有时候，法律有可能成为秩序的障碍——比如，人们对集体安全制度的需求阻碍了或者以其他方式妨碍了势力均衡的运行（比如在两次大战期间）。按照这种观点，国际法也不应当调整国际生活的所有方面。相反，它提供了一系列有助于国家在特定时期用来解决纠纷的机制和工具。在这样一种“外事办模式的国际法”（foreign office model of international law）中，理论与实践紧密地交织在一起，人们大力强调争端解决方式（双边谈判、多边决议、政治协商、法律裁决或仲裁），并且，法律推理直接关注可适用的规则和相关渊源。如果我们还能说“国际社会有宪法”的话，那么，它更像是一部普通法的宪法，也就是说，一组制度化实践做法、法律、习惯和政治规范，它们一起定义了社会的构成方式。更一般地讲，实践导向的法律专家会坚称，我们用来判定法律的标准曾经是且一直会是那些错误的标准。对法律的最佳理解，不是一套抽象的规范性体系。它仅仅只是一种处事的方式，动力在于实践推理。哪怕是在国内，我们也不能期待所有的政治纷争都能够通过司法制度来解决。实际上，如果要求法院来裁决那些极具分歧性的政治议题，那么，这会是一个表明政治而非法律制度出现某些问题的信号。在国际层面上，情况有过之而无不及。集体安全的失败不是法律的失败，而是政治的失败。

有些时候，这一多元主义的观点过分地把国际法简化为一张罗列了不同角色和功能的有限清单，它是如此地强调权力和利益的优先性，以至于所有的规范性理念都被丢掉了。毕竟，法律这一理念如果想和那种由自利驱动的合作性契约行为相区别的话，就必定涉及法律义务主张。再者，即便在实证主义盛行的年代里，将法律只看成一个有助于解决纷争的工具箱的看法仅仅代表了诸多立场中的一种。国际法一直都是在表达国家间社会的建构性规则。它提供了一种用来规范性地反思政治实践的语言。过去，许多法律专家不仅把法律视为一种用来实现实质性目的的工具，而且，他们认为，自己还要致力于法律秩序观和法治所体现的那些价值观。

然而，重点在于强调，这一有限法律观所包含的规范性美德，在何种程度上可以在一个类似于我们讨论过的、更一般性的国际社会论述的立场上进行辩护。比如，随着多元主义国际法概念的崛起，不断著书立说的瓦泰勒仍然坚持认为自然法具有重要性，“如此一来，我们永远都不会把那种本身就是正义和善的事物，同那种人们仅仅由于形势需要而被迫容忍的事物混淆起来。”[50]但是，他也认为，国家必须要容忍许多“……本身是非正义的和应被惩罚的事物，因为它们一旦用强力反对这些事物，就会侵犯他国的自由，并由此破坏这一国际社会的天然基石”[51]。因此，这种观点并不是建立在某种无所不包的道德怀疑论的基础上，而是以一种实际或审慎的判断为基础，关乎在多大限度范围内，何种事项能够或应当通过正式的方式被整合进国际法律秩序之中。这样一个更为详细的例子，可以建立在奥本海那种以狭隘渊源为基础的实证主义国际法观点之上。如果国际法想要把自己确立成一种规范和约束国际事务的模式，那么，最有可能建立起共识的基础，就是一个基于国家认可、拥有一系列清晰界定之渊源的法律体系。[52]

结 论

本章旨在勾勒出多元主义对无政府状态下国家间社会所持看法的一些最重要的特征。它不求从历史角度来追溯这些特征，它也不认为我们可以把多元主义用作一个对国际社会历史发展脉络中某个特定时段做出说明的标签。这些理念与国家体系的历史发展脉络之间的关系，乃是一个极其复杂的话题。多元主义观的许多特征所反映的政治、法律和道德上的实践和传统，都是在欧洲国家体系的历史上发展出来的，尤其是在 1750—1914 年这一时期之内。该时期的经典理论家构建了一个伟大的传统，针对这些辩论和困境提供了许多非常敏锐的分析。但是，该时期的国际关系理论和实践实在是太丰富和复杂了，以至于无法由一个简单的主题来笼统地进行概括，一个主题也没法适用于整个历史时期。过去的 20 年见证了许多国际关系思想史著作的涌现，其中有些是关乎威斯特伐利亚神话以及国际社会的传统历史是如何被建构出来的更富批判性的论述。[53]

国际关系教科书，很难绕开威斯特伐利亚神话——即现代国际关系始于 1648 年；《威斯特伐利亚和约》是一份早期的官方声明文件，包含了各种后来主宰了世界事务的核心原则；并且，我们由此应当通过“超越威斯特伐利亚”来理解时下的变迁。所有领域都有其自身创立的神话，但是，无休无止地追溯到威斯特伐利亚体现了一种学术上的草率，会带来破坏性的后果。它鼓励了一种误人不浅的源头观。威斯特伐利亚并不标志着国家体系的开端。《威斯特伐利亚和约》当然也并不标志着民族国家体系的开端。它可能曾助推了实证主义的万国公法的发展、国际社会的世俗化、对基督教世界的团结的侵蚀、外交制度的演进，以及以间接的方式助推了作为国际社会基本成员的主权国家的出现。但是，正如奥西安德尔（Osiander）所言，它从未提及主权，更遑论平等主权；它立基于干预以及宗教少数群体的权利，而非不干预，并且没有内容涉及势力均衡。[54]它所鼓励的国际社会发展观和变迁观有误导性：如果你从未认真思考过主权问题，那么，很容易就会得出结论说今日的主权已经突然变得复杂和有争议了。更为重要的是，虽然我们可以在古典欧洲国家体系的历史中找到那些激发了多元主义国际社会观的实践和想法，但是，本章的一个核心目的在于解释该国际社会观那持久的生命力，而勿论其局限性、前后矛盾之处以及道德上的过失。

多元主义国际社会观并不否认共同利益的现实性，也不否认努力在共同利益和共同价值的基础上建立制度的重要性。但是，正是这种努力之中的种种困难以及布尔所说的“不成熟的全球连带主义”（premature global solidarism）所带来的危险才是核心所在。这些困难源自调节不平等权力和价值冲突所带来的棘手难题。正如我们所看到的那样，多元主义者不否认道德价值在国际生活中所扮演的重要角色，也不否认我们有必要提出一些在道德层面上更容易让人接受的价值观。但是，多元主义者非常怀疑，虽然我们可以抛弃极端的、“霍布斯式”的国际生活图景，但这是否意味着，政治理论家就可以自由起飞了，能无拘无束地飞翔而不必耗费脑筋，去担心国际生活中突出体现的那些权力病症以及价值争斗？在国际关系领域，人们开始把霍布斯同如下图景联系起来：这些图景匪夷所思，而且与历史大相径庭，它们描绘了那种竭尽全力和绝对的冲突以及挥之不去的战争危险。但是，霍布斯著作的一个最重要的特点就是他意识到了人类知识和能力的局限。政治的内容不在于终极目标，而在于实现一些有限的目标：在国内层面，当人们支持的不同目标相互竞争、发生冲突时，要压制由此引起的暴力行为；在国际层面，努力区分出一些有限且一直都很脆弱的“和平路径”。

随着我们在后续章节中的继续推进，审视其他更为雄心勃勃的全球治理概念之时，我们应当时刻牢记三个多元主义问题。首先，在我们看到精心设计的机构和其他全球治理形式的同时，我们也要看到它们是如何关联于权力分布的，不管这种分布是平衡的、等级性的，抑或两者兼有的。其次，那些确保“我们在超越多元主义的同时，能反映整个国际社会的利益而非仅仅某个国家或某些国家的利益”的制度化机制，其强度和安全性如何。最后，有些规则和机构旨在调和不同的价值观，而另一些则在于推广和实施一整套全球或普世的价值观。国际法和社会如何处理不同类型的规则和机构之间的紧张关系。

注　释

［1］Neil MacCormick，‘Liberalism，Nationalism and the Postsovereign State’，*Political Studies*，44（1996），554.

［2］James C. Scott，*Seeing Like a State：How Certain Schemes to Improve the Human Condition Have Failed*（New Haven，CT：Yale University Press，1998），2.

［3］Scott（1998：82－83）

［4］转引自 James Piscatori，‘Order，Justice and Global Islam’，in Rosemary Foot，John Lewis Gaddis，and Andrew Hurrell（eds.），*Order and Justice in International Relations*（Oxford：Oxford University Press，2003），267。

［5］John Keane，*Reflections on Violence*（London：Verso，1996），26；对比鲁道夫·拉梅尔（Rudolph J. Rummel）的论述：“在 20 世纪，据保守估计，各大政府杀害了 1.74 亿名男人、女人和儿童。该数字有可能超过 3.4 亿”。*Never Again：Ending War，Democide and Famine Through Democratic Freedom*（Coral Springs：Llumina Press，2005）：145.

［6］尤其参见 David Miller，*On Nationality*（Oxford：Clarendon Press，1995）。

［7］Marlin Wight，*Power Politics*（London：Penguin Books，1979），139.

［8］Friedrich von Gentz，*Fragments upon the Balance of Power in Europe*（London：M. Peltier，1806），60－61.

［9］Kenneth Waltz，*Theory of International Politics*（Reading，MA：Addison-Wesley，1979），143.

［10］参见 John Burrow，*The Crisis of Reason：European Thought，1848－1914*（New Haven，CT：Yale University Press，2000）；and Mark Mazower，*Dark Continent：Europe's Twentieth Century*（Harmondsworth，UK：Penguin Books，1999）。

［11］Pasquale Pasquino，‘Political Theory of Peace and War：Foucault and the History of Modern Political Theory’，*Economy and Society*，22/1（February 1993），80. 亦参见 Carl Schmitt，*The*

Concept of the Political, translated by Georg Schwab (New Brunswick, NJ: Rutgers University Press, 1976), esp. 32 -35; 以及 Ian Shapiro and Russell Hardin (eds.), *Political Order*, *Nomos*, vol. 38 (New York: New York University Press, 1993), part I。

[12] 有人对以实力为基础的秩序观做过精彩分析，然后将该秩序观对比于自己的宪政观，参见 G. J. Ikenberry, *After Victory*: *Institutions*, *Strategic Restraint and the Rebuilding of Order after Major Wars* (Princeton, NJ: Princeton University Press, 2001), 10 - 17 , 21 - 49。

[13] Herbert Butterfield, 'The Balance of Power', in Herbert Butterfield and Martin Wight (eds.), *Diplomatic Investigations*: *Essays in the Theory of International Politics* (London: Allen and Unwin, 1966), 132 - 148. 也请参看 Bull (2003: ch. 5); Robert Jervis, 'A Political Science Perspective on the Balance of Power', *American Journal of Political Science*, 97/3 (June 1992: 716 -724); Waltz (1979: ch. 6)。

[14] Paul Schroeder, *The Transformation of European Politics* 1763 - 1848 (Oxford: Clarendon Press, 1994) . 亦参见 Kissinger 的观点，'An international structure held together only by a balance of forces will sooner or later collapse in catastrophe', in *American Foreign Policy*, 3rd edn. (New York: W. W. Norton, 1977), 395。

[15] 具体参见 Jonathan Haslam, *No Virtue Like Necessity*: *Realist Thought in International Relations Since Machiavelli* (New Haven, CT: Yale University Press, 2002), chs. 1 - 2。

[16] Thomas Hobbes, *Leviathan* edited by Richard Tuck (Cambridge: Cambridge University Press, 1996), 87.

[17] 基恩 (Keene) 强调，要害在于，我们需要将欧洲国家组成的“无政府社会”的历史，与等级制及帝国在欧洲和非欧洲国家之间的关系中所扮演的角色放在一起来看待。Keene (2002)。

[18] John Dunbabin, 'The League of Nations' Place in the International System', *History*, 78/254 (October 1993), 425.

[19] 有人对等级制的角色进行了一番概念分析，参见 David A. Lake, 'Anarchy, Hierarchy, and the Variety of International Relations', *International Organisation*, 50/1 (Winter 1996), 1 - 33。

[20] 对于新现实主义不同变种之间的区分，参见 Mearsheimer (2001: ch. 2)。

[21] Max Weber, 'The Profession and Vocation of Politics', in Peter Lassman and Ronald Spiers (eds.), *Weber*: *Political Writings* (Cambridge: Cambridge University Press, 1994), 354 - 355.

[22] George Steiner, *The Death of Tragedy* (London: Faber and Faber, 1961), 56 - 57. 语言紧密地联系于下一节将讨论的文化多样性和价值冲突的问题。在这里，我们没必要接受决定论主张，认为不同的语言映射世界的方式不同，或者不同语言预先决定了特定的观察和阐释模式。我们

只是想要强调语言影响人们思考和行为方式的复杂方式、特定语言在象征文化和产生文化方面所发挥的作用、跨语言翻译政治理念的困难，以及许多表面上看起来相似的词语和概念之间非常不同的价值观意义。

[23] Russell Hardin，*One for All*：*The Logic of Group Conflict*（Princeton，NJ：Princeton University Press，1995），9；对比詹妮弗·威德纳（Jennifer Widner）所言，“霍布斯‘所有人对所有人的战争’在极端个人主义的语境中，还算是一种温和的社会冲突形式。如果我们拿它和不同社会群体之间的冲突做对比的话，这些群体的成员会表现出高度的内部社会信任度，而对外人则一点也不信任，或是不去主动地相信外人。在存在协调一致的行动之可能性的情况下，冲突就会变得更加具有破坏性”。‘States and Statelessness in Africa’，*Daedalus*，124/3（Summer 1995），148。

[24] Martin Hollis，‘Why Elster Is Stuck and Needs to Recover His Faith’，*London Review of Books*，13/2（24 January 1991），13.

[25] Martin Wight，*International Theory*：*The Three Traditions*，edited by Gabriele Wight and Brian Porter（Leicester，UK：Leicester University Press，1991），99，有关权利和机构的关系以及正当性更为全面的分析，参见第三章。

[26] Amartya Sen，*Inequality Reexamined*（Oxford：Oxford University Press，1992），xi.

[27] 关于启蒙“普遍主义”如何按照这一方式进行解读的论述，参见 Sankar Muthu，*Enlightenment against Empire*（Princeton，NJ：Princeton University Press，2003）。

[28] 在怀特看来，“如果成员之间没有一定程度的文化统一性，那么，就没法形成一个国家体系”，或者，说得更重一点，“一个国家体系预设了某种共同文化的存在”。Martin Wight，*Systems of States*（Leiciester，UK：Leicester University Press，1977），3 and 46。也请参见 Adam Watson，*The Evolution of International Society*：*A Comparative Historical Analysis*（London：Routledge，1992）。

[29] Martti Koskenniemi，*The Gentle Civilizer of Nations*：*The Rise and Fall of International Law，1870－1960*（Cambridge：Cambridge University Press，2002），51.

[30] 有人对自由派转向帝国派进行了精彩的分析，参见 Jennifer Pitts，*A Turn to Empire*：*The Rise of Imperial Liberalism in Britain and France*（Princeton，NJ：Princeton University Press，2005）。

[31] Hedley Bull，‘The Third World and International Society’，in George W. Keeton and Georg Schwarzenberger（eds.），*The Year Book of World Affairs 1979*（London：Stevens and Sons，1979），15. Hedley Bull and Adam Watson（eds.），*The Expansion of International Society*（Oxford：Oxford University Press，1984）. 有人更为批判地将国际法视为欧洲文明意识形态的一部分，参见

Yasuaki Onuma，'Eurocentrism in the History of International Law'，in *A Normative Approach to War：Peace，War and Justice in Hugo Grotius*（Oxford：Clarendon Press，1993），371－386。

[32] Samuel P. Huntington，*The Clash of Civilizations and the Remaking of World Order*（New York：Simon and Shuster，1996）.

[33] Oswald Spengler，*Der Untergang des Abendlandes*（Munich：C. H. Beck，[1922] 1963）；Arnold Toynbee，*A Study of History*（Oxford：Oxford University Press，1934）；and W. H. McNeill，*The Rise of the West：A History of the Human Community*（Chicago，IL：Chicago University Press，1963）及其撰写的汤因比传记，*Arnold J Toynbee：A Life*（Oxford：Oxford University Press，1989）。也请参见伊恩·霍尔（Ian Hall）有关汤因比对马丁·怀特影响的分析，*The International Thought of Martin Wight*（Basingstoke，UK：Palgrave，2006），esp. chs. 3 and 6。

[34] Michael Hechter，'The Role of Values in Rational Choice Theory'，*Rationality and Society*，6/3（July 1994），318－333. 对我们非常有帮助的是，埃尔斯特强调了历史在社会规范运作中的作用。"理性从本质上讲是有条件的、面向未来的。社会规范所表达的必要性要么是无条件的，要么就不是面向未来的（如果是有条件的话）。在后者的情况中，规范使得行动依赖于过去的事件或（更少发生的情况是）依赖于假想出来的结果。理性主体遵循'过去的就让它过去吧、减少损失、忽略沉没成本'这条原则。相比之下，在社会规范的运作中，历史发挥了一个核心作用"。Elster（1989：98－99）。

[35] 关于价值观如何与理性行动互动的例子，参见 Avner Offer，'Going to War in 1914：A Matter of Honour?'，*Politics and Society*，23/2（June 1995），213－241。

[36] Brian Barry，*Sociologists，Economists and Democracy*（London：Macmillan，1970），75－98；以及 James S. Coleman，*Foundations of Social Theory*（Cambridge，MA：Harvard University Press，1990），chs. 10 and 11。

[37] Raymond Aron，*Peace and War：A Theory of International Relations*（London：Weidenfeld & Nicolson，1966），esp. ch. 3。

[38] 参见 Hardin（1995）以及 Ashutosh Varshney，'Nationalism，Ethnic Conflict and Rationality'，*Perspectives on Politics*，1/1（March 2003），85－99。

[39] 参见 Laurence Whitehead，'Afterword：On Cultures and Contexts'，in Hans Antlöv and Tak-Wing Ngo（eds.），*The Cultural Construction of Politics in Asia*（Richmond，UK：Curzon Press，2000），223－240。

[40] 参见 Olivier Roy，*Globalised Islam：The Search for a New Ummah*（London：Hurst，2002），13－29。如果我们理解伊斯兰的最佳方式是把它看成对现代性的一种反应，那么，用前现代

的眼光来看待激进圣战分子就更说不通了，“不管在西方人看来，他们的神学是多么过时，不管他们是怎么看待自己的，激进的欧洲伊斯兰分子显然更多的是一种后现代而非前现代的现象”，303。

［41］ H. L. A. Hart，*The Concept of Law*（Oxford：Oxford University Press，1961），188 - 195.

［42］ John Dunn，'Nation State and Human Community'，以意大利文发表在如下著作中：John Dunn，*Stato Nazionale e Communitá Umana*（Milan：Anabasi，1994）。

［43］ Lassa Oppenheim，*International Law：A Treatise*，vol. 1（London：Longman，Green & Co.，1905），101.

［44］ 有关实证主义及其如何与更广泛的国际法历史相一致的综述，参见 Stephen C. Neff，'A Short History of International Law'，in Malcom Evans（ed.），*International* Law（Oxford：Oxford University Press，2003），41 - 45。

［45］ R. Y. Jennings，*The Acquisition of Territory in International Law*（Manchester，UK：Manchester University Press，1963），2.

［46］ Michael Walzer，'The Moral Standing of States：A Response to Four Critics'，*Philosophy and Public Affairs*，9/3（1980），210 - 216.

［47］ 文献的稀少，反映了法律人不愿意直面这一问题。但是，请参见 Alfred Vagts and Detlev F. Vagts，'The Balance of Power in International Law：A History of an Idea'，*American Journal of International Law*，73/4（October 1979），555 - 580。

［48］ Immanuel Kant，'Perpetual Peace：A Philosophical Sketch'，in Hans Reiss（ed.），*Kant：Political Writings*，2nd edn.（Cambridge：Cambridge University Press，1991），96.

［49］ Julius Stone，'Approaches to the Notion of International Justice'，in C. E. Black and Richard Falk（eds.），*The Future of the International Legal Order*（Princeton，NJ：Princeton University Press，1969），386；对比布赖尔利（Brierly）的看法，“真相在于，国际法没法拒绝承认，一个最终成功的征服的确把称谓改成了领土，就好比国内法也没法拒绝承认，一场成功的革命会改变国内政体的称谓”，J. L. Brierly，*The Law of Nations：An Introduction to the International Law of Peace*，6th edn.（Oxford：Clarendon Press，1963），172 - 173。

［50］ Emerich de Vattel，*The Law of Nations or the Principles of Natural Law*，vol. Ⅲ，translated by Charles G. Fenwick（Washington，DC：Carnegie Institution，1916），11. 参见 Andrew Hurrell，'Vattel：Pluralism and Its Limits'，in Ian Clark and Iver Neumann（eds.），*Classical Theories of International Relations*（Basingstoke，UK：Macmillan，1996），233 - 255。

［51］ Ibid.，8.

［52］ Benedict Kingsbury，'Legal Positivism as Normative Politics：International Society，Balance of Power, and Lassa Oppenheim's Positive International Law', *European Journal of International Law*, 13/2 (April 2002), esp. 422 - 433.

[53] 尤其请参见 Keene (2002)。

[54] Andreas Osiander, 'Sovereignty, International Relations and the Westphalian Myth', *International Organization*, 55/2 (Spring 2001), 266.

第三章

国家连带主义以及全球自由主义

如果多元主义代表了一种反思国际生活的悠久传统，且与古典欧洲国家体系当中一些主导的实践做法紧密地联系在一起，那么，长期以来，也一直有观点认为，经济和社会的变迁以及多元主义自身在道德上的缺陷，将使得多元主义变得过时。的确，这两种观点到19世纪中叶都已为大家接受。在最近学界有关全球治理的辩论当中，大部分人都专注于冷战结束的意义。全球化以及不同社会间在经济和人员上越来越紧密的相互联系；越来越严峻的生态挑战；民主化以及变化中的政治正当性理念；跨国经济行为体持续的增长，以及出现了一个日趋紧密和活跃的跨国公民社会；主要大国之间减少了大规模军事力量的使用，与此同时，许多其他社会暴力形式却在增加；以前，国家作为一块正当的和有效的基础材料，被我们用来构建国际秩序，现在国家的这种地位在很大程度上正在日益受到挑战——以上所有的这些发展情况，看起来都有力地解释了为何出现了日益被人们称为全球治理的新形式，它们还刺激人们去要求进行进一步的变革。但重要的是，我们要在一个更宽泛的背景中来看待20世纪90年代的发展情况，并且，我们也要记住，这些理念的出现是因为国际社会的规范性目标发生了更为长期的改变，在20世纪，这种变化的步伐加快了。

本章要讨论三个问题：

1. 自由连带主义国际社会观的主要特征有哪些？

2. 何种主要力量和因素能解释国际社会连带主义形式的出现，以及为何人们要求国际社会朝此方向进一步发展？

3. 自由连带主义通过何种方式使得我们寻找正当性的努力变得更加复杂？

自由连带主义的特征

连带主义（solidarism）这一术语的使用方式多种多样。对于一些人而言，连带主义是国际规范的实施，以及以国际社会的名义发起战争的可能性，特别是在考虑集体安全的背景下。[1]对其他人而言，连带主义的主要特征，就是在一定程度上国际社会的规范性基础是个人而非国家。[2]还有一些人也通过制度化的深度和广度来审视连带主义。“连带主义定义国际社会的方式，是看各国在相对高或广的程度上共享各种规范、规则和制度”[3]。连带主义也可以指一系列在 19 世纪末 20 世纪初的法国颇有影响力的重要社会理念和学说，它们影响了法国的国际法和那些强调社会相互依存的人，这彰显了连带主义思潮中的另一个流派。“把这些不同的流派统一起来的东西，正是它们对国家和实定法的看法，它们将国家和实定法视为下列事物的指标或功能：社会领域客观规律、经济及工业发展、劳动分工、智识培养、共同之善，以及社会团结。”[4]

在本章中，笔者将以这些早期的用法为基础，将连带主义当作一个复合标签，来指代一个有着本质不同的国际社会，其中，四个维度尤其重要：朝制度方向前进以及全球规则制定的扩展；国际法制定、发展和辩护方面的变革；人们日益强调对国际规范和规则的实施；以及人们对国家和国家主权理解方式发生的变化。

我们也需要对我们为何要专注于“自由连带主义”做一个简短的说明。一个国际社会通过一系列更深层次的共同价值或者各国参与到一系列相对强大的机构的方式来进行联合，这种理念可以采取多种形式，而不仅限于自由主义。也有保守的或反动形式的国家连带主义，神圣同盟（the Holy Alliance）就是一个涉及共同的政治正当性原则和广泛干预行为的很好的例子。同样地，虽然伊斯兰与我们这个由民族国家组成的世界之间的关系既由来已久，又错综复杂，但是，有一种重要的思潮支撑了我们在什么情况下可以广泛地称“伊斯兰形式的国家连带主义”：虽然国家独立存在，但是伊斯兰教既维持着约束着各国的国家间法律，也维持着对这一信仰共同体之内所有信徒都有约束力的跨国法。[5]再者，即便我们关注的是 1945 年之后尤其是 1990 年之后主要西方大国所推动的那种国际社会形式，但是，我们仍然很难说，该国际社会的特征就是“自由的”。正如我们所看到的那样，它当然牵涉到许多核心的自由主题（人权、人道主义干预、集体安全、经济自由化等）。但是，它也牵涉到许多很难称得上是自由的实践做法，比如，在后冷战时期有一种规定性的自由多边主义，在很大程度上是建立在如下基础之上的：不平等实力和高压政治；选择性地采纳某些自由价值，并决定如何和何时去实现这些价值；持续地践踏我们所说的自由主义的知识论条件——有一种自由的信念，认为人类知识的获得取决于质疑和修正；开放包括国际层面在内的自由机制对于质疑和修正极其重要，也对防御包括自由原教旨主义在内的各种各样的原教旨主义思潮极其重要。

朝制度方向前进以及全球规则制定的扩展

机制可以被定义为一系列嵌入稳固的和持续进行的社会实践当中相互联系的规范和规则（不管是交易的、管制的，还是建构性的）。[6]我们可以从一些说明性的数字中来衡量这种变化。在 1909 年，有 37 个政府间组织（IGO）以及 176 个国际的非政府组织（NGO）；截至 20 世纪 90 年代末，已经增加到 260 个 IGO 和大约 5 500 个国际的 NGO。[7]或者，考虑一下我们对国际社会缔约步伐加快的估算：1648—1814 年间有 3 000 个；1815—1919 年间有 4 000 个；1920—1945 年间有 5 000 个；1945—1980 年间有 30 000 个；1980—1995 年间有 25 000 个。[8]再或是考虑一下诸如北美自由贸易协定（NAFTA）这样重要的国际协定的复杂和密集程度，NAFTA 协议长达 26 000 页，或者新成员国必须采纳的、立法总篇幅达 86 000 页的“欧盟现行法”（acquis communitaire）。

但是，这一变化中的制度动态过程并不仅仅是一堆数字，也有全球规则制定在范围和目标上的变化。多元主义集中于那些处理战争、和平和外交的有限规则，与此形成鲜明对比的是，连带主义合作追求通过新方式来促进和平和安全（这涉及日渐限制国家使用武力的权利，以及“诉诸战争权”（jus ad bellum）卷土重来，武装冲突法和人道主义法迅猛发展，以及人们增加了对何为和平和安全之威胁以及何为集体回应新形式的理解）。连带主义旨在解决诸如应对环境挑战或规范日益一体化的全球经济等共同问题。它也追求维系和推广诸如自决、人权以及政治民主等共同的价值观。规则不再关注规范国与国之间的交易，而是牵涉到一系列范围不断扩大的“跨国界”议题，这些议题非常深远地影响着国内社会的组织方式。国际协议越来越直接地针对个人行为体，这反映了在很大程度上为制定经济发展、环境保护、人权、难民危机的解决方案、打击毒品或反恐的有效政策，都要求一系列范围广泛的国内政治、经济和社会主体的参与。国际管制越来越涉及广泛地改革国内、法律以及行政等方面安排的积极义务，而非对国际行为的限制或禁止。比如，从关贸总协定（GATT）前进到世界贸易组织（WTO），以及把与贸易有关的知识产权和投资措施囊括进来，这两个变化把贸易法带到了一个超越关税措施的地带，带进了国内立法的新领域。

国际法的特征发生变化

正如我们在第二章中所言，对于思维方式仍然是传统式的国际法律专家而言，我们最好不要把法律视作一个抽象的或者清晰界定的规则体系。它是一种紧密联系于充斥着权力的和政治的混乱世界的各种实践。的确，国际法的现实正是来源于上述那种联系，也来自它协助解决实际问题的方式——而非来自法律在何种程度上“最终胜过”了无数其他决定国内政策的因素，也非来自某种有关“究竟是何物才使得法律具有约束力”的理论命题。[9]法律是一种行为，而非知识的总和。[10]虽然该模式在实践中仍然拥有巨大的活力，但是国际法已经演变成为一个远远要复杂得多、旨在构建和掌控全球治理的规则、实践和制度之总和。

法律协议的覆盖面呈几何级数增长，并且法律采取的形式以及法律协议的种类都已经发生了重要的变化。比如，韦勒根据法律以及立法的不同层级列举了这些变化的特征——以前，绝大部分是双边、契约式条约；现在，更多的是强调多边协议、重要的宪章条约（比如《联合国宪章》），以及一系列厚度正在不断增加的行政和管制规则。[11]如果我们去看产生该法律的活动场所和论坛（比如，1992 年的“联合国环境与发展大会”（UNCED）这样的特大型国际会议发挥了越来越重要的作用）以及所牵涉到的行为主体的话，就会发现立法过程已经变得更为复杂。因此，更多的人注意到了 NGO、非国家行动者所扮演的角色，以及各种各样的跨国网络——比如，基于知识的网络，包括经济学家、法律专家或科学家；或者跨国倡议网络，作为资金和实物资源流动，以及更为重要的信息和理念流通的渠道。那么，法律就不再由一小撮聚集在外交部门及其周围运作的国际法律专家共同体来制定和解释；相反，法律涉及一个范围更为广泛的主体，以及一个更为宽泛和松散的“释法群体”（interpretative community）。

“国家只能受约束于自己明确同意的规则”，这样一种约束的范围已经大幅度缩减，同时，国家认可（state consent）那坚硬的棱角也开始慢慢被磨平。通过国家认可来立法的那种模式究竟在多大程度上精确地反映了现实，是一个仁者见仁智者见智的话题。但是，给予或拒绝给予认可这一问题，常常不仅仅只是一个自由运用意志的问题，并且在有些情况下可能完全不是自愿行为。我们可以部分地从实践和学说的发展情况中来进行推断：限制对条约做出保留的权利；人们不再“将国际习惯法与即时

(instant) 习惯法的出现等同起来"; 人们更多地强调法律的一般性原则以及优先性规范 (pre-emptory norms); 在一定程度上，某些国际条约能够使得那些"被普遍接受的国际标准"适用于所有当事方，即便他们从未明确表示接受这些标准，正如 1982 年《联合国海洋法公约》中有关海洋污染的条款所示。而且，人们还可以部分地从法律制定进程的发展情况来进行推断。在许多领域，以一般原则为基础的多边条约机制在急剧增长，它们随之被不同的专家委员会转化成详细的且常常是技术性很强的规章制度。国际组织开始采取如下决策程序：多数方所采纳的法律文本将对所有成员（或者至少所有那些不反对的成员）都具有约束力。在制度化机构中通过多数投票来进行决议（不管是执行部门——比如联合国安理会，还是全体性的大会——比如联合国大会)，可以产生对所有成员都具有法律权威的决策，比如对条约进行解释、决定制裁等。条约经常是作为一揽子整体来进行谈判的，在这种情况下——如果国家想要享有成为成员之后的权利——它们就必须接受所有的义务，例如 WTO 中的一揽子承诺。即便个别国家正式地拒绝同意某条将出台的规则，但是，如果国际习惯法中某条新规则得到广泛支持，那么，一个或两个国家也难以一直保持对抗的姿态。从学说以及政治实践这两方面来看，对于认可的传统认识已经被侵蚀（但并未被废除）；而且，"有效退出"的现实性也受到了限制。

国际法庭和裁判庭的数量也在稳步地扩张。现在有 80 个左右，其中 15～20 个扮演着重要的角色，一些还被视作引入了法律管制的新纪元（比如 WTO 争议解决机制)。[12] 国际法已经开始从一个水平的、二元的、自助的体系转变成为一个日渐厚重的三元的或多边的结构，并带有一系列不断扩展的仲裁、法庭和专案组。国际仲裁的增加也涉及更多地强调一般性法律原则（和针对具体争议的特定材料和不同渊源）以及如下理念：法官和卷入国际仲裁中的人应当被视为（并自视为）全球法律共同体的代理人，而非某个具体国家的代表。最后，国内法与国际法之间互相渗透的程度也大大增加。国际法已经成为国内法制定越来越重要的渊源，在国内层面的法律裁决中更为广泛地得到运用。

相比于双边主义以及传统国际法的契约性特征（还有制度主义强调单一议题领域和公开谈判)，国际法越来越被理解为一系列一体化的实践做法和一整套相互联系（但不必然统一）的规范体系，在其中，如下两者扮演了重要的角色：历史发展阶段，以及随着时间的推移而演化出来的特定法律学说或概念。因此，某则规范的内容及其附属义务的强度，就和它在更广泛的规范秩序之中所处的位置有关。并且对于许多教授法律和从事法律工作的人而言，“全球法律共同体”这样的一个理念开始变得越来越真实。这一观念对于评价国际法的“影响力”而言具有重要的意味。按照这种观点，人们不应当仅仅从正式条约谈判、越来越琐细的协议法律化，以及委任权力给特定机构用以解决争议的视角来看待法律。这种固有图景错失了法律秩序是如何作为一个整体而有助于“正当性和义务，以及从非正式到更为正式的规范这一过渡过程中正当性的延续”，同时，这种固有图景也没有看到法律秩序对国际政治实践那富有创造力、生发力和建构力的影响。[13]

从各方一致同意的连带主义到强制的连带主义

第三个维度所涉及的内容应当是，许多人努力要超越国际法那从传统而言非常“柔性”的遵守机制，向前迈进，使这一更有抱负的社会中的规范更加坚强有力——这一前进是从各方一致同意的（consensual）连带主义到强制的（coercive）连带主义。从传统上讲，国际法和机构大多数都以“柔性”实施制度为基础。在国际法的大多数领域，对不遵守行为的制裁总是很软弱，很少会强制性地要求国家诉诸有约束力的第三方程序来解决争端，更遑论各方都同意的强制性执行制度——虽然反措施以及得到集体认可的报复性行为（正如在GATT/WTO的语境中）也是至关重要的。

这场争论的一部分（但仅限于这一部分而已）关注了如下可能性：联合国或许可以起到一个集体安全体系的作用，在正式的国家间侵略发生时，以及那些拓展了传统国际和平和安全观的内战或内部武装冲突发生时，该体系有能力执行安理会的决议。正如我们将在第七章中所讨论的那样，在联合国和地区性组织这两者中，存在范围层层扩大的多边行动：从不承认到采取经济制裁、冲突解决和政治重建、含有强烈人道主义成分且更为强调军事力量和强制的维和/调停、军事干预（以恢复一个被推翻的政府）、进行国际共同管理（在其框架下，国家主权被搁置，转而由联合国或其他组织担负起正式的政府责任），最终到大规模的集体执法行动。同时，注意到如下事实也很重要：联合国安理会在监督各方遵守军备控制制度上肩负起了更大的责任。

但是，上述这些发展状况仅仅只是范围更广泛的朝强制连带主义方向发展的变动里面的一部分。一个重要的例子就是通过各种形式扩大附加条件（conditionality）。[14]

虽然附加条件的定义很复杂，但是其核心理念足够清晰：个别国家和多边机构都对经济利益的分配附加了多种正式的、特定的和制度化的条件限制，目的在于对其他国家施加压力，让后者采纳特定类型的国内政策。一直到20世纪80年代中期为止，正式的附加条件大多局限于国际货币基金组织式（IMF-style）的宏观经济政策条件。从彼时起，在经济领域中就出现了一个非常重大的扩展，朝向详细的微观经济改革条件，以及一个更为重大的拓展，那就是超越经济领域，转而促进善治、人权、民主、环境目标和可持续发展以及对军事预算的规模和种类进行限制等因素。在这里，要害在于看到如下情形：首先，一个重要的变化是，不再把附加条件看成是某个特定经济谈判或合约的组成部分；其次，将政治和善治的附加条件稳定在国际金融机构和诸如“八国集团”或经合组织（OECD）发展援助委员会等其他国际组织之中。[15]另外一个重要的附加条件范畴，始于正式地建立起吸收成员到某个特定的经济或政治团体当中去的准入标准，该范畴即如下理念：某个联盟、经济区或者国际机构的成员身份，取决于具体的成员准入标准。因此，在欧洲和美洲，期盼成为某组织成员的国家就不得不排队等候。为了排到队列的前面去，怀揣憧憬的政府就不得不调整其国内政策，以达到组织所要求的标准。在欧盟的情形中，附加条件对于准入进程及其所有的结盟协议而言都同样重要。

将国际法构想成一个水平的合作秩序，这一理念的根基是如此深厚，以至于许多国际法律专家直到现在都还对“强制执行”的观点感到不安。但是，朝向强制连带主义的变动，已然成为国际社会中最为重要的变化之一，经常围绕在法律秩序这一形式中心的周边运作，并提出关于“国家认可”之本质的古怪问题。

国家在角色和位置上的变化

连带主义作为一种思考国际秩序的方式，以及作为一种规范性的体系，明显涉及主权国家理念中非常重要的一些变化。国际法和国际机构日益想要限制各国除了自卫目的而使用武力的权利，将公民与自己国家的关系放在人人都同意的国际标准的约束范围之内，并越来越深地使之进入到国内社会的经济组织方式之中。过去，主权的含义是自由地选择经济、政治或社会制度以及对外行为，现在这种主权已经大大受限。过去，主权的含义是国家支配国民的权力，现在，这种主权被人权法侵蚀了，被日渐增多、各种类型的全国法院和国际法庭侵蚀了。因此，我们看到，人们开始不再将主权视为某种绝对的独立性主张，或者标志着某个封闭型国家俱乐部的成员资格，而是将其视为一整套变化中的资质、某种地位，以及某种参与一系列日益复杂的国际交易的能力。

但是，在所有这些具体限制的背后，还存在着一个范围更为广泛的理念转变，即把国家看成世界秩序的主要代理人。在多元主义的世界中，国家可以被理解为“代理人”，其含义就是行动者或者权力运作者，而且，国家的所作所为都是为了自己：“万国法是主权者之间的法律”，这是瓦泰勒的至理名言。[16]但是，连带主义的规范性议程在不断扩大，这引出了代理的另外一层不同的含义：代理人即为了他人或者以他人名义开展行动的人。在连带主义秩序中，国家不再以主权者的身份出现。相反，人们首先假设国家代表了个人、群体和民族社群，因此，国家就是他们的代理人；其次，国家代理或阐释了某种国际公共善的观念以及某种核心规范集合，人们根据这些规范来评判和评价国家行为。连带主义最重要的一个方面就是认为，建构了国家及其所代表之内容的那些规范已经成为法律规范秩序当中的一个正式组成部分。因此，针对国家这一术语的含义，人们有不同的理解，对于国际法和国际社会实践而言，这些不同理解之间的关系就变得至关重要：国家体现了民族或人民；国家是一个由领土组成的政体；国家是一个组织单位，管理社会并从中抽取资源。[17]就有关人权、自决权和政治民主（这一方面正在日益增加）等规范而言，我们很明显能看到这一趋势。但是，管制规则也可以具有重要的建构性效应。因此，全球经济中许多规则日渐增长的密集和渗透程度影响了“正当国家”这一词语的含义，并塑造了国家在国际层面上开展行动的能力。

但是，正是在这里，自由连带主义面临着一些最棘手的问题，这些问题存在于法律秩序本身之中，更为显著的是，这些问题也存在于法律与政治的关系之中。同样地，虽然民族自决原则已深入法律秩序之中，但是，国际社会没有能力去制定任何一整套稳定的和连贯的规范和规则以实施该原则。因此，虽然连带主义的逻辑指向主权的附加条件，朝这个方向前进的趋势过去一直都存在，而且将来也还会是人们面红耳赤进行博弈的对象。也因此，虽然全球经济管理的许多方面的确有指向协调和同质化的可能性，但是，社会差异在什么范围内才是正当的这一问题将会继续催生政治争议。

怀疑论者也许会承认这四个变化的范畴，但是会怀疑它们在多大程度上代表了具有政治重要性的发展态势。他们指出了许多机构的缺陷——在一定程度上，许多国际组织是以成员为基础的，没有大型的和范围广泛的秘书处或显著的资源，正式的超国家权力大多时候都受到限制，大国有能力扭头走人、不睬众人。此外，我们理解制度本身的角度可以是：国家对全球化的诸多限制做出应对，而且，制度关乎国家权力的**树立**（assertion）而非其**衰落**（decline）。

对于这种观点我们可以有两个回答。第一个回答是，当制度的罗网（institutional enmeshment）收拢时，在该体系之中，哪怕国家再强大，这张罗网的重要性都不可低估。虽然不难强调具体制度的缺陷，但是，范围正在日渐扩大的不同主体和行业组成了一张制度的罗网，这张罗网的累积效应是很难否定的。同样地，分析具体制度中的授权，既没法应付法律秩序中的系统性变迁，也没法解释：假以时日不断张开的制度罗网，会通过一定的方式引导着人们在理解国家利益、国家行政组织以及国内法律实践等方面发生重大变化。在一定程度上，法律秩序已经十分复杂，即便是强国也都很难控制它。这就是为何美国对国际法的挫败感会越来越强。它改变了如下两方面之间的平衡：一方面，法律有巩固权力和创造正当性的优势；另一方面，限制和进入制度罗网是有成本的。

第二个回答认为，正是因为影响力不一——这才是最重要的地方——日益扩张的制度罗网已经创造了新形式的全球不平等，在一系列影响社会、经济和政治生活方方面面的议题上，绝大多数国家都日渐成为“规则接受者”。因此，在后冷战时期，一个占主导地位的举动不是朝着主权终结的方向移动，而是回归到更传统、由相互区分的主权组成的世界中去。制度化的特征变化意味着这样的区分不只是野蛮权力的结果，而是体现在国际法律秩序本身所具有的特征和运行之中。一方面，在此之前的法律体系在很大程度上是以认可为基础的，人们有能力选择退出，但是现在这种能力大大受限。另一方面，拒绝接受那些不可贬低的核心法律规范或者那些强国尤其看重的价值观，会带来如下风险：被贴上“无赖”或“贱民”的标签。因此，朝向强制性连带主义的移动，就会重新带来那些陈旧的、排他主义的国际社会观，这提醒我们注意主权在传统国家体系中双面的特征：一方面，主权对于欧洲国家之间进行宪政和建构性谈判至关重要；另一方面，它建立了权威的和复杂规则的制度，以便决定授予谁和不授予谁正当政治共同体的地位。

解释自由连带主义的发展

在政治评论和学术分析中，主要存在三种解释性叙述：第一种聚焦于利益和动机；第二种聚焦于价值观和身份；第三种聚焦于实力和强制。

利益

相互依存和全球化所创造的那些难题，只能通过更强、更深和更有效的国际合作才能解决，对于这样的说法，我们听得耳朵都起茧了。大规模战争成本不断攀升，其他形式的不安全也造成了威胁；经济、生态和社会的相互依存不断加深；在很大程度上不同社会之间相互依赖的程度也在加深，这些都急剧地增加了国际合作的需求。按照这种看法，一个最低限度的国际秩序目标已经变得越来越不合时宜。正如我们在引言里面说的那样，人们常常是在理性主义、利益驱动的理论框架之内来研究机构、制度和治理的扩展。从这一视角来看，日益加深的社会、生态和经济上的相互依存产生了各种各样的集体行动难题，而这些规范和制度的目的，就是提出方案去解决这些难题。

因此，国际机构如雨后春笋般涌现，这紧密联系于全球化和程度日益加深的跨国交易和沟通。我们需要制度来处理这些在全球化世界中出现的、日渐复杂的集体行动困境。我们制定规范、规则和制度，是因为它们可以帮助国家和其他行为主体去处理公共问题，还可以增进我们的福利。为了避免功能论解释的循环论证，本书采用的视角主要是以行为主体为中心的（actor-centred）。[18]全球化格局已经改变了，源自全球化的那些难题和可能性影响了行为主体（国家、社会利益集团以及私人行为体）的利益和政策偏好。合作与和谐不一样，合作也不必然具有积极的规范意义。[19]相反，我们的目标是将自利看成是一种给定的（given）属性，并寻求解释在什么样的条件之下治理能发展起来，并采取了哪些不同的形式（比如，集权的程度、公私管制之间的平衡或者法制化程度）。相互依存使得人们能够在巨大的范围内获得共同的收益，但是，在无政府状态的条件下合作将会是困难的，因为履行协议有困难，而且还有作弊和搭便车等各种诱惑。制度让国家合作变得更容易。它们通过降低交易成本，保证有稳定的条件以供多边协商，确定焦点问题以便协调行动，提供框架以便富有成效地把议题联系起来，以及增加声望价值等各种方式，影响行为体对于策略的选择，这一选择并非出于自身内在偏好而做出的。政府之所以授权给政府间机构，是为了管理政策外部性、协助集体决策并提供更为有效的冲突解决机制，并加强国内政策的可信度。有一些认知视角避开了理性主义，转而强调知识的作用，尤其是科技或技术知识在转变国家对利益的理解方式以促进合作的过程中发挥的作用。[20]

价值观

人们抗议多元主义无政府社会的有限性、残酷性和失败之处，这些抗议是和该社会同步出现的。在这里，我们可以援引康德对格劳秀斯和瓦泰勒的攻击，说他们是“可怜的安慰者”；卢梭还主张说，在人们从各方面对私人战争保持警惕之时，我们已经点燃了“可怕程度上千倍”的民族战争，并且，“在加入某个特定的人类群体时，我们实际上已经宣告，我们是全人类的敌人”[21]。有人将战争视为对道德观或文明观的永恒冒犯，从 18 世纪开始，持这种观点的人数量激增，且组织的数量也大大增加。他们的影响力可见于各种和平运动、进步主义国际法律专家的理念，以及日渐增多的自由和社会主义党团的各种纲领之中。当然，我们也需要注意到，一战极大地影响了欧洲人的看法，人们认为有必要去改变和转变国际关系的无政府状态，二战和犹太人大屠杀促使人们施加压力，要求人权在构建国际法和战后多边秩序的过程中发挥更为重要的作用。

进步变革的理念本身就是历史的产物。我们来看战争：毫无疑问，人类一直以来都渴望也梦想着一种真正和平的可能性，这种和平超越了简单的共存，并承诺要终结暴力、骚乱和冲突。但是，“可以且应当将根除作为社会和政治生活元素的战争和暴力”是一个相对现代的观念——在欧洲思潮中情况就是如此。正如西德尔（Ceadel）的解释所言，人们曾宿命论地接受战争作为人类事务中一个自然的和不可避免的成分，但是，只有在 17 世纪和 18 世纪的历史进程中，人们才逐渐开始持续不断地挑战这种宿命论的观点；和平变成一个可以想象的政治现实；宗教和政治运动也开始按照这一理念而组织起来。人们必须要创造出和平与国际关系和平理论。[22]

如果人们呼吁道德变革的部分原因是我们要对战争和冲突的野蛮残酷做出回应，那么，其他原因则在于，这个世界上最发达的伦理体系——不管它是宗教的还是世俗的——大多数都有一些内在的共同成分，而人们有动力去把这些成分普遍化。一个"秩序至上"（order-privileging）但却给正义留出很少甚至没有任何空间的有限体系，很难与世界上任何重要的宗教学说相契合。在其他势力（同样不管是宗教的还是世俗的）看来，正义的动力联系于如下信念：以前"我们共享一个地球"这样的观念很抽象，但是现在全球化和日渐加深的相互依存给了这种观念更大的现实性，而且有助于打造一种世界大同的道德意识，不管这种意识是否尚处在萌芽阶段或者是多么脆弱。正如我们所看到的那样，许多人认为这种世界大同的伦理要求我们更加注意个人和集体人权的问题，而且我们还要去表达和推广某种全球公共善的观念。大家已经形成这样一种共同的直觉，而且这也是一个大家充分进行学术争论的主题，即全球化和现实的相互依存也许最后会提供某种物质基础，实现康德在1795年论述的那种道德相互依存性，"地球上的各个民族由此就在不同程度上进入了一个全球共同体，该共同体已经发展到了如下地步：任何一个地方发生侵权事件，**全世界**的人都能感受得到"[23]。

从分析角度来看，理念、价值观和身份的角色，推动我们走向了范围广泛的建构主义。[24]建构主义者认为，制度之所以重要，是因为它们的所作所为不只反映实力（如新现实主义者所言）或者解决集体行动问题（如制度主义者所言）。它们之所以重要的原因还包括，它们有助于解释为何新的规范会出现并在国际体系中得以传播，国家利益是如何变迁和演进的。制度在规范传播的过程及其不同的内在化和社会化模式中发挥了重要作用，经由内在化和社会化，弱小的行为主体开始吸收这些规范。制度也是一个论坛，在那里，国家官员被暴露在新的规范之下；制度也可以作为传播规范和新自由主义经济理念的渠道或途径；制度也可能会通过国家对外"锁定"战略或通过跨国公民社会所施加的压力强化那些业已开始发生的国内变迁。因此，制度的"优势"可以从"它们如何转变行为主体对问题和潜在合作结果的认识"这一角度来理解。制度之所以有优势，是因为它以一定的方式创造和嵌入了社会化进程，通过这些进程，规范和价值观得以传播和内在化。制度不是关于以何种方式去帮助行动主体获得事先给定的利益；相反，利益和身份都是在进行互动、陷入制度的罗网以及由此导致的法律、行政和认知内在化的过程中得以塑造和再塑造的。那些并非国家主义分子的建构主义者强调相似的社会化、规范传播和内在化进程；但是他们强调，跨国公民社会是这些进程最重要的竞技场，非国家行动主体是最重要的参与主体。[25]

实力

正如我们在本书多处论述中可以看到的那样，不同的国际法模式以及治理模式的变革，已经与实力以及实力的分布紧密地联系在一起——这一点不仅在国家体系中可以看到，在全球经济和跨国公民社会之中也可以看到。实力对于解释特定制度之所以存在及其特征，以及实力在制度选择中所发挥的作用而言都是重要的。即便制度只关乎如何有效、及时地处理那些与全球化联系在一起的外部性以及负面的溢出效应，但重要的是我们要回答人们应选择何种制度及为何要选择这种制度的问题。实力，而非效率或时效性，常常是该选择的核心决定因素。再者，单边主义与人们在全球层面上的管制需求是相容的。比如，在许多领域，美国试图去规避国际法的限制，而代之以本国法律的外部化或域外实施：通过授权、单边制裁，将美国法院当作国际法院；此外，还有在安全管理、航空标准和互联网的开发等领域，采取被尼科·克里施（Nico Krisch）称为“间接治理”的管理方式。[26]

国际关系研究常常聚焦于制度以及在制度层面上的实力分布这两者之间的关系。因此，霸权稳定理论源自如下主张：存在一个霸主或处于支配地位的国家是保证“供给”的条件。[27]人们常常通过如下方式来看待实力：存在一个霸主或处于支配地位的国家，作为“供给”的条件，如果缺乏这些条件，则我们就没法满足人们的合作“需求”。因此，霸主能够运用一系列范围广泛的胡萝卜加大棒措施，来打击不守规矩、作弊以及搭便车等行为。

我们也可以考察，从更具体的方面来讲，大国要具有什么样的政治动力才会参与到国际制度的创建和运作当中去。首先，制度有助于扩展、夯实和巩固实力。它们对规则成本的影响极大，尤其能帮助人们减轻对直接的强制性手段的过度依赖，这些手段通常有风险且代价高昂。同时，制度还能“锁定”那些人们偏好的价值观以及政策。因此，国家常常运用制度来推广所谓的“周边环境目标”（milieu goals）。以美国为例，制度所起到的作用是“作为传导机制，致力于将美国的价值观（比如促进民主和市场改革）普遍化”[28]。用制度作为平台来推广自己偏好的价值观，把其他国家锁定在特定的政策选择之中，这就是所谓的“实力的另一张面孔”：制定议程，来“决定有哪些待决事项”，并将自己的偏好发动起来的实力。[29]但是，实力不仅仅只是关乎某个国家试图改变或者塑造他国的行动——让他人去做自己不情愿的事情。我们不能将其简化为某些给定主体之间的互动。实力也关乎行动的构成，以及行动的实质性和话语性条件。这样的理念有时候听上去有点抽象，且过于结构主义。[30]但是，这种理念的应用是非常直接和重要的。比如，让我们考虑一下这样一种情景：在 20 世纪 80 年代和 90 年代，存在一种由国际金融机构（IFIs）和美国财政部（US. Tresury）来推行的市场—自由经济的正统理念。这一理念实实在在地把财政部门和央行银行家打造成处于核心地位的行动者，这一点，在对外经济政策以及国内经济管理的方方面面中都可以看到。通过国际和地区性机构的运作，实力在政府之间转移：医疗和教育政策实际上变成由财政部长和央行银行家来制定，反过来，这些人又身处特定的国际和跨国网络之中。它也包含了有关发展和对外经济政策的论述，这些论述使得其他的价值观和声音显得不正当了（delegitimized）。

与实力相关的利益，它的另一种类型关乎战略制约（strategic restraint）理念，以及体现该理念的机构所发挥的作用。根据该理念，如果一个支配性大国希望维持其支配性地位，那么，它就应当根据战略制约来展开行动，以期防止潜在竞争对手的出现。[31]一个理性的霸主会致力于某种程度的自我克制以及制度性的自我约束，以此来减少他人的受威胁感。[32]也有人强调一种类似的逻辑。他们相信，美国目标的最佳实现方式，是更多地强调其“软实力”——通过文化仿效或者意识形态吸引力所表现出来的实力。[33]软实力使我们的注意力聚焦于如下因素之上：文化所表达的那些价值观，一个社会在多大程度上能被视为其他社会的楷模，以及推广某种国际和全球秩序观的能力。

第三，制度能为特定方面的外交政策提供一种“正当性缓冲”（legitimacy buffer）。比如，国际经济和金融机构所提供的“正当性缓冲”，对于美国在许多发展中国家和转型经济体中发挥影响力而言是至关重要的。我们可以设想如下这样一种与事实相悖的场景：在 20 世纪 80 年代和 90 年代，人们如果想要推进经济自由化和新自由主义改革，都必须通过美国进行直接施压和直接干预，而非通过世界银行和国际货币基金组织的政策和附加条件。正如我们在如下论述中将会看到的那样，最终，制度对于在更大范围内对不平等实力进行正当化这一问题而言是至关重要的，不论我们从哪一个角度（古典现实主义、自由派或者新葛兰西主义）来看待这一问题，情况都是如此。

也有一些与实力相关的重要利益，影响了弱国对不同的制度采取何种政策。正如人们所期待的那样，这些利益有助于解释为何弱国常常会如此偏爱将制度作为平衡实力的一种手段，且愿意接受那些哪怕是按照等级制来组织的机构。首先，机构通过已有的规则和程序能限制最强国的自由，从而为弱国提供重要的影响力平台。最基本的目标是以尽可能多的方式把格列佛这个巨人绑起来，而勿论个别机构的绳索有多细。其次，机构提供了“发出声音的机会”，使得那些相对较弱的国家能让世人知晓它们的利益诉求，并在更为广泛的理念市场上寻求政治支持。最后，而且也是相关的一点，就是机构通过一种可以称为“体制内能动主义”（insider activism）的方式，来为影响力提供机会。这就涉及人们要在机构内部进行紧锣密鼓的运作：作为外交努力的催化剂；开展大量幕后工作来组织会议和推动后续会议；把专家组组织起来推进议程；充分利用那些被称为机构平台以及规范性容身之处（normative niches）的事物，这些事物创造了腾挪的余地，并且塑造了人们对问题的理解方式。

第四，机构提供政治空间，以便构建新的联合，来达到如下目的：通过让它们与自己的利益相一致的方式考验并影响那些新兴的规范；并且制衡最强国的偏好和政策，或者至少使其偏离方向，无法得逞。

第五，排斥是有代价的。弱国也很可能进入某制度或机构，即便该制度或机构无法反映它们的利益，这样做仅仅只是因为待在圈外的成本过高。然而，无论弱国多么醉心于激发机构平衡实力的潜能，在现实中都还是会遇到许多严重的、反复出现的困境。正如从GATT到WTO这一过程所显示的那样，如果弱国在实质性议题上做出让步，以换取一个更为法制化的制度性争端解决程序，那么，它们能有多大的信心去相信强国将会守规矩？而且，它们在多大程度上能有效地运用法律、金融和技术等资源来运作争端解决机制？在涉及哪些方面的情况下，在实质性议题上的退让会大于程序或过程中的好处？

我们在朝着制度的方向发展，更重要的是，在机构内外还出现了规范性的扩张，如果我们把发展和扩张视为只是强国强迫弱国接受的过程，那么，这种观点就会把我们引入歧途。实力的本质不那么直观，把原始的实质性实力转化成有效的政治行动是一个复杂的过程。新规范和理念的创制和制度化最真实地表现了这一点。因此，被殖民的世界起来反抗西方统治，的确涉及许多主流法律和政治规范的重要转变。比如，那些有关征服与殖民主义、不干涉内政、自决以及种族平等的规范。还有，即便有些时候显然是强迫他国接受霸权，现实也还是会因为如下情况而变得更加复杂：除了显而易见的霸权实力之外，还有自愿接受他国优先地位（freely accepted primacy）以及主动邀请他国来当帝国（empire by invitation）的情况。最重要的是，随着国际法律体系的完善和复杂程度的增加，随着全球化打开跨国政治行动的新渠道，对于强者而言，创造规范的过程变得愈加难以控制。因此，那些貌似弱小的国家，也能利用机构平台，且运用现有的法律论辩方式来推广那些常常是影响深远的法律新规则和体制。规范性扩张这一进程的许多方面，都是由非国家团体以及跨国和跨政府联盟来推动的，最显著的莫过于人权或环境领域。

但是，二战后的确出现了自由连带主义，其中心在于一个关系密切的制度性核心，该核心紧密地勾连于美国与西方范围内的冷战盟国及伙伴国之间的往来。这一美国领导的体系，包括跨大西洋及跨太平洋区域秩序及其联盟体系，涉及一个安保、政治与经济领域之中密切的规范与体制网络；一整套多边经济协议及体制（布雷顿森林体系、GATT、OECD，以及后来的 G7/G8）；一个以联合国形式出现的、无所不包的多边政治组织。[34]对于现实主义者而言，美国之所以有动力参与这一力度如此之大的制度建设，是因为它担心来自苏联的威胁以及冷战的限制。这也是为何现实主义者曾预言，冷战一结束制度化和合作就会崩盘。根据伊肯伯里（Ikenberry）“自由—现实主义”的论述，这种安排现实的一面反映了冷战的逻辑，这在于它非常强调维持势力均衡、核威慑以及核遏制；相较而言，这一安排自由的一面则强调有约束力的安保纽带、开放市场以及广泛的互惠。但是，针对这一以美国为中心的秩序具有哪些确切特征这一问题，我们不管持何种观点都不得不承认，许多多边体制的兴起显然是与冷战分不开的，而且，20 世纪 90 年代兴起的自由连带主义，也是在继承了这一体制核心的基础上构建起来的。我们大家也都明白，冷战终结带来新的势力分布状况，该分布的中心在美国和发达国家。这就终结了此前来自东方国家和南方集团对西方所持有的国际社会观的挑战。自由连带主义的稳定与正当性是没法与一个高度实力不平等的历史背景割裂开来的，自由连带主义生于斯、长于斯。

对于国际社会变化中的体制动态情况而言，大多数人的解释都是围绕着这三种分析性的叙述。但是，在这些叙述之上，我们还要加上国家发生深刻变革这一因素，这种变革从 20 世纪早期就加快了远离对主权者财富和权力的狭隘关切，向日渐深入地参与到社会、经济和政治生活中的方方面面迈进。这是个重要因素，能帮助我们理解为何时至今日，**全球化的政治**（the politics of globalization）与往昔相比，会变得如此不同。最后一个因素推动了国际规范的范围不断向外扩张，也与国家的特征有紧密的联系，但此时是和国家的弱小或无能联系在一起。如果按照国家主义模型的假定，国家应当提供地方化的秩序，而相当多的弱国不再有能力提供这样的秩序，那么，对于一个以国家为中心的国际秩序观而言，这个因素就显然是异常重要的。弱国及其所产生的挑战并不鲜见。我们可以来看一下下面这段19世纪的评论，与今日学者的呼吁其实形成了遥相呼应之势：

> 所有人事实上都不是完全自由的，所有国家也不是完全享有至上的主权。可能会有名存实亡的国家——政府已经无药可救、治理乏力，但却还要在这种状态下奔波，而且，还要靠着某种无常的、变幻莫测的空头名义，实施一些权宜政策来维持局面，一方面是为了避免让人觉得丢脸的政府崩盘，另一方面也是为了尽可能地防止凶残的野蛮行径和粗暴的压迫行为（经常发生的情况是，这样的努力姗姗来迟）。（不干涉内政的）原则不适用于上述情形，而且，如果国家病入膏肓，那就必须干预，因为这样的病态是一种罪恶。我们必须尽最大的努力来消灭这种罪恶。[35]

同样，弱者制造问题，这些问题会影响国际关系中范围更广泛的动荡，发生这样的情形也不鲜见。至少从第二次柏林危机开始，所有冷战的主要危机都发生在发展中国家，在那里，不稳定和脆弱的国家导致了超级大国之争，就其自身而言，它们也同样是超级大国干预的牺牲品。[36]

弱国在冷战期间已然成为国际政治中的一个主要议题。[37]在世界各地，国内“秩序”和国际“无政府状态”这种过时的区分改头换面，重新登场；越来越多的国家被认为是处在崩溃边缘；国际社会面临着越来越多要求采取行动的呼吁，以防止国内问题演变成国际问题，在广泛的国内冲突之中坚守人道主义规范，并确保那些影响到局外人的政策在地方得到有效实施。我们将在以后的章节之中讨论这些议题具有哪些确切的属性、范围以及意蕴。在这里，我们只要看到如下方面就足够了：我们必须注意到，在一定程度上，越来越多的人将注意力集中在国家无能上，由此出现了所谓的“新干预主义”（new interventionism）。这种趋势发展的程度已经涉及国际社会在规范层面上的抱负出现了进一步重要的扩张，将如下两个阵营联合起来：一方面是关心秩序、固执的实用主义者；另一方面是关心人类安全、人权以及正义的自由派进步分子。那么，如此一来就出现了两个最为核心的结果：其一，这刺激了新型的干涉内政的规范和实践。其二，有两个因素影响了全球安全：(1) 从生活在这些国家的人的角度来看，他们身处何种实质性的状况；(2) 考虑到在一定程度上，在全球化的世界中，国家能力仍然是我们保护和促进利益的一个基本决定因素，我们必须具有有效的政治能动性。

虽然问题很实在，但是，在一定程度上，我们需要谨慎对待“国家失灵”(state failure) 这一概念。在分析国家相对能力的过程中，有一种普遍存在的趋势，那就是过分夸大国家早期的力量，并将韦伯式的理想型视为真实情况的反映。而且，“国家失灵”这样的说法，很容易在人们心中造成这样一种观点：问题是在“彼处”，在那些“失灵国家”内，而解决方案是在“此处”，在一个基本上还算仁慈的“国际社会”的“我们”手里。这样的一种看法，忽视了弱国身上的多处脆弱点，尤其是那些外部环境中的力量所引起的问题。正如阿约伯 (Ayoob) 所言，和之前在欧洲所进行的国家和民族建设比起来，当下内部与外部因素之间复杂的互动，使得在后殖民和转型国家中进行国家和民族建设这一任务变得更加困难。[38]最后，“国家失灵”这种说法有时候还和一个更具误导性的看法联系在一起：前现代、现代和后现代这样的一个谱系，能帮助我们对各个国家做出一个大有裨益的区分。[39]不管挑战是多么严峻，我们只能从现代性产品的角度来理解弱国所面对的问题，并从全球化之现代世界这一语境来进行分析。

自由连带主义及其正当性困境

在第二章，笔者论证过，唯物主义者关于实力秩序的论述是不全面的，因为他们忽略了正当性这一重要因素。这一部分就将对这一正当性问题进行更为细致的分析，并将探讨一些源自自由连带主义国际社会观的主要困境。这些困境之所以重要，不仅仅是因为它们强调连带主义内部的深刻矛盾，也是因为它们通过一定的方式，给多元主义这一磨坊提供了谷物原材料：连带主义者渴望获得更多成就，他们由此给自己设定了一个不可能完成的任务，他们面临的风险还在于，有可能破坏我们在国际社会中业已获得的那点共识和秩序。

有时候我们用社会学或心理学的方式来理解正当性——个体或团体倾向于接受并遵从某政治秩序规则。然而，事实上的接受和遵从还不够，有关正当性的研究在很长一段时间聚焦于那些遵守者的信仰之上，然后去探讨其成因。他们为何会去接受某项规则或某种政治秩序，并认为它是正确和正当的规则或秩序。因此，正当性指的是一种特定的规则遵守或遵从行为，有别于纯粹自利的和工具性的行为，以及直接强加或强制性的规则。

的确，将正当性与利益算计分离开来通常不是件易事。在某个给定期间内得以维持的国际秩序，只要在一定程度上反映了人人同意彼此相互满足利益的状况，那该秩序也很可能是稳定的，且人人都觉得它是正当的。人们普遍认为，只要在一定程度上大国考虑到弱国的观点和利益，并且制定的政策让他国觉得和自己息息相关，那么，一个由大国主导的体系就是正当的。但是，如果我们仅仅以利益以及对利益的功利性算计来理解“接受”，那么，分析家们用正当性来进行讨论就变得无济于事，即便行动者自己会去运用正当性的概念。正当性暗含一种遵守规则或接受某政治秩序的意愿，即便这在特定时刻与某特定利益相左。[40]我们也可能需要引入正当性的说法或原则，目的恰恰是在于理解相互满足利益这一理念是如何被牵扯进来的利害方所理解和解释的。

实力也是至关重要的。毕竟，正是因为存在着一个反映了实力不均且牵涉到使用强制性武力的国际秩序，才导致了我们一开始就需要正当性。一方面，正当性的培育在稳固一个基于等级制、霸权或帝国之上的秩序的过程中扮演了重要的角色：所有大国都面临着需要将粗暴压制的能力转化成正当性权威的局面。另一方面，弱者所拥有的实力经常紧密联系于那些已嵌入国际法律和政治实践之中的正当性论述。毫无疑问，许多正当性诉求都带有功利性，最突出的情况莫过于弱国寻求强化法律和道德对强者使用武力进行约束。因此，正当性被视为在政治博弈中的策略性举动：既是混乱的政治世界中的一部分，也是法律或道德论战中所说的理想化世界中的一部分。分析家需要承认实力和利益在正当性政治实践中的作用，并避免落入这一陷阱：相信抛开了在某特定历史时期或文化背景中的主流正当性观念，我们就能完全理解实力和利益的意义。

那么，正当性就不仅仅是人们在社会学意义上倾向于接受的那种事物，它是人们出于某种规范性的理解或经过说服而接受的东西。证明及提供理由是最基本的。正如该概念的词根所说明的那样，规范性接受和证明的过程常常是以法律为基础的。在许多情况下，正当性常常与合法性（lawfulness）等同起来——既包括法律制度内部的合法性，也包括由法律构造出来、日常政治得以运作的宪政秩序中的合法性。但是正当性问题之所以会出现，正是因为法与道德、法与实力之间的关系不稳定且问题重重。

正当性是一个极不可靠的概念。并非所有的"正当性论说"都可以当真，有关正当性的个人主观看法以及主体间性（intersubjective）看法的解释性研究要放置在更为超然的（distanced）论述与解释的背景当中。有些人论证说，它的不可靠性意味着我们最好避免使用这一概念，或者它应该被分解为不同的组成部分。然而，与主权的情况一样，正当性研究迅速将我们带入一个充斥着不同主张、相互争论的领域之中，而这些争论不休的主张对于分析政治秩序而言是如此的重要，以至于它们无法被轻易忽视或绕开。此外，正是因为在一定程度上，正当性代表着一个集合的社会品格（特别是附属于政治秩序的品格），才使得正当性变得有价值。正当性以及对正当性的不同理解是至关重要的，如果我们想要理解国家利益的本质及其如何变迁，权力政治博弈以何种方式得以构造，以及广泛的价值冲突具有何种特征（这一价值冲突扰乱了人们把握共同利益以及有条不紊地调节不平等实力的努力）。我们在这里没法给正当性概念提供详尽的分析[41]，也无法详细分析它在国际社会的历史中发挥过的作用[42]。笔者的目的在于强调正当性具有多面性的特征以及一些复杂的方式，这当中自由连带主义的发展改变了辩论所使用的术语且使之复杂化了。请允许笔者简单地讨论一下正当性的五个维度。

第一个维度与过程和程序有关，这是弗里茨·沙尔普夫（Fritz Scharpf）称之为"输入型正当性"（input legitimacy）的一个方面。[43]它涉及如下主张：只有当某行动或规则的"发生和运作在一定程度上符合被广泛接受的正当程序原则"之时，才是正当的。[44]基于程序的正当性观念自然地与多元主义的国际社会观交织在一起。正如我们看到的那样，对于多元主义者而言，国际社会的目的在于创制特定的最低规则、共识及体制，旨在限制我们在一个如此支离破碎的政治体系中可以预见到的那种不可避免的冲突。这些规则的基础是：彼此之间承认国家是独立的、法律上平等的国际社会成员，我们不可避免地要依赖于自保和自助，并且，国家在受最低限度外部约束的情况下，有推广它们自身的道德（或不道德）目标的自由。因此，我们不难看到，在1914年之前，欧洲国家体系的分析家会如此经常地通过共同程序规则和实践的角度来看待正当性——好比布尔强调，我们必须要经过共同同意才能创建用来调解利益及价值冲突的规则和体制；或者正如基辛格那常被引用的正当性定义："它仅仅意味着，在国际上，大家就可行的协议具有何种性质以及什么样的外交政策目标和方法才是可接受等问题达成了一致意见。"[45]

不管正当性在传统欧洲国家体系当中的确切特征是什么，重要之处在于强调我们要如何去理解程序正当性的演变和扩展。一种看法指向了法律宪政主义。尤其重要的是，越来越多的人呼吁，以《联合国宪章》为基础，构建一种国际法律宪政主义形式。在所有的这种宪政主义设计之中，实力（特别是强制性实力）将完全受制于宪政权威的运行。对于核心规范的集体实施和对最强国单边行动实施有效的法律约束而言，目标在于填补或至少缩小法律与实力之间的鸿沟。持这一观点的人自然倾向于强调对使用武力进行法律上的约束。比如，使用武力必须和人道主义干预或对自卫的扩大理解有关；他们也拒绝对使用武力做更开放的解读，从而允许使用武力来推广广泛的政策目标或号称是去推广某些共同的道德价值观。[46]

人们会从宪政或准宪政的角度来看待《联合国宪章》，这一行为可被视为"朝国际政治司法化迈进"这一更广泛趋势中的一部分。[47]在区域层面上，欧盟是一个显著的例子，而人们认为，WTO既是在履行宪政功能（尤其是要看到，在很大范围内和实践中，其争端解决机制的约束力范围广、实践多，WTO还宣称，法律战胜了政治），又同时代表了一个呼之欲出的全球经济宪章。[48]按照这种看法，正当性就要求实力转化到超越国家的场景和场所中去，受约束于至少反映了国内宪政秩序如下特征的新宪政化治理形式：核心原则和人人共享的基本意识形态要体现在一部法典性的宪章、条约或条文之中；存在一个法律层级的清晰观念，包括优先于国内法的地位；司法运作（justiciability）有清楚的原则和有效的程序，并逐步将私人行为主体纳入其中；并且，法律应当是稳定的、巩固的，且非经特别程序不得对其进行修改。

但是，纯粹从法律角度回答是有局限性的，这使得许多人专注于另外一种自由民主的观点。在此处，我们可以看到人们日渐加大力度要求，国际制度应当受制于那些同样适用于自由民主国家的政治正当性标准。这一直觉判断的核心的确是很强大的：

我们在政治生活中运用的所有权力都应当受制于适当的民主正当性标准（但不一定就是同样的程序）；我们授权于国际体制，这带来了越来越严重的“民主赤字”以及“正当性危机”；而且，我们必须找到方法，在国际层面上推行代议制、参与、透明度以及问责制等价值观，才能满足这些要求。人们都认识到，我们必须要巩固全球民主，部分的推动力来自权威被转移到超越国家的场域及竞技场之中，另一部分则来自权威转移过程以及更广泛的全球化影响力都对民主在民族国家内部的意义产生了冲击。[49]我们并不是说，国家只受到全球化的严格约束；数量上不断增加的全球规则制定也对国家产生了影响。作为结果，“国家认可”这一传统观念的现实性就越来越少了。貌似我们都很清楚问题在哪里。当存在五个常任理事国占据主导地位、安理会的运作特征常常是糊里糊涂的暗箱外交操作、世界上重要区域没有代表或代表不足（under-representation）这几大因素之时，我们怎么能够期待人们会把联合国安理会看成是正当的呢？在一个民主价值已经如此深入人心的世界中，代议制理念怎么就没法引导人们去正当地要求安理会进行改革呢？[50]

虽然我们很清楚问题出在哪里，但是，大家对何为可能的解决方案展开辩论，这变成了一场深层次的博弈，而且，人们对“在什么条件下展开辩论”这一问题都没法达成共识。当我们把更多的发言权赋予那些不民主或民主程度不明的国家，或者那些不负责或未经选举的非政府组织之时，难道赋予发言权本身就能有助于改善国际体制的民主正当性？在任何情况下，去构思一种超越国家、没有相应人民的民主想法是否可行？我们要用何种民主观指导这种探索？许多人认为，显而易见的是，民主必然牵涉到对各种个体偏好的代表和整合，他们就此下结论说，超越国家的多数决议制以及直接代议制是很成问题的。比如，有些人强调协商的重要性，并且以公共理性赋权的方式来理解民主。[51]在这种情况下，最要紧的是参与和协商——把更多的声音和群体带到国际谈判桌前。它们的身份不是特定群体的直接代表，而是某种看法与价值观的持有者，以及一个以说理为基础的协商过程的参与者。其他人则把民主视作一种限制霸权的手段，他们相信核心重点应当是那些受到公权力运用之影响的人的利益。民主的目标应当是“让那些基本利益在特定背景中易受伤害的人的手腕变得更加有力”[52]。比起直接多数决议制的观念而言，这些看法可能在国际层面上会更有市场，但是，它们自身还蕴含着一些影响深远的意义。

考虑到这些困难，经常会有人建议，我们不用那么关注超越国家的民主，而应当更多关注如何让国际机构变得更透明、更负责，尤其是加强机构对授权的各国负责。[53]但是同样地，问题又出现了。比如，如果作为委托方的国家授权于作为代理人的机构，那么，我们为何必须要从各国之间关系的视角来考虑问责制？而且，我们还必须严肃对待如下核心自由理念：国际机构常常限制了国家自主性，且具有强制性的实力，那么，国际机构难道不应该向那些直接受其约束的国家负责，而不是向支配这些机构的国家负责？

这些问题对现有机构的运转具有重要的意义，不管该意义是因为新保守主义攻击联合国所发挥的正当性授予（legitimacy-conferring）的作用[54]，还是由于公民社会群体愤慨于 WTO、世界银行或国际货币基金组织过分秘密地行事，以及精英主义和技术官僚式的决策机制。正如我们将在第六章中所示，民主正当性理念的传播，有助于促使人们进一步朝如下方向前进：让主权变成有条件的主权；当政府无法兑现其对公民的义务之时，赋予干预内政的正当理由；在国际社会治理过程中赋予民主国家一个特殊的角色。但是，此处的重点仅仅在于强调，民主正当化（democratic legitimation）观点的传播，给我们理解“程序正当性实际上或应当包含哪些内容”带来了无法估量的复杂性。

正当性的第二个维度一定会涉及具体价值，尤其是对正义的共同理解。某机构或政治安排要想获得正当性，那么它的核心原则需要在共同道德价值的基础上进行证明。在 16 世纪和 17 世纪的自然法律家看来，有一点是不证自明的：国际法的强制性特征不能仅仅出自自利的或某种纯粹基于讨价还价的契约式安排。法律权威源于自然法，即有关对错的终极规范。我们通过运用正确的理性，能知晓这一终极形式；而且，它是有别于实定法的。在格劳秀斯看来，自然法“是正确理性的规则和命令”[55]。我们单单通过理性，或者通过反映在实践当中的理性就能对其进行证明，“前者的证明方式在于，彰显任何事物必然地吻合或不吻合于一个合理和社会化的自然。但是后者的证明方式是这样的：当我们不能绝对肯定但觉得有非常大的把握时，如果能得到所有民族或至少最开化的民族的一般性认同，那我们就可以下结论说这是符合自然法的”[56]。虽然格劳秀斯准备要让实践和经验在反映和验证自然法的过程中发挥某种作用，但是，洛克和普芬多夫（Pufendorf）等人则认为，理性要想得到运用，法律要想获得必要的强制权，就必须要直接由上帝来保证。但是，对于所有从自然法传统出来的学者而言，正义和道德必然是构成正当法律秩序的一部分。

自然法理念的回归，是 20 世纪国际法一个人所共知的特征。伴随着“行动体是基于自利才创制并遵守法律”这一陈旧的理念，在二战后，我们可以看到一系列在国际层面上得到大家一致认可的核心原则涌现出来——对基本人权的尊重、禁止侵略、自决，这些原则既提供了用来评估具体规定的基础，同时又支撑了某种世界共同善的理念。从学说的角度来看，其中的一些价值相联系于国际法中的强行法（拉丁文为“jus cogens”）这一理念的兴起，它得到了“由国家组成的国际社会整体上的接受和承认，作为一种规范，不允许对其进行贬低；如果要对其进行修订，只能由另一种拥有同样特征的一般国际法和规范来进行”[57]。从国际法的角度来看，我们尤其可以从那些受到“纽黑文学派”影响的著作中看到自然法的理念，该学派强调人类尊严和世界秩序的价值观及其在法律决策过程中所应当发挥的作用。[58]自然法理念也可见诸理想主义的法律建构主义（idealist legal constructivism）当中。[59]

在许多人看来，在法律之外，在自由连带主义与正义的兴起之间还存在某种紧密的联系。一些人认为，这反映了一种对全球自由秩序内在价值的普遍信仰，该秩序的基础是法治、市场经济和政治民主。其他人则认为，我们可以在全球正义那更具连贯性的议程得以巩固的过程中看到这一点：个体才是最终的权利拥有者，并且我们对待所有个体的方式都应当符合或适合对象本人的特点；国家，以及其他区分个体差异或具有排他性的组织，只有在一般性原则的基础上才能证明其正当性，并且，它们只享有派生性的道德地位；国际权利、义务以及权益应当得到尊重和实行；为恶，不管发生于何处，都应当受到处罚；还有一个更广泛的理念：在国际及全球层面上，那些决定利益和义务分配的主要社会、政治和经济制度，其组织方式（以及在必要的情况下重组的方式）都应当符合全球社会正义的原则。

博格（Pogge，他本人的中文名涛慕思·博格，是他的中国太太帮忙取的——译者注）曾建言，所有的世界主义主张都具备三个共同的元素：个人主义（终极单位是人或个人）、普遍性（平等地将每一个活着的人赋予终极关注单元的地位），以及一般性（这一特别的地位拥有全球性力量）。[60]大部分的自由连带主义者都接受某种形式的个人主义及普遍性，但对一般性以及全球力量则提出了各种疑问。他们认为，一个由独立国家组成的世界仍然可以为支持世界主义的原则提供最好的方式，而且，我们可以对这些原则的范围施加正当性和非专断性（non-arbitrary）的限制。但是，许多备受争议的自由连带主义之道德议题，取决于我们如何去理解“拥有全球性力量”这一理念。是不是参与到人道主义干涉中就够正当了？还是说，道德要求我们担负责任甚至是义务，去保护远方的陌生人免受最坏形式的伤害及基本权利的践踏？

法律—道德的关系一直处在法理学和政治理论中正当性大辩论的中心。[61]是否正如某法律实证主义核心观点所宣称的那样，法律与道德是可以分离的？如果某法律显然侵犯了道德标准或有悖于由道德来约束的行为，我们是否还应当去遵守它？这些争论仍然是我们分析当下世界中自由连带主义的核心之所在。首先，我们是否有可能把全球正义原则建立在某种不是明示或明确同意的其他事物的基础上？如果可以，那么该“其他事物”可能是什么？并且，我们如何去处置那些否认自由连带主义原则中所包含的不证自明的真理的人？如早期自然法批评者所经常指出的那样，谁去指出那些一贯存在的价值分歧和价值冲突？其次，当程序正当性原则与已有和正在出现的理解全球正义的方式发生冲突之时，国际社会应如何作为？如果我们知道应当如何作为，比如参与人道主义干预，把远方的陌生人从杀戮和压迫中解救出来，那为何我们还要让人们从法律主义或形式主义的角度对规则和制度的关心挡住了去路？

正当性的第三个维度关乎效力，这是一个沙尔普夫称之为“输出型合法性”的重要部分。在全球治理的许多领域中，尤其是当我们能关注全球经济之时，经常有人辩称只有在能够给共同问题提供有效解决方案的情况下，我们授权给国际组织、管制网络或私人治理体系才是正当的。在国际管制的许多领域，这种看法貌似没什么问题。但是，当人们按照效力的考量开始要求执行分等级的管理模式并在法律和体制限制之外采取强制性行动之时，正当性问题显然就很难被排除在外了。此时的问题，并非法与道德的关系，而是一个既传统又尖锐的问题，即法律秩序与政治秩序应当如何关联和协调起来。

如果真正的要害是效力，那么当然，我们分析的注意力与政治优先性都应当聚焦于那些对国际秩序的出现而言是至关重要的政治制度和体制。比如，在冷战秩序中，实力平衡、核威慑，以及人们对势力范围的共同理解都曾发挥了核心作用，这种作用的方式很难与自决和使用武力的法律规范相协调。在最近有关恐怖主义以及大规模杀伤性武器的论辩当中，许多人质疑为何我们还要看重诸如联合国之类的国际机构，尤其是它们貌似没有能力作出决断并采取强有力的行动，去应对针对个别国家安全或国际社会整体的更广泛的安全利益挑战。如果我们觉得，以霸权和帝国为基础的实力政治秩序所具有的各种可能性很诱人，那么上述观点看上去就是至关重要的：美帝国是全球安全以及其他国际公共利益的唯一潜在提供者；美帝国是唯一一个有能力承担干预他国和国家建设任务的国家，因为安全在特征上不断变化，这些干预和国家建设任务变得非常重；而且，美帝国是传播全球自由主义实质性的实力政治核心。

但是，即使我们仍然认为机构和国际法很重要，我们也仍需要大力强调法律与政治秩序之间的关系。因此，那些反对"改革和扩大安理会常任理事国之呼吁"的人经常会把他们的观点建立在效力之重要性的基础上。的确，改革可以促进代表扩大，但代价又是什么呢？如果一个由 25 个或 26 个国家组成的安理会行动效率甚至比不上目前的这种安排，那么，这又如何能增加该组织的正当性？联合国的创立者殚精竭虑，想要避免重复国际联盟所犯下的错误，这样的改革本身难道不就是在重蹈国际联盟的覆辙吗？《不扩散核武器条约》提供了最为清晰的例子：由于大多数国家认为，有必要去推进一个有效的秩序，并严防那不受监督的扩散所带来的危险，因此我们才有理由成立一个等级性的、具有内在歧视性的机构。

以效力的名义来为等级制提供正当性的做法历史悠久。传统上，大家为大国在国际社会中的角色做了如下辩护："对某种最低限度的秩序的渴求是如此的强烈和普遍，以至于大家会有一种特定的倾向，去接受一个体现现有大国价值观的秩序，这种秩序被认为比秩序崩溃要更好。"[62]正当国际社会行进到一个主权平等的时代、国际体制数量增加之时，通过等级制而达到有秩序，并以效力为理由来为其辩护仍显得很重要。这一趋势可见诸安理会常任理事国、世界银行和 IMF 投票机制中的否决权，以及 WTO 中进行谈判的那些非正式规范。在正式体制内的非正式团体最重要的功能之一，就是提供把效力与正当性结合起来的手段。[63]

支撑这些立场的基础是，人们喋喋不休地怀疑强权是否能够完全在法律宪政秩序之内被制伏，并且试图去制伏强权还可能导致不安全和失序。比如，现实主义者长期以来都认为，当人们受到挑战而体制又无能为力之时，某些代理人必须拥有有效的权力来保障国家安全以及某种最低限度的国际秩序。这种观点的经典出处（locus classicus）是卡尔·施米特（Carl Schmitt）。他既批判国内法律宪政主义又批判国际法律宪政主义。他的观点是，主权的本质在于在有效行动在所难免的非常情况下作出决定的能力。[64]国际法律思维中有另一种思潮，虽然更中庸和审慎，但是也一直强调一般层面上的大国，具体层面上则特指美国在扮演一个监护人角色（custodial role），坚守国际法律秩序，并将其联系于一个有政治优先地位的安全秩序。

> 作为全球社会中的最强国，有人呼吁美国扮演一个额外和特殊的角色：作为一个终极的监护者，它应当在自己曾协助创建的多边体制没有能力采取行动之时，去监护它们实现基本目标。而且，它们常被证明，之所以没有能力去采取行动，原因在于多边体制存在内在缺陷这一国际生活中的悲惨事实。这些缺陷产生于国际政治的特殊性质……如现在这般构建的体制常被证明是没有能力去采取行动，不管是因为否决权还是要求一致同意。但是，改变秩序不会解决问题，因为行动上的障碍反映了国际政治进程本身。因此，对于一个能够单边行动的国家而言，它可以采取的其他方案要么是什么都不做（因为单边行动是“违法的”），要么就是在必要之时独自行动，以保卫该制度。[65]

我们不难看到，这样的论断会产生非常严重的正当性问题，尤其是当发生如下情况之时：这一自我加冕的监护者角色涉及使用武力；如此之多的治理层面涉及深入地干预其他社会的内政事务；正如我们将在第七章中所示，许多围绕着联合国的活动是在一个说不清道不明的灰色地带发生的，既不符合对《宪章》那整齐划一、宪法化的解读，也不符合纯粹的实力政治世界（正如当联合国想实现某种目的，但不想通过特定手段实现这种目的之时，或者当行动的实际能力必然地取决于某特定国家的实力之时）。

正当性的第四部分关乎专门化和专业化知识。体制及其所体现的规范和规则，只有当介入的核心人员拥有专门知识或相关的专业知识之时，才是正当的。这样的看法由来已久——国际关系行为应当是专业化的领域，其中有熟练的外交官和军队，并且，将外交政策“民主化”会带来危及个别国家并扰乱国际秩序的风险。但是，随着治理变得越来越影响深远，随着治理的客体变得越来越技术化，技术官僚的正当性主张也变得越来越重要。国际环境管制、全球金融体系、互联网以及其他无数专门化的领域——所有这些事物的增加都要求那些涉足管制的人拥有必需的技术能力。因此，我们会听到专门有人呼吁：只有生物学家才拥有必需的才能以及技术能力，来决定热带森林应当如何开发利用。或者，还有人呼吁：应当让专家及其运作的功能性体制或网络，来治理那些复杂的全球公共卫生危害事件。

在这种背景下，分析体制的人越来越注重于知识群体（epistemic communities）所扮演的角色（他们“受人尊重，在日益复杂的世界中守护着和政策相关的知识”，是“一个由专家组成的群体”，他们拥有对一系列因果关系的共同信念，以及利用政策治理这些因果关系的共同价值观）。[66]人们认为，这种群体能通过推动人们就问题的范围的性质达成一致意见，或者转变人们对国家利益的认识方式来促进合作。分析具体机构（如世界银行和IMF）的研究者说明了通过一定的方式，这些机构的正当性及影响力有赖于如下因素：技术专业知识的主张、控制信息，以及拥有与政策相关的知识。[67]除了它的解释作用之外，长期以来在人们对技术官僚的强调之中还存在着规定性与规范性的一面。在功能主义的传统当中，国际合作更有可能在下列情况下取得：高端政治（high politics）中富有争议的议题被搁置；大家的注意力集中在低端政治（low politics）事项实际取得的进展之上，这些事项有着明显的共同利益；解决方案产生于大家从实际出发解决共同问题，而不是产生于对宪政进行重新规划的宏大计划。

但是，正当性的议题有很多而且也很棘手。首先，我们难以防止专家们蜕变成拥有其自身利益、不再像人们预期的那样代表国家或社会利益并对其进行引导的专门团体。其次，人们常常夸大地认为，技术知识是纯粹技术的和非政治的。比如，通过一定的方式，世界银行与IMF的技术知识和政治、官僚的利益联系在一起。我们经常可以从报纸上看到，他们所宣称的高端技术知识导致了何等的政策失败。这意味着，我们不能仅仅通过纯粹技术的方式，就赋予这些机构正当性。此外，正如我们将在第九章中所示，在环境领域中科学主张正在痛苦地受到“对环境而言最有价值的是地方性知识”等观点的挑战和冲击。再次，如果我们认为，那些涉及正当社会差异之范围（比如有关转基因食品（GMO）或牛肉激素的WTO案件）的争议话题，可以由一个不透明的体制环境中一小群专业化的法律专家和技术官僚来正当地解决，那么，这种看法肯定要引发民主正当性的问题，并催生人们要求采纳更富包容性的观点，让所有成员都有权参与到此类的决策当中。如下现象对正当性力量作出了重要的说明：哪怕是诸如世界银行以及IMF这样的传统上是通过技术知识来定义其作用的国际机构，它们在面对透明度与问责制等议题时，也都被逼着去使用正当性的语言。

正当性的第五个组成部分一定是关于说明理由和说服别人。从各个方面来看，这都是一个最重要的因素，因为正是在这里，前面的四个维度都被整合起来，变成一个有效的正当化进程。即使是在有效的情况下，正当性依赖的不仅仅是“现实中的严酷事实”，还取决于一个有理有据且大家都接受的观点，即某秩序或体制之所以是正当的，是因为：它为共同问题提供了一个有效的解决方案，它反映了共同的价值观，或者它以人人接受的进程和程序为基础。马丁·夏皮罗（Martin Shapiro）注意到，“提供理由”这一貌似简单的理念之中包含着巨大的价值。[68]政治、法律或道德辩论必然要牵涉到提供理由，并且对其进行批评、辩论、接受或放弃。正当性就是提供有说服力的理由，来解释为何某种行动进程、规则或政治秩序是正确和适当的。的确，国际社会理念所涉及的观念不仅仅是“受约束于一整套共同规则”，也涉及我们假定大家都需要通过共同原则来证明和解释政策，尤其是当那些原则正在扩张或者受到挑战、侵犯之时。有三大议题具有特别的和一贯的意义：受众（audience）、制度和语言。

第一个议题是受众。按照一种基辛格式的狭义正当观，具有政治意味的是，在大国俱乐部之内大家提供和听取理由，而不是某种在更广泛的且可能是虚幻的国际社会中达成共识。另外一种极端的看法则认为，在许多政治理论家看来，权力的正当化取决于在一个由国内、国际和跨国公民社会组成的、“铁肩担道义”的（committed）公共领域之中进行有理有据的协商。在这两种极端的观点之间，我们可以承认，当下的正当性政治是通过日趋复杂的各种媒体，在一个国内的、国际的和跨国受众不断扩大的范围内得以开展；并且，对正当性政治的一个巨大的政治挑战在于，我们要向这么多的受众诉说，并调整他们常常是相互尖锐对立的各种需求。再者，新技术以及不断增长的互联互通正在改变沟通的模式，既重塑又增加了全球“受众”，并改变了“个体接收世界政治信息并由此形成自己对正当性理解”的方式。此前，国家扮演的是一个中介的角色，为人们塑造正当性政治观念，现在，这一角色正在受到挑战。受众的地理范围也是重要的。比如，人们常说，在全球正当性政治当中，某地区组织授权使用武力是仅次于联合国授权的上乘之选。但是，在那些被某霸主支配的区域（比如美洲或独联体），我们并不清楚该区域的受众是否会以同样的方式来看待这种方式的正当化。因此要紧的是，我们要问：“谁是受众?”“为什么是这个受众?”这才是我们分析正当性的核心之所在。

第二个议题是关于制度化环境，其中有各种说服和辩护的努力在运作。在一个全球沟通的时代，人们可以在制度架构之外提出各种呼吁和观点。但是，如果没有制度或者制度化的实践让各种规则与规范可以嵌入其中，那么，人们对政策进行正当化的各种努力就难以持续地贯彻下来。我们理解联合国（尤其是安理会）重要性的最佳方式不是严格的法条宪政主义，将其视为一个可以决定某具体行动合不合法律规定（legality or illegality）的权威机构。相反，它应当被视为一个有着深刻缺陷且高度政治化的组织，在其中，人们可以各抒己见，捍卫不同的政策，因为没有其他比这更好的论坛。比如，人们开始经常说，应当由一个自由民主国家组成的共同体来对人道主义干预或自卫范围扩大的情况下使用武力进行正当化。但是，这一共同体要么没有制度化的表现形式，要么就只是不完整和很不完善的（比如，有人主张，北约作为一个军事联盟应当承担这样一个角色）。

第三个议题关系到语言。为了说服与辩护，必须存在一门共同的语言，通过它，各种不同的主张能够得到表达、诉说和倾听。正如第二章所言，外交长期以来被视为国际社会程序正当性的一个重要元素，国际法长期以来追求扮演一个建构性和沟通性的功能。虽然我们可以诉诸外交及国际法，但我们真正需要强调的是沟通和理性说服存在的困难。正当性政治就是下列一些很难回答的问题：把谁从这些号称是共同的语言之中包括进来或排除出去；以及何时、何地及为何会出现分歧和破裂。

结　论

所有的政治秩序都在正当性不同维度之间的此消彼长中苦苦挣扎。哪怕是在欧洲这样最稳健的超国家治理范例当中，这些不同的维度都在支配着政治。因此，我们就会毫不惊讶地看到，在更广泛的全球政治当中，各种正当性困境是深深植根于上述五个常常彼此迥异的维度之中。

在一些人看来，直面这些紧张关系意味着在某一个时刻全球社会将不得不直面"世界政府"的议题。有关世界政府的辩论倾向于聚焦在三大主题之上：第一个主题聚焦于必要性。有人将之类比于霍布斯所说的"自然状态中的个人"这一立场，有一天，单是人类面临的威胁，就会迫使各国放弃它们在某种全球性社会契约之中所享有的无政府状态下的自由。冷战的威胁以及核时代的到来，使得这一观点在20世纪40年代后期和50年代有关世界秩序的论战中获得了突出的地位。此处有意思的地方在于，在一定程度上，哪怕是再不屈不挠的现实主义者，也都接受了国家体系在结构上的诸多失败。在卡尔看来，民族国家的日子显然到头了。[69]对于摩根索而言，所有此前旨在驾驭国际无政府状态的努力都失败了，这些失败指向了世界国家（a world state）的必要性。“如果不存在一个外延等同于所有政治边界的国家，那么，我们将不会拥有永久的国际和平。我们现在就必须要开始关注一个问题，就是如何去创建一个世界国家。”[70]这个观点更晚近一些的版本则要么强调“全球核威胁论”（nuclear one-worldism），要么强调“全球环境论”。[71]

第二个相关的主题是功能性的，聚焦于不断变化中的政治组织规模，以及通过何种方式，存在于政治上的碎片化与日益整合的全球社会和全球经济之间的那种错配（mismatch），会朝着有利于大型政治体的方向迈进而得到逐步解决。[72]第三个主题则是规范性的。有一种政治理论长期以来认为，现存国际法之中的混乱是难以忍受的。人们正确地把康德看成是一个反对“积极的世界共和国理念”的理论家，他更倾向于“一个消极的替代物，其形式是一个持久且逐渐扩张的、有可能防止战争的联邦”[73]。众所周知，他既攻击了大规模“丧尽天良的暴政”（soulless despotism），同时也将那些人人趋之若鹜的世界帝国视为注定要崩溃和滋生冲突的怪兽。“但是，法律对这只怪兽越来越无能为力；在它吞没了所有的邻国之后，最终将会自我瓦解；并且，通过反叛和解体，它会分裂为许多小国家。”[74]但是，当他考虑到自己偏爱的联邦应该采用何种形式之时，他就不可避免地纠缠于如下理念：由法律来调整的外部关系需要通过强制力来执行法律。[75]至少有一派世界主义的论著重复了康德的这一模式。[76]

我们常常对世界政府的真实意味不甚明了。因此，20 世纪中叶的自由派倾向于谈论国际治理或世界主义国际政府，强调当时就已经在不断增加的国际化行政、世界主义立法以及国际标准化，这个增加的过程是要宣扬一种更大程度上的集权权威——正如伦纳德·伍尔夫（Leonard Woolf）所言，一个有能力“去协调各种区域性和功能性国际组织的活动，并及时和权威地处理任何可能危及世界和平及繁荣的行动或情况”[77]。当下信仰世界主义民主的那些人倒是羞于谈论他们到底喜好哪一种变革。每当我们听到如下呼吁之时：要极大扩展有约束力的第三方争议解决机制，一个既能执行争端解决方案，又能维护国际和平与安全的有关集体安全的运行制度，以及涉及共享主权和授权主权（pooled and delegated sovereignty）、持久的超国家主义，这就意味着：我们正在坚定地朝着世界政府的方向前进。不管有多少人对“从属性原则”进行辩解，或从一个多层级联邦架构的角度一次又一次地提出自己的主张，时至今日情况都依旧如此。[78]

如果我们将 20 世纪四五十年代中有关世界秩序的论战与 20 世纪 90 年代有关全

球治理的论战相比，那么，前者缺乏对世界政府的讨论是显而易见的。[79]在20世纪90年代，虽然治理的目标和范围已经大大扩展，但是，人们还是反对详细的制度化。毫无疑问，这反映了那些显而易见的政治障碍和该体系中最强国（说到底是美国）的偏好、那些长期的规范性反对意见（自康德以降，它们大都聚焦于对自由的威胁），以及逻辑上的问题（如果世界真有说的那样可怖，那么，朝世界政府前进是不可能的；如果没那么可怖，那么这样一种前进又是不必要的）。但是，这一次我们是通过一种含蓄的方式建构了某种等同于康德式“消极替代品”的制度：不是某个国家间联邦，而是在美国和自由的大西方周围进行有效的集权。我们会在第十一章中考察霸权或帝国秩序的理念及其所呈现出来的困难。

如果人们反对说，所有朝着世界政府方向前进的举动，既在政治上不可行，又在规范上不值得追求，那么我们还能把目光投向何处呢？在一群日渐增多的评论者看来，从实际经验来看治理已经实质性地超越了一个由国家组成的世界（the world of states）以及正式的跨国机构，并且，我们有很强的现实和规范理由去相信，这一多方面的、多层次的、多中心的治理观才是未来的方向。而这些观点，正是我们在下一章想要考察的。

注 释

[1] 布尔就是这样认为的，他的看法可以追溯到他早期有关格劳秀斯的著作；劳特派特（Lauterpacht）对格劳秀斯的解释令人疑窦丛生，但是这一解释影响了布尔。参见 Hedley Bull，‘The Grotian Conception of International Society’，reprinted in Kai Alderson and Andrew Hurrell（eds.），*Hedley Bull on International Society*（Basingstoke，UK：Macmillan，2000）；Hersch Lauterpacht，‘The Grotian Tradition in International Law’，*British Yearbook of International Law*（1946），1－53。布尔对这一连带主义传统的理解也受到了沃尔特·希弗（Walter Schiffer）著作 *The Legal Community of Mankind*（New York，Columbia University Press，1954）的深刻影响。有例子说明如下理念：1990年代联合国复苏以及“国际法复兴”形成了一个新格劳秀斯主义时刻，参见 Boutros Boutros-Ghali，‘A Grotian Moment’，*Fordham International Law Journal*，18/5（1995），1609－1616。

[2] 比如，参见 John Vincent，*Human Rights and International Relations*（Cambridge：Cambridge University Press，1986）；以及 Nicholas Wheeler，*Saving Strangers：Humanitarian Inter-*

ventionin International Society（Oxford：Oxford University Press，2000）。这一观点反映了梅奥尔（Mayall）的定义："笔者说的连带主义，其意思是人类是一个整体，外交任务就是要把不同利益和价值观的潜在团结一致之处转化成一个整体"。James Mayall，*World Politics：Progress and Its Limits*（Cambridge：Polity Press，2000），14。

［3］Buzan（2004），49.

［4］Koskenniemi（2002），ch. 4，esp. 282－283。

［5］James Piscatori，*Islam in a World of Nation-States*（Cambridge：Cambridge University Press，1986）；以及 Sohail H. Hashmi，'Political Boundaries and Moral Communities：Islamic Perspectives'，in Allen Buchanan and Margaret Moore（eds.），*States，Nations and Borders：The Ethics of Making Boundaries*（Cambridge：Cambridge University Press，2003），181－213。

［6］20 世纪 80 年代研究制度的著作重新兴起，它们有意识地对抗此前著作中那广为人知的形式主义，倾向专注于政权（regime）这一很宽泛和松散的观念："行为体的不同期待会朝向明示的或暗示的原则、规范、规则和决策程序，在某个给定的国际关系领域中趋同"。从彼时起，人们就重新兴起了研究法律规则和正式组织的热潮，对于前者，请参见 Judith L. Goldstein，Miles Kahler，Robert O. Keohane，and Anne-Marie Slaughter（eds.），*Legalization and World Politics*（Cambridge，MA：MIT Press，2001）；对于后者，请参见 Kenneth W. Abbott and Duncan Snidal，'Why States Act Through Formal International Organizations'，*Journal of Conflict Resolution*，42/1（1998），3－32；以及 Michael Barnett and Martha Finnemore，*Rules for the World：International Organizations in Global Politics*（Ithaca，NY：Cornell University Press，2001）。

［7］David Held，Anthony McGrew，David Goldblatt，and Jonathan Perraton，*Global Transformations*（Stanford，CA：Stanford University Press，1999），53. 也请参见 David Armstrong，Lorna Lylod，and John Redmond，*International Organization*，3rd edn.（Basingstoke，UK：Macmillan，2004）。

［8］Douglas M. Johnson，*Consent and Commitment in the World Community：The Classification and Analysis of International Instruments*（New York：Transnational，1997），8.

［9］比如，参见 Ian Brownlie，'The Reality and Efficiency of International Law'，*The British Yearbook of International Law 1981*（Oxford：Clarendon Press，1982），1－8。

［10］沃恩·洛（Vaughan Lowe）2001 年 5 月 14 日在牛津的就职讲座。

［11］Joseph Weiler，'The Geology of International Law：Governance，Democracy，and Legitimacy'，*Heidelberg Journal of International Law*，64（2004：547－562）.

［12］参见国际法院和法庭的运作，www. pict-picti. org。

［13］Martha Finnemore and Stephen J. Toope，'Alternatives to "Legalization"：Richer Views of Law and Politics'，*International Organization*，55/3 (2001).

［14］参见 Olav Stokke (ed.)，*Aid and Political Conditionality* (London：Frank Cass，1995)；Tony Killick，*Aid and the Political Economy of Policy Change* (London：Routledge，1998)；以及 Vivien Collingwood，"Assistance with Strings Attached：Good Governance Conditionality in International Society"，2003 年牛津大学哲学博士论文。

［15］虽然边界模糊，但是，这是一个进行中的制度化过程，区分了附加条件和其他形式的经济制裁。这些形式在后冷战时期迅猛发展起来，尤其是作为美国外交政策的一部分。虽然这显然反映了个别国家的利益，但是，美国和欧盟还是以国际社会的名义进行了制裁，并振振有词地说，制裁作为一种手段，目的在于推广民主政体、限制大规模杀伤性武器以及清除与恐怖主义有关的全球规范和价值观。参见 Kimberly Ann Elliott Jeffrey J. Schott，and Gary Hufbauer，*Economic Sanctions Reconsidered*，3rd edn. (Washington，DC：Institute for International Economics，1999)。根据这个来计算，一战以来，总共有 170 个经济制裁的例子，其中的 55 个是在 20 世纪 90 年代发动的。在这些制裁当中，有 12 个涉及明白无误的联合国命令。

［16］Emerich de Vattel，*The Law of Nations*，translated by Joseph Chitty (London：Steven and Sons，［1758］1834)，xvi.

［17］关于这一广泛的主题，参见 Christian Reus-Smit，*The Moral Purpose of the State* (Princeton，NJ：Princeton University Press，1999)。

［18］卡勒 (Kahler) 和莱克 (Lake) 提供了一个很好的范例。参见 Miles Kahler and David A. Lake (eds.)，*Governance in a Global Economy* (Princeton，NJ：Princeton University Press，2003)，ch. 1。将这些理念最充分地应用到国际法，参见 Goldstein et al. (2001)。有人对以代理人为中心和选择理论进路做了最为清楚的一个批判，参见 Alexander Wendt and Raymond Duvall，'Institutions and International Order'，in Ersnt-Otto Cziempiel and James N. Rosenau (eds.)，*Global Changes and Theoretical Challenges* (Lexington：Lexington Books，1989)，51－73。

［19］参见 Robert O. Keohane，'Governance in a Partially Governed World'，in *Power and Governance in a Partially Globalized World* (London：Routledge，2002)，245－271。

［20］对这些不同进路的一种杰出论述，参见 Andreas Hasenclever，Peter Mayer，and Volker Rittberger，*Theories of International Regimes* (Cambridge：Cambridge University Press，1997)。

［21］J. J. Rousseau，'Abstract and Judgement of Saint-Pierre's Project for Perpetual Peace'，in Stanley Hoffmann and David Fidler (eds.)，*Rousseau on International Relations* (Oxford：Clarendon Press，1991)，54.

[22] Martin Ceadel, *The Origins of War Prevention: The British Peace Movement and International Relations, 1730 - 1854* (Oxford: Oxford University Press, 1996). 关于战争、和平和安全的现代建构，参见 Emma Rothschild, 'What Is Security?' *Daedalus*, 124/3 (1995), 53 - 98。

[23] Kant (1991: 107 - 108); 对比罗伯特·邓肯 (Robert Duncan) 在 1967 年的评论："在我们这个时代上演的一出戏，就是所有人都拥有同样的命运"，转引自 Michael Ondaatje, *Anil's Ghost* (London: Picador, 2001), 203。

[24] 比如，参见 Martha Finnemore and Kathryn Sikkink, 'International Norm Dynamics and Political Change', *International Organization*, 52/4 (1998), 887 - 917; Martha Finnemore, *The Purposes of Intervention: Changing Beliefs about the Use of Force* (Ithaca, NY: Cornell University Press, 2003)。

[25] 尤其参见 Margaret E. Keck and Kathryn Sikkink, *Activists beyond Borders* (Ithaca, NY: Cornell University Press, 1998)。

[26] Nico Krisch, 'More Equal Than the Rest? Hierarchy, Equality and US Predominance in International Law', in Michael Byers and Georg Nolte (eds.), *United States Hegemony and the Foundations of International Law* (Cambridge: Cambridge University Press, 2003), 135 - 175.

[27] 在浩瀚的文献之中，参见 Robert Gilpin, *The Political Economy of International Relations* (Princeton, NJ: Princeton University Press, 1987), esp. 72 - 78; 以及 Duncan Snidal, 'The Limits of Hegemonic Stability Theory', *International Organization*, 39 (1985), 579 - 614。

[28] Rosemary Foot, Neil MacFarlane, and Michael Mastanduno, 'Conclusion: Instrumental Multilateralism in US Foreign Policy', in Rosemary Foot, Neil MacFarlane, and Michael Mastanduno (eds.), *US Hegemony and International Organizations* (Oxford: Oxford University Press, 2003), 267.

[29] 参见 Barnett and Duvall (2005: esp. ch. 1); 更一般的观点请参见 Steven Lukes, *Power: A Radical Analysis* (London: Macmillan, 1974)。关于国际法律"巩固权力"的方面，参见 Pierre Klein, 'The Effects of US Predominance on the Elaboration of Treaty Regimes and on the Evolution of the Law of Treaties', in Michael Byers and Georg Nolte (eds.), *United States Hegemony and the Foundations of International Law* (Cambridge: Cambridge University Press, 2003), 363 - 391; 以及 Nico Krisch, 'International Law in Times of Hegemony: Unequal Power and the Shaping of the International Legal Order', *European Journal of International Law*, 16/3 (June 2005), 369 - 408。

[30] Peter Digeser, 'The Fourth Face of Power', *Journal of Politics*, 54/4 (1992), 977 - 1007.

[31] 虽然最近在美国学界的讨论中很突出，但是，自我约束是老生常谈了。比如，参见 Heinrich Triepel, *Die Hegemonie: Ein Buch von führenden Staaten* (Stuttgart: W. Kohlhammer, 1938)。特里佩尔（Triepel）坚持区分领导权、霸权和支配；他认为，霸权“从定义上要求别人追随”，意味着附属国家被整合进一个貌似对其有利的秩序之中。他明确提到从战略上讲有自我约束的必要，并且，霸主以间接的方式运用权力，这能引导附属国去仿效自己的行为和价值观。笔者感谢米利娅姆·普赖斯（Miriam Prys）在这一点上所提供的研究协助。

[32] G. J. Ikenberry, ‘American Grand Strategy in the Age of Terror’, *Survival*, 43/4 (Winter 2001), 27; and Ikenberry (2001: ch. 3). 马斯坦丹诺（Mastanduno）为该理念提供了一个更为现实主义的版本：‘Preserving the Unipolar Moment: Realist Theories and U. S. Grand Strategy after the Cold War’, in Ethan B. Kapstein and Michael Mastanduno (eds.), *Unipolar Politics: Realism and State Strategies after the Cold War* (New York: Columbia University Press, 1999)。亦请参见本书第十一章的论述。

[33] 关于软实力和同化实力（co-optive power），参见 Joseph S. Nye, *Soft Power: The Means to Succeed in World Politics* (New York: Public Affairs, 2004)。

[34] 关于战后秩序的建立，参见 Ikenberry (2001: ch. 6); Tony Judt, *Postwar: A History of Europe since* 1945 (London: Heineman, 2005), part 1; 以及 Melvin Leffler, *A Preponderance of Power: National Security, the Truman Administration and the Cold War* (Stanford, CA: Stanford University Press, 2002)。

[35] Montague Bernard, *On the Principle of Non-intervention* (Oxford: J. J. and J. A. S. Parker, 1860), 8. 也请参见门罗主义之罗斯福推论的著名论调：“粗暴的为恶或者无能导致了文明社会的纽带普遍松弛了下来，这可能最终会需要某个开化民族的干预。……”关于这一问题以及这段时期在美国外交政策演进中的至关重要性，参见 James R. Holmes, *Theodore Roosevelt and World Order: International Police Power in International Relations* (Washington, DC: Potomac Books, 2006); 以及 Warren Zimmermann, First *Great Triumph: How Five Americans Made Their Country a World Power* (New York: Farrar, Straus and Giroux, 2002)。

[36] 参见 Odd Arne Westad, *The Global Cold War* (Cambridge: Cambridge University Press, 2005)。

[37] 有研究表明，“在 1955—1998 年这段时间内，国家失灵特遣队（the State Failure Task Force）确认，在人口超过 50 万人的国家中，发生了 136 例国家失灵。……在 1955 年，只有不到 6%的国家出现了失灵。在 1990 年代早期，这个数字飙升到接近 30%，在 1998 年（也就是该研究的最后一年）回落到 20%左右”。Stephen Krasner, ‘Sharing Sovereignty: New Institutions for Col-

lapsed and Failing States', *International Security*, 29/2 (Fall 2004), 91.

[38] Mohammed Ayoob, *The Third World Security Predicament: State Making, Regional Conflict, and the International System* (Boulder, CO: Lynne Rienner, 1995).

[39] 关于这样的看法，参见 Robert Cooper, *The Breaking of Nations: Order and Chaos in the 21st Century* (London: Atlantic Books, 2003)。

[40] 参见 Ian Hurd, 'Legitimacy and Authority in International Politics', *International Organization*, 32/2 (1999), 379 - 408。

[41] 尤其参见 David Beetham, *The Legitimation of Power* (Basingstoke, UK: Macmillan, 1991)。

[42] 具体参见 Ian Clark, *Legitimacy in International Society* (Oxford: Oxford University Press, 2005)；以及 Gelson Fonseca Jr, *A Legitimidade e Outras Questões Internacionais* (São Paulo: Paz e Terra, 1998)。

[43] Fritz Scharpf, *Governing Europe: Effective and Democratic?* (Oxford: Oxford University Press, 1999).

[44] Thomas M. Franck, *The Power of Legitimacy among Nations* (Oxford: Oxford University Press, 1990). 弗兰克（Franck）认为，国际法律规则的守法牵引力在于在多大程度上它们通过了如下测试：渊源谱系（sources-pedigree）、确定性、有目共睹的公平性，以及和更广泛的法律规则和原则体系保持一致。

[45] Bull (2003); Henry A. Kissinger, *A World Restored* (London: Weidenfeld and Nicolson, 1957), 1.

[46] 关于这一趋势的例子，请参见 Bruno Simma (ed.), *The Charter of the United Nations: A Commentary*, 2nd edn. (Oxford: Oxford University Press, 2002)。政治理论家中也可以看到，有人强调我们需要"把国际法宪法化"。比如，哈贝马斯（他严重无视联合国实际运作的方式）认为，"世界组织……有一个真正的宪法，它规定了程序，按照该程序，任何在国际上违反规则的行为都可以得到认定和惩罚。长期以来，已经不再存在什么正义、非正义战争，只有是否能够根据国际法得以证明的正义或不正义战争"。'America and the World: A Conversation with Jürgen Habermas', *Logos*, 3/2 (Summer 2004), 14.

[47] 参见 John Ferejohn, 'Judicializing Politics, Politicizing Law', *Law and Contemporary Problems*, 41 (Summer 2002)。

[48] 对这些观点的讨论（以及批判），参见 Robert Howse and Kalypso Nicolaidis, 'Enhancing WTO Legitimacy: Constitutionalization or Global Subsidiarity?', *Governance* 16/1 (2003), 73 - 94;

以及“特意将多边组织民主化”（Deliberately Democratizing Multilateral Organization）的专题讨论。

［49］尤其参见 David Held，*Democracy and Global Order*：*From the Modern State to Cosmopolitan Governance*（Cambridge：Polity Press，1995）。

［50］参见 David D. Caron，‘The Legitimacy of the Collective Authority of the Security Council’，*American Journal of International Law*，873（1993），552－588。

［51］参见 Philip Pettit，‘Democracy，Electoral and Contestatory’，*Nomos*，42（2000），105－144。

［52］Ian Shapiro，*The State of Democratic Theory*（Princeton，NJ：Princeton University Press，2003），147.

［53］关于不同类型的问责制，参见 Ruth Grant and Robert O. Keohane，‘Accountability and Abuses of Power in World Politics’，*American Political Science Review*，99/1（February 2004），29－43。也请参见 Robert O. Keohane and Joseph S. Nye Jr，‘Redefining Accountability for Global Governance’，in Miles Kahler and David A. Lake（eds.），*Governance in a Global Economy*（Princeton，NJ：Princeton University Press，2003），386－411。

［54］比如，参见 Henry R. Nau，‘The Truth about American Unilateralism’，*The American Outlook*（Fall 2003）；或 John R. Bolton，‘“Legitimacy” in International Affairs：The American Perspective in Theory and Operation’，Remarks to the Federalist Society，November 2003，http：//www. state. gov/t/us/rm26143. htm，访问日期：2005年10月8日。根据这一看法，正当性的基础应当是国内民主认可以及国内宪政，而不是其他的协议、国际法或普遍原则。

［55］Hugo Grotius，*The Rights of War*. Edited with an introduction by Richard Tuck（Philadelphia：Liberty Fund，［1625］2005），book1. ch. 1，150. 这一著作的英文翻译可以在如下网址找到：http//www. Libertyfund. org/Intros/Gratius. php/。

［56］Ibid.，159.

［57］M. N. Shaw，*International Law*，3rd edn.（Cambridge：Cambridge University Press，1994），98-99. 文献浩瀚，但是在普遍性和认可的问题上，请尤其参见 Jonathan I. Charney，‘Universal International Law’，*American Journal of International* Law，873（1993），528－551。

［58］参见 Robert J. Beck，Anthony Clark Arend，and Robert D. van der Lugt（eds.），*International Roles*：*Approaches from International Law and International Relations*（Oxford：Oxford University Press，1996），ch. 5，“The New Haven School”，110－143。

［59］参见 Philip Aliott，*The Health of Nations*：*Society and Law beyond the State*（Cambridge：Cambridge University Press，2002）。

［60］ Thomas Pogge, *World Poverty and Human Rights* (Cambridge: Polity Press, 2002), 169. 也请参见舍夫勒（Scheffler）对作为正义学说的世界主义（相对于如下观点：不同的正义观作为原则在国家内部或其他有边界的群体内部得到应用）以及作为文化学说的世界主义（相对于如下观点：个人身份或采取有效人类行动的能力取决于他们在某个具体文化团体中的成员身份）进行了颇有助益的区分。Samuel Scheffler, *Boundaries and Allegiances: Problems of Justice and Responsibility in Liberal Thought* (Oxford: Oxford University Press, 2001), 111－112.

［61］ 有人对这些经典辩论做了精彩的分析，参见 David Dyzenhaus, *Legality and Legitimacy: Carl Schmitt, Hans Kelsen and Herman Heller in Weimar* (Oxford: Oxford University Press, 1999)。

［62］ Hedley Bull, 'The Great Irresponsibles? The United States, the Soviet Union and World Order', *International Journal*, XXV (1979-1980), 439.

［63］ 参见 Jochen Prantl, 'Informal Groups of States and the UN Security Council', *International Organization*, 59/3 (2005), esp. 582－585。

［64］ Schmitt (1976).

［65］ W. Michael Reisman, 'The United States and International Institutions', *Survival* 41/4 (1999－2000), 71－72.

［66］ 参见 Peter M. Haas (ed.), 'Knowledge, Power and International Policy Coordination', special issue of *International Organization*, 46/1 (1992)。

［67］ Ngaire Woods, *The Globalizers: The IMF, the World Bank, and Their Borrowers* (Ithaca, NY: Cornell University Press, 2006).

［68］ Martin Shapiro, 'The Giving Reason Requirement', in Martin Shapiro and Alec Stone Sweet (eds.), *On Law, Politics and Judicialization* (Oxford: Oxford University Press, 2002), 228－257.

［69］ 关于卡尔以及后威斯特伐利亚体系在制度安排上可能具有何种样貌的观点，参见 Andrew Linklater, *The Transformation of Political Community: Ethical Foundations of the Post-Westphalian Era* (Cambridge: Polity Press, 1998), 161－168。

［70］ Hans J. Morgenthau, *Politics among Nations: The Struggle for Power and Peace*, 2nd edn. (New York: Alfred A. Knopf, 1959), 477. 尤其值得我们注意的是，摩根索给出了一些理由，去解释为何不可能有这样的举动。很少有人讨论实力或安全困境。相反，现有民族共同体的力量，以及缺少某种范围更广泛的政治和道德共同体，这些才是最重要的。以共同体为焦点，这样的做法亦可见于尼布尔（Niebuhr）的著作中："我们的问题在于，技术已经建立了一个初级的世界共同体，

但是还没有从道德或政治上把它有机地整合起来。它们已经创造了一个相互依存的共同体，但它还不是一个相互信任和尊重的共同体”。Reinhold Niebuhr，‘The Illusion of World Government’，*Foreign Affairs*，27（1948－1949），379.

［71］关于前者，参见 Daniel Deudney，‘Regrounding Realism’，*Security Studies*，10/1（2000），1－45；关于后者，参见 William Ophuls Jr，*Ecology and the Politics of Scarcity Revisited*（New York：W. H. Freeman，1992），278，以及我们在第九章的讨论。

［72］参见 Christopher Chase-Dunn，‘World State Formation：Historical Processes and Emergent Necessity’，*Political Geography Quarterly*，9/2（1996），108－130。

［73］Kant（1991：105）.

［74］‘Religion with the Limits of Reason’，in Carl Friedrich（ed.），*The Philosophy of Kant*（New York，1949），381.

［75］参见 Hurrell（1990：186－194）。

［76］比如，参见 Kai Nielsen，‘World Government，Security and Global Justice’，in Steven Luper-Foy（ed.），*Problems of International Justice*（Boulder，CO：Westview，1988），263－282。

［77］转引自 Peter Wilson，*The International Theory of Leonard Woolf*（New York：Palgrave，2003），49。

［78］“主权集中起来后共享”（pooled sovereignty，也有学者翻译成“主权共储与共享”“合营主权”“主权分享”等等——译者注）涉及政府赞成在将来不是通过一致同意来作出决定；授权主权（delegated sovereignty）发生在超国家行为体自主进行决策之时。参见 Andrew Moravcsik，*The Choice for Europe：Social Purpose and State Power from Messina to Maastricht*（Ithaca，NY：Cornell University Press，1998）。

［79］有一个最为详尽的例外情况，参见 Alexander Wendt，‘Why a World State Is Inevitable’，*European Journal of International Relations*，9/4（2003），491－542。

第四章
超越国家的复杂治理

如果一个过时的无政府状态社会不再能反映出国际关系通过何种方式发生了改变，且不再能为全球政治秩序提供一个足够的框架，而且，如果出现更完备的国际体制的可能性很有限，那么，我们还能到何处去寻找良方呢？正是在这个时刻，“治理”这一理念进入我们的视野，我们经常会用很笼统的术语来定义“治理”和“全球治理”，这种定义的构建基础是“掌舵”（steering）这一理念中的词根渊源以及一系列范围广泛的进程，通过这些进程，各种社会制度能得以协调，而且独立但相互依存的行为主体能进行决策和执行政策。有一种定义认为，全球治理是“个体和公私机构管理共同事务方式的总和。全球治理是一个持续的进程，用以容纳冲突或多样的利益，并让人们进行合作”，或者，根据另一常被引用的定义，治理包含“那些引导和约束某群体的集体行动的正式和非正式的进程及制度”[1]。

近来人们使用这一术语的一个核心特征就是把治理与霍布斯式的政治秩序理念区分开来，后者依赖的是国家的等级性权威，以及管制中的“命令与控制”方法。[2]的确，人们常常从横向互动的角度来定义治理。从一方面来看，它让我们从单个国家类推出去，即各国通过各种方式与一系列范围广泛的社会主体进行互动，比如，政策网络、公私关系以及政策共同体。从另一方面来看，它把我们推到了社会的上端，即通过公民社会群体（NGO、社会运动、非营利及自愿性组织），以及基于市场、不涉及正式国家规则的配置方法和不同形式的经济治理来进行自我组织及非集中化的协调。

这些理念从结构上看是现代的，因为它们大力强调新技术所产生的影响，尤其是交通、旅行、传播以及信息处理与传递的革命性发展，在很大程度上推动并赋予力量给新的跨国政治组织形式。这些理念的现代性纯粹出于偶然，因为它们反映了全球自由主义的强大力量以及在20世纪最后20年中出现的自由全球化的广泛影响力；人们对国家主义经济政策之价值及可行性的共识在不断减少；国家及政府部门无法处理高水准的行政和管制需求；并且，人们普遍认为，国家失灵与市场失灵都要求我们对何为“良好”及“有效”的治理做一番更宽泛的理解。但是，我们又可以非常肯定地讲，这些理念并不现代，因为它们取材于西方自由传统中那些历久不衰的元素，它们强调市场交换的重要性、相互性以及团结，而非命令式的、等级森严的控制方式。[3]这一强大的自由传统强调社会关系模式的复杂性，这些社会关系存在并塑造了社会生活，且常常是独立于国家的权力及律法。

本章将从三个角度来考量这些发展的情况。在第一部分，笔者将审视国家间治理

(inter-state governance) 的深化。笔者认为，虽然许多制度化进程的外在形式仍然具有“国家间”的特点，但是，内在的实际情况正在一些重要的方式上发生变革。第二部分将考察一些已有的关于日益重要的公民社会和跨国公民社会在全球治理中发挥的作用的看法。第三部分转向市场，追问何为经济治理理念，以及它如何有助于我们讨论全球秩序。结论部分会提出四个开放性的问题：法律、权力、国家、正当性。

国家治理的深化

第三章突出了国家间治理的扩展，这一点可以从以下几方面看出：机构数量、制定出来的全球规范卷帙浩繁，以及规则制定程序日益复杂。随着这些进程的发展及深化，它们的特征变得更加难以厘清：的确，我们仍可透过国家主义的棱镜来看待正式的结构，并将其联系于“国家之间”的机构。但是，在这些机构内外所发生的事，已变得越来越难以通过国家、国家间讨价还价，正式授权，以及以国家和认可为基础的国际法观念等因素来理解。我们来看三个例子。

第一个例子牵涉到国际仲裁法庭。在复杂的法律制度中，规范的发展不仅反映了国家间偶尔为之的讨价还价，它还经常发生于内部，通过这些制度本身的实践活动来运作：填补条约空白，提出方案来应对新问题，以及制定出相关的法学理论并树立司法先例（即使这些先例尚未得到正式接纳）。这些趋势在欧洲法院中可以明显看到，在 WTO 争端解决机构中也可见到，尽管没那么明显（虽然 WTO 中规则制定及规范发展仍然在很大程度上是由国家来推动的）。从更广泛的范围上看，所有的规范性制度（尤其是在相当程度上得以合理制度化的司法体制）都有一个内在的趋势，即由内而外地扩展，并将行为主体网罗在特定的话语、推理及论证模式当中。正如斯通·斯威特（Stone Sweet）所言：“……规范……发展的方式是路径依赖以及自我强化，其机制之一便是规范性推理自身拥有某种普遍存在性（ubiquity）及自然性（naturalness）。规范性制度具有内在的扩张性，从某种程度上讲，它们能让人们经由类比从某种状况推理到另一种状况。”[4] 再者，正如欧洲一体化进程所示，法院及法官变成了政治主体，有其自身的利益和议程。

第二个例子涉及跨政府管制及行政形式大量增加。在欧盟内部，由政府首脑组成的欧盟委员会以及部长理事会进行日常决议，但是把具体规则授权给由成员国专家组成的委员会去制定。再者，一个由各种咨询、管制和管理委员会（“授权立法委员会”(comitology)）组成的复杂结构也已经成长起来，它把欧盟委员会和各国政府联系起来。[5]如此一来，在许多具体管理和行政事务的运作中，顶多只是存在些许的正式授权，“决策”的确切性质变得复杂且模糊起来。我们可以看到，在诸如经合组织这样的机构中，也出现了类似的发展情况，该机构创立了约200个委员会、工作组和专家组，将成员中成千上万的高级官员联系在一起，同时，它们也制定了各种规则，规范诸如洗钱、贪污、环境污染、生物技术和交通等方面的内容。[6]

另一个（相关的）例子就是跨政府管制网络。斯劳特（Slaughter）认为，人们过度关注国家，把国家视为构建全球治理的基石，还将国家形象视为一个过度单一(unitary）的行为体，这些都妨碍了我们对治理的理解。

> 将世界各国分开而非作为一个整体看待，让领导人、决策者、分析者或者那些关心政治的公民能够看到全球政治体制中我们之前没看到的那些特点。政府网络突然就在各地出现，从金融行动小组（Financial Action Task Force，FATF。一个由财政部长及其他负责追捕洗钱者和恐怖主义资助者的金融监管者组成的网络）到自由贸易委员会（Free Trade Commission，这是一个由负责解释北美自由贸易协定的贸易部长们组成的网络），再到一个由负责边境控制事务的部长们组成的网络（在“9·11”事件发生后，该网络旨在创建一个新的安全边境体系）。同时，我们也可以把国际组织做一番庖丁解牛式的解析，以便看清国家管制者和法官与其超国家层面上的同人之间存在着某种“垂直网络”。[7]

网络有助于发展、传播和实施一系列范围在不断扩大的规范、规则和监管，覆盖的议题范围囊括银行监督、证券监管、反托拉斯监管以及医疗政策。网络之间互相交流信息。它们产生规则和原则，经常补充并扩充那些经过正式国家间谈判的内容。这其中大部分的内容是技术性的，采取的形式是“软性国际法”（soft law）或者谅解备忘录。[8]斯劳特认为，这些网络非常有效地渗入主权，有选择地动用了一系列公共或私营行为体。它们是非正式的、快速的和灵活的，通常隐于公众视线之外，并且能够迅速适应新问题和新状况。它们避免了传统国家间谈判那冗繁的程序并富有效率，这是因为制定规范与执行和实施规范之间存在着紧密联系。“那些制定规则或系统阐述指引政府网络之原则的行为体，和那些有权力去执行这些规则或原则的行为体是同一拨人”[9]。

笔者将会在本章后面的部分来讨论实力和正当性的问题，但是在此处我们应当驻足思考一些已出现的分析性议题。考虑到它们具有“模糊的流动性”（elusive fluidity），我们有多少信心能够事实上精确地勾画出许多跨政府以及政策网络的本质、边界和内部运行?[10]更重要的是，网络化治理理念究竟包含了什么样的内容？网络是模型还是隐喻？它们是行为体还是行动的领域？如果它们在某些方面是有影响力的，那么，成败的关键更多的是在于它们能有效地减少交易成本，还是在于它们有能力去产生值得信赖之行为的共同规范，抑或两者兼有？何种因素解释了人们通过讨价还价、协商还是论辩等方式来选择政策?[11]我们谈论“政策共同体”（policy communities），如果在共同体这一理念的背后有一股推动力的话，那这股推动力会是什么呢?

公民社会

在国际关系领域，大家越来越关注公民社会，这是因为在其他政治学领域，公民社会历来是个重要的话题。比如，随着发生于1970年代和1980年代的民主化浪潮，“公民社会得以复活”（resurrection of civil society），这也是该话题之所以重要的原因之一。与市场自由主义一道，它跟随着意识形态的潮流，政治右派（急于把国家的角色缩减回去）和左派（热衷于强调内在于公民社会和社会运动中的团结及解放之潜力）都对它给予了支持。它也非常紧密地勾连于如下两个因素：我们对有关全球化的争论，以及在何种程度上全球化为全球或跨国公民社会发展为日渐重要的政治行动竞技场创造条件。对于这一点，部分的促进因素在于日渐相互依存的基础正在不断扩大（新的传播、数据处理和交通系统），部分是由于在很大程度上，新技术已经使得政府越来越难以控制理念和信息的传播。全球化促进了价值观、知识和理念的传播，并加强了兴趣相投的群体组建跨国组织的能力。

跨国公民社会指的是，在某个领域或空间中，自发组织起来的中间群体（intermediary groups），相对独立于公共政府部门和私人经济行为体，有能力采取集体行动来追求自身的利益或价值，并且其政治行动跨越国界。在历史上，公民社会理念的出现经历了三个主要阶段，每一个阶段都不停地在塑造着当下的用法。首先，洛克把该术语当作一种描述正当政治秩序具有何种特征的方式。其次，在 18 世纪后期，人们强调，商业社会的发展通过一定的方式创造出了新式的团结、新式的人类结社形式和一个新的、有扩展潜力的道德纽带和情感领域；并且，最有影响力的是黑格尔把公民社会重新定义为一个与家庭和国家相区别的领域。同时，在他看来，公民社会不是一个满足功利需要和需求的领域，而是人际关系和社会承认的一个领域。[12]仍然颇有争议的是，我们是否应当把市场行为体（比如媒体）也包括进来。人们常说，公民社会内部的利益和价值观，其动力并不在于人们怀有利益的或私利的动机。有些人也会希望在定义中包含对某种特定价值观（比如公民性、参与和平政治的意愿等）的承诺，或者把公民社会看成既是一个现实的存在又是解放性价值中所包含的一个具有调节力的（regulative）理想或渊源。但是，如果我们侧重这一定义，那么就会显得过分偏向于“公民社会与社会秩序通过某种方式联系在一起”的观点，从而把其中许多不堪入目但异常强大的元素（比如军阀、贩毒集团或者恐怖主义群体）给排除在外了。

公民社会具有全球政治性，那些为数众多且逐年增长的世界社会论坛（WSF）与会者让这一情况变得非常具有戏剧性。首届世界社会论坛始于 2001 年，地点在阿雷格里港（Porto Alegre）；同时，人们抗议 1999 年在西雅图召开的 WTO 部长级会议。很多人认为，NGO 变得更加重要和有影响力了。尽管各种数据不一，但是都指向了如下两个方面：NGO 总体数量的增长，以及在 1990 年代加快了变革的步伐。[13]有一种估计认为，目前有 13 000 个国际 NGO 组织，其中四分之一是在 1990 年后创建的。[14]另外一种估计认为，据联合国发展署估计，国际 NGO 的数量在 44 000 个左右。[15]有关跨国公民社会的文献急剧增长[16]，在有关跨国公民社会历史演变的议题上，已经涌现出了许多重要的著作[17]。

之所以难以下定义，一个明显的原因在于，NGO、社会运动以及跨国同盟（transnational coalitions）在改变国际社会的构成方面发挥了许多重要的作用。首先，在创制规范、制定标准和发展规范的正式过程当中，一个尤其值得关注、到 1990 年代逐渐成为显著特点的现象就是，正式机构逐步对 NGO 开放，而且，公民社会在一系列大型的联合国会议（比如里约热内卢、维也纳和北京的会议）当中发挥了作用；其次，新规范经由一些在范围上更为广泛的社会进程涌现出来，并且在国际议程中占据一席之地；再次，它们也出现在许多国际机构具体运作以及照章办事的进程中；最后，它们直接参与到许多治理活动中（官方援助中来自社会组织捐助的比例越来越高，参与到大规模的人道主义救济，引导各方努力去促进民主或冲突后的社会和政治重建)。比如，欧盟目前通过 NGO 的渠道获得了约 10 亿欧元的资金，大部分用于发展人道主义活动。

然而，人们还未就如何评价或评估 NGO 重要性的问题达成共识，特别是在关乎秩序和治理的问题之时。让我们先来看看四个可能的回答。

有一种极端的观点认为，现实主义显然不在他们的考虑范围之内。华尔兹（Waltz）在其著作中回应 1970 年代的跨国主义论的潮流之时，曾如此说道：

> 当关键时刻来临之时，国家会重新修订那些其他行为体赖以运行的规则。……一个否认国家需要扮演核心角色的理论只有在非国家行为体发展到可以挑战或者超过大国的地步时，而非仅仅挑战或超越某些小国的程度，才变得有实用性。目前的迹象表明，它们还没做到这一点。[18]

现实主义者长期以来陶醉于如下理念：国际政治的现实性，只有“在关键时刻来临之时”、紧要关头以及“非常情况下”才会显露出来。这种观点的确突出了非国家行为体在一个由大国冲突所塑造的政治结构中能够采取行动的程度（好比我们说，自由跨国主义有能力去发展壮大，原因恰恰在于，美国在冷战结束时所获得的胜利给它们提供了发展的空间)。它也突出了国家一直以来发挥的门卫角色：虽然 NGO 已经取得了更多权限，可以进入到一些机构当中去，但是，开门关门的权力还是掌握在国家手里。然而，这种观点基本上不会告诉我们太多重要的治理事项，而且，该观点也低估了该体系的密集度和整合度（而非在不同行为体之间的权力分配）发生变化的程度，该程度也许是制度变化最重要的指标和渊源。

第二个立场专注于非国家群体对国际关系的影响力及如何解释这种影响力的效果，尤其是对外交政策和国际机构的影响。[19]在这里，重点在于：NGO 能够运用何种资源[20]；它们运用科技知识以及驾驭因果推理的能力；它们是否有能力去利用日渐增多的机构平台及国际机构内外可资利用的规范性资源；它们通过不同的网络和政策共同体进入到国家内部；以及它们能娴熟地参与到象征性行动政治、提出问题并提出一套主流话语，让大家用来解释和理解各种议题。在这一背景之下，凯克（Keck）和西金克（Sikkink）已经富有影响力地突出了跨国倡议网络（transnational advocacy networks）所发挥的作用。尤其在诸如人权和环境之类的议题上，这些网络既包括NGO，也包括教会、媒体和慈善基金会。这种网络的凝聚力在于一系列共同的原则性理念和价值观，并且，它们的活动对于我们理解新规范是如何发展和“吸引政治眼球”（achieve political salience）至关重要——比如，扫除地雷运动、反对多边投资协议、更改世界银行程序，以及在一般层面上讲，增加国际金融机构（IFIs）的透明度。[21]

第三种观点强调保罗·瓦普纳（Paul Wapner）所说的“世界公民政治”（world civic politics）的重要性。[22]在此处，我们可以说，全球环保运动的重要性并不在于它的影响力有多直接，而在于在环保意识层面上，它更为深刻地改变了人们的观念，并且，它还在新的跨国政治空间形式中创制了新的政治身份。世界社会论坛（WSF）的出现及其规模就象征着这种跨国政治。[23]在这一主题之下，我们也可以将乔治·索罗斯（George Soros）的开放社会网络（Open Society Network）以及它在传播民主理念和实践方面所发挥的作用包括进来——这些理念确实关乎公民社会的重要性。在此处，我们也可以将数量上急剧增加的私人慈善活动包括进来。但是，当然，该政治空间并不仅仅由西方自由群体把持，或是被盖茨、特纳或巴菲特家族的人所把持。泛伊斯兰主义的例子之所以特别令人感兴趣是因为：首先，它彰显了“全球公民社会”的历史传承性，伊斯兰有着非常悠久和丰富的传统，由贸易者、旅居精英以及学者、法官和官员组成；其次，它体现了全球化变革是如何赋予了跨国化的伊斯兰教以更大的强烈度与现实感，并且鼓舞了泛伊斯兰的视野和价值观；再次，在伊斯兰世界内部，在“天下归一”（oneness）的愿望以及持续的差异与多样性之间存在紧张关系——这种紧张关系在跨国公民社会的许多领域都可以看到。所有这些政治形式的重要性都毫无疑问。通常的难题在于决定究竟要做何种诉求。它们从各方面讲都很重要，但是有关它们在全球政治秩序议题之间的关系，断言居多，描述甚少。

第四种评估全球公民社会中群体所发挥作用的方式，是把重心从实践转向规范。公民社会之所以重要，是因为它既是一股政治变革的力量（抵抗专制、推动人们从新的角度去理解可持续性，并让全球资本主义人性化），同时也是具有调节力的理想。人们已经对全球公民社会的规范性潜力提出了非常重要的主张，全球公民社会作为一个政治竞技场，能够超越传统政治“内部—外部”的特质，能够改变并提供空间给新型的政治共同体、团结和身份。在有关全球民主的辩论中，公民社会的公共性是尤其重要的，大部分讨论都倾向于一个协商民主的方式。同样重要的是，NGO 已经或可能发挥一些作用，让全球政治得以“民主化”——增加国际机构的透明度和问责制，给原先被边缘化的那些群体，例如跨国文化群体（比如女性或者土著居民）以及那些最受全球化或者环境变化影响的利益相关者提供不同的代议模式。[24]有时候，重点在于强调全球公民社会作为一个相对自主的自我组织公共空间，在其中，真正的协商在相互竞争的不同立场之间展开，通过这一公共空间，某种国际公共理性理念能够得以发展壮大。在其他的情况中，全球公民社会及其相联系的“国内”公民社会所组成的网络，通过提供正当性、认可以及市场运作所必需的社会信任和其他社会资本形式的储备库来积极地反哺以国家为基础的秩序。但是，这两种看法都认为，全球公民社会是一个在真正的和不受强制的认同基础上对规则和规范进行谈判的多元的和开放的竞技场。它的角色是具有调节力的理想，我们可以从世界政治那些变化中的现实实践来衡量其潜力的大小。

市　场

首先，让我们来简略地审视一下经济秩序的本质，特别是市场和那些在政治上建构出来的规范和规则之间的关系。毕竟，市场体现了社会生活的一个方面，在其中，各种自利的观念驱动着一个自发秩序的运行，这一理念长期以来被视为是很可行和很天然的理念；而且，在其中，合作的基础是互惠和互利，而非政治等级制或共同价值观。在基督教和世俗自然法中有一个历史悠久的传统，认为旅行和从事和平贸易的权利是自然法的基本准则，它要么反映了人类社会性这一内在本质，要么就是听从正确理性的召唤。到了 18 世纪后期，在欧洲，尤其是在斯密和休谟的著作中，有两大理念开始扎根：首先，我们不能从主权者与其臣民之关系的视角来看待国家，而应将其视为一个由追逐多种私利的个体所组成的共同体；其次，商业社会的出现，尤其是经济交换模式具备了显著的现代性，这些为社会秩序和促进公共福利创造了新的可能性。

毫无疑问的是，市场从普遍存在的动力和需要之中汲取养分。但是，现代的交换关系观和现代自由个人主义社会的出现，则是历史的偶然。在这里，我们应当注意到，现代人对各种不同形式的交换关系进行了区分[25]，将利益和自利的观念清晰化[26]，并且，人们越来越普遍地将人性等同于自由、个体化的自我。以这些观念为基础，同时又经过多方批评和争论，许多从现代自由主义的传统中走出来的人认为，如果我们能够将市场交换中和平和合作的特点推而广之，那就可以推进国际秩序，其原因包括：商业精神从内在角度来讲是和黩武精神相对立的（圣西蒙语）；虽然冲突将继续存在，但是高度的交换和相互依存使得战争成本过高，远超任何可能的收益（科布登（Cobden）和安吉尔语）；一个日渐密集的和一体化的全球大同社会将为世界主义的道德秩序（康德语）打下基础。

重要之处在于，我们要区分两方面的事物：一方面，市场本身建构了一个分配资源和解决社会冲突的机制；另一方面，我们还得有各种保证市场正常运作的规则和制度。正如上面所说的那样，从政府到治理的转变，其中一个重要元素就是我们日渐依赖于市场。在一些人看来，我们在过去 20 年的治理辩论中日渐关注市场的角色，这直接反映了我们在规范层面上的偏好：市场作为自由的担保，市场作为民主变革的工具，或者作为国际和平的路径。其他人则认为，市场只不过是解决一些共同问题最有效的方式，不管是处理气候变化、促进经济发展，还是协调社会差异。对于那些自由市场的铁杆支持者而言，即便存在市场失灵之处，但是，国家干预和国家官员的寻租行为很可能会让问题变得更糟而不是更好。还有一些人认为，我们之所以关注市场，乃是因为在很大程度上，全球化侵蚀了国家一度扮演的核心角色，这是一个大家都不得不接受的事实。根据这种（夸大其辞的）看法（我们将在第八章中对其进行考察），全球化本身推动了权力从国家转移到市场这一重要变化。即便其部分的推动力源于国家权力和国家政策，但是，它所创造出来的这个动态过程也已经越来越难以扭转或控制了。

尽管哈耶克（Hayek）提出了自发秩序理念，尽管科布登号召“政府间尽可能少地进行交流，世界各大民族之间尽可能多地相互联系”，但是，所有市场都要求政治秩序化。迪克西特（Dixit）认为，“经济治理包含了那些支持经济活动和经济交易的程序，通过的方式是保护财产权，确保合同履行，并采取集体行动去提供合适的现实的和组织层面上的基础设施。这些程序是在正式和非正式制度中运行的”[27]。那么，该议题所关乎的内容就成为全球社会中经济治理的形式及其基础。我们可以区分出四个范围广泛的模型。

第一个模型是国家主义的，其基础仅限于国家间的正式协议。有关“威斯特伐利亚体系”最奇怪的主张之一，就是该体系的特点是边界重军防守、经济相互依存度低。这种看法之所以奇怪，原因在于，在19世纪，这个以主权为基础的秩序的巅峰时刻其实是与一个全球化的和跨境交流的时代同时并存，从许多维度上讲，该全球化和跨境交流比20世纪后期要广泛得多，影响也更深远。我们完全有可能看到，尽管大家就规则只达成了最低限度的一致意见，但是这不并妨碍国际经济秩序的出现。每个国家决定自己处理国际经济关系以及规范跨境交易的方式；该方式主要是以自身利益和目标为基础。只要各国有着相似的看法和类似的经济信念，那么，一个共同的行为模式就有可能出现。虽然这些共同目标可以通过不同制度来体现，但是，国家政策的统一性和一致性，才是建构经济秩序中最重要的因素。而且，这一点对于自由经济秩序而言可能尤其如此，该秩序的特点是在贸易和服务、金融和投资、人员迁移这三个国际交易范畴的层面上加大开放程度。每个国家都会进行自由贸易，减少或废除交易控制，并允许自由迁徙。独立的司法也会存在，但是在经济领域，它们就没那么重要了。[28]

即便是在这样的情况下，我们还是需要有些合作行为。首先，独立国家的存在和各自司法制度的差异给国际交易行为带来了问题。其结果就是，从大约1830年开始的一段时间内，我们将在实践和学说层面上对国际公法和国际私法的建构活动视为两个截然不同的领域和职业。国际私法的内容是，某交易行为应当由哪个法律制度来管辖以及解决争端的方式。在这一段时间内，每一个主要国家都制定出本国法律，以规范和管理国际贸易行为，这段时期见证了人们是如何在国际私法领域内提出了那些管理冲突的经典学说：司法管辖原则；司法管辖或法律适用冲突时所采取的应对机制，尤其是国际礼让条约（各国法院尊重他国法院所做出的判决）；适用国外判决或裁决，以及国家豁免的各种规则。[29]其次，如果国家能在以下方面做出正式承诺，则将会大大提高该自由体系运转的效率[30]：对自由体系做出更为清晰的定义，提升其运作的连贯性、一致性和可预见性——推动人们达成协议（旅行、沟通、度量衡），并明确自由贸易协定（因为从政治上讲，总是很难说服别人认同单边自由贸易的好处）。虽然这样的经济秩序和当下做法相差甚远，但是，还是有一批人认为，我们应当恢复该经济秩序。[31]

经济秩序的第二个模式是帝国式的。这是1914年之前“自由”全球经济的第一大核心特征。一方面，各帝国以占有殖民地作为手段，从贸易中获得剥削性收益；它们将本国的法律体系、财产权和合同移植到殖民地中；各帝国还提供用以扩大经济交流的物质基础设施。另一方面，更有意思的是，集体政治行动在捍卫一个开放的全球经济中发挥了作用。这包括：强制性地集体要求履行债务（针对奥斯曼土耳其帝国）；用不平等条约来打开门户、实施低关税（比如针对中国），使用海军力量来打开市场（比如英国针对拉美的政策）、集体打击走私，并通过遍布全球各地的领事、商业和军事法庭，来建立治外法权司法管辖。这些因素合在一起，就是一个表明以主权为基础的法律秩序是如何寻求对跨国空间进行管理的好例子。帝国秩序这一理念在当下又复辟了。例子有：首先，美国的实力在贸易谈判自由化的议程上发挥了作用，WTO 的范围大大扩展；其次，直接使用强制性的力量去打开外国市场（比如相继出台的美国贸易法“301 条款”和“超级 301 条款”）；再次，将美国本土法律在境外的应用以及本土法律及管制措施的外部化作为一条通往全球管制的途径；最后，西半球的许多国家都日益将美元作为自己的本国货币。

第三个模式也是国家主义的，但是它所涉及的全球经济管制的广度和深度都更加强烈。该模式在 1945 年之后重要性日增，这反映了我们在第三章中所讨论的广泛因素，以及与我们将在第八章中讨论的变化中的国家角色以及全球化进程的加剧相关的一些特定的力量。但是，第四个模型的内容是私人秩序，正是这一点，直接把我们带回到超国家治理这一问题上去。[32]

从私人层面上为经济交易提供秩序，这一理念有着重要的历史渊源——人们最常引用的，莫过于早期现代欧洲的《商人习惯法》（lex mercatoria），它包含了在商人和贸易者间发展起来的习惯法和规范。在最近几年，私人秩序已然成为越来越多的文献的关注重点。[33]一个例子就是私人仲裁的增加，仲裁机构的数量从 1919 年的 10 个，上升到 1985 年的上百个，而且国际商法通过《国际商事合同通则》（the UNIDROIT Principles of International Commercial Contracts）这一形式而得以日渐法典化。[34]第二个例子就是信用评级机构，其作用的基础是信息在私人秩序体系中的重要性。第三个例子关乎通过私人架构（private structures）去制定、推广和实施规则——比如，在会计标准或产品标准领域。举个例子，马特里（Mattli）和比特（Büthe）考察了私人行业标准制定组织（比如国际标准组织（ISO））所扮演的角色，ISO 工作的开展是通过一个密集的网络来进行的，包括 180 个技术委员会、550 个小组委员会，还有

2 000 个工作组。[35] 在其他情况中，人们专注于非营利主体，比如森林管理委员会（Forest Stewardship Council），为可持续地使用森林和产品认证制定规则（类似于一系列其他与公平贸易有关的 NGO 的所作所为）。最后，还有公私混合的管制和管理形式，比如“互联网名称与数字地址分配机构”（The Internet Corporation for Assigned Names and Numbers，ICANN），或者由公司和 NGO 共同参与的“国际食品法典委员会”（Codex Alimentarius Commission）为食品行业制定了安全标准，按照 WTO《实施卫生与植物卫生措施协议》的规定，该标准具有正式法律效力。[36]

因此，“超国家治理”的一个重要成分就包含了“私权威结构”（private authority structures），这种结构拥有一定的自主性，在一定程度上独立于国内法—国际法框架、私人仲裁和争端解决机制、基于技术标准化或跨国公司内部制定之规范的“通过私有化方式来制定规则”，以及调整全球经济各大行业的私有制度。从这一角度来看，全球化催生了不同的途径，让一系列的规范得以涌现和一体化：一部分通过传统的国家间谈判，但有越来越多的非政府行为主体参与其中；一部分通过涉及市场压力和广泛社会变革的社会一体化进程；还有一部分是由非国家行为主体开展的多少具有一些自主性的行动。

从理论上看，存在三种主要的解释性框架。第一种是利益驱动，埃利克森（Ellickson）很好地表达了这种观点的核心之处：“显然，霍布斯认为，即便是在无政府的状态（即政府缺位）之下，那些非法律的控制体系（比如以分权的方式来实施规范）都不太可能会带来至少那么一丁点儿秩序。……他太急于假设，基本规则必须由国家来建立”[37]。第二种框架则是更为宏观的社会学视角，“世界法”在国家规范和形式的层面上一体化，这些规范和形式的制定，不是通过明确或制度化的国家间谈判，而是通过管制竞争、国际机构的压力或竞相仿效。[38] 第三种解释框架以实力为基础，要么强调制裁及实施的影响力，要么强调弱国采纳某个或某些最强国的规则和规范（比如，美国之于美洲或者欧盟之于周边的国家），因为事实上，这些弱国别无选择——它们要么仿效，要么被排斥在外。

在 NGO 这一问题上，我们的任务与其说是描述这些不同形式的经济管理，倒不如说是要找出一整套标准来评价其重要性。首先，它们的角色在哪些方面发生了变化？萨森（Sassen）认为，“有一系列新的中间战略代理人（intermediary strategic agents），它们在管理和协调全球经济上做出了贡献”[39]。只不过，很大一部分其实是取决于这种“贡献”的程度大小。如果该主张只是说，我们需要“考虑”到非国家行为主体，或者，这些非国家行为主体“有助于”我们理解国际社会的全球治理的本质，那么，这个主张就没那么吸引眼球了。当然，这也不是什么新观点。[40]其次，在涉及“这些NGO的作用得以扩大”这一问题时，我们所谈论的内容，究竟是一种简单的权力转移呢，还是创造了新的权威部门（sites of authority）？毕竟，权威意味着某种特定的、与正当性理念紧密联系在一起的社会控制。此外，在何种程度上许多不同形式的“超国家治理”是依赖于国家的？这种依赖性表现在：它们要依赖或至少有可能去选择通过国内法来实施；它们要依赖国内法的架构；或者，它们要依赖两国或多国之间的谈判。

四个开放性的问题

任何对当下国际社会的分析都需要非常严肃地考虑到上述这些不同主张。虽然我们对于社会秩序知之甚少，但是，就我们所掌握的情况来看，上述这三个竞技场都很重要。而且，我们很大程度上还依赖这三者之间那常常很微妙的一种平衡。此外，虽然从分析的角度来谈论这三个竞技场不无裨益，但是，最令人感兴趣的，同时也是最重要的，莫过于它们之间的相互联系——比如，公民社会以何种方式，通过提供正当性来积极地反哺以国家为基础的秩序，并且，公民社会作为社会信任及其他社会资本形式的储备库，积极地反哺以市场为基础的秩序。离开了信任和这些社会资本形式，市场运作将无从谈起。

我们可以通过强调四个问题，来说明这些变化所包含的某些意蕴，这四个问题关乎法律、实力、国家、正当性。

法律

所有这些变革都冲淡并模糊了将国际法视为一种国家特权专属的体系（a state-privileging system）的理念。这些变革还动摇了主权这一曾经是我们从祖辈手里继承下来的作为法律秩序核心之所在的概念。[41]我们日益发现，存在一系列类型不同的规则、规范和原则，其发展是通过许许多多不同行为主体在一个范围广泛的国家、国际和跨国环境中展开行动来推动的，其传播、内化和实施是通过一系列不同的实质性和象征性的动力来进行的。如此一来，与创制和实施法律相关的释法群体（the interpretative community）人员大幅度增加，该群体管理国家，但不再完全依赖于国家来实现它自身的生存、内容或施行。因此，这一与国际法相关的图景，和我们传统的国际法理念大相径庭。传统上，国际法被视为是外交部门的保留地，主要议题包括战争、和平和外交。但是，这一图景也和基于国家、连带主义国际社会的法律观有所区别。我们在第三章中描绘了法律制定所产生的一些本质性变革及其所产生的各种紧张关系，就这两方面而言，人们曾认为，法律必须要牢牢地扎根于宪政框架之中，而国家是这一框架中的主角。

本章所讨论的这些趋势表明，在国际公法和国际私法、国内法与国际法之间的那些界限正在逐渐模糊。更重要的是，它们与那种强调国家认可的法律理论变得越来越不相容。许多规范和规则产生于各种网络，而这些网络的复杂性、流动性和秘密性，又与认可这一理念格格不入。这种发展态势又反哺了人们针对所谓“跨国法律进程”的不同论述。“该跨国法律进程作为一种理论和实践，关乎公私行为主体（包括民族国家、国际组织、跨国企业、NGO以及个人）如何在一系列公私和国内外的论坛上互动，去制定、解释、内化和实施跨国法律规则”[42]。它们反哺了“合规”（compliance）这一管理学理念，该理念强调的是持续进行中的互动和谈判，而非对明确规则的生搬硬套。[43]它们所提出的法律观强调政策、务实作风（pragmatism）和解决问题。这反过来又反映了一整套特定的美国法律传统，尤其是法律现实主义（legal realism）——该主义强调政策在裁决中的作用，以及纽黑文学派所反对的法律观（即“法律是规则的总和”），纽黑文学派更倾向于将法律视为一个持续进行中的、服务于世界公共秩序利益的权威式决策进程。

我们可能会质疑，现有的方法是否能够提供一种法律理论，让我们既能掌握法律制定和管制日新月异的现实情况，又能解释某种法律规范理念是如何产生的。我们有可能会由此得出一个结论：实际上这是一个只有律师和法律理论专家才会关心的问题。但是，如此一来，我们就会忽略共识的重要性，这种共识不仅仅关乎国际法的特定方面，同时也关乎支撑着该法律秩序的那些基础。有这样一种可能性：灵活性、务实作风和解决问题只对强者有利。法律理论的用处和可接受之处，在于它是在一个运行良好的国内宪政秩序背景中强调问题、权力与程序；但是，如果我们想要在一个制度化程度低、高度不平等的国际社会中诉诸同样的法律理念，那就完全是另外一种情形。在结论中，我会重新探讨这个问题。

实力

在本章所讨论的不同治理形式当中，实力的位置在何处？让我们来看看网络。没什么理由相信，所有国家都有能力在本章所讨论的这种网络中有效地运行。美国所拥有的相关专业知识和资源的程度，增加了它的规范、价值观和偏好在国际领域胜出的可能性。斯劳特承认，实力具有“根深蒂固性”（ineradicability）。在很大程度上，她所考察的特定跨政府网络，其主角是工业化国家的领导人、官僚及其产业。但是，相对而言，这一议题很少得到人们正视。[44]这不是在否认网络以及网络化治理的重要性，我们也不是要否认，许多规范的发展和传播的过程，可能会牵涉到学习、仿效、说服和社会化等自由理念。但是，它们也关乎实力和结构不平等的博弈领域。此外，我们可以用更加一般化的术语来说明这一点：技术官僚治理方法倾向于问，何种组织形式能最好地匹配于何种治理功能？然而，更重要的政治问题在于询问，何种治理机制服务于何人的利益，并保护和推广了何人的价值观？

在自由主义者有关跨国公民社会的许多论述之中，大家也不约而同地忽略了实力这一问题。首先，NGO 游说可能会塑造国家实力、国家行为。但是，我们经常看到的情况却是，正是国家行为，才推动公民社会从一开始的时候就出现了；国家还提供了制度性框架，让它能够发展壮大起来。在一定情况下，它与国家存在直接的联系。比如，在贸易领域，政府发挥了一个重要作用，促成（且常常资助）了 NGO 的活动，并塑造了那些与 WTO 和诸如北美自由贸易区之类的地区一体化进程谈判有关的“圈内人网络”（the insider networks）的行动方案和网络。[45]在人权方面，正如钦金（Chinkin）所言，“虽然 NGO 昂首阔步地进入了人们的视野，且国家也明显地让了步，但是，国家仍然牢牢掌握着正式法律的制定程序”[46]。国家权力越来越取决于政府在公民社会中的成功运作，以及利用跨国和跨政府联合来达到它们自己目的的能力。如此一来，我们就需要注意不同国家在这些竞技场进行运作的能力存在天壤之别。适应多元政治的那些国家很容易就能适应这些变化，而许多发展中国家则觉得，在这样一个世界中航行就显得困难重重，原因既可能是因为国内的政治敏感性，也有可能是因为它们所继承的外交决策传统带有非常明显的国家主义色彩。

其次，较弱社会中的实力。跨国社会活动，常常会让较弱社会中的政治、社会和经济的博弈发生倾斜。对某个群体而不是其他群体进行资助，对某种主张而非其他主张赋予正当地位（比如说亚马逊流域的原住民而非小农场主），这些行为都会影响到国家政治进程，而且我们几乎可以肯定地说，它们还有可能会削弱民主的本真性（authenticity）。不管它是否是正当的，这是跨国公民社会力量当中一个很重要的方面。再次，跨国公民社会中的实力。从规范的层面来看，公民社会无任何特殊性或神圣性而言，这个政治竞技场与其他任何一个竞技场一样，在其中善良与邪恶同在，各种社会运动和 NGO 都会主张自己拥有本真性和代表性，我们需要对这样的主张进行检验并提出质疑，而且，很可能与国家间政治一样，结果受制于那些有实力的行为主体的直接操纵。如果国内情况是如此，考虑到世界政治中形形色色的不平等情况，那么在全球层面上的情况就会更是如此。最后，实力与国际体系中的特定部分。[47]在此处，我们要面对的争论是：现有 NGO 的影响力大大有利于北方国家和社会的价值观和利益。而且，人们还推动扩大此类影响力，将其作为对国际体制进行民主化努力的一部分，这种发展的态势将只会增进强者的实力。正如伍兹（Woods）所言，跨国 NGO“……放大了北方的观点，既处在政府之外，又通过政府来进行——这种情形发生在国际机构中，给那些已经拥有强大代表的民族和政府增加了另一条影响力渠道”。西雅图部长级会议（Seattle Ministerial）认证的 738 个 NGO 中有 87%位于工业化国家境内。[48]以人权为例，霍普古德（Hopgood）注意到大赦国际（Amnesty International）的成员身份和行动主义（activism）：在 2005 年，西欧和北美的成员数量是 1 157 939 个；相比之下，亚太成员只有 6 195 个，而非洲成员只有 4 201 个。[49]

国家

本章考虑的治理方法显然涉及一种非常不同的国家观。一个主流的趋势是不把国家看成一个主权抑或一个代表各种群体采取行动的代理人，而是对国家进行分解。这种国家观是在自由主义内部牢固树立的分析潮流之上建构起来的。[50]一方面，这种观点将本体论意义上的首要地位（ontological primacy）赋予了国家中的个人与群体：国家为何物，在国际层面上它们如何行动，这些问题要依国家—社会间的关系特点而定。另一方面，全球化的加剧，意味着有越来越多具有政治显著性的交易活动将涉及国家的不同部门与私人行为主体、公司，以及与其他国家部门的跨境合作。

从规范层面来看，这种观念推动着我们朝一个功能论—契约论（functional-contractual）的方向前进。从这一视角来看，体制（包括国家体制）不应当被视为主权的代表或者体现了某特定共同体，而应当被视为功能机构，它们互相竞争，以期为治理问题提供有效的解决方案。在何种层面上，我们应当采取何种治理功能？由何种行为主体来进行？或者，通过何种社会机制（国家、市场与公民社会）来进行？对于所有的这些问题，并不存在任何既定规范层面上的选择偏好。国家功能是可代替的，可以由外部机构、私人企业以及一系列的跨国行为主体来执行。国家仍然存在，但由主权规范授予它的地位和保护将一去不复返。主权将变成一个只具有公开契约性的东西。

在第八章中，我还会回过头来讨论有关全球化时代国家命运的宽泛论断。然而，我们在这里要注意到国家与非国家行为体之间联系的重要性和复杂性，而且，超出国家范畴的一系列治理活动在多大程度上能够开展，直接或间接地取决于国家实力和国家政策。比如，布雷思韦特（Braithwaite）和德劳霍什（Drahos）就找到了大量的证据，来支持从总体上讲是现实主义的解释。“尽管如我们所示，有复杂的、多元的行为主体卷入了全球管制博弈当中，但是如果我们问一个单刀直入的问题，‘哪一种行为体拥有最大的影响力？’那么，答案就变得很明显了：民族国家。如果我们追问，‘哪一个行为体拥有最大的影响力？’那答案就更明显了——美国。”[51]但是，他们添加了三个极为重要的条件：首先，“我们发现，重要的是国家与非国家行为体发生联系的方式”；其次，“国家实力的性质已经发生了改变”；再次，治理的复杂性意味着，弱国改变自身状况的能力大小不一。[52]

我们也应当注意到，经验层面上也有人怀疑，已经发生的变革到底有多重要、程度如何，以及我们应当如何去理解这些变革。例如，在20世纪70年代的数次金融危机当中，有人可能会说，跨政府管制网络的确有能力有效地管理这些危机，即无需求助于过多的政府行为或新一轮的制度建设。但是，这一“成功”的例子也可被视为反映了私人经济利益的实力，它们急于保护自己在美国的行动自由，并反抗更为正式的国际管制将带来的各种约束。反过来，这一行动自由又关联于它们在美国国内的政治力量，以及金融服务业对于美国经济的重要性。如果用更通俗的语言来说，那就是自由主义跨国治理理论不能仅仅强调社会利益的重要性。我们必须要对实力的性质和影响力做出某种判断，它要么是在网络或政策共同体内部直接聚合起来的实力，要么就是这些网络与一些国家和一些利益攸关的私人行为体之间存在各种联系。

最后，即使我们放弃“正当的政治秩序必须要依赖于国家和强制力”这一韦伯式理念，但是，从某种意义上来看，许多通过市场和公民社会进行的自由主义治理理念，其内容仍然是关乎治世（good times）和礼仪之邦（nice places）中的治理行为。这种方法最大的局限性之一，就是由于专注于如何把握共同利益或潜在的共同利益这一问题，而对一系列难题置若罔闻。比如，迪克西特对“经济治理需要何种制度”进行了一番精彩的论述，他说，“我们也可以考虑第四种范畴，即如果想要避免严重的分歧和异化威胁到社会凝聚力本身，那么，我们就需要拥有一些深厚的体制（deep institutions）。但是，到目前为止，在这一语境中人们还未对该问题进行研究”[53]。然而，在国际层面上，正是由于缺乏此类“深厚的体制”或由于它软弱无力，才最严重地限制了全球经济治理的效力，或者，换言之，许多本章所考虑的模式，其可行性在很大程度上取决于由两个或多个主要参与者的相互关系而提供的那种先在的政治秩序。

正当性

本章所考察的那些具体治理方面，每个方面都提出了特定的正当性议题。比如，跨政府网络潜在的正当性，部分来源于有关技术知识的主张，部分源自国家的授权，部分则是源于有关效力和效率的主张。但是，正当性的那些问题是明摆着的：如何去防止此类网络不被一小部分自卖自夸（self-selected）和不负责任的精英所把持?[54]同样地，还有很多人会批评NGO，攻击它们主张说自己代表广泛的利益并且实事求是，批评它们自身的内部代议制和问责结构。但是，仍然存在一系列范围更广且更难攻克的难题。

正如笔者之前提到过的那样，只要实力的运作是在利益相互竞争、价值观相互冲突的背景下进行，那么，正当性的问题就会出现。支撑着政治正当性原则的部分基础是“有效约束权力的运用和滥用”这一战略目标，而另一部分基础则是如下特定的自由主义目标：我们通过透明度、问责制或代议制等机制，来进一步推进诸如个体自治或平等这样的价值观。我们要通过有助于上述目标推进的各种方式来达到有效约束实力的目的。但是，在我们能够就这些原则的确切性质进行辩论之前，我们需要决定正当的主体是什么。从传统上看，人们会认为，国家（并扩大到国家间机构）才是具有政治正当性的正确主体。因而，我们会听到许多人说，有必要加强现有机构（比如世界银行或 WTO）的问责制。这反过来又反映了西方自由思潮中的一个强劲趋势，即强调公私领域、公私权力之间的区分。然而，本章所描绘的那些变革却说明，国家显然已不再是决策权的唯一运用者，许多治理领域的特征是，公私行为体皆有，且治理形式混杂。并且，诸如 NGO 这样的非国家行为体不但亲自参与全球公权力的行使，同时，它们还是发挥着重要作用的代理人，并赋予这一全球公权力以正当性。只要超国家治理仍在往前发展，那么，相应地就一定会有必要去重新思考，什么样的正当性原则才最适合于那些崛起中的全球公权力之新形式。

注　释

［1］Commission on Global Governance, *Our Global Neighbourhood* (New York: Oxford University Press, 1995), 2; Robert O. Keohane and Joseph S. Nye, 'Introduction', in Joseph S. Nye and John D. Donahue (eds.), *Governance in a Globalising World* (Washington, DC: Brookings, 2000), 12. 也请参见第一章注释［13］。

［2］关于在更广泛的政治语境中对治理的讨论，参见 Jon Pierre and B. Guy Peters, *Governance, Politics and the State* (Basingstoke, UK: Macmillan, 2000); Jon Pierre, *Debating Governance: Authority, Steering and Democracy* (Oxford: Oxford University Press, 2000); 以及 Andrew Jordan, Rüediger K. W. Wurzel, and Anthony Zito, 'The Rise of "New" Policy Instruments in Comparative Perspective: Has Governance Eclipsed Government?', *Political Studies*, 53 (2005), 477-496。

［3］参见 Wolfgang Streeck and Philippe C. Schmitter, 'Community, Market, State and Associations?' *European Sociological Review*, 1/2 (September 1985), 119-138。也请参见约翰·德雷泽克 (John Dryzek) 对全世界的社会选择机制颇有助益的讨论，*Rational Ecology* (Oxford: Blackwell, 1987), 63-184。也请参见 Anthony Pagden, 'The Genesis of "Governance" and Enlightenment Conceptions of the Cosmopolitan World Order', *International Social Science Journal*, 155 (1998), 7-15。

［4］Alec Stone Sweet, 'Judicialization and the Construction of Governance', *Comparative Polit-*

ical Studies, 32/2 (April 1999), 147 - 184.

［5］参见 Desmond Dinan, *Ever Closer Union: An Introduction to European Union*, 2nd edn. (Basingstoke, UK: Palgrave, 1999), eps. 228 - 229；以及 Christian Joerges and Ellen Vos, *EU Committees: Social Regulation, Law and Politics* (Oxford: Hart, 1999)。

［6］更多细节和更多其他例子，参见 Benedict Kingsbury, Nico Krisch, and Richard B. Stewart, 'The Emergence of Global Administrative Law', *Law and Contemporary Problems*, 68/3 and 4 (2005), 15 - 62。也请参见 John Braithwaite and Peter Drahos, *Global Business Regulation* (Cambridge: Cambridge University Press, 2000)，尤其是第一部分。

［7］Slaughter (2004: 5 - 6).

［8］对于这一广泛领域的其他著作范本，参见 Wolfgang Reinecke, *Global Public Policy: Governing without Government?* (Washington, DC: Brookings, 1998); Thorsten Benner, Wolfgang H. Reinecke, and Jan Martin Witte, 'Multisectoral Networks in Global Governance: Towards a Pluralistic System of Accountability', *Government and Opposition*, 39/2 (2004), 191 - 210。

［9］Anne-MarieSlaughter, 'Governing the Global Economy through Government Networks', in Michael Byers (ed.), *The Role of Law in International Politics* (Oxford: Oxford University Press, 2000), 206.

［10］富有教导意义的是，即便是制度化建设相对较好的欧盟体系，也会碰到这样的问题，参见 Hussein Kassim, 'Policy Networks, Networks and European Union Policy Making: A Sceptical View', *West European Politics*, 17/4 (1994), 15 - 27。

［11］有一些一般性讨论颇有助益，参见 Joel M. Podolny and Karen L. Page, 'Network Forms of Organization', *Annual Review of Sociology*, 24 (1998), 57 - 76; Candace Jones, William S. Hesterly, and Stephen P. Borgatti, 'A General Theory of Network Governance: Exchange Conditions and Social Mechanisms', *The Academy of Management Review*, 22/4 (1997), 911 - 945。有人批评把这一概念应用到政治之上，参见 Keith Dowding, 'Model or Metaphor? A Critical Review of the Policy Network Approach', *Political Studies*, XLIII/1 (1995), 136 -158。也请参见 Braithwaite and Drahos (2000: ch. 23)。

［12］参见 Sunil Khilnani, 'The Development of Civil Society', in Sudipta Kaviraj and Sunil Khilnani (eds.), *Civil Society: History and Possibilities* (Cambridge: Cambridge University Press, 2001), esp. 11 - 32。在浩瀚的文献之中，也请参见 John Cohen and Andrew Arato, *Civil Society and Political Theory* (Cambridge, MA: MIT Press, 1992)；以及 John Keane, *Democracy and Civil Society* (London: Verso, 1988)。

［13］参见 Amrita Narlikar and Ngaire Woods, 'Governance and Accountability: The WTO, the

IMF，and the World Bank'，*International Social Science Journal*，53/170（2001），569 - 583。

［14］Helmut Anheier，Marlies Glasius，and Mary Kaldor，'Introducing Global Civil Society'，*Global* Civil *Society 2001*（Oxford：Oxford University Press，2001），4.

［15］UNDP，Human Development Report 2000.

［16］比如，参见 Ronnie B. Lipshutz，'Reconstructing World Politics：The Emergence of Global Civil Society'，*Millennium*，21（1992），389 - 420；Richard Falk，*On Humane Governance*：*Towards a New Global Politics*（Cambridge：Polity Press，1995）；以及 Anne Florini（ed.），*The Third Force*：*The Rise of Transnational Civil Society*（Washington，DC：Carnegie，2000）。

［17］比如，参见 Akira Iriye，*Global Community*：*The Role of International Organizations in the Making of the Contemporary World*（Berkeley，CA：University of California Press，2002）。入江昭（Akira Iriye）的大历史叙事非常有助于强调，在 19 世纪后期国际主义黄金时代，存在一个我们现在所说的"跨国公民社会"，跨国宗教群体发挥了作用，且公私经济管制之间有一种变动中的平衡。

［18］Waltz（1979：94 - 95）.

［19］比如，参见 Thomas Risse-Kappen（ed.），*Bringing Transnational Relations Back in Non-State Actors*，*Domestic Structures*，*and International Institutions*（Cambridge：Cambridge University Press，1995）。

［20］比如，在 2005 年，联合国环境规划署（the UN Environment Programme）的整体预算达到了 1.27 亿美元，相比之下，绿色和平组织（Greenpeace）的全球预算是 1.68 亿美元，世界自然基金网（WWF Network）则是 4.85 亿美元。

［21］参见 Keck and Sikkink，*The New Transnational Activism*（Cambridge：Cambridge University Press，2005）。

［22］Paul Wapner，*Environmental Activism and World Civic Politics*（Albany，NY：State University of New York Press，1996）；and Ann Marie Clark，Elisabeth J. Friedman，and Kathryn Hochstetler，'The Sovereign Limits of Global Civil Society. A Comparison of NGO Participation in UN World Conferences on the Environment，Human Rights and Women'，*World Politics*，51（October 1998），1 - 35.

［23］参加的数量从 2001 年的 12 000 增长到 2002 年的 80 000，WSF 已经成为一个范围更广泛的反全球化网络中的一部分。参见 Teivo Teivainen，'The World Social Forum and Global Democratization：Learning from Porto Alegre'，*Third World Quarterly*，23/4（2002），621 - 632；以及 Michael Hardt，'Today's Bandung?'，*New Left Review*（March-April 2002）。

［24］对 NGO 民主角色最充分的辩护，参见 Terry Macdonald，' "We the Peoples"：NGOS and

Democratic Representation in Global Politics'，DPhil thesis，Oxford University Press，2005。

［25］参见 Natalie Zemon Davis，*The Gift in Sixteenth-Century France*（Oxford：Oxford University Press，2000）。

［26］参见 Albert O. Hirschman，*The Passions and the Interests：Political Arguments for Capitalism before Its Triumph*（Princeton，NJ：Princeton University Press，1977）。

［27］Avinash Dixit，'Economic Governance'，in *The New Palgrave Dictionary of Economics*，2nd edn.（London：Palgrave，2006）. 也请参见 Avinash Dixit，'On Modes of Economic Governance'，*Econometrica*，71/2（March 2003），449－481；以及 Oliver E. Williamson，*The Economic Institutions of Capitalism：Firms，Markets，Relational Contracting*（New York：Free Press，1985）。

［28］这一部分参考了如下著作：A. G. Kenwood and A. L. Lougheed，*The Growth of the International Economy，1820－1980*（London：Unwin，1988）：73－89。也请参见：Kevin H. O'Rourke and Jeffrey G. Williamson，*Globalization and History：The Evolution of a Nineteenth Century Atlantic Economy*（Cambridge：MIT Press，2000）；Martin Wolf，*Why Globalization Works*（Yale：Yale University Press，2004），chs. 7 and 8；以及 Paul Hirst and Graham Thompson，*Globalization in Question*（Cambridge：Polity，1996），ch. 2。

［29］关于国际公法和国际私法在历史上的关系，参见 Stefano Mannoni，*Potenza e Ragione：La Scienza del Diritto Internazionale nella Crisi Dell'Equilibrio Europeo（1870－1914）*（Milan：Editore Guiffre，1999）。不同法律主体和国际治理问题之间的关系貌似没有引起多少明确的关注，但请参见 David Kennedy，'New Approaches to Comparative Law：Comparativism and International Governance'，*Utah Law Review*（1997），545－637。大卫·肯尼迪（David Kennedy）找出了两种运作模式，强调了两者之间的冲突：首先，法律是一种手段，去调整不同国家法律体系之间的差异；其次，法律也是一种协调手段和推广"最佳实践"的手段。

［30］参见 Craig Murphy，*International Organizations and Industrial Change*（Oxford：Oxford University Press，*1994*）。

［31］比如，有作者认为，我们应当撤销世界银行、IMF 和 WTO。参见 Deepak Lal，*Reviving the Invisible Hand：The Case for Classical Liberalism in the 21st Century*（Princeton，NJ：Princeton University Press，2006），esp. 85－90 and 122－126。

［32］还有第五个潜在的模型——全球中心主义或世界政府，显然在这场辩论中是缺席的。相比于安全和环境，很少有人"买"如下观点的"账"：一个一体化的全球经济要求我们进行更大程度的政治集权。的确，功能主义著作含蓄地指出，管理的需要将最终会促使我们超越民族国家。的确，尽管马克思和恩格斯对于后资本主义世界的本质语焉不详，但是，他们的确是从他们称之为

“全球层面上有意识地组织生产”这一视角来思考问题的。但是，很少有人讨论，我们要走向一个超越国家之上、更为集权的治理模式——这主要有几个原因，经济自由主义最强有力的推动国一直坚决反对超国家主义，而且，经济自由主义本身的发展也是对立于集权化的、自上而下的经济管理。

[33] 比如，Thomas J. Biersteker and Rodney Bruce Hall (eds.), *The Emergence of Private Authority in Global Governance* (Cambridge: Cambridge University Press, 2002); A Claire Cutler, Virginia Hauffler, and Tony Porter (eds.), *Private Authority and International Affairs* (Albany, NY: State University of New York Press, 1999); Gunther Teubner (ed.), *Global Law without a State* (Aldershot, UK: Dartmouth, 1997); Karsten Ronit and Volker Schneider, ‘Global Governance through Private Organizations’, *Governance*, 12/3 (1999), 243 - 266。我们将在第七章中考察私人和以市场为基础的强制力量（通过黑帮组织和雇佣军）所发挥的作用。

[34] 参见 Walter Mattli, ‘Private Justice in a Global Economy: From Litigation to Arbitration’, *International Organization*, 55 (2001), 919 - 947; Alec Stone Sweet, ‘Islands of Transnational Governance’, in Guiseppe de Palma and Christopher Ansell (eds.), *Restructuring Territoriality: Europe and the United States Compared* (Cambridge: Cambridge University Press, 2004), 122 - 149; Hans-Joachim Mertens, ‘Lex Mercatoria: A Self-Applying System beyond National Law’, in Gunther Teubner (ed.), *Global Law without a State* (Aldershot, UK: Dartmouth, 1997), 31 - 43。

[35] Walter Mattli and Tim Büthe, ‘Setting International Standards: Technological Rationality or the Primacy of Power’, *World Politics*, 56 (1993), 1 - 42.

[36] 参见 Kingsbury, Krisch, and Stewart (2005: 22 - 23)。

[37] Robert C. Ellickson, *Order without Law: How Neighbours Settle Disputes* (Cambridge: Cambridge University Press, 1991), 131.

[38] John W. Meyer, John Boll, George M. Thomas, and Francisco O. Ramirez, ‘World Society and the Nation-State’, *American Journal of Sociology*, 103/1 (1997), 144 - 181; and Gili S. Drori, John W. Meyer, and Hokyu Hwan (eds.), *Globalization and Organization: World Society and Organizational Change* (Oxford: Oxford University Press, 2006) .

[39] Saskia Sassen, ‘Embedding the Global in the National’, in David A. Smith, Dorothy J. Solinger, and Stephen C. Topik (eds.), *States and Sovereignty in the Global Economy* (London: Routledge, 1999), 159.

[40] 比如，参见如下著作中对全球治理的定义：Held et al. (1999: 50)。

[41] 关于法律秩序如何转变的分析，参见 Benedict Kingsbury, ‘The International Legal Or-

der', in Peter Cane and Makr Tushnet (eds.), *Oxford Handbook of Legal Studies* (Oxford: Oxford University Press, 2003), 271 - 297。

[42] Harold Koh, 'Why Do Nations Obey International Law?', *Yale Law Journal*, 106/8 (1997), 2626.

[43] Abram Chayes and Antonia H. Chayes, *The New Sovereignty: Compliance with International Regulatory Agreements* (Cambridge, MA: Harvard University Press, 1995).

[44] Slaughter (2004: 228 - 229).

[45] FTAA的"南/北"特征是一个尤其引人注目的范例,参见Roberto Patricio Koreniewiecz and William C. Smith, 'Transnational Social Movements Elite Projects, and Collective Action from Below in the Americas', in Louise Fawcett and Monica Serrano (eds.), *Regionalism and Governance in the Americas* (Basingstoke, UK: Palgrave, 2005)。

[46] Christine Chinkin, 'Human Rights and the Politics of Representation', in Michael Byers (ed.), *The Role of Law in International Politics* (Oxford: Oxford University Press, 2000), 140.

[47] 自由建构主义者的著作倾向于聚焦于西方规范的扩散以及NGO(还有国际组织(IO))作为规范的推广者。人们忽视了这些规范和地方及区域规范之间的互动。参见Amitav Acharya, 'How Ideas Spread: Whose Norms Matter? Norm Localization and Institutional Change in Asian Regionalism', *International Organization*, 58 (Spring 2004), 239 - 275。同样地,越来越多的跨国公民社会经验研究强调南北NGO存在迥异的区别。

[48] Ngaire Woods and Amrita Narlikar, 'Governance and Accountability: The WTO, the IMF and the World Bank', *International Social Science Journal*, 53/170 (December 2001), 569 - 583.

[49] Stephen Hopgood, *Keepers of the Flame: Understanding Amnesty International* (Ithaca, Cornell University Press, 2006), 172 and ch. 6.

[50] 参见Andrew Moravcsik, 'Liberal International Relations Theory: A Scientific Assessment', in Colin Elman and Miriam Fendius Elman (eds.), *Progress in International Relations Theory* (Cambridge, MA: MIT Press, 2002)。在莫拉维斯克(Moravcsik)看来,"[自由理论]的第一个预设是,国际政治中的基本主体是理性个体和私人群体,他们组织起来,互相交流,以便保护自己的利益。自由理论的基础是一种'自下而上'的政治观,在其中,个体和社会群体的要求被视为外部原因,导致了那些支撑了国家行为的利益。……自由理论的第二个预设是,国家(或其他政治机构)代表了某种国内社会的子集,其看重的偏好建构了某些基础性的目标('国家偏好'),理性的国家官员通过外交政策来追求这些目标。代议制因此就建构了一个关键的'传送带',通过它,公民社会中个体和群体的偏好与社会力量就进入了政治领域,并最终被转化为国家政策"(同上书,

161～163页）。

［51］ Braithwaite and Drahos（2000：475 and ch. 20 ‘Contests and Actors’）.

［52］ Ibid.，475 and 504.

［53］ Dixit（2006）.

［54］ 比如，参见 Philip Alston，‘The Myopia of the Handmaidens：International Lawyers and Globalization’，*European Journal of International Law*，3（1997），435－448。

第二部分

各种议题

第五章

民族主义与身份政治

汉娜·阿伦特（Hannah Arendt）曾论述过，任何试图去解释人类社会多样性的努力，都会存在一种“挥之不去的模糊性”（haunting obscurity）：

> 人类多样性拥有不同的形式和形态，它们只有一个特点是共同的，那就是关于它们如何产生的简单事实：在某个特定时刻、出于某种原因，一群人必须开始将自己看成是一个“我们”。不管一开始大家是如何去体会和表达这个“我们”，但是，情况似乎是：它总得从某个起源开始。那么，最神秘莫测的，莫过于这个所谓的“一开始”了。这个“一开始”，不但涉及人类作为一个物种开始和其他生物区分开来，而且还涉及无可置疑的人类社会开始出现了巨大的多样性。[1]

本章关注的是一个最强有力的现代表达词汇，即“我们”这一理念，亦即政治民族主义。民族主义与民族自决是全球秩序问题的根本，因为它们针对的议题是谁来担任处于主导地位的政治秩序代理人（帝国？国家？民族国家？人民?），因为民族与国家之间关系的复杂性和模糊性已经导致了如此之多的冲突和无序，而且，也由于那些试图去贯彻民族自决原则的努力，如此清晰地暴露在前述章节所描述的种种国际社会不同理念之间的深刻张力之下。再者，许多“在伦理层面上的建构性叙述”在“人民”政治中发挥了重要作用，它们关乎世界大同，关乎特定群体如何融入这个世界，关乎以内部与外部、以自身世界与多个世界之间关系为基础的价值观。[2]

如果国家主权已经为组建国家间社会提供了一个基本的制度框架，那么，民族自决就更是为国际社会理念提供了政治力量和道德意义。人们都假设，我们天生就生活在一个由国家组成的世界里。这种假设在很大程度上源于如下理念：民族国家代表着有意义的政治共同体。民族自决原先是一个政治原则，后来成为一条国际政治规范，然后又变成一条国际法律规范，这一转变的过程复杂且充满博弈。然而，它成为了关乎国际政治制度安排的正当性和“政治集体的正当性与道德目的之辩论”的关键所在。这一论述的基本特征让那些关乎政治权威和疆域控制的主张得以表达和自我辩护。比起其他规范，这一规范把内外都紧密联系在一起：应该组成什么样的单位，其成员是谁，我们如何确定其边界。

政治民族主义已经成为现代国际体系当中最持久和广泛的意识形态，这并不是因为它能够融合和网罗其他意识形态体系：诸如法西斯主义（如希特勒统治下的德国）、社会主义（如原苏联）、自由派（如美国）或是宗教类（如革命后的伊朗）。它已经非常紧密地隐含于巨大政治实力的运行之中——用该实力去重新划定边界，去搞垮帝国，去使得在后帝国时代所有试图进行强制性控制的努力都变得复杂化。这一实力不仅源自其自身的国际正当性，还源于作为有效社会力量之基础的群体动员和认同进程。民族自决通过提供一个在政治上和道德上都强有力的理由，去证明为何我们必须生活在一个由国家组成的世界中，且在强化国家体系中发挥了作用。并且，还存在一个悠久的思想传统，认为通向更好的、更稳定的国际秩序的道路，必定会涉及承认和满足民族主义需求。但是，在另一方面，民族自决通过如下方式也体现着对由国家组成的社会的深刻挑战：它产生新的冲突根源；它赋权民族主义和种族运动并为其提供正当性，去挑战现有国家以及国家内业已建立起来的各种政治秩序；它削弱了那些在老式多元主义中处于核心地位的机制和体制。[3]

本章将讨论五个问题：

1. 当我们谈到民族自决学说时，我们想要说的是什么？它在国际社会中的发展都经历了哪些主要阶段？

2. 民族自决对国际秩序的影响是什么？

3. 有哪些主要策略，去规范或遏制民族自决所产生的问题？

4. 在何种程度上问题变得越来越严重了？在何种程度上它们的特征在改变？

5. 在何种程度上民族主义与身份政治推动我们去超越多元主义—连带主义分立的局面？

民族自决

本章的重点是政治民族主义。它把如下理念或主张组合到一起：人类天生就分为各个民族，每个民族都有各自的特点，我们用共同的疆域、习俗、法律、信仰、语言、艺术、宗教表达等来定义这些特点；每个个体的特点是在民族群体内得以塑造的，且一旦离开了民族群体，我们就无法理解该个体的特点；个体对民族的忠诚高于其他任何形式的忠诚；最后，民族只能在国家框架内才能得到保护、满足和发展。正是最后的这一项主张，奠定了民族自决这一原则：民族和国家在其边界上应当是外延等同的（coextensive），民族应当有一个与其相对应的国家。在任何一个国家，如果它不能表达一个民族或民族理念，那么该国家就有可能是不正当的。正是由于它强调政治表达的必要性（包括但不限于国体（statehood）），我们才能把政治民族主义与其他在形式上更一般化的民族情绪、团体凝聚力或共同身份感区别开来，后面这些形式的历史更为悠久，既体现在许多历史观念之中，也体现在许多其他的人类结社形式之中。

民族主义者经常简单地断言，不同的民族构成了人类的基石。这显然不符合实情。许多民族几乎没有什么共同的历史。而且，正如人们常说的那样，历史是被创造、想象或通过神话故事编造出来的。一些人将民族主义仅仅视为一种表达方式，说明人们需要隶属于某个群体并宣扬某种集体身份。但是，这样一种原初（primordial）或本质主义的论述不能解释，为何这种情感会采取许多不同的形式，以及现代政治民族主义在特定的历史条件下如何出现并发展起来。因此，其他人认为，民族主义是和现代性、资本主义发展以及社会变革捆绑在一起的。民族主义必然关联于工业社会的出现，以及诸如识字率的增加、民族的高级文化（high culture）的发展、社会平等和流动性的增加等一系列变革的出现。[4]这样的解释虽然包含了很多内容，但是，它们受困于一种循环论证的、功能主义的推理；它们倾向于低估特定民族理念和学说在规范和心理层面上的吸引力；而且，它们偏好经济学，这似乎难以和许多社会中的民族主义信念及计划的非凡韧性相协调。更近的一个趋势是专注于建构和选择——分析民族得以建构的政治或社会进程，并采用一个更重视以代理人为中心的视角，去审视变革中的经济或政治状况如何为精英及个体创造动力，去推广和利用民族主义理念、方案及表述，将其作为发展和维护社会信任及政治正当性的方式。而这种社会信任和政治正当性对于我们实现特定的目标组合而言是必要的。[5]

民族主义的文献多如牛毛，在这里笔者无法对其复杂性进行评述。但是，我们在这里要强调两点：国际体系的作用，以及政治民族主义的现代性。比起战争与国家形成之间的关系，更加引人注目的是地缘冲突与政治民族主义的出现和传播之间的关系，这当中，集体性的“民族自我”（national self）以及“外国他者”（foreign other）这两个形象通过战场上的相互厮杀（而非其他方式）而得以发展壮大起来，并且，战争和屠杀在许多民族主义神话中还占据了核心位置。但是，国际因素发挥了一个更为基本的作用。人们需要一个有凝聚力的民族共同体，这既是因为人们摒弃了帝国，也是因为“生存需要”（the imperative of survival）所致。这种需要源自越来越多的人所说的“国际战争状态”，其方式，要么是进行征服、让别人活不下去（正如卢梭和波兰人争辩的那样），要么就是你自己变成一个更能有效地去征服别人的人。追求承认、立场及地位，对于民族主义计划而言都是基本要素。我们要想理解这几个基本要素，那就不能超出“由国际关系构成的同一个世界”这个语境，该“同一个世界”的特点是越来越高水平的战争，并且出现了有关领土主权的各种排他性设想，这些都提高了为争夺政治权力而战的风险和成本。[6]

与动不动就追根溯源的说法不同，政治民族主义以及人们对民族自治的需要，其实是新近的现象，只是在过去两个世纪里才得到了长足的发展。在这个过程中，有两种不同的发展道路合流到了一起。首先，人们的政治正当观发生了改变，而且人民主权（popular sovereignty）这一理念逐渐壮大，这都意味着，自从国王们不再当权，“人民”就取而代之了。但是人民作为新主权者必须要重新定义，要被赋予某种人格。有些人认为，我们要用抽象的、公民的视角来看待人民的身份，即公民和公意（the general will）。但是，貌似更加明显的情况是：重要的不是任何人民，而是某种特定的人民，他们有着特定的历史及自我感觉。因此，人民主权这样一种毫无情感可言的理念，就被替换为“民族”这一在情感上强有力的理念——民族作为一个各种主体的集合体，在世代之间延续不断；其存在独立于任何特定的政府或政体；而且，这一集合体表达了人们想要超越“在历史上任何某特定时间内仅仅只是简单地把不同的个体偏好集合起来”的愿望。

其次，在欧洲，尤其是在德国发展出了文化和语言民族主义，而且它根源复杂，产生了各种效应：比如，对启蒙运动世界主义（cosmopolitanism）的反思；人们开始认为，在历史上，重要的不是普遍性而是独特性与特殊性；持前浪漫主义（pre-Romantic）观点的人认为，道德价值在于个体感情和情操，而非普遍理性或固定且普遍的审美规律；并且，还出现了某种新方法，去看待时间和历史。在诸如赫尔德（Herder）的著作中，出现了有关人类社会思维方式的论述，现在看来，这种思维方式对后来的民族主义思维及实践产生了巨大的影响：大家都认为，每个民族都有其独特的历史、文化和传统；塑造个体的过程发生在这一特定的和独特的环境之中；语言、神话和宗教在其中发挥了尤为重要的建构作用。

上述两种发展方式的重要性不仅体现在它们在政治民族主义的历史发展过程中发挥了作用，同时也是因为它们哺育了一个时下流行的区分两种不同的民族主义的普遍趋势——一方面，是源自个体的自由选择的自由、具有公民精神的或自愿的民族观，并形成一个以共同政治价值和实践为基础的、由平等公民组成的共同体；另一方面，则是文化主义或历史主义的民族观，通过前政治的（pre-political）文化身份来理解民族，将其视为一个实体（且常常是有机体），其立场超越个人，有着自身的生命力和目标。正如笔者将在后文所示，有人试图通过分析或用政治的方式来运用上述的区分，但是，他们讲的东西远远没有这种区分本身来得复杂。

民族自治在国际社会演进过程中的地位是复杂且富有争议的。首先，我们可将其视为一种**政治意识形态**，它断言，民族可以通过国家来区分，民族与国家有共同的周延，每一个民族都应当有一个与之相应的国家。任何国家如果不表达民族或民族观，那就可能是不正当的。这一意识形态明显地是在挑战此前的观点，即认为国际关系等于各大掌权君主及其朝廷之间的关系；当权者有权对人民和疆域宣称主权；一位当权者可以通过继承、联姻或征服，把自己手里的人民或疆土转移给另一位当权者，而不必过问人民是否同意，或关心民族、种族问题；人们都假设，政治忠诚是献给历朝历代的当权者与国家的。

民族自决也可以被视为一种将政治和道德权利赋予民族群体或那些在口头上以民族的名义提出各种主张的人的**国际政治规范**，该规范也鼓励人们要求重新划定国界，并赋予这种要求正当性。作为一个影响政治行动的规范，民族自决在 19 世纪中叶就已经牢牢地树立起来了。在这一个时期内，我们看到了民族解放群体的涌现，这些群体要求人们效忠，有能力挑战国家对正当力量的垄断，同时还将道德权利赋予此类运动，并且，民族解放学说也发展起来了。作为一个塑造国际社会制度结构的规范，1918 年到 1919 年间所发生的事件以及列宁和威尔逊所发挥的作用还是很重要的，尽管会有许多人对该作用进行简单化的处理。[7]

作为政治规范，它的应用总是不够平衡且具有高度的选择性，其原因尽人皆知：有些定义是互不相容的；有些主张是互相冲突的；辨别“自我”概念是有困难的；重新划界的过程中还有许多其他重要的标准（经济或战略可行性等等）；最重要的是，强者的政治需求和特殊利益会渗透进来。但是，不管民族自决这个概念是多么地模糊，在过去 150 年中，几乎所有的重新划界的伟大努力都暗含了民族自决，比如四大去殖民化的浪潮、德国统一以及南斯拉夫解体。民族自决这一理念和实践也曾在国家制度的扩展中到达非欧洲国家，并在国际社会全球化的过程中发挥了重要作用。一旦控制了国家，反殖民的民族主义分子当然就会极不情愿允许他人利用民族自决来威胁到自身的权力，因此，非洲统一组织（OAU）1964 年 7 月在开罗做出了一个决议，承认了殖民地边疆（colonial frontiers）的正当性，并排除了民族自决原则在非洲大陆进一步应用的可能性。

国际法学人总是极其小心地对待民族自决这个问题，它作为**国际法律规范**是慢慢出现的，且受限颇多。在过去很长一段时间里，人们常将民族自决视为仅仅只是一条可能拥有某些法律意味的政治原则。但是，在去殖民化以及与此紧密相联系的连带主义之人权和民主规范理念之中，该原则具有某种政治力量，这意味着民族自决不能被排除在法律秩序之外。如此一来，否认战略（the strategy of denial）逐步让位于限制战略（the strategy of limitation）。后来，人们开始认为，它首先是一个我们可以用来评判个别规则和国家行动的一般原则；其次，它是一组旨在从两个维度来牵制自决概念的更为具体的规则：（1）尽可能地将“单位”缩小到人们要求应用自决的范围；（2）限制人们对自决之含义的不同理解，以尽可能地减少对多元主义秩序之核心特征（即国家主权和领土完整）所造成的破坏。但是，由于模糊性依然存在，我们要极其小心地对待那些看待民族自决之“权利”的不同视角。[8]

对国际秩序的影响

有一个影响很大的思想传统，认为民族自决是国际秩序稳定和正当的必要元素。首先，正如笔者前面所言，民族自决添加了强大的理由去证明独立民族国家的存在是有道理的，而且我们只对民族国家负责，而不是对全人类负责。国家（如今该体系之抱负与意识形态中的民族国家）都被认为是正当的，因为它们体现了人们在实践民族自决；因为国家允许由个体组成的不同群体表达各自的价值观、文化以及自我感觉；并且，它们还给那些脆弱的群体提供保护。因此，国家边界在政治上和道德上都变得非常重要。毕竟，国家作为界线，区分的不仅仅是抽象的行政单位，还有那些人们假定的、共享着身份的和正当政治目的的共同体。因此，民族国家体系不仅守卫着世界国家（world state）或普天下帝国（universal empire）的专政（tyranny），民族国家也允许人类价值和文化存在多样性。而且，我们可以用密尔的概念来证明，民族国家保护了我们“生活实验”（experiments in living）的多元性。密尔的后继者也看到了政治民族主义在工具层面上所具有的价值，民族国家提供了社会黏合剂和凝聚力，这两者对于公民身份和社会福利都是必要的。[9]而且，反殖民的民族主义者看重民族主义，认为它提供了团结和集体政治能动性，这两者有助于有效反抗和打败殖民者；同时民族国家还是一种途径，让那些在别人追求和维持帝国的过程中被羞辱、边缘化且经常被施虐、被殖民的人能够恢复自己身上的集体目的感和自尊感。

其次，从这一角度来看，一个由多元政治单位组成的世界，其稳定不能依赖于势力均衡，以及调整大国关系的那种不成熟的秩序机制。这种稳定性必须要依赖于各政治单位所拥有的经过时间锤炼的身份稳定的程度。各种形式的民族主义都假定，民族是一个有别于其他群体的跨代集体（trans-generational collective）理念；而且，它拥有一整套还算稳定的规范，借以区分哪些属于自己、哪些不属于自己。更重要的是，如果我们压制人们提出自决主张，这会成为一个国家内部和国家之间暴力冲突的主要原因。正如威尔逊所言：“如果政府不认可并接受‘所有正当权力源自被统治者的同意’这一原则，就不会有，也不应当有持久的和平，而且我们不能像财产那样把人民从一个主权转移到另一个主权——任何地方都不存在这样的权利。”[10]在许多自由思潮中，上述看法仍然处于核心地位，尤其是在美国，其范围涵盖“威尔逊十四点和平纲领”（the Fourteen Points）以及《大西洋宪章》（the Atlantic Charter）等等。迈克尔·沃尔泽大力强调这种立场，他在谈论国际主义主张时说，“我们、我们的同胞以及那些像我们的其他人，只有当得不到主权力量的保护和表达之时，才会变成扰乱和平的人。因此，落实‘让每个民族都有一个属于自己的国家’这一重要原则，就开辟了一条通向国际和解的道路”。他承认，这其中存在危险、有难度，但是，他论证说，该政策方向是明确的：

> 这条道路本身就够血腥的了，而且还可能出现如下情况：其他民族是如此激进地纠缠于同一片土地，以至于我们没法理解什么才是一个“好的边界”。尽管如此，完善的国家体系仍然是一项值得追求的改革。[11]

要想嘲笑威尔逊是一件容易的事，或者我们可以找一些自由派的例子，他们要么对这些问题轻描淡写，要么就是根本不知道人们努力试着去适用该原则时情况有多复杂。但是，威尔逊尽管有这样或那样的缺陷，但他还是比他的许多对手更清楚地看到，我们没法将民族主义这一妖怪塞回到瓶子里，而且，我们再也没法回到 19 世纪那理想化的外交世界当中了。

最后，许多民族主义者都否认，他们的民族主义会和世界主义主张以及效忠之间产生冲突。对于马齐尼（Mazzini）而言，民族是“人类的摇篮”（cradle of humanity）。齐默恩（Zimmern）则相信，“民族主义是我们通往国际主义的道路。我们不能把不同的人都往下拉，拉平成一个灰色的、不可辨别的世界主义，而是要寻求每一个民族集体传承下来的最好元素。一个好的世界意味着一个由好男好女组成的世界。一个好的国际世界意味着所有民族都过着最好的生活”[12]。不管有多困难，我们都要去努力平衡如下两者：文化和共同体扎根的必要性，以及对全人类的各种承诺。

然而，有许多人反对这个观点，他们争论说，民族主义曾把强大的冲突和分裂元素添加到一个业已危险和不稳定的、国家之间处于无政府状态的世界之中。兰辛（Lansing）那著名的预言后来被证明是正确的：“这个术语本身就充满了火药味，提出一些永远都无法实现的愿望”[13]。再者，我们可以分析一些更为具体的不同主张。首先，民族自决代表了一股动荡和分裂的力量，它提供了准则和道德命令，基于此两者，现有政治单位的边界能够以反映民族群体愿望的方式重新划定，并把力量和正当性赋予那些民族群体为争取自身利益而采取的行为。在 19 世纪，民族主义经常被视为国家数量减少的原因。例如德国和意大利把许多较小的单位吸收进新的、联合起来的民族国家。但是，一般而言，民族自决后来就被看成是一股试图改变现有的结构，将其分解为较小的单位的分裂势力。这一点可以在四大去殖民化浪潮中看到：19 世纪早期，美洲国家脱离了西班牙和葡萄牙的统治，独立出去；一战后，奥匈帝国、沙俄和奥斯曼帝国解体；在 1918 年到 1974 年这段时间内，欧洲海外帝国分崩离析；还有后来苏联帝国及诸多与之相关的国家解体。

具有多元主义思想的法律人曾将上述现象视为挑战了由国家组成的国际秩序。有一种经典看法认为：

> 如果仅仅因为他们意愿如此或乐意为之，就让步于那些语言或宗教上的少数族群或者全体人口中的任一个派别，允许它有权利从其所属的共同体中退出，这必将破坏国家内部的秩序和稳定，并首次在国际生活中引入无政府状态；它所支持的理念有悖于国家领土和政治完整性。[14]

事实上，民族自决直接对抗一个由稳定边界组成的世界，也对抗那些经过时间洗练的单位所具有的稳定身份。它也威胁到了多元法律秩序中的其他元素，比如限制使用武力。在19世纪，民族解放斗争大幅度增加，这紧密联系于叛乱和游击战的发展状况。正如马齐尼所言："对于所有有志于从外族的枷锁中解放出来的民族而言，通过游击队形式来进行的起义，才是真正的作战方法。"[15]在20世纪，反殖民运动论证说，殖民主义形成了永久性的入侵，那些用武力去反对殖民或种族主义统治的民族是正当的。

倾向于现实主义的政客们强调，民族自决会通过多种方式产生威胁，以至于失序：它们会创造越来越多弱小无能的国家，变成外部干预和地缘竞争的焦点，这样的情况可以在20世纪30年代的东中部欧洲和20世纪50、60年代的发展中国家那里看到。而且，民族自决的手段还包括外交政策的"民族化"（nationalisation）。在其中，民族主义影响着人们的情感，加上外交政策民主化，这都会导致国家更加冷酷无情地追逐自身的利益，且引诱它们走向过度干预。从多元主义视角来看，最让人感到担心的是，民族自决使得那些以势力均衡秩序为目标的、锋芒毕露（harder-edged）的机制变得更为复杂。诚然，势力均衡取决于如何划分或转移领土，这要么是出于对彼此实力大小的计算，要么是因为人们对稳定和公平持有不同的看法。人们很少或几乎没有考虑到那些受牵连的民族的利益。当然，这也是为何像威尔逊这样的自由派学者会如此不相信势力均衡的首要原因之一。把民族自决包含在势力均衡之内是有难度的，这一点在介于两次大战之间的那段时期中是显而易见的。一方面，当人们把民族自决应用到奥匈帝国和沙俄帝国身上时，那种以反对德国为基础的势力均衡就被弱化了，一系列中欧弱小国家的产生也是该弱化的一个原因。另一方面，人们欢呼这一原则取得了胜利，赋予了德国修正主义正当性，去反对捷克斯洛伐克、奥地利和波兰。因此，这是一个突出的进退两难局面：该规范没法得到无差别的应用，因为它对势力均衡会产生影响；但是，如果我们不是无差别地应用该规范，又会引发人们的反感和反对。这一点对于德国或其他修正主义国家而言，都是如此。

在1945年之后的时期内，我们发现了一种不同但同样强大的紧张局势。一方面，许多人把冷战长期的和平稳定视为是建立在德国分裂的基础上，以及人们接受了不同的势力范围。分裂国家（德国、朝鲜及越南）也许会造成遗憾，但这才是稳定实力政治秩序所包含的全部内容的悲剧性本质之所在。另一方面，人们认为，"'稳定'可以建立在否认民主权利和被统治民族之愿望的基础上”，这一理念是不可持续的，其基础是一种过时的国际关系观，因此我们必须对此加以反对——该国际关系观曾经一度被证明是正确的。但是，冲突仍在：正如我们在接下来的论述中将要看到的那样，与俄罗斯之间的实力—政治关系涉及接受俄罗斯的势力范围并否认自己拥有自决权，最明显的例子莫过于车臣。

再次，问题之所以大大增加，是由于出现了两种内在难题：实施该原则，然后还要就民族自决的内容和人们如何根据该原则展开行动这两个问题达成共识。我们可以列一个很长的、大家耳熟能详的问题清单出来：没法划定界限；在顾及少数族群的情形下尊重民族性原则（the principle of nationality），否则这些少数族群会变成国内不稳定和国家间冲突的来源；导致诸多冲突的原因是不同民族在争夺同一片土地；在很大程度上，该原则的每一次应用都会制造出新的潜在冲突根源——其方式包括：要求从新国家中分裂出去；民族收复土地运动发挥了破坏性作用，聚焦于那些历史上的土地以及被“民族”排除在外的民族群体；以及由于大规模人口迁徙和范围广泛的种族清洗而导致的人类悲惨状况和政治不稳定。[16]产生危险的部分原因在于直接的溢出效应（direct spillovers），部分原因是因为感染（contagion）或示范（demonstration）效应的影响——如果我们允许南斯拉夫分裂，这将会刺激相似的运动在俄罗斯产生；如果我们允许伊位克分裂，这将威胁到其他地区性国家的稳定性，包括更进一步要求库尔德自决。例子可以千差万别，但逻辑是一样的。

然而，批评者们所指出的那些困难超出了单纯实施的范围，它们强调，通过一定的方式许多最具分歧的冲突反映了民族主义传统中不同立场之间进行协调是不可能的。“人民自由选择”可能说的是一套；“历来的客观事实”说的是另一套。对于塞尔维亚民族主义者而言，科索沃是塞尔维亚民族所拥有的历史中心地带的一部分，而不管那些碰巧在某个历史时刻住在那里的人是怎么想的。再者，谁才是“人民”，尤其是在驱逐或大规模人口迁移的例子当中？巴勒斯坦人民的意志，如何能被限制在那些住在约旦河西岸及加沙地带的人所做出的选择，而非囊括那些住在难民营之中的人以及范围更广的巴勒斯坦侨民？而且，很成问题的是，谁来决定哪些人应算作一个民族？正如艾弗·詹宁斯（Ivor Jennings）在 1956 年所论述的那样：“表面上，‘让人民来决定’听起来合情合理，事实上这是可笑的，因为人民无法做出决定，直到有人决定谁是人民。”[17]

最后，民族自决之所以是一个问题，针对的是那些显然是自由派的人对秩序的理解，而且尤其针对民主和平理论（DPT，这一理论我将在第六章进行讨论）。一种解释是，民族自决是作为方程式(equation)之中一个破坏稳定的外部或内部因素而进入分析的视角。有关政治共同体的特征，该共同体的边界及其成员，所有有关上述问题的争议，其作用是使得成功的民主化变得更加困难。虽然完全巩固（fully consolidated）的民主政体很可能是和平的，但是，问题连连的民主却会滋生一种暴力冲突的倾向，这一点在国内和国际层面上情况都是如此。这些问题有目共睹，但是，困难是在更深层次上的，民族自决不能被视为某种纯粹外在于民主的东西。正如布鲁斯·拉西特（Bruce Russett）所暗示的那样，民族自决不能仅仅被简单地联系于种族冲突。[18]民族自决并非外在于民主理论的东西，而是民主当中一个在理论和历史层面上都很根本的方面。正如我们所看到的那样，民族自决的源泉之一，正是如下需求：现在拥有主权的公民们应当拥有权利去建构他们自己的国家——去决定其边界及其成员和内部安排。当然，这一基本联系对于许多诸如密尔等自由主义者而言是显而易见的。正如霍布斯鲍姆（Hobsbawm）所言："我们可以毫无悬念地观察到，密尔讨论民主性，并不是在专门的著述中进行的，而是——非常有特点地、简洁地——在他有关代议制政府或民主的小论文的背景中进行的。"[19]

这些矛盾性的压力是如何得到调整的?

在20世纪的进程当中涌现出来的是如下两者之间一种深深的结构性紧张关系：一方面，是来自稳定边界、稳定身份以及更为悠久的多元世界中的法律结构等方面的需要（imperatives）；另一方面，是自决同时作为一个政治和法律规范时的那种动态特征。国际社会和国际法经常游弋于该原则不断增长的正当性及其分裂潜能之间。其结果是产生了一系列范围不断扩展的策略，目的要么在于限制自决的破坏性潜力，要么在于通过一种寄希望于削弱分裂主义要求的方式来满足自决的愿望。我们可以注意到有五种此类的策略。[20]

第一个策略是限制可以应用自决的“单位”范围。由此，在一战之后，自决就（至少部分地）应用于战败的各个欧洲帝国，并且非常间接地应用于托管地。在二战之后，它要应用于那些处在欧洲殖民统治之下的民族，然后再应用于在异族占领或种族主义制度之下的民族（比如种族隔离之下的南非）。在每一种情况中，法律都跟随政治发展状况，根据该状况进行相应调整，并反映强大多元主义的需求，它为此付出的代价显然是失去了规范上的连贯性。

> 如下理念至少拥有一种清晰度，即自决只适用于因为水域而与母国隔开的那些地方，同时取决于一个显然难以证实的区分。它也服务于如下这样一个易于理解的政策：是时候去阻止把更大的国家实体分裂成较小的国家了。[21]

其次，在去殖民化的背景下，国际法一般将《联合国宪章》中有关“民族平等权利和自决”的理念理解为那些已经确立领土范围的民族应当享有某种一次性的选择权（尽管并不必然意味着去建立一个独立的国家）。如此之多的国家边界，其来源要么是大帝国之间定下的边界，要么是帝国政治体内部的国内边界，这种边界必须保持一种神圣不可侵犯的状态，除非边界之内的所有人都同意通过分裂国家或与他国融合而更改边界。再者，当这种一次性的民族自决时刻过了之后，领土完整的原则就应当坚定地得以贯彻，而且所有分裂主义的主张者都将理所当然地遭到反对。因此，在所有四波去殖民化浪潮之中，我们可以看到“占领地保有”（uti possidetis）这条原则那持续一贯的重要性。多元主义的推动力被保留了下来，而且，在任何产生疑虑的时候，默认的立场倾向于支持领土完整或依赖于某些先前存在的世界。

这头两个策略反映在去殖民地化有关自决的经典声明的含糊其辞之中：这些声明既要坚持自决作为该体系的一个基本规范，又要坚持各个国家的领土完整。它们反映了人们对于实现稳定的疆界以及边界最终性（the finality of borders）有着无比强大的动力。比如，它们本能地贯彻在前南斯拉夫的例子当中，当时，所有的西方国家都认定，从1991年开始，对于组成前南斯拉夫的那些共和国而言，其之前就定下的内部边界将维持不变、神圣不可侵犯。

第三个策略是尝试并区分不同类型的民族主义，黑格尔、马克思和密尔都曾做过这方面的努力，对民族主义运动进行评估，并从它们推动历史进步的行动潜力这一方面对民族主义进行秩序化。正如我们所看到的那样，一个最为常见的举动是在如下两者之间进行区分：一方面是自由、公民民族主义，另一方面是历史主义及种族的民族主义，而且该举动还表明，正是种族民族主义对国际秩序构成了最为严重的挑战。虽然我们有理由相信，涉及自由民族主义的那些冲突更易于达成政治和解，但是，这样区分是蹩脚的，且非常难以通过人人认可的国际规则形式来进行。一方面，“种族”被用于许多用途。有时它仅仅狭隘地指种族群体，但它经常指的是所有先天性的（即天赋的）身份，如种族、宗教、部落或种姓，不管这些身份是真实的还是想象的。[22]另一方面，公民民族主义（civic nationalism）必须依赖于一个共同的先于政治的身份认同（pre-political identity）理念，即某种独立存在于任何特定组合的政治安排之外的共同体。如果情况并非如此，那么我们就无法将公民民族主义与爱国主义区分开来。

我们也不能基于所追求的目标或所采用的方式来做出确切的区分。比如，有时候会有人认为，只有种族民族主义才与如下两者深度联姻：做出英雄式的牺牲合乎道德，以及证明对民族敌人采取暴力合情合理。[23]但是，公民民族主义也同样拥有一种类似于英雄式牺牲的强大变形体（mystique）（比如，走访一趟阿灵顿国家公墓或巴黎荣军院），而且即便是发达的自由民族也能够使其敌人丧失人性，并证明其针对野蛮“他者”的骇人暴力（比如，所谓的反恐战争又一次提醒我们注意到这一点）。更重要的是，自由民族主义者倾向于关注民族情感在国内社会**内部**所具有的积极价值；他们倾向于假定有一个稳定的国际环境，并将其论调与国际秩序问题脱离开来，甚至认为有关国际秩序的问题并不存在。[24]如果我们把内外重新联结起来，图景可能看上去就不那么令人慰藉了，是卢梭而非密尔为我们提供了更好的指引性。[25]再者，给你的对手贴上“种族民族主义者”的标签是一个政治性而非分析性的动作，很少会有其他说法比如下主张更能误导视听了，即“从经验上讲，我们能够相对容易地确定哪种冲突是种族冲突：这是一目了然的事情”[26]。但是，此处最重要的一点是，即便在分析上我们有可能在不同形式的民族主义之间进行区分，但是还没有出现任何把这些具体化的差异转化为稳定规则的举动，也不存在任何理由可以相信这样的一种发展是可能的。

第四个策略是通过拆分主权来减少问题。在国家内部这可能牵涉到一系列范围广泛的联邦、联盟、非领土的权利及保护，以及权力共享模型，但是它也可能涉及重新思考国家的国际地位。正如我们此前所指出的，各种和自决有关的问题就像其与民族主义有关一样，至少也与一种坚决捍卫主权理念的胜利有关。不管情况发生怎样的变化，民族主义都能顽固地持续下来，尽管现代主义者与反本质主义者曾预言民族主义会消亡。因此，让我们去寻求一种解决方案：在其中，我们拆分主权，并促进不同形式的多层次治理（multilevel governance）；国家责任分配给不同的权力部门（sites of power），并鼓励人类忠诚的多元化，而不再仅仅为国家主权效忠。如果不再存在一个大家去争夺和抢占的单一权力和权威席位，或者有一个范围更广的、用来规范民族主义政治的政治框架的话，冲突就会减少。这是一个许多帝国主义者都曾经议论过的老生常谈了，即“政府”问题应与“民族”问题分离开来，而且帝国可以提供不同形式的自主性和政治空间，促进我们去包容一系列范围广泛的、各种各样的共同体归宿感（communal attachments）。[27]在当下的体系中，这种观点广泛地在地区性集合体（regional groupings）中被提出来：一个多层次的和新中世纪（neo-medieval）的欧洲正是那种能包含次国家（subnational）和超国家（supranational）民族主义的政治体。诚然，这种类型的论断当中包含了许多真知灼见。但是，它们也同样大大地浪漫化了各种“后威斯特伐利亚秩序”的可能性，在其中，人们假定，尽管仍未触及正当政治秩序的基本问题，但是我们能够通过这种方式把主权重新包装一遍（reparcelled）。有指导意义的见解在于，即便是在欧洲这样一个具备非常良好条件的例子当中，大家都还是能一眼就看到上述这种观点的局限性。的确，如果我们回归到半主权领土（semi-sovereign territory）以及由国际社会接管的共同管辖（internationally administered protectorates）（比如波斯尼亚和科索沃），这将有助于我们对冲突进行管理。但这取决于一个范围更广的集体安全制度的有效性。

第五个策略，在许多方面也是最重要的策略，是通过促进不同形式的政治自决（尤其是在人权和民主领域）来减少问题的发生。人们的一个基本直觉判断是，在我们思考民族自决时，“民族”应当与“自决”理念拆开来。一部分是因为它反映了对外已经获得自决的政权经常滥用该理念。但另一部分是因为它反映了如下理念：如果我们能对内运用好自决或提供一个替代性的自决框架，那么，我们就能减少对外自决以及重新划界的需求。这是连带主义国际法寻求解决该议题时所采取的主流方式。在国际主流趋势当中最引人注目的是，从 20 世纪 60 年代中期开始，人们将自决作为国际人权制度的一部分，并从这一角度对其进行重新解释。

我们有关人权和民主的讨论将会在第六章中继续进行。但是，此处有三个相关的话题。首先，对这个方法所包含的全部自由主义真知灼见而言，我们并不清楚，对内与对外自决是否能以这种方式相互转换（transposable）。反抗人们称为的“异族统治”（alien rules）可能会具有某种政治力量，对于这种力量，哪怕连相对成功的对内自决都无法将其扫地出门（dislodge）。其次，群体权和少数族群权利是最具人权议程重要性的元素，同时也是国家最不愿意制定的。介于两次世界大战之间的那段时期内，少数族群权利公约的失败及其危险之处意味着，二战后的人权观只在乎对个体的保护。本章所描述的、由多方力量形成的那种压力，有助于重新让人们看到少数族群权利，但是，其中仍然存在严重的政治和法律紧张关系。再次，还有其他一些人权与民族自决互相接触的地方，它们仍然问题多多。比如，人们试图把分裂与人权、民主联系起来，这样做显然是想要把至少一部分本来是“圆的”东西变成“方的”。如果襁褓中的新国家愿意签署国际人权协议或少数族群权利协议的话，那么，分裂主义运动有可能获得承认。但是，有效执行受到了限制，而且，就谁有权代表某个特定群体说话和行动这一问题，困难犹存。

这些策略及其局限性所产生的结果，就是出现了一个明显的规范扩展进程，同时还结合着一个明显的道德风险成分。**如果**国际社会不愿意接受强制的重新划界；**如果**它也不愿意认可不同民族想构建一个更具种族同质性实体的那种运动；而且**如果**它也不愿意接受对自决进行否认以及由此而经常导致的虐行，那么，从逻辑上讲，除了越来越深入地卷入到国家重建和内部管理中，就无路可走了。但是，正如我在其他地方所讨论的那样，国际制度仍然很弱小，而且，尽管已经有了明显成功的案例（如欧盟扩大成员国），但是，这既取决于一系列完备的区域性机制及其他制度，又取决于人们是否愿意参与耗钱又耗时的项目（如巴尔干地区）。但是抛开这些有局限性的案例不提，我们在道德层面还是很不情愿地看到，包括西方大国在内的许多国家都宣称自己拥有某种接近于“自决权”的东西，但又如此的无力，没法保证能贯彻或有效地实施该权利。

一个越来越糟的问题?

在后冷战时期，如下论断重新涌现出来：和民族自决有关的冲突正在扩散，并且，国际社会也面临着种族冲突的急剧增长，涉及国家内部就领土、资源和政治权力而产生的暴力以及大规模群体间冲突。[28]正如伊格纳季耶夫（Ignatieff）所言，“世界秩序的主要故事是民族国家瓦解、变成种族间冲突；该秩序的建构主体是军阀。我们时代的主要语言是种族民族主义”[29]。

这种悲观主义派曾强调，愈演愈烈的碎片化会产生各种危险。在前面几轮帝国解体的过程中，许多人曾预言，每一种有关民族自决的成功主张都会导致进一步的碎片化进程，并导致一个由数量日增的、弱小的、不可行的和失灵的国家组成的世界。正如布特罗斯-加利（Boutros-Ghali）在 1994 年所言：“但是，如果每一个种族、宗教或语言团体都主张建立国家（statehood），那么，就不存在对碎片化的任何限制。而且，对所有人而言的和平、安全和经济福祉都将变得愈发难以实现。”[30]考虑到全世界大约有 15 000 个文化团体把“建国”这一理念作为文化认同的主要载体，似乎明显地不相容于任何稳定的国际秩序。第二个过时的论断提出的理念是，把民族主义作为基础，能在那些正在经历艰难变革的社会中构建凝聚力、舒适感和归宿感。现代政治意识中一个持久的主题，就是将民族主义作为在现代世界中被剥夺了生存根基的人的一种回应。[31]但是，持如下观点的人给上述看法赋予了一种新的扭曲：在这些人看来，有关特殊主义身份的不同断言是用来应对共产主义的倒台、经济现代化的失灵以及全球化挑战所引起的错位（dislocation）。第三，有人说，作为跨国政治力量、国际规范以及大部分国家外交施政原则的民主化，为加剧自决需求开辟了空间。一方面，外部环境已变得更令人悲观；另一方面，那些经历了民主化的国家精英增添了动力，将民族主义作为政治权力和正当性的来源而加以运用。

然而，重要的是，我们需要指出，存在着一些施加了反方向作用力的因素。首先，我们已经看到，所谓的种族冲突具有复杂性。“冲突可被理解为‘部落性’（tribalism）或‘原始仇恨’（ancient hatreds）的产物”，这种看法已经完全被人们摈弃了。我们无法通过种族身份的存在甚至种族冲突本身来解释冲突的发生，考虑到那许多不吠不叫的种族之犬以及潜在冲突的和平解决（比如前捷克斯洛伐克的内部和平分裂），我们无法通过种族身份的存在甚至种族冲突本身来解释冲突的发生。再者，有许多冲突被假定为种族性的冲突，而人们争先恐后地去标新立异，则无疑地夸大了这些冲突的全球性特点。比如，墨西哥南部的恰帕斯州冲突，作为一场后现代战争和对北美自由贸易区以及全球化的反动，吸引了大量的眼球；但是，它也变成了那由来已久的、深根于墨西哥历史之中的区域和地方暴力模式的一部分。

该体系是否事实上已经变得越发令人悲观了，这一点尚不明朗。在 20 世纪 90 年代，有些评论家认为，国家内部的极度虚弱甚至政权崩塌，破坏性强的区域冲突，以及在20世纪90年代涌现的新主权观念，这些因素的组合使得我们看到，必须要说明“在国家体系之中至少存在着某种流动性”；在“不考虑国家边界的情况下”提出区域性的解决方案；去接受承认新主权国的可能性；甚至去“注销那些倒台的国家”[32]。但是，哪怕是在诸如中非这样饱受冲突之害的地区，它的突出特点都没有所谓的“另类主权道路”，而且，可以肯定的是，我们仍然是从重建或重设现有国家的角度来看待安全，而不管这些国家的历史出现方式是多么地古怪和不合逻辑，或在稳定发展方面是多么地没能力。还有一个涉及国家能力、范围更广的问题。从历史上讲，国家通常有能力通过压制或收买来成功地参与民族建设，而且常常是因为运用了那些前景极不被看好的资源。让人困惑之处在于，我们要解释组合案例和单独案例（想想印度）为何会取得相对成功，而不是专注于它们为什么会失败。最重要的开放问题之一是，在多大程度上，国家主义经济政策（这些政策允许不同的群体进行讨价还价和分配物资）的开展侵蚀了这种成功的基石。

在何种程度上，我们处理的是一个不停在变化的问题？如果20世纪90年代的主要历史是种族冲突，那么今天的故事就是宗教恐怖主义。许多人把“新一波”跨国宗教恐怖主义看成是代表着发生在非国家群体采取恐怖主义方式的演进过程当中的一个决定性的分水岭。的确，大部分条件、运作方式以及（在某些情况下）目标及目的都是新的。但是民族主义、民族自决以及在更广范围内抵制外族统治，这些一直以来都是恐怖主义突出的特点，这一情况在未来仍将继续。[33]显而易见的是，恐怖主义行为的确在反殖民斗争以及国家创建（如爱尔兰、以色列、肯尼亚和阿尔及利亚）的过程当中发挥了作用。虽然20世纪70年代许多激进运动使用了国际主义的语言，但是，民族主义的那些目标仍然被摆在突出的位置上（比如，巴斯克人、爱尔兰人和巴勒斯坦人）；反美及反西方帝国主义的运动紧密联系于民族解放理念，也联系于抵抗外族统治与支配的运动。在20世纪70年代后期发展起来的所谓“宗教浪潮”之中，宗教身份与种族身份之间的联系常常是紧密的，正如恐怖主义暴力与诸如自决以及抵制外族统治等目标之间的紧密关系一样——比如，锡克人要求建立一个宗教国家，伊斯兰的目标是建立一个巴勒斯坦国，还有在克什米尔、斯里兰卡和车臣所发生的冲突，从这一视角来看，真正具有宗教性质的跨国恐怖主义运动尚未登堂入室。

结论：超越多元主义/连带主义？

所有有关全球政治秩序的辩论都必然牵涉到如下两方面内容：一方面是政治结构之间那通常不稳定且经常相互冲突的关系，另一方面是人们对共同体、人民性（peoplehood）以及团体归属的不同理解。本章关注的是民族主义与民族自决。民族主义的弹性是多元主义国际关系观当中的一个核心组成部分，即我们继续生活在一个由民族国家组成的世界中，而且，好就好在我们应继续这样生活下去。民族主义并没有显露出任何显著的衰退迹象。它作为俄罗斯、中国和印度等大国所具有的一个主要特征而存在。再者，虽然伪装在其自身的公民爱国主义的意识形态之中，美国长期以来都是一个有着强民族主义的社会，而且，在面临恐怖主义的外部挑战以及国内右倾的转向之时，这一元素就变得愈发突出。[34]

但是，尽管民族自决的理念和实践强化了“我们都住在一个由国家组成的世界中”这一显然是自然而然的想法，但是它们也被证明是冲突的一个主要来源，且开启了一系列尚未得到解决的两难境地。这些问题的严重性把国际社会推向一个从一般意义上讲是连带主义的方向，且引导我们走向了一系列调和战略（strategies of mediation）：人们试图承认民族自决的力量和道德主张，但同时尽力将其对国际社会的伤害最小化。这些努力中最重要的是，人们试图去限制该原则的适用，拆开民族主义、国家主权和自决之间的联系，并以合作的方式来管理那些不可避免会发生的冲突。因此，民族自决这一问题提供了一种最纯粹的范例，说明我们之所以无法回到那个过时的多元主义的世界中去，是既有道德上的也有实践上的理由；但是，如何达成清晰的和可适用的规则，以及如何保障对于管理冲突和紧张关系而言必要的国际合作形式拥有足够活力，在这些问题上，人们仍然没有取得足够的共识。

但是，这一问题及其解决方案，都无法单靠多元主义—连带主义之间的分歧来进行把握，理由很浅显。连带主义因自身较强调道德主张和人权，故而一直是坚定地站在国家主义立场上，这一国家主义与那些说明了全球社会特点的各种共同体、成员地位以及身份都存在紧张关系。在连带主义的形象当中，人们巩固、坚定了那些将政治共同体、公民与非公民区分开来的边界。在一定程度上，尽管我们可能有更大的空间通过其他方式来进行安排（国际共同管辖、联邦、共同主权以及“不那么联邦的”联合），但是，领土国家仍处于核心地位。这一国家主义模式也缩小了我们实现自决的可选择范围——如果不是通过某个民族自己的国家，那就只能通过由国家创制且围绕国家而创制的那些权利和机制所组成的框架。许多在今天看来是很成功的国家，在过去，其构建的方式都是对内常常粗暴地镇压差异性和多样性，并强制性地创建一种同质的民族文化和身份。比如，想想大英帝国主义成功地构建了不列颠王国，法国大革命中在旺代省实施的镇压，或者美国在崛起过程中爆发了内战，在此过程中清洗土著居民以及大规模地进行屠杀。对于后殖民社会而言，“解放”以及进入到国际社会中意味着与如下那种单一维度的关系达成协议，即当下政治形式和政治共同体之间的那种关系，而该政治形式和政治共同体取代了此前存在的、更为复杂的政治结构和共同体。而且，对于诸如土著居民这样的群体，如下理念之中存在一个恼人的悖论，即国际保护涉及去适应一整套政治范畴（比如人权和自决），而这些范畴可能会与它们自己的传统严重冲突。

当代全球政治的许多特点和动态发展都加剧了身份政治。人们对这一加剧的原因争论不休，但是，这些原因常常联系于如下因素：全球化带来的脱节和崩溃，大规模的人口和理念流动，以及外部国家和国际机制这两者不断加深的渗透性和干预性。广受称赞的全球化时代也是一个文化分歧和多样化的时代。这些为承认而斗争所采取的形式是多种多样的。在塔利（Tully）看来，民族群体的主张为了在政治上获得承认，要么建立一个属于他们自己的国家，要么改变现有国家的政治结构；全世界 2.5 亿土著居民要求其文化和生活方式得到保护；文化少数族群、移民以及避难者要求承认其语言及传统；文化女权主义者主张在国家的宪法和法律秩序当中实现平等。[35] 再者，我们可能希望添加如下元素：泛区域理念和文明聚合体（civilisational groupings）仍然具有力量，跨国宗教身份的复兴，以及存在国际主义承诺——该承诺过去采取了政治国际主义的形式（比如共产国际），但是现在，我们可以在全球公民社会内当代政治跨国主义（political transnationalism）的许多方面看到这一承诺。

在政治上，这些运动及其背后所体现的理念形成一股压力，促使新形式的政治身份诞生，该身份不再以领土为基础；它也促进了新的政治组织和行动机制的诞生，去超越民族国家的范围，并挑战国家主义世界政治的霸权地位。对怀有天下情怀的自由主义者而言，这样的发展也应当会推动着我们朝不同种类的超国家复杂治理方向移动：将国家中非排他性（non-exclusive）的宪政主义网罗在人权文化的跨国化进程当中，该人权文化包括群体权利以及各种类型的跨国选民（transnational constituencies）权利。这样的一种移动接纳了那些已经在连带主义法律秩序中制定的个体与群体权利，但是，它又下更大的功夫来把这些权利推得更远。这部分地涉及一个范围扩大、旨在调整各国包括人权到民主政治权在内的一系列国内安排的国际规范。但是，它赋予了民族权利和身份主张更高的优先地位。这些权利不应受限于那些由国家制定的概念和规则的组合，它们也不应任凭国家摆布。自决不应当仅被理解成有权利去构建一个通过领土来定义的国家，或者是在这样一个国家内享有个体的政治权利。相反，此类安排应当是开放性的，让大家都可以重新对其进行评估和考察，尤其是对那些在传统国家间秩序中很难觅得安身之所的群体而言。

注 释

［1］Hannah Arendt，*The Life of the Mind*（San Diego，CA：Harcourt，1978），202.

［2］Rogers M. Smith，*Stories of Peoplehood：The Politics and Morals of Political Membership*（Cambridge：Cambridge University Press，2003）.

［3］关于这一双重冲击，参见 James Mayall，*Nationalism and International Society*（Cambridge：Cambridge University Press，1990）。

［4］比如，参见 Ernest Gellner，*Nations and Nationalism*（Oxford：Basil Blackwell，1983）。

［5］关于不同观点的集大成者，参见 John Hutchinson and Anthony D. Smith，*Nationalism*（Oxford：Oxford University Press，1994）。关于最近辩论的综述，参见 Lars-Erik Cederman，'Nationalism and Ethnicity'，in Walter Carlsnaes，Thomas Risse，and Beth Simmons（eds.），*Handbook of International Relations*（London：Sage，2002），ch. 21。尤其重要的著作，请参见 Rogers Brubaker，*Nationalism Reformed：Nationhood and the National Question in the New Europe*（Cambridge：Cambridge University Press，1996）；以及 David Laitin，*Identity Formation：The Russian Speaking Populations in the Near Abroad*（Ithaca，NY：Cornell University Press，1998）。

［6］我们有必要在理解民族主义的过程中更加重视国际战事形势，对于这一看法，参见 Erica Benner，'Is There a Core National Doctrine?'，*Nations and Nationalism*，7/2（2001），155-174。

［7］我们来看一下威尔逊有关四原则的演讲，"不应该存在任何附属、朝贡、惩罚性赔偿。不能用国际会议或者对手之间勾兑的方式，把人民从一个主权者手里移交给另一个主权者。我们应当尊重民族愿望：对民族的支配和统治只能在他们自己同意的情况下才能进行"。Woodrow Wilson，

The Public Papers of Woodrow Wilson，*Volume I. War and Peace*：*Presidential Messages*，*Addresses and Public Papers 1917 - 1924*，edited by R. S. Baker and W. E. Dodd（London and New York：Harper and Brothers，1927），180。威尔逊清楚地提到，民族和省份不能“成为主权者之间讨价还价的对象，就好像它们只不过是游戏中的车和卒”（同上书，182 页）。但是，我们要注意到，威尔逊既体现又推动了一个现象，即人们常常将如下两者混为一谈：一方面，民族自决是民主自治的延伸，另一方面，民族自决明白无误地体现了民族群体立国的权利。我们也要注意到，他常说的是不同民族的“利益”和“收益”，而不是他们的愿望，而且，他说的是“自主发展”而非任何立国权利。对这些问题的经典论述，参见 Alfred Cobban，*The Nation State* and *National Self-determination*（London：Collins，[1945] 1969，originally published in 1945）。对威尔逊困境（travails）的一个最近论述，参见 Margaret Macmillan，*Paris 1919*（New York：Random House，2003）。

[8] 对法律议题的简明介绍，参见 Rosalyn Higgins，*Problems and Process*：*International Last' and How We Use It*（Oxford：Oxford University Press，1994），ch. 7。

[9] 最显著者莫过于 Miller（1995）。

[10] Woodrow Wilson，‘Address to the United States Senate，22 January 1917’，in Arthur S. Link（ed.），*The Papers of Woodrow Wilson*，vol. 40（Princeton，NJ：Princeton University Press，1982），536 - 537.

[11] Michael Walzer，‘The Reform of the International System’，in Φyvind Φsterud（ed.），*Studies in War and Peace*（Oslo：Norwegian University Press，1986），229.

[12] Alfred E. Zimmern，*Nationalism and Government*（London：Chatto and Windus，1923），85. 也请参见 Alfred E. Zimmern，‘Nationalism and Internationalism’，*Foreign Affairs*，1/4（1923），115 - 126。

[13] Robert Lansing，*The Peace Negotiations*：*A Personal Narrative*（Boston，MA：Houghton Mifflin，1921），97 - 98.

[14] *The Aaland Islands Question*. Report presented to the Council of the League by the Commission of Rapporteurs，League of Nations Doc. B. 7. 21/68/106，1921，28.

[15] 转引自 Michael Howard，*War and the Liberal Conscience*（Oxford：Oxford University Press，1989），49 - 50。

[16] 对这一概念演进过程的论述，并说明所涉及的人数，参见 Jennifer Jackson Preece，‘Ethnic Cleansing as an Instrument of Nation-State Creation：Changing State Practices and Evolving Legal Norms’，*Human Rights Quarterly*，20/4（1998），817 - 842.

[17] 转引自 Lee C. Buchheit，*Secession*：*The Legitimacy of Self-determination*（New Haven，

CT：Yale University Press，1978），9。

［18］Bruce Russett，*Grasping the Democratic Peace*：*Principles for a Post-Cold War World*（Princeton，NJ：Princeton University Press，1993），133－134.

［19］E. J. Hobsbawm，*Nations and Nationalism since* 1870：*Programme*，*Myth*，*Reality*（Cambridge：Cambridge University Press，1992），19.

［20］尤其参见 Antonio Cassese，*Self-Determination of Peoples*：*A Legal Reappraisal*（Cambridge：Cambridge University Press，1995）。

［21］Thomas M. Franck，*Fairness in International Law and Institutions*（Oxford：Clarendon Press，1995），155.

［22］Varshney（2003：86－87）. 对于史密斯这样的学者而言，要点在于我们要聚焦于“种族社群那持久的建构性特点”，“不是像集体意志、态度、甚至情绪这样更易逝的维度，这些维度组成了种族意识的日常肌理；而是诸如记忆、价值观、神话和象征等更永久性的文化属性”。Anthony D. Smith，*The Ethnic Origins of Nations*（Oxford：Basil Blackwell，1986），3.

［23］比如，参见 Michael Ignatieff，*Blood and Belonging*（London：Vintage Books，1993），esp. 3－7。

［24］参见 Erica Benner，‘The Liberal Limits to Republican Nationalism’，in Daniel A. Bell and Avner de-Shalit（eds.），*Forms of Justice*（Lanham，MD：Rowan and Littlefield，2003），205－225。

［25］卢梭看到了这些紧张之处。一方面，只有通过在和谐社群内部限制同情和怜悯的方式，他所说的“人类情操”（sentiment de l'humanité）才能变得有意义。但是另一方面，不像许多乐观自由民族主义者那样，他承认，“比如，爱国主义与人性是两种在力量上没法在一个民族整体中相容的美德”，他在《战争状态》（*L' Etat de Guerre*）中如此有力地分析了无政府状态的逻辑，这种不相容给该逻辑增加了破坏的扭曲力。该引文出自《山中来信》（Letlres de la Montagne），参见 C. E. Vaughan（ed.），*The Political Writings of Jean Jacques Rousseau*（Cambridge：Cambridge University Press，1915），vol. Ⅱ。亦可访问如下链接获取：http：//oll. Libertyfund. org/Texts/Rousseau0284/PoliticalWritings/HTMLs/0065-2 _ pt03 _ Passages. html。

［26］Stefan Wolff，*Ethnic Conflict*：*A Global Perspective*（Oxford：Oxford University Press，2006），2.

［27］参见如下作者对发展中国家民族主义的攻击及其对奥斯曼帝国的怀旧之情。Elie Kedourie，*Nationalism*，4th edn.（Oxford：Blackwell，1993）.

［28］格尔（Gurr）认为，后冷战时期的确见证了种族冲突的激增，但是，这是一个始于 1960 年代的趋势的延续。Ted Robert Gurr，‘Peoples against States：Ethnopolitical Conflict and the Changing World System', *International Studies Quarterly*, 38/3 (1994), 347 - 377。

[29] Ignatieff (1993: 2).

[30] 'Agenda for Peace', 31 January 1992, reprinted in Adam Roberts and Benedict Kingsbury (eds.), *United Nations, Divided World: The UN's Roles in International Relations*, 2nd edn. (Oxford: Oxford University Press, 1993), 474.

[31] 正如里尔克（Rilke）在1920年代早期所言，"世界的每一次迟缓转折都会产生一群被剥夺的子女，对他们而言，古人已逝，来者未到，由此，他们无所依靠"。Rainer Maria Rilke, seventh elegy, *Duino Elegies* (London: Hogarth Press, 1968), 73.

[32] Jeffrey Herbst, 'Responding to State Failure in Africa', *International Security*, 21/3 (Winter 1996 - 1997), 120 - 144.

[33] 参见 David C. Rapoport, 'The Four Waves of Modern Terrorism', in Audrey Kurth Cronin and James M. Ludes (eds.), *Attacking Terrorism: Element of Grand Strategy* (Washington, DC: Georgetown University Press, 2004), 46 - 73。

[34] 有意思的是，最近一段时间保守派有关美国民族主义的著作认为，国旗和宪法当中所体现的公民理想紧密地联系于那实际上由白人、讲英文者、盎格鲁-撒克逊以及新教徒组成的共同种族核心。参见 Samuel Huntington, *Who Are We? America's Great Debate* (New York: Free Press, 2004)。那么，美国民族主义就和其他民族的民族主义没什么区别了，尽管它一直主张自己是个例外。

[35] James Tully, *Strange Multiplicity: Constitutionalism in an Age of Diversity* (Cambridge: Cambridge University Press, 1995), 1 - 15.

第六章

人权与民主

国际社会的规范性志向大幅度增加，在人权和民主领域当中表现得最明显不过了——这一点可以在如下理念中看出：统治者与被统治者、国家与公民之间的关系应当是国际社会关注的一个正当主题；对公民施虐应当引发国际行动；而且一个国家的外部正当性应当越来越取决于其国内社会通过何种方式来进行政治秩序化。本章第一部分将勾勒出这一扩张进程的几个主要特征；然后，我们会考虑这一扩张通过哪些方式超越了以国家为基础的自由连带主义，这一超越既发生在概念层面上，又发生在跨国法律和政治实践这一元素不断增强的层面上。最后，它将审视这一扩张进程当中的鸿沟及其局限性。

自由连带主义和世界主义有关人权和民主的主张长期以来引起了人们高度的怀疑。已经变化了的全球安全氛围以及由所谓反恐战争而导致的对人权的挑战，其作用也都仅仅是加深了这种怀疑。它们强化了人们的一种意识，即自由连带主义的抱负，已经变得愈发脱节于权力政治的实际状况。而且，人权与民主已经变成分歧与碰撞的突出表现，而非反映了人道的完善制度化。因此，本章第二部分将考虑三组问题：首先，人权及民主化的威胁，其不断变化的特征所产生的影响。其次，自由主义议程中人权与民主、民主与和平之间存在的紧张关系。再次，一方面，人权与民主之间的关系存在严重问题；另一方面是大国的政治及安全利益。

人权民主议程扩大

根据有关人权的教科书式叙述，国际人权诞生于1948年的《世界人权宣言》。如果我们以这种方式看待人权，则会轻视从18世纪末开始的和人权有关的自由理念在推动国际社会思考及实践的前进过程当中所发挥的作用[1]，但是，真实的情况是，在1948年之后（尤其是从20世纪70年代早期开始），我们见证了一种更为坚定的努力，试图将人权规范更加稳固地夯实在国际法和正式规则以及国际社会实践当中；而且，后冷战时期见证了一种强大的发展趋势，试图让民主成为更为主流的国际规范。

人权与国际社会

在数量日渐增多的国际人权协议（这些协议涵盖了公民与政治权利、社会与经济权利，以及更晚出现的所谓的“第三代”或“团结权”（solidarity rights），即有关发展、和平、环保和文化身份的权利）当中，我们可以非常清楚地看到一个规范层面上的扩展。[2]这一规范性扩展的其他方面包括采取步骤将战争法及人道主义法应用到“内部”冲突及内战，并复活那些在国际上得到承认和保护的少数族群权利——正如前南斯拉夫得到承认的过程，或者“欧洲安全与合作组织”（OSCE）创设了“少数族群特派员”（commissioner）的岗位。

推动这一扩展的一些压力来自人权体系本身。虽然其渊源紧密地与战后早期美国及其他西方国家的实力、利益和价值观勾连在一起，但是，一旦得以建立，人权体系就为弱小的行为体（包括国家与非国家行为体）提供了制度平台和规范性的手柄以争取他们自身的利益。有计划地运用软法（soft law）、为专家及工作组提供空间，以及NGO发挥更广泛的作用——这些都有助于开启规范创制和发展的进程。国家对这一进程的控制已经减弱了，在一定程度上，政治空间被创建出来，以详细制定和推广一系列新的权利（比如，后代的权利、与妇女地位相关的权利、文化身份的权利、发展以及清洁环境的权利）。[3]扩展也非常紧密地与关乎相互依存以及权利之不可分割性的论断勾连在一起。从某种程度上讲，这是由政治来推动的：如果我们不接受国际上承认的公民与政治权利、经济与社会权利，那么，东西、南北之间就没有办法进行谈判。但是，不可分割性也在一个更深、更为实质性的层面上运作。比如，如果我们过于贸然地去推进，试图在公民权利与政治权利、经济权利与社会权利、要求国家退出的权利与要求国家采取积极行动的权利之间划出泾渭分明的界线，那么，积极的行动就会破灭并一事无成。[4]

但是，规范性议程扩大，其驱动力还源自人权体系之外的压力以及发展态势，它们很显然是由于冷战结束以及蔓延在大部分西方国家中的一种感觉，即自由理念的确已经征服了世界，且万般好事一同实现——不光是人权与民主，还有民主与和平以及民主与经济发展。那些推动着大家朝这一方向前进的人论证说，不可能存在什么中性的人权定义，而且，人权不可能从逻辑上与那些有关何为良善社会之构成的整权性理念分离开来。把共生共存的各项权利割裂开来的尝试，最终都将是武断的。出于何种理由，罗尔斯（Rawls）将生命权以及禁止奴隶制包含在他那份可付诸实施的人权清单中，但是又把表达自由或结社自由，或受教育权排除在外（他的观点只不过是某种未经论证的判断，去证明他提出的非自由的良序社会实际上会接受哪些东西）?[5]此外，扩张主义者们认为，即便有效或一贯实施的机会依旧渺茫，我们也应当继续推进规范并主张一系列重要的权利，这毕竟是拥有一份规范性议程的全部意义之所在。

如果我们从权利范围的讨论中出来，转向其执行问题，那么，我们就从柔性执行体系（soft systems）转向强化执行体系。人权标准在许多现行国际人权机制之中的执行在很大程度上是基于质询与曝光，涉及的内容有：在大部分全球和地区条约之下创制监管机构、国家提交报告、设立工作组，并且设置主题报告起草人、国家报告起草人以及事实调查委员会。公民与政治权利得到保护的力度通常是最大的，1966 年的联合国公约设立了一个专家机构——人权委员会，来接收和审查从各国发来的阶段性报告，并且还有一个备选程序，允许调查由国家提起的侵权诉讼，并调查个人受害者本人或代表提出的诉讼。在拉美和欧洲这两个地区人权体系之中，个人有权提出诉讼，以挑战其本国政府的国内活动。一个独立的法院和委员会被分别授予权限，通过裁定国内法律法规的应用是否违反了国际承诺的方式来回应个人的诉讼。

即便是在这一“柔性执行”的世界里，我们当然也清楚，政府要为如下事情殚精竭虑：保持其主导地位、维持其对执行程序的控制、限制个体行动的范围，并控制地区法院以及委员会运行的政治进程。我们也知道，该体系很难独立于跨领域的外交政策目标，并且很难避免大国使出手腕让自己免于被调查。但是，同样重要的是，我们要注意到许多积极的发展态势：越来越多的国家逐步受约束于外部监督，而且不同程度的渗透也在逐步增加；我们更大程度地远离了直接的政治压力（即便是在联合国体系之中），这是一个成就；越来越多的人可以了解到人权状况的信息（由如下实体来制作和发布这些信息：国家政府、NGO 团体以及国际机构）；在很大程度上，基于国家的制度已经提供了政治平台，让越来越多的 NGO 参与进来。从某种程度上来讲，该体系通过激发羞耻感（shame）以及增加国家在声望方面的成本来寻求保护人权（在很大程度上，有大国尝试着通过利诱他国投票，来支持联合国人权委员会上的不行动动议（no-action motions），这一程度本身提供了某种揭示，即对声望的关心的确具有一定的政治影响）。在另一个也许是更为重要的层面上，国际规范发挥了如下作用：强化和赋权不同群体在国内进行斗争，并同时创造实质性动力和规范性压力，来使得此类规范以内在的方式转化为国内法律与政治制度（参见下面的论述）。

朝更强执行体系的方向前进涉及四个领域。第一个领域可见于如下那显而易见的、具有高度规范的重要性转变：转向了个人刑事责任、对严重人权侵犯罪行负责。

这一点，在国际法院和法庭的发展之中可以明显地看到，最明显的莫过于针对前南斯拉夫（南斯拉夫国际刑事法庭）和卢旺达而设立的法庭（卢旺达国际刑事法庭），以及国际刑事法院的设立；还有在数量上日增的国内审判（比如发生在西班牙、针对拉美人权侵犯的那些审判）。[6]第二个领域是人权及民主附加条件（conditionalities）的增加——人权的制度化应用或促进民主的条款，附加在国家之间的经济资源流动之上，作为一个手段去促进国内政策变革。第三个领域是联合国及其他国际机构针对强制性人道主义干预而采纳的步骤。最后一个领域涉及强国动用一系列积极和消极制裁的单边行动。以美国为例，一般性的人权议题已经相对稳定地在外交政策进程与政治意识之中确立起来。自从 20 世纪 70 年代中期以来，它表现出显著的连续性特征，并且更加深入地将人权在外交政策官僚体制中加以制度化。[7]

这一扩展进程的最后一个特点是人权类 NGO 所发挥的作用。这种 NGO 开创了一些很重要的作用，我们可以简要地来看一下其中的四个作用：（a）信息收集，并协助信息从那些直接受影响的人流通到国际人权组织和监督机构。这对于打开局面让人们知晓在边远地区所发生的人权侵犯事件而言是至关重要的。在这些边远地区，由于正式执行机构未能提供侵犯人权的记录，因此国际媒体也许对评价和判断其人权状况并不感兴趣。（b）此类群体的“话语权”（hue and cry）功能，使用他们获取的信息去发动羞耻感，对特定案例施压并迫使政府意识到需要保护新的权利领域。（c）NGO 和社群组织作为一个重要渠道，让别人能从外部提供人权协助，它们还创建了能够让人们有效地利用外部协助的社会机构，特别是当国家结构已经被弱化或破坏之时。（d）作为引导人们改变态度和价值观的传送带，在此处，我们关注的焦点不是 NGO 对政府的直接影响，而是范围更广泛的社会变革。人权类 NGO 和倡导团体，也在建构主义者解释国际人权体系如何得以发展的过程中扮演了一个至关重要的角色。这一观点通过“规范热心人士”（norm entrepreneurs）发动规范（norm mobilization）的视角来看待人权制度的起源；通过跨国社会化进程以及设立一个规范循序渐进过程（cascade）的视角来看待制度的演进；并且，它看待人权制度具有何种主导性行动模式的视角，既非如现实主义者所说的支配与适应的逻辑，也非制度主义者所说的后果和利益的逻辑，而是适当性（appropriateness）的逻辑，在其中，起核心作用的是论辩与说服。

超越连带主义的人权

虽然人权的扩展和巩固对于自由连带主义的国际社会观而言居于中心地位，但是，它们也在不断挑战着该观念中国家主义的限度。首先来看看渊源的问题。自由连带主义者想要说明的是，人权的地位是基于它们在多大程度上在有法律约束力的国际公约和条约中得到了体现，并得到了国际法连同其渊源原则及承认规则的承认。人权法律家想要确立权利的**法律**地位，部分是旨在限制人们在多大程度上能操纵权利以达到政治目的，部分是为了利用制度潜力来达到实行和实施的目的。人权不仅是“柔性”的道德准则，也是“铁律”（hard law）。但是，这一努力陷于如下两者之间那狭小和极成问题的空间里：一方面，实证主义者提供的渊源学说很有限；另一方面，我们很难直接诉诸传统自然法理念。我们基本上不可能说，虐待和种族屠杀仅仅只是在法律意义上的错误行为，因为一定数量的国家已经签署并批准了某个具体公约。但是，倘若情况并非如此，那么我们如何对其在法律角度上进行确证呢？

一个解决办法是沿着国际习惯法（customary international law）的道路。[8]但是，在人权这一例子中，国家对其公民经常性地制造着残酷的现实，这意味着在国家实践和法官意见（opinion juris）之间的平衡必须要大力向后者倾斜：当然许多国家到现在都还在实施虐待行为，但是人们不停地呼吁，提醒大家注意到虐待在规范上的不可接受性，这种呼吁使得国际法专家主张该规范应当是稳定的和深入人心的。作为原因之一，它解释了如下现象：在反恐的背景下，禁止虐囚显然是一个大家广为接受的基本规范；如果对这样一个人人接受的规范都不买账，那么，从理论和道德上讲，这是非常严重和险恶的。另一个解决方案是含蓄地诉诸某种自然法观念，该观念的基础可能是大家对何为社会生活基本必需品的理解，或者人们对“有意义的人类能动性具有何种本质”这一问题的看法。但是，这样的观点总是会把我们带出法律秩序本身的狭隘范围。权利总是预设，存在一整套先在的价值观：它们的作用，就是去保护、推广和优先安排这些价值观。正如格里芬（Griffin）所言，法律辩论如果想要确证一个和“人的尊严”一样既重要又开放的理念，那么，这些辩论将有必要求助于某种范围更广的论断，即相关的正当（right）是什么，及其与正义相联系的方式。[9]

第三个常见的解决方案，旨在发展出一种基本的跨文化共识，在其中，会有一个特定行为规范的趋同，但是，这些规范的基础，将仍然是一系列范围广泛、各不相同的价值体系以及政治和道德用语（languages）。问题在于，这几乎不是一个充分或者稳固的答案。正如泰勒（Taylor）所言，要想在诸多的实践语境中达成一致意见，所需要的不仅仅是一种宽泛的共识，它还需要我们就不同权利的优先性及其细节达成一致意见；这一点又反过来让我们觉得有必要去细致入微地了解“什么东西才能打动他人”，并产生一种就那些最终将不可避免会出现的特定分歧进行谈判的持续意愿。“结果就是那贫瘠的共识必须努力朝着一个融合不同维度的方向前进”[10]。

随着人权的发展，它也不断地施压于我们继承下来的国家主义体系的运作方式。“国家对其国民拥有管制权”这一意义上的主权，已经被人权法以及越来越多的团体和个人都可以诉诸的一系列国内法院和国际法庭所侵蚀了。但是，重要的是，我们不要忽视，在1945年之后的岁月中，国际人权制度的标志在很大程度上仍然是国家主义和主权——这可从以下两方面看出：国家有能力去抵制别人从自己手中夺走有效权威，而且，这一体系本身也是通过这种方式得以建立。正如路易斯·亨金（Louis Henkin）所言：

> 在一个由民族国家组成的国际体系中，人权作为国内法规定的权利，在不同的民族社会中人人得以享有。国际法的目的是对国家施以影响，令后者承认和接受人权，在其国内的宪法和法律中反映出这些权利，通过国内机制来尊重和保证人们享有权利，并将它们整合到各自民族的生活方式当中去。[11]

那么，从这一角度来看，国家才是这一体系的渊源、责任之所在以及重点施压对象。国家主权就是那条通向共同人性的道路。这一角度意味着，我们应当如此来设想国际人权制度：作为一个体系，它主要是在国家间的层面上对政治行为体施加影响，并且，其动力机制在于国家之间。在一些人看来，只有当大国和强国采纳人权并有志于运用自己的力量来执行人权标准之时，人权才变得“重要”。同时，根据这一观点，NGO和倡导团体所发挥的作用主要是公布侵犯人权的状况，目的在于影响强国国内（尤其是在美国和欧洲）政治制度中的公共舆论。对于其他国家而言，人权体系之所以重要，主要还是在于它们有能力有所作为，来调整那些可以调动成员国积极性的因素——通过的方式有：公共化、点名批评（naming）与使其难堪（shaming）、创建一些积极的或消极的关联方式，或者形成外部“锁定”（lock-in）局势，尤其是针对那些新近民主化国家中的脆弱政权。[12]

然而，这种思维方式严重低估了人权制度所具有的日益跨国化的特征——这一点可以从如下方面看出：人们创设了跨国政治空间，国内法律秩序不停地和国际以及地区性宪政秩序（constitutionalism）进行越来越多的对话和互动。因此，人权制度表现出了一种显著的特征，即我们在第四章中描述的那种超国家的复杂治理。地区法庭和委员会的发展，催生了日渐复杂的人权法理学。从跨国的角度来思考人权，就是把注意力聚焦于国际人权发展状况与国内政治、法律辩论之间的互动。在许多国家里，人权已经被“宪法化”（constitutionalized）了，虽然就如何在国内法律制度中有效地执行国际人权，以及法官是否有意愿参与到人权的跨国法律文化当中去这两方面，各国之间还广泛地存在着差异。只要我们理解了产生这一差异的诸多原因（比如不同的国内法律传统、法律教育模式，跨国法律共同体中不同的参与方式，等等），那么，这种理解就能发挥重要作用，来帮助我们领会国际人权制度是否能够影响到政治结果。

从跨国角度来看待国际人权，也有助于说明如下一系列重要的问题：国际人权通过一定的方式可能影响到国内政治行为体，以及还存在一些主要的限制——比如，与国际制度的整合和互动如何能够影响到那些处理人权事务的官僚机构部门的相对权力，或者能够在相关的国家官员身上开启社会化进程（processes of socialization）。最后，跨国公民社会团体有能力去直接参与人权制度，理解这一点很重要。随着政治行为体的行动日渐跨越国界，我们要找出那些存在于国内政治行动“之内”和“之外”之间的联系（以及紧张关系），这一点也变得日益重要。人权和民主的跨国化为国内行为体提供了新的政治和法律机会来追求他们的利益。在此处，我们需要理解为何某些国家中的NGO在跨国层面上会更活跃，以及人权制度是如何与各国特定的政治民主化模式进行互动的。

民主与国际社会

民主规范以及推广民主的活动，已经通过不同的方式更加深入地嵌入国际社会当中。首先，联合国和地区组织更加广泛地参与到选举中。[13]协助选举已经成为联合国活动中的一个常设部分，如此一来，出现了一个范围广泛的跨国和跨政府网络，以提供选举协助、党团支持和监督。[14]其次，维和行动在数量上和范围上的扩展带来了一个结果：外部行为体参与到民主推广当中去，这已经成为一个司空见惯的现象。在许多地方，维和行动多维度的特征开始涵盖人权和民主，以及去军事化、难民保护和国家建设。在国际社会直接接管领土的情况中（比如柬埔寨、波斯尼亚、东斯洛文尼亚、科索沃和东帝汶），行使主权权力涉及两方面：转型执政以及民主制度建设。在此，民主成员标准已经在两个地区（欧洲和美洲）建立起来了，在欧洲的情况中，民主、人权和少数族群权力都在欧盟扩大、欧盟附加条件政策及其范围广泛的成员扩大过程中发挥了主要的作用。最后，相关的学术研究日渐浩如烟海，也催生了如下理念：人人都享有民主治理的法定权利。[15]

部分而言，这一扩展有其内在逻辑。当然，如果我们想要在一个可持续的、长期的基础上保护人权，难道不也应当致力于搭建最有助于该目的实现的政治制度吗？但是，国际社会在规范层面上扩大到把民主包括在内，这一过程也曾受到政治因素的推动。虽然也会有人诉诸《联合国人权宣言》中的“民主”权利，但是，冷战的诸多状况则意味着，把政治民主正式地整合到人权体系之中去，这在政治上是不可能的。这一状况后来得到了改变，原因在于转型浪潮在 1970 年代和 1980 年代席卷了南欧和发展中地区的威权主义统治；东欧和苏联共产主义陨落了；伴随着冷战结束，自由变得自信起来，人们相信自由民主和自由市场正在席卷全球；民主的地位在美国外交政策中得以巩固。

我们在此处需要特别强调两个与学术分析、政治观念有联系的、更广泛的转变。第一个涉及民主进步变革以及民主化的可能性。在冷战期间，西方各国政府都怀疑政治变革会破坏稳定，上台的人要么会与苏联结盟，要么会挑战西方的经济利益。显然，民主化自身携带着显著的反霸权潜能。西方各国首脑以及私企部门都广泛地持有如下信念：威权主义政府非常适合于促进经济发展。许多学者论证说，不管怎样，民主都需要一系列在许多后殖民社会中不存在的“先决条件”。1970 年代后期始于南欧和拉美的转型浪潮，则惊人地让所有人的思想都来了一个 180 度的大转弯[16]：民主化变成了准则，而非例外；大家都期待一个整体的前进运动；民主化貌似比原先大家想象的情况要容易得多、没那么难。一个冷战后的世界意味着，那些不稳定的和有可能与西方作对的政权再也不能指望苏联了。而且，一个全球化的世界意味着，人们不能再选择经济民族主义了。在不确定的民主化、安全利益以及经济偏好之间进行的妥协，明显不像过去那么剑拔弩张。之前人们都觉得民主会出现许多难题；现在，人们的心中是一种“一切皆有可能”（possibilism）的感觉。到 20 世纪 80 年代中期的时候，美国新保守主义者转而信奉民主推广的可行性和可能性，这一皈依的过程突出地表明了之前所发生的变革。正是在该背景下，人们开始重写美国外交政策史，强调美国肩负扩大和促进民主的历史使命。[17]

在思想上，还出现了另一重要的转变，其主要是反映了人们据称已经“证明”在民主与和平之间存在某种关联。[18]民主和平理论的基础是一个历史悠久的、常常与康德联系在一起的自由主义国际关系著述传统（由此被称为“康德式和平”）。然而，它只是康德政治思想的一部分（而且还不是最核心的部分），在 18 世纪末也已经成为自由主义的老生常谈。现代民主和平理论的其他先驱则包括 1950 年代卡尔·多伊奇（Karl Deutsch）对安全共同体（即国家组成的群体，比如北美、斯堪的纳维亚和西欧）的论述，大家都真的坚信，该共同体的成员国不会彼此发生暴力冲突，而是通过某种其他方式来解决争端。尽管许多对战争因果关系的研究都忽视或忽略了这一观点，但是它后来还是成为国际关系研究中的一个主要议题，同时也是人们对冷战后国际秩序本质进行政治上的公共辩论的主要议题（比如克林顿执政期间提出了民主扩大政策以及欧盟和北约扩大的必要性）。

理论专家认为两组诱因对于解释民主和平而言是重要的。首先，民主机制和民主政治有结构上的约束，使得倾向于战争的领导人难以或甚至不可能把自己的国家拖入战争。他们还强调，这些民主约束具有叠加效应，同时再辅以如下因素：自由民主制度具有更大的开放性和透明度。如果双方的统治者都是谨慎的、关注成本的（cost-sensitive）、只是用武力来自卫的政治家，那么，冲突是不太可能发生的。其次，民主和平理论专家强调了规范性机制的重要性。自由和民主规范牵涉到人们对何为适当行为的共同理解，使得大家对未来有稳定的预期，而且这些规范是嵌入在制度与政治文化当中的。其基本原则是要用规则来规范变革；禁止在规则架构之外使用强制性武力；信任、互惠、法治是民主政治的核心之所在。那么，从这一观点来看，民主和平的产生方式是，民主国家将其国内政治规范中的宽容和妥协扩展到其外交关系之中，由此使得它不可能对其他相似的国家开战。

这一民主和平假设基于如下两个主张：（a）民主国家几乎从不相互开战，而且极少在其相互关系中考虑使用武力，以及（b）其他类型的关系更有可能产生冲突，包括民主国家与非民主国家的互动。这种主张几乎总是从概率的角度来讲的。很少有人会说，这是一条必然发生的法则。它不是一个通用的理论，因为它并不了解民主国家与非民主国家之间的关系，或者说至少对这种关系不是很确定。但是，即便是仅限于民主区域的范围内，它还是为自由乐观主义提供了某些理由。如果情况真是如此，那么，它坚持认为，“国内政治制度的同质化能够转变全球政治秩序”这种可能性是存在的——这显然有别于传统现实主义者对世界政治的论述和多元主义者对国际社会的论述。围绕着民主和平而进行的主要辩论，以及评论家和怀疑论者所提出的主要议题包括：(a) 民主和平的统计学证据是否可靠，尤其是在 1945 年之前的时段里；(b) 是否存在其他因果逻辑，尤其是用来解释民主国家为何扎堆于某个区域（比如西欧或美洲）；(c) 定义该理论术语的难度，尤其是战争与民主；以及 (d) 民主化进程及如下证据会提出一些难题：尽管完全稳固的民主国家是和平的，但是那些正在民主化的尤其是在不稳定地区的国家，则有可能会比威权主义制度的国家更倾向于冲突。

差距与限度

人们会情不自禁地把冷战后的情形描绘成如下这幅图景：出现了一个在不断扩大的人权议程，在其中，西方自由国家一直充当着领路人的角色。但是，即便是到了 20 世纪 90 年代，重要的鸿沟依然存在。在这些鸿沟之中，最重要的莫过于难民和寻求庇护者——这些个体和群体不断地陷入由国家组成的国际社会的裂缝之中。我们可以在此看到：“非自愿回国”（non-voluntary return）这一核心理念被侵蚀；在“为那些饱受难民之苦的南方社会提供实质性援助”（在 2001 年，全球有 2 000 万难民，大约四分之三是在发展中国家）这一目标上进展极为有限；从保护约 600 万居住在各式营地之中的难民这一角度来看，还存在政治上的盲目性和制度上的无效性；并且，越来越多的人呼吁，要修改国际难民制度的核心，即 1951 年《关于难民地位的公约》。

这一规范性扩展过程的局限性在何处？在上述篇章所勾勒出来的那些变革的推动下，主权已经变成是有条件的和视情况而定的。国家只有在下列范围内才是正当的：它们代表本国公民开展行动，且不滥用自己的权力。辩论（以及博弈）的一个焦点就是人道主义干预。虽然这是老生常谈，但是，在后冷战时期，大家都看到，各国明显有更强的意愿使用武力来达到人道主义目的。[19] 正如我们将在第七章中讨论的那样，人道主义的动机发挥重要作用的方式就是让大家扩展了有关“何种事物都有可能对国际和平和安全造成威胁”的理解。一些人认为，出现了朝向接受人道主义干预规范的清晰的规范性倾向。[20]这一转向也可以从如下观念中看出：越来越多的人认为，主权是责任，是一种保护职责。正如“干预和国家主权国际委员会”（International Commission on Intervention and State Sovereignty）在2001年所言，“大家都承认，主权隐含着双重责任：对外是尊重其他国家的主权，对内是尊重本国所有人的尊严和基本权利”[21]。在2005年9月召开的联合国世界峰会上，联合国大会采纳了“保护职责”理念。人们认为，该举动证明，规范层面上的氛围已经发生了变化，而且，也许在法律规则的架构上也发生了变化。这些变革通过如下途径明显地拓宽了国际社会在规范层面上的抱负：允许强制性的干预，而不必得到被干预国的同意；把责任的承担从那些准备进行干预的国家转移到被干预国（人们宣称它违反了自己所承担的保护职责）的肩上；并引导人们进一步“顺其自然”地扩大目标。如果存在所谓的“干预职责”，那么，当然就也应当有责任去重建和参与到冲突后的民主化和重新建设当中去。

另一方面，有人深表怀疑：人道主义干预的法律规范是否事实上已经得到了清晰的说明。怀疑论者强调，只有为数不多的案例可以被定义为典型的人道主义干预（伊拉克、索马里、海地和科索沃）。他们论证说，我们不能把没有得到明确联合国授权的干预行为（最显著的例子就是科索沃）视为正当的。[22]即便当我们观察到，大家开始朝接受人道主义干预规范的方向移动（包括几个主要发展中国家），人们还是会重新申明，我们需要获得明确的授权。联合国“威胁、挑战和变革”高级别名人小组（the UN High Level Panel on Threats，Challenges and Change）在2004年12月发布的报告确定了授权使用武力的“五条正当性基本标准”：威胁严重、目的适当、迫不得已（last resort）、手段相称、结果平衡。然而，问题在于，安理会已经拥有极大的自由来解释“威胁到国际和平与安全”的含义，而且也不存在任何障碍，去妨碍它认可更宽泛的“预防性的或先发制人的自卫行为”理念。该名人小组因此逃避了核心问题：尤其是当安理会无法采取行动的困难局面出现时，我们应当假设这些“正当性标准”拥有何种地位？[23]目前仍然没有任何迹象表明人们就这一问题达成了一致意见。

另一个限制关乎强制民主化以及政权更迭。同样地，这超出所有现存法律共识，但是它在当代的政治辩论中占据了很大的比重。当然，在伊拉克战争的背景下，这个问题吸引了很多人的眼球，但它曾是里根政府在20世纪80年代所发起的保守运动（conservative crusading）的法律争议主题。论辩的标准模式是，强调《联合国宪章》

的基本目标——不仅仅在于支持和平，也在于促进国家尊重人权和基本自由。因此，人们就在这一更广泛目标的语境中开展对限制使用武力的解释。那些反方意见人士则认为，同意某个具体目的，不等于同意可以不择手段地达成该目的，尤其是我们不能因为追求民主干预主义（democratic interventionism）而抛弃对未经授权使用武力的法律约束。这一观点对下列情形同样适用：强迫性的政权更迭不能给开战提供有效的法律理由。

辩论的第三个领域是如下理念：只有自由民主国家才能成为国际社会的完全成员，或者，一群民主国家应当在国际社会的规范性结构里面拥有特殊地位。按照这一视角，民主国家应当在提供国际正当性（尤其是在涉及干预与使用武力的情况下）上发挥优势作用。非民主国家将失去它们的主权权利，比如拥有大规模杀伤性武器的权利。这样的观点，其部分理由在于：据称非民主国家对国际社会造成了更大的威胁，而且，只有民主才能从道德上允许政府将本国公民绑架成人质（即核武器情形）。与政府更迭一样，这些观点拥有强大的政治生命力（尤其在美国）；但是，没有什么迹象表明这些观点反映了国际社会整体已经达成了某种政治或法律共识。

疑虑、问题和挑战

该问题的特征在不断发生变化

第一个挑战来自侵犯人权行为的特点在不断变化。在许多国家中（其数目之多令人绝望），人权议程仍然关心的是政府直接侵犯公民人权。在许多其他情形中，该议程关心的是威权主义的残余势力以及转型正义的议题（赦免法、适当补偿，以及有权了解以往侵权的细节）。但是，除了这些“传统”的人权侵权行为之外（这些侵权行为是国家机构犯下的，作为政府有意行为（deliberate policy）的一部分），人们越来越关注牵涉到挑战法治（民众求助于司法和正当程序）以及弱势群体权益（尤其是涉及土地所有权和获得医疗时原住民的权益、妇女权益以及儿童权益）的侵权行为。在许多发展中国家，大规模地发生持续的和“结构性”的人权侵权行为，这些侵权行为包括基层警察暴行、谋害街头儿童、农村暴力以及持续地歧视原住民。在许多情况下，国家机关的作用可能很难体现，或者就是完全缺位的。原因并不在于行使专断的国家权力，而经常是国家太弱或没能采取行动。太弱和效率低下的国际机构，可能只拥有极有限的能力去解决此类的侵权行为，尤其是当我们所处的情况是，存在多种形式的暴力且公私权力之间关系特征模糊。

这些趋势给地区性的人权制度提出了一些主要的挑战。该制度旨在保护个体免受国家行为的侵害，它的基础是国家责任的法律理念，而且，该制度假设，在政治上可以对国家施加压力，而国家反过来拥有必要的手段去改善状况——换言之，国家既是问题的部分成因，也是问题的部分解决之道。该制度也挑战了人权理念（尤其是一些从美国传统里面出来的理念），过分关注个体和具有潜在威胁性的国家之间的关系。最后，尤其当我们考虑到旷日持久的冲突和暴力状况之时，“传统”的人权法就内在地与其他法律实体（包括国际人道主义法）产生了一种更为紧密的关系。即便我们假定普遍存在善意，但是，这些变革也还是给国际人权制度机制提出了严峻的挑战。

还有一个与此紧密相关的挑战，牵涉到特征多变的民主化。即便有关民主化潮流的宏观叙述把握住了 20 世纪 80 年代到 90 年代初期广泛发生的、远离威权主义的运动潮流，许多国家都还是经历了复杂的、不确定的、挑战性质发生了转变的民主化进程。有很多权力是通过民主手段获取的，但所作所为却是不民主的和不自由的。如果从结果上说，民主退步，就仅仅只是因为军事政变或者没能光明磊落地举行选举，那么，我们可能还可以相对容易地维持一个国际共识。但是，当下对民主的挑战常常更多地涉及暗地里侵蚀民主制度（“民主其外，威权其中”）、近乎政变的危机，以及侵蚀社会经济架构和支撑民主制度的人际信任。再者，政治民主形式特征和程序特征之间存在分歧，那些生活在民主制当中的人们的看法和经历也大不相同。越来越多的人质疑民主的性质，人们对民主制度能够供给的产品期望值越来越高，而且，人们也越来越不满于膨胀的预期和供给的结果之间的差距。因此，人们就又开始讨论最低限度和程序性民主是否足够，而且还真的讨论起了民主本身的意义。大家发现，“民主”的意义从内在方面讲就是相互博弈，是不稳定的。[24]如同“自决”一样，这最终会对“民主作为当下国际社会之核心建构性规范”的地位提出严峻的质疑。民主化的进程不均衡也不确定，这同样让人疑虑重重，大家都会想：民主化是否应当被视为一个前进的过程，在其中，挫折和问题都仅仅只是一时的偏差？

自由主义议程中的紧张关系

所有好的、自由的事物都没法在一起和谐共存。比如，政治民主和促进人权之间的关系，就存在巨大的张力。[25]从理论上讲，情况的确如此。因此，伯林和埃尔斯特都强调，在多大程度上，形式上的政治民主会巩固各种各样肆无忌惮的多数人的地位——既包括肆无忌惮的族群多数，也包括对宗教支持的不容忍。[26]从概念上讲，权利与民主不同。我们制定权利，是为了保护所有人免受那些威胁个体自主或福祉之行动或状况的伤害。权利的全部意义，就是圈定一些活动，使其范围独立于日常民主政治的决策；把一些政治领域孤立出来，使其免受他人控制；并且，划定立法事项的范围。权利所保护的价值观比民主的价值观更为基本。对于权利纯粹主义者（rights purist）而言，权利就是"王牌"。这就是权利的特殊魅力和力量之所在。但是，它也可能成为软弱的一个主要来源——尤其是当国家安全或身份受到威胁之时。[27]再者，它也可能成为普适性这一理念的主要潜在障碍。从表面上看，权利的性质是非政治的，这种非政治性本身就是政治斗争和妥协的产物，而这些政治斗争和妥协会因时空的不同而不同。大家想想看，即便是在西方自由国家中，都存在自由言论权的不同建构，并且，如果脱离了各自国家具体的政治历史语境，这些迥异的建构就会变得难以理喻。

在实践中，在人权和民主之间可能会存在一种偏向彼此的亲近关系（elective affinity），而且，人权议程的许多方面在一个运作良好的民主制中占据重要地位。但是，大量的民主国家犯下了侵犯人权的行为，尤其是在高度不平等的和关系紧张的社会里。如果我们回顾一下过去 20 年（并跳过最近一段时间大家对反恐的关注），那么，我们就可以看到，几乎每三个制度性民主国家中，就有一个国家犯下了严重的人权侵权罪行。[28]

那么，大家都津津乐道的民主与和平之间存在的那种联系，又如何呢？我在这里不想对民主和平理论进行全面评价。但是，我们要提到两点。首先一点涉及的理念是，容忍的和妥协的国内规范在往外扩展（externalization），这可能是可以用来解释民主式和平存在的最重要的因果机制。对于批评者而言，"往外扩展"这样的理念很难与自由民主国家在其帝国战争中的行为和对其他民主国家进行干预的行为协调起来。[29]第二点涉及和平如何关联于那常常是混乱不堪的民主化进程。虽然最终的国家形式（即稳固的民主制）可能会达到令人惊叹的和平，但是，那些转型和巩固的混乱进程却可能是非常不稳定的因素。这就是斯奈德（Snyder）和曼斯菲尔德（Mansfield）的观点之所以强有力的原因所在：正在民主化的国家，尤其当它们处在一片无论从政治上还是地缘上讲都很不和睦的邻国关系当中时，那么，比起那些要么是完全民主要么是稳定威权的国家而言，它们就越有可能卷入冲突。它们意欲使用具有挑衅性的外交政策作为夯实国内支持的一个手段，而且，尤其是使用带有强烈民族主义色彩的外交政策来当作政治正当性的基石。[30]

最后，人权与经济发展之间的关联，又如何呢？正如我们在大家沸沸扬扬讨论中国式发展（以及一个可能的“中国模式”）中可以看到的那样，成功的经济发展和政治民主/人权之间的关系，看起来比 20 世纪 90 年代自以为是的西方必胜论（the Western triumphalism）要复杂和模糊得多。再者，不管从综合数据（aggregate data）上看这种关系的性质究竟如何，如下发展主义观还是很有政治号召力的：它强调，国家建设和发展的重要性远超人权和民主。比如，阿约伯认为，我们需要承认，今日自由和民主国家在历史上的成功，是建立在许多流血牺牲、暴力和征服的基础上的；发展中国家比欧洲国家面临着一个更为艰巨的任务；而且，国际社会上越来越多的外部要求使得这一任务变得越来越难了。

> 我们都在想：如果西欧和北美的那些国家没有成功地完成它们建设国家的诸般努力，并最终未以自由、民主国家的面目出现，如果在其努力进行国家建设的重要早期阶段中，联合国人权委员会、大赦国际和如今的联合国安理会不停地对其指手画脚，那结果会如何？[31]

虽然这样的论断从道德上讲是有问题的，但是在许多发展中国家中，这样的论断还是拥有极大的政治吸引力。

人权、民主和政治利益

多元主义者总是十分强调当外交政策由对人权和民主的关切驱动时会产生的问题。从个别国家的角度来看，他们担心，这将导致不节制的外交政策、征讨（crusading）和目标不受控制（或许也是无法控制）地进行扩张。结果将会是导致不稳定的外交政策，在过度参与和干预主义以及梦想破灭和退缩两者之间摇摆不定。从制度的角度来看，一个连带主义自由秩序的一致性总是会遭到如下问题的破坏：双重标准、借理想主义之名行自私自利之实，某些国家所针对的人道主义灾难情形和人权侵权行为，只不过是服务于其他政治、经济或安全利益。普遍主义的悖论总是如此：成功地推广“普遍”的或“全球”的价值观通常都将取决于超强国的推广意愿，而且，对这些价值观的成功推广将会加深业已显著的权力和地位的不平等。

有人说，冷战结束使得我们能够对“国家利益”进行一个更宽泛的定义，也有更多的余地来推广那些真正自由的目标。但是，即便是在 20 世纪 90 年代里，选择性的以及层层交错的压力（cross-cutting pressures）问题并没有消失。虽然人们在许多相对低成本的情况下（比如肯尼亚和马拉维）越来越多地施加了强制性压力，以求人权和和民主治理，但是，民主扩张这种冠冕堂皇的说法经常与更宽泛的外交政策目标相冲突（比如，针对俄罗斯或沙特阿拉伯等国的坚决行动，人们甚至没有作出哪怕是最温和的批评）。

在很大程度上，不断变化的安全环境把这些卷土重来的传统问题给尖锐化了，而这一环境的改变源自针对美国的“9·11”恐怖袭击，以及由此打响的所谓全球反恐的长期战争。[32]显然这对人权产生了不良影响，而且是显著负面的影响——这一点可以从如下角度来看：美国及其主要盟国犯下了侵犯人权的罪行；美国言行不一所带来的犬儒主义；以及在许多地区，其他团体都被鼓动起来运用政治空间来竞相效仿美国的言行。在美国看来，反恐战争是这样一场斗争：借用乔治·布什的话说，反恐战争是一场“不需要规则”的斗争，而且，我们有理由“无需保护那些不值得保护的人”。法律黑洞和所谓“秘密执法基地”（secret rendition）的存在，法外屠杀恐怖主义嫌疑犯这一令人毛骨悚然的做法，在许多西方民主国家内限制公民自由，以及为刑讯逼供提供理由的说法卷土重来，所有这些都对国际人权状况产生了深远的和负面的影响。

所谓的反恐战争对民主规范以及民主推广的影响更为复杂，但是问题也同样多。另一方面，在有关伊拉克战争的其他论证消退以后，推动中东朝民主制转变这个想法的重要性日增。同样地，人们反复强调民主作为一个核心价值的作用，这在一定程度上是因为需要为“反恐战争”提供理由，而且从更宽泛的层面上来讲，也需要为美国的全球政策提供正当的根基。再者，随着越来越多的政策失效，人们也越来越多地将其归咎于民主的敌人，并且把反恐斗争装扮成一场为了民主文明而进行的摩尼教式的黑暗与光明的全球大斗争（Manichean global struggle）。但是，在另一方面，在支持民主的活动中保持一致性的可能性变得越来越小，因为一大堆貌似民主的国家作为核心盟国被纳入进来并得到支持，包括巴基斯坦、沙特阿拉伯和乌兹别克斯坦，而且，反恐也重新塑造了美国针对地区性大国的基调。美国及其盟国面临如下两方面之间的分裂日益加深的问题：一方面是口头上说推广民主，另一方面是在伊拉克惨败，造成中东其他地区的不稳定。在这种情况下，在政治上就变得更难以接受如下观点：从内在方面来讲，民主及民主化是开放式的、不确定的进程，它们经常会以不稳定的、无序的和暴力的面目出现。这就意味着，不管它们从长期来看是多么有价值的目标，我们也很难将其与短期的和具体的外交政策目标混在一起——正如我们在巴勒斯坦地区或者在黎巴嫩、委内瑞拉所看到的那样。正如我们所见，越来越多的人愿意“冒风险”去推广民主，部分是因为，从理念上讲，不管民主会带来什么结果，我们都应当有更广的胸怀来容纳它们。但是，这一理念已经遭到了如下因素的挑战：一方面是层层交错的反恐需求；另一方面是管理核扩散的问题（如伊朗）以及经济民族主义的卷土重来（如委内瑞拉或玻利维亚）。

结　论

本章第一部分所勾勒出来的法律和规范发展，使得我们有可能去相信，在国际社会的规范架构当中，在令人惊叹的短时间内，就已经发生了一个真正的变革。首先，国际社会已经看到，一个令人赞赏的规范架构已经得到巩固，而且在普适性承诺的基础上提出并得到各方同意的标准也建立起来了。在自二战以来的这一时期内出现的人权制度，至少从如下两个意义上来讲是全球性的：第一，越来越多的国际法律公约中所定义的个人和集体权利，也的确被认为是适用于全体人类的；第二，联合国在制定人权标准、推广和保护人权方面发挥了重要作用，尽管其程度显然还远不尽如人意。再者，在大部分的核心权利上，政府能为自己开脱责任或者重提“无限主权”这一老调的余地也不复存在，或至少已经大大受限。到 20 世纪 90 年代末期，已经出现了一种广泛存在的一致意见：虽然精确的界限还很模糊，主权的确是与政府对待本国公民的方式勾连在一起的；而且，与 20 世纪 70 年代比起来，反对人权理念及其在外交政策中的作用的人数，已经大大减少。

其次，国际和跨国人权文化牵涉到一种得到广泛共享的共同语言、一套富有包容性的道德词汇，以及一个权威性的和设计良好的规范性架构，很少有群体试图并准备把自己从以上三者当中豁免出去。这一人人共享的话语暗示着大家都普遍接受一些特定的普遍性原则和进程，以及某种特定的理性和论证方式。它为可允许的确证和动机的范围划定了边界；它将权力赋予特定的群体和特定的机构；而且，它帮助激发了社会化的和国际化的动力；它已经嵌入到具体政治实践和特定机构架构当中去了。当然，它是由特定文化历史渊源塑造成型的；但它是开放的、动态发展的，反对被永久地俘虏在任何一个特定利益或权力政治群体的手里。不管人们是从多么相异的哲学、政治或文化背景来阐释它，这一跨国道德、法律话语的出现和传播本身，就代表了一个重要的历史性发展时刻。

再次，我们可以说，这一共识反映出，在面对虐行、残暴和压迫之时，人人都分担的某种广泛的担忧，而且大家都意识到有人在受难的现实。受难是社会生活当中一个赤裸裸的事实，不同的文化和宗教都广泛地意识到这一点的重要性。当然，这种担忧并不完全独立于历史情境之外。它也没有普遍性。施虐者不会分担这种担忧，那些借着某种具有优先性的政治、经济或宗教事业的名义来为虐行和压迫提供正当理由的人，也不会分担这种担忧。但是，它仍然是一座连接下列两方面的最具活力的桥梁：一方面，是无偏袒的与超然的客观立场，这一立场是所有道德判断的核心；另一方面，是对特定情感、地方情境和个别历史的主观承诺，这一承诺也是所有道德激情和目的的核心。[33]正如卡洛斯·圣地亚哥·尼诺（Carlos Santiago Niño）掷地有声地说道，最重要的是，人权这一工程是一个有意识的、人为的建构，旨在维护人类尊严，防止大家在持续不断的人类兽行面前受难。[34]

国际人权文化的这三个方面代表了 20 世纪 90 年代发生的许多积极变化。从 2001 年起，世界局势变得更糟，人们不断展开反抗运动，在其中，我们还能看到国际人权文化这三个方面的影响力。

即便是在人权制度内部，还存在两个主要紧张关系。第一个是关于规范性议程的扩张，需要为正当的意见分歧和真正民主政治的可能性留出一定的空间。虽然我们可能很难划出精确的界限来，但是，在一个富有文化的、宗教的和社会多样性的世界中，在如下两者之间还是有差别的：禁止和防止明显的人权侵权，以及通过一定的方式，寻求外部力量来强制不同社会进行自我组织和决定自己的优先考虑和价值观。国际社会可以扮演一个正当角色，确保政府不能滥用权力，去确立人权标准，并审查这些标准是否得到了遵守。如果外部干预越过了这一界限、进入到选择和执行政策的具体方式当中去，那么，一些主要的核心自由价值，如代议制、问责制、多元主义，以及对多样性的尊重，就会遭到破坏。这也是理由之一，让大家相信，一个核心人权清单应当为国际行动奠定基石，而不是为了推广民主这一目的。通过施加强制而获得成功的可能性，和制度建设过程的长期性，这两者之间存在紧张关系。任何过快地追求执行国际规范的企图，都会瓦解共识的重要性和自我执行的必要性，后者将是大多数国际法律规章制度继续依赖的基石。过于强调执行，就可能阻碍巩固现有的人权制度，使得国家甚至不愿意去签署一些要求不严格的公约或原则，因为它们会担心，这些公约或原则可能被利用来为强制干预提供正当性理由。最近的一些干预行为提供了很好的例子，说明“短期有效性”和“长期对正当性的侵蚀”之间的权衡。

人们对人权和民主心怀憧憬，这种憧憬又嵌入在国际政治架构的现实之中，当我们考虑憧憬和架构这两者之间的关系时，两难困境就显得愈发尖锐。有一些有关“为何主权应当是有条件的”很有力的观点。主权应基于国家保护其公民权利和福祉的能力及意愿，而且主权应朝着增强其对公民的保护职责的方向发展。困难在于，这一职责并没有被委任给一系列在政治上和规范上都具有一致性的机构，而是委任给了一个“国际社会”，后者的行动仍然受制于那些强国的权力、利益和偏好。在那些人道主义需求最为突出的情形中，利益都指向了不作为，这一状况还会经常性地持续下去（如达尔富尔）。在其他情况下，行动的特点是否定人权，有选择性地行动，以及相互交错的安全和经济目标。

但是，导致怀疑论的根源，并不仅仅是由于执行过程中存在诸多困难，也不仅仅是因为存在各种层层交错的压力，以及不可避免的紧张关系和权衡。这两个因素我们不仅可以预见到，而且也是内在于任何一种我们能想象得出来的、政治所可能具有的形式当中，甚至可能也内在于大多数现实的乌托邦之中。最严峻的挑战来自：在很大程度上，尽管公约得以普遍化，人权的用语和习语也都得以普遍化，但是，内在化仍然还是太肤浅、太容易被逆转了。国际社会的本质体现在如下理念之中：行为体受共同规则的约束，并在共同机制的运作中开展合作。这一核心理念已经受到多方挑战：

既来自恐怖主义的重新抬头，也来自政府对恐怖主义的应对措施。显然，恐怖主义既是对受害者权益的侵犯，也是对国际社会核心规范的挑战。从那些应对恐怖主义的一方的角度来看，问题不仅仅是在所谓的反恐战争当中所发生的具体的人权侵权行为——比如允许刑讯逼供、任意逮捕以及积极支持那些不靠谱的盟国，更重要的是在于下列理念遭到了侵蚀：存在一个所有人——无论何时何地——都会承诺遵守的共同规则框架。

注 释

[1] 有一种广泛的视角仍然颇有价值，参见 Vincent (1986)。

[2] 对人权发展的概述，参见 David P. Forsythe，*Human Rights in International Relations* (Cambridge：Cambridge University Press，2000)；Jack Donnelly，*Universal Human Rights in Theory and Practice* (Ithaca，NY：Cornell University Press，1989)；以及 Rosemary Foot，Rights *Beyond Borders*：*The Global Community and the Struggle over Human Rights in China* (Oxford：Oxford University Press，2000)，ch. 2。如下著作也颇有助益：Rhona K. M. Smith and Christian van den Anker (eds.)，*The Essentials of Human Rights* (London：Hodder Arnold，2005)。

[3] 对权利扩展的讨论和批判，参见 Philip Alston，'Conjuring up New Human Rights：A Proposal for Quality Control'，*American Journal of International Law*，78 78/3 (July 1984)，607－621。

[4] 对这一看法，尤其参见 Henry Shue，*Basic Rights*：*Subsistence*，*Affluence and US Foreign Policy* (Princeton，NJ：Princeton University Press，1980)。

[5] John Rawls，'The Law of Peoples'，in Stephen Shute and Susan Hurley (eds.)，*On Human Rights* (New York：Basic Books，1993)．

[6] 参见 Bruce Broomhall，*International Justice and the International Criminal Court* (Oxford：Oxford University Press，2003)；以及 Ellen Luz and Kathryn Sikkink，The Justice Cascade：'The Evolution and Impact of Human Rights Trials in Latin America'，*Chicago Journal of International Law*，2/1 (2001)，1－34。

[7] 参见 Kathryn Sikkink，*Mixed Signals*：*U. S. Human Rights Policy Towards Latin America* (Ithaca，NY：Cornell University Press，2004)。

[8] 参见 Martti Koskenniemi，'The Pull of the Mainstream'，review of Theodor Meron，*Human Rights and Humanitarian Norms as Customary Law*，*Michigan Law Review*，88 (1989－

1990)，1946－1962。

[9] *James* Griffin，'Discrepancies between the Best Philosophical Account of Human Rights and International Law of Human Rights'，*Proceedings of the Aristotelian Society*，101 (2000)，21－22.

[10] Charles Taylor，'Conditions of an Unforced Consensus on Human Rights'，in Joanne R. Bauer and Daniel A. Bell (eds.)，*The East Asian Challenge for Human Rights* (Cambridge：Cambridge University Press，1999)，137－138.

[11] Louis Henkin，'International Human Rights and Rights in the United States'，in Theodor Meron (ed.)，*Human Rights in International Law*：*Legal and Policy Issues* (Oxford：Oxford University Press，1989)，25.

[12] 关于最后的这一观点，参见 Andrew Moravcsik，The Origins of Human Rights Regimes：Democratic Delegation in Postwar Europe'，*International Organization*，54/2 (2000)，217－252。

[13] 参见 Gregory H. Fox，'Democratization'，in David M. Malone (ed.)，*The UN Security Council*：*From the Cold War to the 21st Century* (Boulder，CO：Lynne Rienner，2004)，69－84；Christopher C. Joyner，'The United Nations and Democracy'，*Global Governance*，5/3 (1999)，333－357。

[14] Thomas Carothers，*Aiding Democracy Abroad*：*The Learning Curve* (Washington，DC：Carnegie Endowment for International Peace，1999) .

[15] 参见 Thomas Franck，'The Emerging Right to Democratic Governance'，*American Journal of International Law*，86/1 (January 1992)，46－91；James Crawford，'Democracy and International Law'，*British Yearbook of International Law*，64 (1993)，113－133；以及 Gregory H. Fox and Brad R. Roth，'Democracy and International Law'，*Review of International Studies*，27 (2001)，327－352。

[16] 参见 Samuel P. Huntington，*The Third Wave*：*Democratization in the Late Twentieth Century* (Norman，OK：University of Oklahoma Press，1991)。

[17] Tony Smith，*America's Mission*：*The United States and the Worldwide Struggle for Democracy in the Twentieth Century* (Princeton，NJ：Princeton University Press，1994) .

[18] 参见 Michael Doyle，'Kant，Liberal Legacies and Foreign Affairs'，*Philosophy and Public Affairs*，12/3 and 4 (Summer and Fall，1983)，205－235，323－353；Michael Brown，Sean Lynn-Jones，and Steven Miller (eds.)，*Debating the Democratic Peace* (Cambridge，MA：Cambridge University Press，1996)；Russett (1993)。

[19] 参见 J. L. Holzgrefe and Robert Keohane (eds.)，*Humanitarian Intervention*：*Ethical*，*Legal and Political Dilemmas* (Cambridge：Cambridge University Press，2004)；Jennifer Welsh

(*ed.*), *Humanitarian Intervention and International Relations* (Oxford: Oxford University Press, 2004)。

[20] 比如，Wheeler (2000)。

[21] ICISS, *The Responsibility to Protect*: *Report of the International Commission on Intervention and State Sovereignty* (Ottawa: IRDC, 2001), 8.

[22] 比如，参见 Michael Byers and Simon Chesterman, 'Changing the Rules about Rules? Unilateral Humanitarian Intervention and the Future of International Law', in J. L. Holzgrefe and Robert Keohane (eds.), *Humanitarian Intervention*: *Ethical*, *Legal and Political Dilemmas* (Cambridge: Cambridge University Press, 2004)。也请参见 Adam Roberts, 'The So-called "Right" of Humanitarian Intervention', *Yearbook of International Humanitarian Law*, 3 (2000), 3-51。

[23] *A More Secure World*: *Our Shared Responsibility*, paras. 204-209.

[24] 关于民主那恼人的含义，参见 Laurence Whitehead, *Democratization*: *Theory and Experience* (Oxford: Oxford University Press, 2002), ch. 1。

[25] 我们也应当注意到，权利与正义之间发生了普遍的冲突。"如果某事关乎正义或公平，那么，我们没法推论，它也一定关乎权利。……有些人论述的方式，给人的感觉就好像是正义和人权这两个领域是等同的。但是，显然，它们不是等同的。人权并未穷尽正义或公平领域的全部内容"。Griffin (2000: 14)。

[26] Isaiah Berlin, 'Two Concepts of Liberty', in *Four Essays on Liberty* (Oxford: Oxford University Press, 1969), 165-169; Jon Elster, 'Majoritarian Rule and Individual Rights', in Stephen Shute and Susan Hurley (eds.), *On Human Rights*: *The Oxford Amnesty Lectures* New York: Basic Books, 1993), 111-134.

[27] 有人对过度的"权利纯粹论"进行了强有力的批判，但是同时，他自己的观点也有点问题，因为它支持更大程度的实用主义。参见 David Kennedy, *The Dark Sides of Virtue*: *Reassessing International Humanitarianism* (Princeton, NJ: Princeton University Press, 2004)。

[28] Emilie Hafner-Burton and Kiyotera Tsutsui, 'Human Rights in a Globalizing World: The Paradox of Empty Promises', *American Journal of Sociology* (2004), 1373-1411.

[29] 参见 Sebastian Rosato, 'The Flawed Logic of Democratic Peace Theory', *American Political Science Review*, 97/4 (2003), 585-602; 以及 Steve Chan, 'In Search of Democratic Peace: Problems and Promise', *Mershon International Studies Review*, 41/1 (1997), 59-91。

[30] Edward D. Mansfield and Jack Snyder, 'Democratization and the Danger of War', *International Security*, 20 (1995), 5-38.

[31] Mohammed Ayoob，'Humanitarian Intervention and State Sovereignty'，*International Journal of Human Rights*，6/1 (2002)，93.

[32] 参见 Rosemary Foot，'Human Rights and Counterterrorism in Global Governance：Reputation and Resistance'，*Global Governance*，11/3 (2005)，291－310。

[33] 参见 Thomas Nagel，*The View from Nowhere*（Oxford：Oxford University Press，1986）。

[34] Carlos Santiago Nino，The *Ethics of Human Rights*（Oxford：Clarendon Press，1991）.

第七章

战争、暴力与集体安全

集体安全理念，以及增加集体元素去管理暴力和不安全的动力，这两者长期以来都是自由连带主义国际社会观的基本元素。联合国扩大了它在国际安全领域内所发挥的作用，而且，20 世纪 90 年代则出现了“新干预主义”，正是因为这两个因素，才有人强烈断定“威斯特伐利亚式的主权”（Westphalian sovereignty）已经遭到了侵蚀。以下现象让许多人看到，连带主义有了明显的发展：联合国发挥着越来越大的作用；人道主义干预的做法不断涌现；国际社会有能力采取行动来反对不正当地使用暴力；大家都接受而且也认为应该实施如下做法：采取强制性干预，推动人们对影响国际和平安定的威胁进行更宽泛的解释，在武器控制领域支持重要的规则和禁令。这种思维方式的核心要点在于，大家希望，国际社会的力量能够被运用于一个共同的社会目的。有一些刺激因素对国家施加压力，让后者走向更集体化和制度化的安全管理形式。从一些方面来看，这些因素既务实又重要。但是，它们的动力也来自康德式强有力的道德律令，即在一个 1.6 亿人死于战争和其他形式的暴力冲突的世纪里，“不要再有战争了”。[1]

有关集体安全之辩论的紧迫性，一方面是因为存在许多不同形式的战争、暴力和不安全。但是，原因还来自持续的战争合理性（rationality of war）以及强制性武力的效用。在涉及国家时，战争仍然是一个核心的政府政策工具。的确，重要的是看到冷战终结以及核对抗危险性的降低，这两者都增加了战争的可接受程度，并扩大了我们可以合法地和正当地运用军事力量去获取的目标的范围。对于美国和英国而言，情况尤其如此。除了“硬安全”（hard security）这一传统目标之外，强制性武力在处理非传统安全威胁（如恐怖主义）领域，以及作为手段去推广自由之目标（如人道主义干预）方面，都开始发挥重要的作用。除了强制性外交仍然还很重要之外，当下的安全挑战也提供了新的理由以使用武力和新形式的干预主义。战争的特点一直都在变，军事组织、部署的形式及其与社会的关系也都在变。但是，如果“克劳塞维茨（德国军事家，《战争论》作者——译者注）式”意味着我们可以控制并理性地使用强制性武力来达到政治目标，那么，很显然，我们就还是生活在一个“克劳塞维茨式”的年代里。[2]

国际社会层面上，在多元主义构想当中，战争被视为一种手段，是基本权利（首要的是自卫权）的自我实现，它也能捍卫国家势力均衡。并且，当要求变革的压力再也不能被压制，但同时又不能通过和平的方式来达到变革（比如拉拢或安抚崛起中的大国）之时，那么，就要用战争来推动制度架构变革。正是在这个意义上，我们才能说，战争构成了国际社会的一个“制度”。随着冷战终结的到来，自由连带主义者满怀希望；同理，新格劳秀斯主义者也信念高涨，认为战争可以正当且有效地被用来推进“国际社会”的共同目标和推广共同的价值观。[3]联合国安理会通过集体方式来实施决议，这成为了强制性连带主义的核心组成部分。

最后，对于许多非国家组织而言，暴力是一个达到目标的理性手段。对于非国家政治行为体来说，这一点的确如此，它们运用武力来开展反殖民斗争和创立新国家以及民族家园（从“南非非洲人国民大会”到“犹太复国主义”运动），而且，对于当下许多民族主义运动和恐怖主义组织而言，这一点也同样适用。再者，在国家没能力保护财产权、履行契约并提供安全的情况下，私人团体常常就会涌现出来，为了挣钱的目的而履行这些职能——由此我们看到，黑帮提供私人契约履行服务，许多内战都有经济逻辑，以及私人安保服务在扩张。[4]

本章从集体安全的角度来审视暴力和冲突的问题。有时候，当一个人进行有关集体安全的写作之时，他会产生一种莫名的超然感。当然，大家都看到集体安全失败的例子俯拾皆是，许多人既睿智又感伤地承认了联合国的很多缺陷。很多人批评多元主义者的安全问题解决方案，还有更多的人批评霸权或帝国主义者的解决方案。但是，这些批评的大部分都取决于如下信念——人们经常只是简单地断言该信念或将其作为假设——即可以存在一个“更好”的多边替代解决方案。因此，很大程度上，这就取决于重复出现的集体安全困境，以及不断变化的安全议程采取何种方式来减轻或者加重这些困境。

本章将讨论三个问题：

1. 集体安全的含义是什么？集体安全在国际社会中的地位如何？

2. 国际安全议程的诸多变化通过何种方式，将国际社会面临的挑战复杂化？

3. 在当下集体安全的环境中，与集体安全实践有关的主要困境有哪些？

集体安全的含义

如果要说某个概念拥有一段重要的概念史，那么，集体安全当之无愧。这个术语本身貌似在 20 世纪 30 年代才被广泛使用，但是支撑这个概念的那些核心理念的历史却要悠久得多，可以追溯到 16 世纪以来许多人有关减少或废除战争的论述。在其中，五个问题重复出现。

首先，“集体安全”这一术语中体现的究竟是什么样的安全?[5]随着这个概念在 19 世纪末 20 世纪初的发展，大家都认为，集体安全是用来应对正式的国家间战争所产生的那些威胁的，尤其是应对国家使用进攻性武力的威胁。其核心理念是，国家要么应当禁止各国使用进攻性武力（或者至少严格限制使用军队的权利），要么各国就应当采取集体措施，来实施这一禁令。要想去除人们的征服欲和扩张欲，可能不是一件那么容易的事，但是，当面临国际社会联合起来反对之时，各国就会接受进攻没有效用的现实。但是，重要的是要看到，这样的一种安全观从来就没有穷尽所有的可能性。早期人们对采取集体行动以维持和平的建议，目的在于对抗国家间暴力和国内失序。圣-皮埃尔（Saint-Pierre）1713 年的著作《解决欧洲永久和平之企划》（*Project for Settling an Everlasting Peace in Europe*），目的在于保护君主们一方面免于分裂运动，另一方面免于“不负责任的、邪恶的觊觎者之野心以及蠢蠢欲动的臣民之反抗”[6]。同样地，有人在批评国际联盟时，强调说大家都没有充分注意到安全中的非军事方面。正如我们接下来要说的那样，冷战后大家辩论的焦点集中在如下观点：集体行动必须围绕对安全进行更宽泛的定义展开。

其次，为了谁的安全？从上述内容可以推出，在 20 世纪，占主流地位的集体安全观旨在加强国家的独立权，并强化一个以主权和不干预等概念为基础的国际法律秩序。按照威尔逊式的观点，集体安全观吸引人的一个主要之处在于，它保证了所有国家（不论大小）的独立性。但是强调要强化国家权利以及已有国界的神圣性（以此来对抗蛮横更改国界的行为），会带来两个持续的困境：首先，如何给变革留出空间，如何去避免某集体安全组织变成一个维持现状的工具；其次，如何解决由于国家边界而导致的诸多不稳定?

再次，“集体安全”中涉及的是哪个集体？一直有人提出强有力的观点，来论证一个包含了尽可能多的成员国的集体安全体系——一方面是要确保集体的权力足以遏制侵略，而且，在必要时还能执行其决议；另一方面也是为了要减轻如下威胁：集体安全仅仅只是提供一个框架，在其中，大家以另外一种伪装的方式来进行权力政治争斗和联盟政治。卢梭当时看得非常明白：虽然国家之间的联盟和邦联可能在其成员国之间建立和平，但是，这些联盟或邦联也可能意在强化和激化更多模式的冲突。的确，滥用这一术语来描述联盟政治是在这场辩论中反复出现的一个特点。[7]在另一方面，也有人不断提出如下观点：一个有效的集体安全制度需要有人领导，而且，具有重要地位的集体将包括一小部分志趣相投的国家，拥有实际（而非理论上）的实力来执行其决议。相似地，人们常说，一个由国家组成的全球社会，这样的一个观念永远只能是一个虚幻的目标，而且，以地区为基础的集体安全体系较有可能被证明是有效的，因为这样的团体对影响本地区的安全问题的原因和性质更了解；它们更有积极性去处理冲突；而且也会存在更大程度上的基本价值共识。

第四，何种形式的集体？针对集体安全制度，我们首要的是要对两种不同的思维方式进行区分。一种观点认为（这种观点在最近的一段时间也是主流观点），人们把集体安全理解为一种手段，在独立的政治共同体之间维持秩序，并达成一定程度的集权，这种集权又不至于完全威胁到国家的独立与自主。尽管《联合国宪章》当中的有些措辞很宏大，而且人们对之抱有很高的期望，但是，联合国这个体系从本质上讲是一个有限的组织，以国家和国家主权为基础，它也坦诚地接受实力等级。它是一个理想主义与现实主义的混合产物。另一种构想在历史上颇有渊源：我们走向对军队的集体管理，这被视为是重组政治制度的大进程中的一部分。许多早期的和平提议不仅仅是针对和平，甚至都不是主要针对和平，而是针对重新建构一个单一的政治架构。同样地，无论是在欧洲内部，还是在更广的范围内，20 世纪有关集体安全的许多辩论和有关联邦主义的提议紧密联系在一起。

最后，集体安全制度设想的是何种形式的集体行动？集体安全牵涉到大家对“何种暴力应被禁止”的共同理解，也牵涉到大家共同接受“对和平的威胁即是对所有国家之利益的威胁”这一理念。它也牵涉到大家有共同的意愿，去采取有效的行动，来实施法律、保护国家利益。执行力常被看成是重要的，但是人们并不总是持这种看法。比如，虽然许多 19 世纪自由主义思潮狂热地信奉国际法，但是它们都没有把执行看成是重点。我们需要的是一个对法律的清晰阐释，并且有机制能够对争端做出公平的和有效的裁决。理性和对自身真正利益的理解能确保对国际法的遵从。边沁（Bentham）在其 1789 年出版的《普遍与永久和平的计划》一书中强调，“在国家利益之间，并不存在什么真正的冲突。如果它们在某处显得针锋相对，那相应地，只不过是因为它们被误解了”[8]。或者，如果理性还不够，那么，开明的公众舆论就会对政府施压。支持国际法有效实施（不管是通过经济制裁还是军事强制）的论断，在一战中获得了更多的支持。正如威尔逊所言，“归根结底，社会和平是通过武力来获取的。……如果你说‘我们不应该发起任何战争’，那你就必须为你所说的那种‘应该’找个有力的理由”[9]。但是，这些历史上的自由派观点（或幻想）从未完全消失，仍然有人希望，我们能够避免“为了和平而战”这种悖论。的确，集体安全所面临的一个反复出现的问题，就是那些最真诚地拥护集体安全的人也最不愿意去做出及时的和令人信服的努力，来支撑集体安全制度中的目标和价值观。

毫无疑问的是，联合国无法实现那些创立者当初所设想的职能，在这一点上冷战难辞其咎。联合国不是一个“纯粹”的集体安全体系，尤其是联系到否决权的存在，以及五个安理会常任理事国被赋予的特殊作用。但是，《联合国宪章》中有关于集体安全的强大元素，比如，它的第 2 条和第 4 条明确禁止进攻性武力，而且，安理会肩负长远的责任去维持国际和平和安全，包括授权强制性制裁和军事行动。虽然“集体安全”这一术语因为 1930 年代的诸多失败而被烙上了许多令人沮丧的负面意味，但是，正如迈克尔·霍华德（Michael Howard）所言，当它呼吁“联合大家的力量来维持国际和平和安全”之时，它很显然还是在诉诸集体安全，将之作为联合国的一个基本目标来看待。[10]

冷战从哪些方面破坏了这一目标，对于这一点，史料汗牛充栋。美国和苏联之间对抗的强度，削弱了一个以如下两点为前提的制度：在有关不可接受之战事的议题上，存在大国共识；并且大国互相合作，维持和平。首先，这个前提可以从赋予五个安理会常任理事国的否决权中看出。这一点之所以必要，不仅仅是因为冷战，也因为当时军事力量（尤其是核武器）都集中在超级大国手中。在这种情况下，集体行动只会威胁到这两个超级大国当中的一个，同时还要冒着引发一场惨绝人寰的冲突的风险。因此，相比于集体安全模式当中那些简洁的假设，有些国家就是无法被强制，即便全世界的意志和力量都联合起来，也没法做到这一点。因此，否决权突出了大家都心知肚明的、承认的一点：集体安全制度没法解决从超级大国中产生的或者影响到它们核心利益的那些和平威胁。这一领域里面的偶发事件，只能通过传统的（在第 51 条当中反复强调的）个人和集体自卫权来解决。

冷战结盟体系意味着，想要当一个孤立的侵略者无异于白日做梦。冷战的全球化，尤其是在朝鲜战争打响之后，以及冷战结盟体系的牵涉面之广，都意味着大部分最严重的冲突和危机都牵涉到两个超级大国当中的一个或其盟国。一方面，这意味着，会有一个友善的超级大国愿意使用否决权来阻止联合国行动。另一方面，冷战的强度意味着对冷战结盟体系的忠诚度要超过对国际社会的忠诚度。因此，事实证明，当超级大国在其后院（匈牙利、捷克斯洛伐克、阿富汗、美洲中部和加勒比海域）真刀真枪、兵戎相见或威胁要动武之时，联合国的重要性最多只不过是边缘性的。相似地，联合国在冷战大危机中所扮演的角色，要么是有限的（比如，第一次柏林危机或古巴导弹危机以及阿富汗），要么是可以忽略不计的（比如，第二次柏林危机、苏伊士或者越战）。

的确，也可以按照《联合国宪章》第七章的规定采纳一些解决方案。但是，除了朝鲜战争这个唯一的例外，这些方案要么缺乏实施手段（1948 年要求在巴勒斯坦停火，呼吁阿根廷从马尔维纳斯群岛撤军，呼吁伊朗—伊拉克战争停火），要么实施手段被严格限制在经济制裁的范围内（对罗得西亚进行强制性制裁或禁止将武器销售给南非）。因为这个原因，联合国在国际安全领域内主要开展了如下一些活动：调解（指导军队撤退、直接/间接调解）、防御性行动（让双方保持距离）或者鼓励和平式变革（去殖民化、南非），起草者要么不认为这些活动十分重要，要么就是完全不把它们当回事。

重要的是，我们不能夸大地认为联合国面对的所有这些问题就是冷战自身的产物。比如，让我们来看看不断变化中的冲突模式。集体安全模式假设我们可以就如下问题达成一种清晰的共识：非法使用武力的精确含义，以及非法入侵行为的构成要件。在旧金山的创立者认为，我们对经验的反思，能自然而然地告诉我们何种冲突是需要禁止、阻止和（如果必要的话）集体反对的：如果有两支能够明确辨识的军队跨越了清晰且在国际上被认可的国界，那么，这种冲突就明显破坏了它们之间的和平。但是，在二战之后，大部分暴力冲突都发生在一国的疆域之内，其在国际层面上经常是秘密干预的、代理战争的或者有外部支持的内乱。在许多这样的情况中，人们可以争论半天，以明确是否发生了一个进攻行为或破坏了国际和平和安全的行为，以及谁应当承担责任。国际体系中的多元性加大了这些问题的难度：肯定会有东西方之间的意识形态之争；但同时还有南北之间的鸿沟：有些是为争取去殖民化而进行的斗争，但是在殖民的宗主国看来，这是它们的内政事务；有些是因为对“何为进攻和合理地使用武力”这一问题，各方各执一端、相持不下——有时候几近崩溃的边缘。

在很多人看来，冷战结束预示着一个新格劳秀斯式时刻（a neo-Grotian moment）的到来，如下因素增加了：大国之间的协议，美国及其自由民主盟国的制度性霸权，以及一系列新的安全挑战正在变得越来越明显。所有的这些因素，都为联合国的复兴开启了大门，也为在更大范围内增加安全管理中的集体元素开启了大门。如下事件的发生貌似都开启了达成共识的新时代：1993 年维也纳“世界人权大会”，以及 1988 年戈尔巴乔夫在联合国大会上的演讲。冷战时期联合国安理会通过的决议大约每年有 15 项，1990 年代则攀升到每年约 60 项；1946 年到 1987 年联合国安理会只通过了 13 项基于第 7 条而做出的决议，1988 年 1997 年这一数目则增加到了 112 项。到 20 世纪 90 年代末期，联合国已经进行了 42 次维和行动，大部分都是发生在后冷战时期，且涉及的都是内部冲突和内战（比如在安哥拉、柬埔寨、萨尔瓦多、莫桑比克、卢旺达、索马里、前南斯拉夫和海地）。维和演变的方式日新月异且意义重大，脱离了老式维和的一些特征：东道国同意、不使用武力以及中立性，朝所谓更大范围内维和与积极维和的方向前进，并且还得到了越来越多的和平支持，采取了越来越多的行动来稳定和平。第六章所讲的那些行动，其承担的任务，无论是范围、规模和程度，都在急剧增加。20 世纪 90 年代见证了联合国施加的各类经济制裁，既有一般性的制裁，也有范围更有限、对象更集中的制裁。联合国授权国家和地区组织在如下国家使用武力：伊拉克—科威特、索马里、海地、波斯尼亚、塞拉利昂和利比亚。最后，在许多地区（斯洛文尼亚东部地区、科索沃、东帝汶和阿富汗），联合国建立起国际共同行政管理体系，与此相关的是，主权被有效地悬置了，且该地区政治经济生活的方方面面都在其日常行政管理之下。[11]

一个不断变化中的安全议程

自从冷战结束以来，大量的著作涌现出来，内容关乎安全的特征不断发生变化，以及全球安全状况不断变化的动态过程，这包括：大国竞争和冲突的议程已经过时了；一系列范围广泛的新安全挑战涌现出来，关乎内战、国内社会冲突、种族冲突、难民危机以及人道主义灾难；人们越发担忧，现有多边机制是否足以胜任去处理大规模杀伤性武器以及限制核扩散；当然，还有新的武器技术和全球化的基础设施以何种方式与新型的和旧型的非国家形式的恐怖主义产生互动。在许多情况下，这些新的安全威胁并非源于国家实力、军事力量以及地缘政治野心，而是源于国家弱小和缺乏政治正当性；源于国家没有能力在本国国土范围内提供最低限度的公共秩序保障；源于国内不稳定和内部暴力通过一定的方式升级并进入国际领域；以及源于弱小国家没有能力成为一个稳定的地区性秩序的有力构成因素，并有助于提供解决方案，在更大范围内满足一些共同的目标。

这些观点的一个特征关乎"老式"议程是否过时。[12]大国政治以及由于国家间实力不平等而不可避免地导致某种不可名状的安全困境，其核心问题在于很难将当下国际社会的许多不同特点都调和在一起。首先，尽管新现实主义理论派咄咄逼人，但是，新型"大国"（如德国和日本）貌似不是特别热心于重蹈覆辙、走向军事陷阱。在这两个国家，社会福利与安全目标之间的平衡已经转移了，两国都看到了各种各样其他不同的途径，以促进本国的利益和目标。深刻的国内变革，以及时过境迁的外部环境，已经让人们对利益的定义方式变得很不一样。更为基本的是，对身份的定义也大不相同。在这一方面，第二个观点是说，大型战争本身已经变得过时了。按照这一观点，考虑到领土控制和征服在定义国家实力当中所扮演的角色正在日趋减弱，军事能力就变成是非必要的。它与各个国家的成功和繁荣无关，也与标志着全球化的那种经济、社会、环境问题管理无关。在一些人看来，正是由于核革命和全面战争那日益增长的全面性，才让武力变得不合理和不可控制，这种武力曾经一度还是多元世界的核心之所在。按照这种观点，大型现代冲突已经变得不可想象，这意味着我们应当视战争为政策、政治失效，而不是服务于政策和政治。大型冲突的成本，以及人们在政治上对这种成本的不宽容，都呈几何级数增长，这是因为如下缘故所致：经济互相高度依赖和全球化冲击；第三世界民族主义兴起和社会动员，让老式的或者新式的帝国控制变得不可行；以及最后一点，越来越多的人接受如下观点：使用武力是不合法律的、不正当的，而且发达国家的公民越来越不愿意承担战争的财力和人力代价。

那么，另一方面，19 世纪和 20 世纪大型战争的源头在于一些传统的驱动力，不管是物质收益，还是安全和恐惧，甚或是教条和意识形态，这些驱动力使得军事实力成为必需品，时至今日，这些驱动力貌似都已经消退了。重商主义的冲动大概仍在，它们可不是省油的灯，不会那么容易对军事力量俯首帖耳，但是，它们显然也不会滋生军事冲突，从而产生威胁。在另一方面，人们认为，现代发达国家意识到，大型战争“从理性方面来看是难以想象的”[13]，这样的观点源于如下根深蒂固的自由信念，即“……武力在人类事务中发挥的作用一直在不断地减弱”，这句话是诺曼·安吉尔（Norman Angell）在1910年说的。[14]

一种更有说服力的说法是，人们承认了这些变革的力量，但是将这些变革放置在具体的地区性语境当中来考察。在许多地区（西欧、斯堪的纳维亚、北美以及南美部分地区），国际关系的标志是一个以合理方式稳定构建起来的安全共同体，该共同体由一群国家组成，在其中“有一种真正的保障，该共同体的成员国不会在武力上互相打击，而是通过其他方式来解决彼此之间的争端”[15]。在这样的一个共同体内，人们大可有信心地期待，能产生和平式的变革，军事力量会逐渐消失，不再作为明显的国家建设工具。实力不均会以一种完全不同的面貌呈现出来。可以围绕在一个强大的核心国周围构建起不同的安全共同体，处在核心国周边的国家对核心国的应对方式，不再是权衡举措，而是将其视为一个和平和安全的区域，人们将会看重这种区域的成员身份。[16]

甚至在地区相对和平的区域内和这些区域之间，自由乐观主义都导致了一种过度的安逸感，让人忘记自己身处险境，比如严重经济错位所具有的潜在政治打击；全球化和相互依存所挑起的身份危机；国家间和平和国内暴力或内战共存。的确，经济高度繁荣和成功地巩固民主，常常是非常紧密地和内战、恐怖主义暴力、边缘性以及侵犯人权等并列在一起，这让我们怀疑后冷战世界是不是真的可以非常泾渭分明地被分为和平区和冲突区。[17]

但是，在许多其他地区，还是一副老样子，许多国家的弱小和不稳定让情况变得更糟。在南亚和中东，实力，加上不平等实力的动态过程，继续在地区安全中扮演一个强有力的角色，比如在印度和巴基斯坦、伊朗及其邻国或以色列和叙利亚之间。即便我们不考虑“东亚地缘竞争是不可避免的”这种说法，实力和地位的不平等还是太令人触目惊心了。最后，军事力量在许多非常传统的冲突范畴中还是和以前一样意义非凡：边境冲突（比如秘鲁/厄瓜多尔），保障经济利益（比如针对伊拉克或中国以及南沙群岛的战争），推广宗教（比如伊朗）或世俗（比如西方试图推广人权和民主）之类的意识形态价值观，保障制度变迁（比如安哥拉在中非共和国或美国在海地或伊拉克的所作所为），或者，还有广泛地使用军事力量来强化外交。在所有传统的冲突诱因之中，未来人们的大部分关切还有可能是围绕在资源的议题上（最显著的莫过于石油和水)。

如果“过时”的战争与和平议程已经隐退,那么,过去十年中,在学术和政策辩论中处于支配地位的是有关出现了一个新安全议程的各种观点。根据这种看法,我们对安全的理解需要加以拓宽和扩展,脱离传统上对军事力量和国家安全的强调,即基本上是从针对国家的外部军事威胁这一角度来理解安全。扩大主义者提出了三种核心看法。[18]首先,针对“谁的安全?”这一关键问题,如果我们仅仅是从国家的视角出发,那是远远不足以回答该问题的,换言之,安全所指的对象应当包含那些处在国家层面之下的个体和其他集体单位(少数族群、种族群体以及土著居民),以及超越国家之上的全人类(一般意义上的人,而不仅仅只是某个国家的公民)和人类生存所依赖的生物圈。其次,任何对安全的分析,如果想要获得意义,就必须考虑一系列范围更为广泛的“存在论意义上”(existential)的威胁所具有的重要性,包括那些由于环境破坏、经济脆弱和社会凝聚力瓦解而产生的威胁。第三,提供安全的责任不仅仅在于国家,还在于国际组织、NGO 和在一个日益活跃的跨国公民社会当中运作的公民社会,以及一系列影响力日增的私人行为主体。

诚如人们在大范围内对安全的含义进行辩论,同样,人们对如下主张也进行了广泛的讨论:后冷战时期的“新型”战争代表了一种全新的现象。[19]按照这一观点,战争之所以是新型的,在于其目标(更注重于身份政治,与早期战争的地缘或意识形态目标形成反差)、作战方式(过去的战争试图通过军事手段占领领土,相比之下,新型战争倾向于避免作战,目的在于通过在政治上控制全体公民来控制领土,暴力主要是针对非士兵群体),还有筹资方式(旧式战争经济都是集中化的、全面化的和专政式的,而新兴战争经济是去集中化的,且严重依赖于外部资源,经常涉及侨民和非法跨国网络)。罗杰斯(Rogers)在“收场战争”(epilogue wars)和“开场战争”(prologue wars)之间做了一个区分,按照他的说法,前者源于历史趋势(好比去殖民化和解放战争),后者越来越多地采取反精英起义的形式,这些起义的背景是:迁徙压力、资源短缺,以及贫富差距拉大。[20]尤其是在恐怖主义的背景下,仍然有其他人强调,新的传播和交往形式发挥作用,推动新形式的政治和军事动员,以及新形式的互联起来的暴力。

这些有关新鲜事物的主张,遭到了有关人士的挑战。他们认为,从数量上来看,内部的或非传统战争的数量并没有显著增加,或者,他们会说,重要变化发生在 20

世纪60年代，而不是1989年[21]；甚至还有人否认发生了质变。内战不是后冷战世界独有的特征；公共和私人暴力之间的区分是许多历史冲突的特征，尤其是那些与国家形成进程相关的冲突；侨民和网络在之前的意识形态冲突（比如西班牙内战）和争取去殖民化的冲突中发挥了重要的作用。新鲜之处在于许多内部冲突的凸显，而不是什么质变。[22]情况并非如此：全球化使得某些类型的暴力“天生”就更国际化。对于许多非常暴力的冲突，我们是看不到的，在政治上也不重要，正是这种“看不到”和“不重要”才常常令人很吃惊。全球化和国家角色之间也不存在什么简单关系。的确，许多“新型战争”让很多人重新考虑国家实力的重要性，并用老眼光来看待解决方式：如何重构和重建可行的民族国家，使之作为地方或区域秩序的基石。当然，其他冲突表明，如下两者再次得到体现：国家能力（军事力量以及控制边疆和公民的能力），以及国家利益和国家主权这种传统理念。

不管这些问题的精确答案是什么，有许多重要的含义可以为本书的中心主题提供资源，这些含义也让我们成功实现集体安全的努力变得复杂。

首先，当下的不安全存在多种形式，要对之进行管理，很有可能会要求深入渗透且经常是不间断的和持续的干预。和当代全球治理许多其他方面一样的是，安全显然是一个“超越国界”的议题。考虑到那些关乎不干预和自决的规范具有“嵌入性”(embeddedness)，我们就不会对如下情况感到惊讶：这种“嵌入性”既产生了正当性的严重问题，也激发了民族主义的反抗。

其次，许多当下的不安全问题，其特征是内在复杂性，以及不同形式、相互重叠、相互叠加的暴力的多样性。这些暴力形式因时因地而变。一个普遍的做法是，区分政治暴力和个体暴力，前者指的是有计划的、蓄意的，由有组织的社会团体对其他团体实施的暴力，后者指的是无目的、随机的和个人化的暴力。[23]但是，这样的一种二分法，忽略了太多东西，我们显然需要进一步地分类和区分，比如进行如下区分：**政治暴力**（内战以及平民和军事组织之间的斗争、武装起义和革命运动，以及恐怖主义），**有组织的暴力**（犯罪组织，其主要特征是提供私人保护的能力，或者运用暴力获利的能力），**社区暴力**（社区为应对国家权力失效，从而实施社会规范，最显著的莫过于民兵团的增长），**宗教支持或宗教激发的暴力**，以及**日常个体层面的罪行暴力**。暴力的具体观念化可以对我们理解暴力的方式以及呼吁何种应对政策产生重要影响。同样清楚的是，这些分类都不是中立的。人们理解某特定暴力事件的方式取决于他本人的政治视角。比如，政府面对的最重要政策议题之一，就是是否为社会暴力爆发正名，视其为政治行为，目的在于将其领袖拉进公开的政治对话。对于这些长期以来一直存在的难题而言，恐怖主义增加了一种新的、具有政治分裂性的扭曲。许多新型威胁的复杂性意味着，即便那些享有共同利益和共同价值观的人，也经常且很正当地会就如下问题发生分歧：威胁的精确性质、最有效的应对措施或者在该应对措施当中"使用武力"所发挥的作用。如果老式军事威胁让盟国走到一起，那么，新型威胁从内在方面来说更有可能让各国分裂，而非团结。我们完全可以很自然地说，不同的国家立场反映不同的基本视角。

第三个意味关乎所牵涉到的行为体的范围。除了 NGO 在许多冲突地区所发挥的作用之外，私人行为体使用强制性武力的现象也在显著增加。国家越来越无力维持正当秩序，随着不同的社会团体越来越有能力发动武装力量，这导致了全球各地的暴力私人化；而随着个体寻求自我保护，不管是通过民兵团的增加、组成半军事组织，还是通过在一个日益扩大的商业市场上购买安全，这也导致了安全的私人化。尤其重要的是，大家都采纳了市场机制，以及私人安保公司发挥越来越大的作用：因为在许多冲突地带，私营军事公司（PMC）发挥着实质性的重要作用；日益涌现出来严重的管制缺陷；以及对那些在国际社会中发挥了如此重要作用的法律范畴而言，这些原因都意义重大（"战争"这一观念是一个独特的社会和法律范畴，区分了公私暴力，并削弱了国家对正当暴力的垄断）。[24]战争牵涉到有组织团体争取某政治目的的暴力。它是不同政治团体代理人之间的一场冲突。这是我们过去区分公共战争和私人暴力的诸多方式之一，与后者相比，前者有一个共同的目的——由此，这也是为何我们将海盗和恐怖分子刻画成全人类的公敌（hostis humani generi）。因此，我们用战争来描述一场冲突，就会把该冲突正当化为具有某种政治特征，且牵涉到政治行为体。考虑到许多国家的弱小，随着其他制造战争的团体能力增强，以及广泛的暴力和安全的私人化，对公私战争的区分以及国家对正当暴力的垄断都遭到了侵蚀——这两个因素曾经标志着古典国家体系的出现。

第四，从上段可以推出，安全议程的特征已经发生了改变，这一变化导致了一系列法律范畴的模糊化，我们过去曾按照这些法律范畴，从法律上、政治上和道德上对武力的使用进行建构。比如，恐怖主义和大规模杀伤性武器（以及当这两者携手出现时所造成的威胁）所提出的特定挑战，让人们呼吁要重新思考预防性的和防范性的自我防卫这一范畴。美国就想提出这样一种原则，但这曾一度成为众矢之的，而且人们也有很好的理由支持他们对美国的批评。与那些未经授权的人道主义干预一样，掠夺和滥权的威胁貌似高到了令人发指的地步，而且某个国家可以针对长期的和远距离的威胁单边决定使用武力，这样一种理念，基本上代表了一种对人人接受的法律共识的挑战。但是，其他国家的安全策略，以及《联合国 2004 年高级别名人小组报告》都承认我们有必要进行这样一场重新思考。因此，即便我们反对美国的“解决方案”，这仍然是一个实际存在的问题。同样地，反恐斗争既涉及发动战争，也涉及追捕逃犯，在这两个策略之间我们究竟要达致何种平衡，人们对此有不同意见，同派意见内部都不统一，由此引发了大量的政治争论。[25]而且，美国所采取的特定政策，尤其是关乎被关押犯人的待遇问题，受到了许多有理有据的批评。但是，重要的是要看到，反恐斗争的结构性特征使得不同法律团体之间日益增长的紧张关系变得不可避免。对于这些紧张关系，单靠目前的国际法律秩序，是很难解决的。

第五，不平等还发挥了一个重要但是相对受忽视的作用。[26]对于大部分发展中国家和国家精英而言，最要紧的安全威胁在国内，这些威胁根植于本国缺乏发展，以及不确定的、常常冲突不断的国家建设进程。不平等是以那些更广泛的欠发展问题的一部分的身份进入到这一领域。不平等也需要更直接地被视为多种形式的社会暴力、种族冲突和内战的主要原因。贫困潦倒、人口过多、资源匮乏以及环境恶化，催生了社会冲突，因此，它们都深刻地包含在我们对如下议题的讨论中：倒台中的国家、难民潮的一代人，以及影响到人们在多大程度上支持恐怖主义运动的那些背景条件。不平等（尤其是按照被剥夺的集体水平来理解的话）并没有直接导致冲突。社会冲突可以采取许多形式，不可被简化为任何一个简单的因果关系集合。到底不平等是如何与社会暴力产生联系的，对此学者们意见不一。[27]但是，大部分的冲突研究都把不平等视为一个潜在的重要因素，尤其是当我们把它与如下因素结合起来看时：全球化具有扰乱国家实力的效果，社会和社区都越来越面向外部力量开放。

不平等和环境之间的互动方式具有潜在的扰乱效果。比如，霍默-狄克逊（Homer-Dixon）强调，环境匮乏发挥作用，推动了贫困、难民潮、种族关系紧张以及弱化的国家机制，这些因素都隐含在发展中世界如此之多的社会冲突之中。[28]的确，不平等比霍默-狄克逊讲的还要重要，考虑到他把那听上去颇为自然的“环境匮乏”混同为资源匮乏、人口增长和**不平等的社会资源分配**。不平等对于批判学派和女权学派的批评意见而言也处于核心地位，在他们看来，传统的安全方式忽视了女性、边缘人群、穷人和失声群体的安全。这些群体的安全已经被边缘化了，原因在于我们对“何为安全”的定义具有狭隘性和种族中心性。[29]

最后，也是最重要的一点，全球安全议程那变化中的性质，强化了安全的核心争议性（contestability）。要保护和推进谁的安全？针对何种威胁？使用何种手段？有些人希望通过客观和实际的角度来回答这些问题，评估所牵涉到的实际危险，评价被杀害或受到威胁的人数，并衡量不同的相互依存形式所导致的安全负外部性。在 20 世纪 90 年代，新安全议程的许多方面被视为对“国际安全”而言具有重要性，但只有在如下情况中才如此：当毒品、社会动荡、政治暴力或环境破坏直接影响到局外人或有可能发生这种情况之时。全球化、大众传媒以及经济往来自由化，给新安全议程带来了一些问题，因为它们能够促成毒品、武器或大规模迁徙的非法流动。如果以这种眼光来看，客观上讲，恐怖主义就变得愈发重要，原因有三：宗教恐怖主义在崛起，这让大家更愿意去承担成本和拒斥法律、道德约束；恐怖主义攻击的数量和致命程度都在增加；全球化和技术变革为群体提供了新形式的全球拓展，新的招募和宣传手段，以及新的筹资形式。

但是，并没有毫无争议的、客观的方法，来决定什么是重要的或者什么才是“真正”重要的。虽然安全和安全化体现在一系列高度实体化和真实化的机构和实体力量之中，但是，安全和安全化是一个主体间性（inter-subjective）的过程，该过程是在社会中建构起来的，而非客观赋予的；如此看来，它们不可避免地会反映社会权力中的不平等和价值多样性。要想理解“新安全挑战”究竟意味着什么，我们必须开启安全政治学以理解如下政治进程：何种议题被提出来、定义为威胁；去找出那些参与到安全化进程当中的行为体；并保持警惕，注意到在把某些议题视为安全议题的过程中，到底是服务了谁的利益。[30] 某议题之所以成为安全议题，是因为某个特定团体（不管是国家、国际组织、NGO、恐怖主义团体，还是媒体）成功地将其硬塞进安全议程，而不是因为该议题从某种客观的意义上讲是重要的或者有威胁性的。制造威胁的进程（即“如何”）因此是我们解释（即“为何”）的核心组成部分。我们无须采纳极端的建构主义立场（比如东南亚的潜在核威胁），也无须否认有强烈和广泛的共有利益来对抗特定的危险（比如多种形式的恐怖主义暴力）。下列多元主义观点中仍有不少真知灼见：一个稳定的大国关系结构能提供必要的政治架构，在其中，其他形式的不安全可以得到调节，包括通过多边机制的方式。但是，批判理论家和建构主义者都正确地提醒我们注意，安全具有政治性和争议性，而且不平等实力在解释“谁的安全才重要”这个问题上发挥了重要作用。

其他人希望通过道德层面来寻找这些问题的答案。对于拥护人类安全的人而言，道德上有一个要求，即从根本上而言，安全是在面对各种各样的外部威胁时促进人类安全。人类安全应当包含免受饥饿和疾病的安全，以及免受各种暴力形式的安全。[31]对于民族主义者和社群主义者而言，答案同样简单，只是答案不一样而已。根据这一视角，不存在所谓的国际安全，也不存在所谓的国际社会。唯一重要的安全，就是本国或本社区的安全。我们可以承担有限的成本，来保障其他团体的安全，或者去促进一个更为良善的国际环境。但是这样的努力必须按照国家利益的标准来衡量，不仅因为国家领导人需要政治正当性，同时也因为这是一种有关“德性作何要求”的特定视角。

安全这一概念从本质上来讲具有备受争议的特点，而且，当下的安全化进程具有高度的、不可避免的政治性。因此，这导致了在“何时才能正当以安全的名义使用武力”这个问题上，人们存在许多分歧。正是这一点，才解释了为何一个诸如联合国这样的组织，会一直易于受到如下指责：它把“集体安全”变成了“选择性安全”。如下主张并非不证自明：对和平和安全的最大威胁来自国际恐怖主义。的确，从不同的语境、道德立场以及分析视角来看，这样的主张明显是错误的。

重复出现的集体安全困境

从前面的讨论可以看出，如果我们能够区分对集体安全的“强理解”和“弱理解”，这将是大有裨益的。在强观点看来，每一个国家都接受一国的安全是所有国家都关心的事项，因此各国都同意集体回应国际和平和安全造成的威胁。重点在于该体系作为一个整体，以及各国集体和有组织地做出努力，通过惩罚那些违反该体系规范的国家来减少不安全。[32]在弱观点看来，在国际和平和安全领域，各国通过国际机构授权的行动，致力于制定和实施大家普遍接受的规则、规范和原则。但是，这两种版本都面临着四个重复出现的困境。

稳定核心规范的困境

联合国（以及在更小程度上讲，其他非全球性和地区性的机构）最重要的作用之一，就是作为一个场所来谈判、演化和实施与安全相关的规范，并且成为众人规范性期待的焦点。当然，在过去，联合国宪章体系的核心，是诉诸战争权（Jus ad bellum）这一传统观念的回归，以及如下观点：只有在自卫或者经过联合国授权的情况下，才允许使用武力。在后冷战时期，人类安全、人道主义干预以及保护责任等领域，都发生了许多规范性的进展。这些进展可以按照三个主题来进行分析。

首先，联合国涉足的范围越来越广，不但牵涉到国家间入侵（比如 1990 年伊拉克—科威特的例子），也牵涉到一系列范围越发广泛的内部事务：保护人权和应对大面积人道主义紧急事务、武装组织威胁到公民和 NGO、处理难民议题、恢复民主、在安全地带和保护区巡逻，以及裁军和武器控制措施。[33]正如此前人们广泛讨论的那样，联合国安理会的所作所为，就是通过新式的和更广泛的方式，来定义对国际和平和安全产生的威胁——虽然我们也应当看到，诸多解决方案所用的语言经常是审慎的、平衡性的新目标（比如人道主义和民主），带有较传统的关怀（比如丧失有效的政府控制或者国内冲突对国际的影响），并强调具体情况具体分析。

其次，在过去，这样的措施重点在于实施下去，而非在获得相关各方的同意之后付诸实践（比如传统维和的例子，但也要和许多传统国际法实践相一致）。国家认可遭到侵蚀，最明显的例子莫过于涉及经济制裁或者军事行动的直接执行，以及国际行政管辖的建立。但是也可以在如下几方面看到：（1）许多根据《宪章》第六章来开展的行动体现了某种影响深远的干预论形式，这些行动既包括去军事化，也包括提供法律和秩序，以及选举协助和民主[34]；（2）处于《宪章》第六章和第七章之间灰色地带的那些维和行动；（3）比如东帝汶的情况，在其中“同意”是被胁迫出来的。再次，无论明确与否，这些举动都越发显得是以我们对人类安全的理解为基石，也即基于如下理念：从道义上讲，人类代表了基本的、安全所指涉的客体，并且国家主权，至少在一定程度上，取决于政府履行对公民的职责，至少不会去做那些对公民权利而言最严重的侵犯行为。这一规范性的转变可以在如下几方面中得以追溯：解决方案的用语和谈判，一系列范围更为广泛、涉及多边行动的实践，以及众多的联合国报告、声明和议案。[35]

但是，这些新规范的出现和嵌入性并没有终结人们的争论。正如我在第一章中所言，把权力和利益对立，或者把法律与规范对立，这都不会有任何帮助。规范之所以重要，是因为它们在塑造政策目的和目标中能发挥作用，而且作为手段，它们能保障这些目的，而非设立清晰的管制规则组合，命令各国应当做什么。新规范也会带来新问题。比如，《联合国宪章》中与使用武力有关的法律在多大程度上替代了此前建立起来的习惯？何种情况构成了正当的自我防御，尤其是在最近有关预防性自我防御大辩论的背景下？而且，针对许多核心议题，众人都还远远无法达成一致意见。没有一个众人都同意的“入侵”定义，同理，要达到一个人人同意的“恐怖主义”定义，也是有始无终的。同样地，与人类安全和人道主义干预相关的规范，引发出了许多进一步的问题（到底什么才能算作是“引发”了人道主义干预?）；这些规范也不得不适用于经常是模糊不清的情况中的事实；人们必须就缘由进行辩论和争辩（联合国所谓的“合议功能”）。正如我们在人道主义干预这种情况中可以清楚看到的那样，在联合国安理会无法达成一致意见的情况下，对采取何种行动这个问题并不存在明确共识。最后，虽然规范性辩论可以缩小范围，前一节所讨论的安全所具有的那种本质上备受争议的特点仍然存在，尤其是当我们看到在后“9・11”世界这一背景中，许多对安全更强势和更传统的理解正在回归。

遏制的困境

在有关集体安全的辩论中，第二个议题关乎限制冲突的范围和程度。批评集体安全的人长期以来都论证说，执法行动实际上会令冲突变得更为分崩离析、更难控制，因为它通过一定的方式，一方面破坏冲突范围的地缘限度（最重要的是在“中立”这一概念中），另一方面破坏人们能够使用的军事力量类型的法律限度（国际人道主义法）。在集体安全的模式中，所有国家都必须做好准备去对付**任何一个**犯下侵犯和平之罪行的国家。按照卢梭的说法，共同体的公意必须要战胜派系利益。无论是从道义的还是政治的必要性来说，正义的一方都必须要获胜，这会引诱它为达目标而不择手段——不管所使用的武力是否突破了那些有国际共识、以相互利益为基础且事实上平等适用于双方的限制。集体安全也会自然地导致征战，并且用“善恶斗争”的语言来包装冲突，这反过来会破坏人们对冲突形式的诸多限制，并侵蚀外交和政治包容的有效性。在卡尔·施米特看来，“日内瓦国际联盟并没有排除战争的可能性，就好像它没有废除国家一样。它引入了新的战争可能性，允许战争发生，授权联合战争，并且通过正当化和允许特定类型的战争，为战争扫清了许多障碍”[36]。

集体安全的运作方式直接与约束相冲突，这样的看法未免过于简单。虽然国际人道主义法律的实施常常问题连连，但是，它还未被废除或推翻。的确，它的重要性在联合国安理会解决方案当中被反复强调。再者，所有最近的维和行动都有保护指令和人权指令。但是，集体安全的理论和实践通过两种运作方式，去扩展国际行动和干预的范围。首先一个涉及正义和惩罚。在其经典形式中，集体安全理解战争的方式是人们确认并惩罚入侵者。再者，在 20 世纪 90 年代，针对国际和平和安全的威胁范围扩大，这开始牵涉到许多具有国际刑事特征的活动（种族屠杀、反人类罪以及转型正义）。通过这种方式走向所谓的“国内类推”则提出了一些大难题——在联合国安理会行动中政治与法律之间的平衡；与传统维和所要求的中立性相关的惩罚应当有多公正；正义与常常是粗鲁的政治决策过程之间的关系，而传统上正是通过这些决策过程来解决许多冲突。但是，总体走向显然是在政治上和法律上的不断扩张。第二个走向的扩展趋势与人们看到的必要性有关，即有必要参与国家建设和冲突后重建，以保障长期的解决方案。在 20 世纪 90 年代，人们就在讨论要超越威斯特伐利亚体系，国际上大部分对不安全的应对措施都是以一种较为传统的方式来进行的：要想获得进展，就必须通过把国家重建为可行的民族国家的方式（即便是在最不看好的情况下），并且，维持现有国家之间的疆界（即便是在国家倒台和剧烈地区冲突的情况下）。[37]

优势大国的困境

从理论上讲，集体安全为压倒性优势提供了一个最纯粹的解决方案。我们不用惧怕、反对或弥合不平等，相反，我们所要做的就是引导不平等去实现国际社会的正当集体目标。从实践上看，情况更为复杂。首先，否决反映了实力分布的现实性，在其中，要想强制该体系中的大国，只会带来巨大风险和严重代价，并且，在一个核武器时代，该代价还有可能是灾难性的。对于目前联合国安理会五个常任理事国组成的“P5”，不管这种安排多么不合逻辑，它都还是该体系的一个基本特征，改革不太可能改变该特征。其次，联合国执法行动没法按照《宪章》规定的那些方式来命令实质性的军事力量，因此，其运行只能通过授权成员国使用武力的方式来进行（就像 1990 年的伊拉克—科威特战争、1992 年的索马里战争、1994 年海地战争中以美国为首的联合军队，或者 1995 年波斯尼亚战争中的北约）。[38]联合国授权有限度地使用武力也成为一个常用方法，来实施对特定国家及其活动的制裁、设置空中禁飞区以及其他限制措施。这一状况一直都可能制造有效授权和控制的难题。[39]但是如果联合国安理会的解决方案虽然制定出待实现的目标和待保护的价值，却没法说明或提供手段来达到这些目标和价值，那么，这就使情况变得更糟。[40]

第三，处理哪怕再小规模的和平和安全威胁，也需要某种只有相对一小部分国家才拥有的军事能力和经济资源。情况很可能如此：快速部署一小队高效的“国际警察部队”，能在特定情况下令事情有所改观（比如，也许在 1994 年卢旺达的情况中就是如此）。但是，诸如伊拉克—科威特战争以及前南斯拉夫的情况表明，有必要拥有那种只有大国才能运用的强制性实力，以及这些大国借以行动的军事联盟。同样地，冲突后的维稳和国家建设，不论是较为成功的案例（纳米比亚、柬埔寨、莫桑比克、萨尔瓦多和帝汶岛），还是失败的案例（比如卢旺达、安哥拉、利比里亚和索马里）都表明，多维度和平建设如果在没有主要资源投入的情况下是不可能实现的。[41]拥有一支由许多国家以一种平衡方式组成的集体力量，且能够有效开展行动而又不被任何一个大国主导，这样的一种设想，只可想象，却不现实。在后冷战世界中特定的实力分布状况以及美国的军事霸权，使得这个问题变得更为尖锐。

因此，集体行动的有效性就一直取决于，如何把决策行为和行动限制在一小部分有能力也有意愿去行动的强国手里。一方面，这自然导致了选择性风险，按照这一视角，“国际社会”的集体意志会被特殊利益和特定国家的偏好给“污染”。再者，自从 20 世纪 80 年代中期开始，越来越多的事情都是在 P5 之间以非正式但是结构化的谈判和咨询来进行。[42]安理会因此看上去就像是一个最强国手里的工具。另一方面，那些主要国家，不仅仅是美国，都还是不愿意让自己的双手被一个多边机构绑住。安理会是一个不受欢迎的限制措施，阻挡了国家利益和对保障国际安全而言是必要的行动。部分的原因在于这些不同方向的作用力：正式多边机构如雨后春笋般涌现，这一过程伴随着非正式国家间团体——联络组、核心组、友邦组——在正式机构内外运作中发挥着持续重要的作用。[43]

共同利益困境

一方面是法律与原则，另一方面是国家利益，我们的最后一个议题关乎这两者之间的关系。集体安全模式预设，国际社会的每一个成员都准备将任何地方的入侵看成是对和平的威胁，并且一旦对一国发动攻击，这就会被视为是对所有国家的攻击。换言之，和平应当被看成是不可分的。再者，该模式预设，各国都准备好下决心要按照这一认可来展开行动，即便这种行动代价高昂，有违它们各自更为直接的短期利益。对 20 世纪 40 年代自封为现实主义的批评者而言，这些预设是错误的，从本质上讲是有缺陷的。有可能的情况是，某国的政治利益与“反对某特定入侵”重合。但是这从来就不是一个绝对或自动得出的结论。一国是否会对特定的入侵行为做出反应，取决于其外交政策利益的整体格局。正如摩根索所言：

> 我们允许集体安全可以提出的唯一问题是：“谁犯下了入侵的罪行?”外交政策会不自主地问：“反对这一特定入侵者，对我来说有什么好处，我要用什么力量来反对他?”[44]

在一个冲突和大国竞争的无序世界中，政治家的责任曾经一度就只是针对他自己所在的共同体以及该共同体的国家利益。在这样的一个世界里，人们不会允许有任何压倒性的道德律令（该道德律令要求反对不正义的入侵并保卫所有国家免受这种入侵）战胜各国的本民族利益。这为何不可呢？部分的原因在于，在过去，政治家的道德责任必然且正当地是针对他自己的民族共同体；部分也是因为集体安全的逻辑曾立基于一种对国际秩序本质的错误理解之上。集体安全以法律和国际法架构来设想其秩序。对于现实主义者而言，我们在国际生活当中获得的这样一种岌岌可危的秩序，它体现的是实力的功能，而非法律的功能。它立基于国家间的不平等、国家间的势力均衡，以及技艺超群的外交家们对该平衡的操控和管理。再者，问题不仅仅是集体安全没效果，还在于人们试图让集体安全奏效的幻想，会破坏我们所采取的更有限但更为现实之手段的功能效力，这些手段旨在促进国家利益和至少是某种程度上的国际秩序。这就是国际联盟在 20 世纪 30 年代真正的失败之处。

从“9・11”事件到 2003 年在没有安理会授权的情况下发动对伊拉克战争，这些事件致使许多上述过时的论断重新涌现。在许多人看来，这些事件强化了“施米特立场”的显著真理性，即在战争时期，是由国家来自行决定何时采取非常措施，而不管国际法或机构对此有何看法。从更为广泛的角度来看，它们强化了如下信念，即任何想要让使用武力受到法治约束的努力都注定要失败；并且，如果法律想要在这一幕中占据一席之地，它只能是选择与实力现状紧密联系。在冷战时期，想要让使用武力受到法治约束的努力，遭到了两个超级大国之间两极冲突之强度的破坏。在后冷战的世界中，这些努力被美国实力的范围和程度给破坏了。[45]

传统现实主义批评者以及新近的怀疑论者所持的那种非黑即白之观点，夸大了选择的性质，且没能说明在什么样的条件下，限制和约束最具束缚力。首先，利益或身份都不是永久固定的。因此，为《联合国高级别名人小组报告》中集体安全逻辑进行辩护的那些人认为，国家利益正在并将持续改变，因为互联互通正在加强，彼此都存在脆弱性，并且实施单边防御也不可能；而且，这些变化将会增加人们合作的动力。[46]正如我们所言，国际机构有助于将新的有关人类安全的法律认识以及保护责任嵌入到行动方式中，但是这些方式不会破坏国家政策，而是会塑造人们如何去理解国家利益，以及人们如何去辩论和在政治上兜售各种不同政策选择方案的成本和收益。

其次，有许多不安全的例子，其中会涉及某些实际或道德利益，但是其特点很有限。这种情况驳斥了现实主义者的如下批评：集体行动必然会让国家利益处于风险之中。在这些情况中，多边主义所提供的共同担责以及正当性收益是巨大的，这有助于解释为何在 2004 年会有 96 个国家的 6 万人部队参与到联合国行动之中，还不算如下机构在如下地方所扮演的角色：欧盟在马其顿和东刚果，北约在科索沃、阿富汗和波斯尼亚，以及西非国家经济共同体（ECOWAS）在利比里亚。但是，在非常重要的事项之上，促使国家参与到多边机制的那些动力还是很大的，最重要的是因为有正当性的问题。这些问题因为安全挑战特点发生变化而有所增加，尤其是这些挑战具有非国家、国家内部以及跨国的特点，这不可避免地会提出如下棘手的政治问题：选择性、道德争议性，以及对国内社会组织无法避免的深度干扰。针对所有和联合国有关的失败案例，其辩护者提出了一些强有力的同时也正确的观点：利益和制度性参与（institutional engagement）可以重合在一起，这一点甚至对于强者来说也是如此，部分原因在于有效的多边主义创造了共同担责的机会，部分也是因为多边主义在非常困难的国家和民族建设任务中取得了颇为不俗的成绩。但是，最重要的是因为联合国作为集体正当性的源头，对武力使用的正当化发挥了独一无二的作用，而且它是一个论坛，用来维持、制定和阐释与使用武力有关的规范。[47]在所谓“全球反恐的长期战争”的语境中，动员、证明和正当化的重要性不言而喻，成本高昂的单边行动曾被广泛视为是不正当的，且使得接下来的共同担责和持续合作的任务变得更为艰难，这一点的重要性同样显而易见。

虽然安全管理中的**集体元素**有所增加，但是，我们离实现一个运行良好的集体安全**体制**还是相差了十万八千里。和平不是不可分割的，国家及其公民还是不愿意承担代价，在那些事不关己的复杂的和危险的冲突中开展集体行动。情况可能是，卢旺达种族屠杀中令人发指的行径，激发了一种日益壮大的规范性动力，在人类安全和保护责任领域展开行动。但是，其他国家连续失败，没能在达尔富尔采取有效行动，这凸显了这一问题的持续性。该问题不仅仅只是一个“最初不愿意行动”的问题；同样严重的是成员国不愿意在冲突后的和平建设方面继续跟进（即便是在阿富汗这样的例子中，实质国家利益貌似也受到威胁）。联合国是一个国家间外交活动的场所，也是一个进行重要形式的政治表演和象征性政治的舞台。[48]但是，它也是个垃圾桶，领导人都往里面扔各种各样自己没法解决的问题，该机构的“行动”能力还是极有限的。它的许多失败，最主要的是各国的失败，而不是该组织的失败。

把集体安全的问题简单理解为“争取一个大家有共识的共同利益”和“有能力克服不履行和搭便车等众所周知的难题”，这样的理解也是不对的。[49]虽然不履行和搭便车的确是严重的问题，但这种简单理解只是一种归纳该问题之特征的方式，该方式太乐观了，简直无药可救。情景、语境和价值意味着，不存在什么大家很容易就能达成共识的答案以回答如下问题：谁的安全，或者我们要促进的安全针对的是何种威胁？国际秩序不是一件容易达成一致意见、人人平等均享的商品。国家不太可能捍卫现状，除非它们确信，该现状代表了自己的利益、价值观和社会正义观。诺德奇（Northedge）对 20 世纪 30 年代的评论还是非常地振聋发聩：“从不同国家的眼光来看，这个世界也许在某个群体看来是一个熟悉且大概可以接受的地方，这符合他们的利益，与他们的博弈相一致；在另外一个群体看来，它可能就是谬误的化身？”[50]

结 论

从安全（还有本书讨论的许多其他议题）的角度来看，在我们对国际政治体系的期待中，什么才是正当的且确实可能是必需的（indeed perhaps necessary）期待？这些期待不可避免地会引导我们远离以最低限度共存规范为基础、势力均衡曾在其中发挥了重要作用的多元主义安全秩序，转而把我们引向如下安全秩序：它一方面寻求更为严格地控制使用武力，另一方面则深深地渗透进国内社会的组织方式之中。因此，国际社会与安全有关的规范性抱负就开始包含如下因素：不断严格地控制大规模杀伤性武器的研制和扩散；随着威胁范围的扩大，人们也越来越关心范围越来越广的社会群体的安全。

这一大幅度增长的规范性抱负，其部分的驱动力在于道德考量。不管这样的考量是多么地不平衡和不一致，主要国家还是没有办法仅仅通过工具性的或权力政治的狭隘术语来定义自己的利益。但是，该抱负的驱动力也来自把富人的安全和穷人的不安全越发紧密地联系在一起的现实压力。对于那些被国家倒台或大规模社会暴力影响到的人而言，安全和提供公共秩序仍然是可持续、公平发展的前提条件。对于身处发达国家的人而言，扩散和溢出的危险仍然是非常现实的。不管我们衡量和评估具体发生何种联系会多么困难，如下信念已变得不太可行：从中期角度来看，那些生活在这个世界上最富裕国家里的人，将有能力使自己绝缘于其他国家的不稳定和不安全。在没有主要发展中国家支持的情况下，北方国家也难有作为，如果我们真的想要为那些全球性的问题找到集体和合作性的解决方案的话。

显然，许多当下的安全问题，不仅包括恐怖主义，也包括与公民暴力、移民和环境恶化相关的威胁，不是简单或者仅仅通过军事应对措施就能解决的。大家普遍都认为，新的安全议题应当在经济和政治发展的语境中加以解决，因为新的安全挑战通过传统的安全机制在对抗解决之道。安全和发展议题相互渗透，这一点可以从如下事实看出：通过一定的方式，区域性和国际金融机构越来越必须紧跟政治和安全议题，把“和平之要件”加入到一份日益加长的非经济因素的清单中，这些因素影响到了这些金融机构的贷款政策。[51]同时，提供安全的责任已经从国家手里，转移到了公民社会、私人军队公司以及国际组织等群体。但是，国家，也只能是国家，才能运用正当的军事力量来促进个别国家的利益和各国共同的目标（比如集体安全或人道主义干预），这些共同目标要求拥有强制性的能力和社会化的实力。

国家需要多边安全机制的程度，远超现实主义者承认，这既是为了共同承担安全管理的实际负担和政治成本，也是为了获得权威性和正当性，而这种权威性和正当性是“粗暴地拥有权力”从来就没法依靠自身加以保障的。如果我们考虑到全球安全的架构，不同形式的集体安全已经开始具有稍稍多一点的分量，相比之下，与使用武力相关的法律规则正在不断演进，联合国中还有范围更广的和安全有关的规范，这些法律规则和规范已经开始影响到建设全球安全过程中许多其他部分的建设和运行。但是，该结构的主要方面仍然与正式机制毫无关系或很少有关系，与集体安全理念的联系就更少了。这些方面仍然紧紧地扎根于一个多元的世界中。

在冷战期间，全球安全架构的核心元素，其基础（这常常是危险和不稳的基础）是核威慑、在两个超级大国周围发展起来的盟国体系，以及一系列松散的多元主义机制（涉及危机管理、军备控制和势力范围等规范和实践）。在后冷战的世界中，该体系的诸多方面都持续发挥着决定性的作用，最显著的就是以美国为首的盟国体系，该体系横贯大西洋和太平洋。虽然随着单极性的退却，大国关系处于变动的状态之中，但是，军事势力均衡以及大国之间的安全关系特点，仍然发挥着传统的作用，且作为整个结构的重要决定因素而存在。同样地，在许多地区，安全秩序的结构源自平衡的或有等级的实力。我们也许可以对此补充一系列机构，但是，除了欧洲，这些机构的范围和影响力都还很有限。最后，核武器的核心地位重新抬头，这意味着核威慑将仍然在全球安全中扮演主要的角色。核实力和核武器重拾起重要地位，这反映了许多因素的作用，但是这也导致了对集体安全管理中《核不扩散条约》这一重要元素的侵蚀。如果这种趋势持续下去，它们会导致有效实力的进一步扩散，这只会令未来集体安全的前景更加暗淡。

本章旨在追溯集体安全在当代国际社会中的地位，以及由此带来的那些死灰复燃的困境。它也旨在强调和解释仍然存在于如下两对关系中的两者之间的巨大鸿沟：一方面是国际社会在安全领域的规范性抱负，另一方面是有效应对措施赖以生存的权力政治结构；还有，一方面是面对着一个范围在不断扩大的威胁，越来越多的主体越发要求安全，而另一方面则是我们常常能够使用的保护措施，其程度却相当有限。

注 释

[1] 冷战时期的“长期和平”，即便是被广为称颂，也还是进行了 120 场战争，造成超过 2 500 万人丧生，7 500 万人严重受伤。

[2] 对“克劳维塞茨时代”终结的讨论，参见 Martin van Creveld，*The Transformation of War* (Basingstoke，UK：Macmillan，1991)。

[3] 对国际社会这个概念的演进过程，参见 Andreas Paulus，*Die internationale Gemeinschaft im Völkerrecht* (Munich：Beck，2001)。

[4] 有关前者，参见 Diego Cambetta，*The Sicilian Mafia*：*The Business of Private Protection* (Cambridge，MA：Harvard University Press，1993)；有关后者，参见 Mats Berdal and David M. Malone (eds.)，*Greed and Grievance*：*Economic Agendas and Civil Wars* (Boulder，CO：Lynne Rienner，2000)。有关私营安全公司，见注释 [5]。

[5] 针对两个经典讨论，参见 Inis L. Claude，*Power and International Relations* (New York：Random House，1962)，esp. ch. 4；以及 Maurice Bourquin (ed.)，*Collective Security*：*A Record of the Seventh and Eighth International Studies Conference*，*Paris 1934 -London 1935* (Paris：International Institute of Intellectual Cooperation，1936)。

[6] 转引自 F. H. Hinsley，*Power and the Pursuit of Peace* (Cambridge：Cambridge University Press，1980)，53。

[7] 比如，参见赫胥黎在 1937 年的论述，“在当下实际情况中，‘集体安全’意味着一个军事联盟体系反对另一个军事联盟体系”。*Ends and Means* (London：Chatto & Windus，1937)，Ⅸ/109。我们同样可以说，在冷战期间，我们使用该术语的大多数时候说的都是这个意思。

[8] Jeremy Bentham，*A Plan for a Universal and Perpetual Peace* (London：Grotius Society Publications，1927)，proposition ⅩⅣ.

[9] 转引自 Claude (1962：95)。

[10] Michael Howard，‘The United Nations and International Security’，in Adam Roberts and Benedict Kingsbury (eds.)，*United Nations*，*Divided World*，2nd edn. (Oxford：Oxford University Press，1993)，64 - 65；and Paul Kennedy，*The Parliament of Man*：*The United Nations and the Quest for World Government* (London：Allen Lane，2006) .

[11] 我们可以加上波斯尼亚—黑塞哥维那的例子，虽然其权威源自《代顿协议》(Dayton Accords)。

[12] 对此尤其有帮助的综述是：Robert Jervis，‘Theories of War in an Era of Leading-Power Peace’，*American Political Science Review*，96/1 (March 2002)，1 - 14；以及 Azar Gat，*War in*

Human Civilization (Oxford: Oxford University Press, 2006), ch. 16。

[13] John Mueller, *Retreat from Doomsday*: *The Obsolescence of Major War* (New York: Basic Books, 1990) .

[14] Norman Angell, *The Great Illusion*: *A Study of the Relation of Military Power in Nations to the Economic and Social Advantage* (London: Heinemann, 1910), 129.

[15] Karl W. Deutsch, Sidney A. Burrell, and Robert A. Kann, *Political Community in the North Atlantic Area* (Princeton, NJ: Princeton University Press, 1957), 5.

[16] 将多伊奇的观点应用到当下的例子，参见 Emanuel Adler and Michael Barnett (eds.), *Governing Anarchy*: *Security Communities in Theory, History and Comparison* (Cambridge: Cambridge University Press, 1998)。

[17] Max Singer and Aaron Wildavsky, *The Real World Order*: *Zones of Peace/Zones of Turmoil* (Chatham, NJ, 1993) .

[18] 有三个有影响力的例子，参见 Richard H. Ullman, 'Redefining Security', *International Security*, 8 (Summer 1983), 129 - 153; Jessica Tuchman Matthews, 'Redefining Security', *Foreign Affairs*, 68 (Spring 1989), 162 - 177; 以及 Rothschild (Summer 1995)。

[19] 比如，参见 Mary Kaldor, *New and Old Wars*: *Organized Violence in a Global Era* (Cambridge: Polity Press, 2002); 也请参见 Michael Clarke, 'War in the New International Order', *International Affairs*, 77/3 (2001), 663 -671。

[20] Paul F. Rogers, 'Politics in the Next 50 Years: The Changing Nature of International Conflict', October 2000, http: //www. brad. ac. uk/peace/pubs/pspl1 pdf.

[21] 瓦伦斯滕 (Wallensteen) 和索伦伯格 (Sollenburg) 提出主张说，冷战结束后，武装冲突数量增加，他们还认为，1999 年 27 次正在进行的主要的武装冲突，至少有 17 个可以追溯到 1989 年之前的时段。参见 Peter Wallensteen and Magareta Sollenberg, 'Armed Conflict, 1989 - 1999', *Journal of Peace Research*, 37/5 (2000), 638 and 640。

[22] Mats Berdal, 'How "New" Are "New Wars"?', *Global Governance*, 9/4 (2003), 477 - 502; 也请参见 Stathis N. Kalyvas, '"New" and "Old" Civil Wars: A Valid Distinction', *World Politics*, 54 (2001), 99 - 118。

[23] 参见 Keane (1996) 的综述。同时，也请参见 Stathis N. Kalyvas, *The Logic of Violence in Civil War* (Cambridge: Cambridge University Press, 2006), esp. 16 - 31，这是最全面、最新的集体暴力分析。

[24] 参见 Deborah Avant, *The Market for Force* (Cambridge: Cambridge University Press,

2005)；Peter Singer，*Corporate Warriors*（Cornell，NY：Cornell University Press，2003)；以及 Sarah Percy，*Regulating the Private Security Industry*，Adelphi Paper 384 (London：IISS，2007)。

［25］更多细节请参见 Andrew Hurrell，‘“There are no rules”(George W. Bush)：International Order after September 11’，*International Relations*，16/2 (2002)，186－193。

［26］不平等和不安全之间业已存在一种强烈的关联，这种关联性有可能被不断变化的环境变迁所激化，对此有人提出了一个论证铿锵有力的观点，参见 Paul Hirst，*War and Power in the 21st Century*（Cambridge：Polity Press，2001)。

［27］参见如下作者的评论：March Irving Lichbach，‘An Evaluation of“Does Economic Inequality Breed Political Conflict?”Studies’，*World Politics*，41 (4 (July 1989)，431－470；以及 Jenk W. Houweling，‘Destabilizing Consequences of Sequential Development’，in Luc van de Goor，Kumar Rupesinghe，and Paul Sciarone (eds.)，*Between Development and Destruction*：*An Enquiry into the Causes or Conflict in Post-Colonial States*（Basingstoke，UK：Macmillan，1996)，143－169。

［28］比如，Thomas Homer-Dixon，‘Environmental Scarcities and Violent Conflict：Evidence from *Cases*’，*International Security*，19/1 (1994)，5－40。也请参见第九章注释［8］。

［29］Keith Krause and Michael Williams (eds.)，*Critical Security Studies*（Minneapolis，MN：University of Minnesota Press，1998)；J. Ann Tickner，‘Re-visioning Security’，in Ken Booth and Steve Smith (eds.)，*International Political Theory Today*（Cambridge：Polity Press，1995)，175－197.

［30］参见 Barry Buzan，Ole Waever，and Jaap de Wilde，*Security*：*A New Framework for Analysis*（Boulder，CO：Lynne Rienner，1998)。

［31］参见 S. Neil MacFarlane and Yuen Foong Khong，*Human Security and the UN*：*A Critical History*（Bloomington，MN：Indiana University Press，2006)。

［32］值得注意的是，“联合国高级别名人小组”明确提到建立一个集体安全体系的必要性，尽管该概念存在一大堆的问题，而且这些问题也没得到解决。尤其参见 Part Ⅱ (D)：Elements of a credible collective security system. *A More Secure World*：*Our Shared Responsibility*. Report of the Secretary-General's High Level Panel on Threats，Challenges and Change. United Nations (December 2004)。

［33］恐怖主义导致了这个趋势的进一步扩张，牵涉到人们作出一系列努力，旨在控制恐怖主义跨国融资资金流动，并树立起更为直接的针对个体的权威。

［34］参见 Michael Doyle，Ian Johnstone，and Robert Orr (eds.)，*Keeping the Peace*：*Multidimenional UN Operations in Cambodia and El Salvador*（Cambridge：Cambridge University Press，

1997)。

［35］参见 MacFarlane and Khong (2006：chs. 5 and 6)；ICISS (2001)；*A More Secure World：Our Shared Responsibility*. Report of the Secretary-General's High Level Panel on Threats，Challenges and Change. United Nations (December 2004)，esp. paras. 199 - 203；第六章提到了有关人道主义干预的文献。

［36］Schmitt (1976：56).

［37］在 20 世纪 90 年代，有些评论人认为，某些国家在国内的能力极其弱小甚至倒台，严重的次区域（sub-regional）冲突，以及出现新的主权构想，这些因素结合在一起，使得我们有必要说明"国家体系至少存在一些流动性"，以便提出"不用考虑国家边界"的地区性解决方案，接受承认新主权国家的可能性，甚至"除名那些失灵的国家"。Herbst (Winter 1996 - 1997：120 - 144)。但是，虽然不同形式的干预主义的确在数量和范围上都有所增长，但是，几乎没有任何迹象表明，在允许或鼓励国家重建的意义上说，存在什么"非主流的主权进路"。请参见本书第四章有关民族自决的论述。

［38］全球治理的高调用词一直都需要放置在如下背景中来看待：那些意欲统治全球的机构，其行政、官僚和金融资源却极有限。

［39］参见 Danesh Sarooshi，*The United Nations and the Development of Collective Security：The Delegation by the UN Security Council of Its Chapter Ⅶ Powers* (Oxford：Oxford University Press，1999)。

［40］在意欲实现的目标和提供的手段之间存在差距，这是 1998 年 12 月轰炸伊拉克和 1999 年 3 月北约空袭的特征。美国和英国在 2003 年 3 月试图为自己对伊拉克动武寻求法律上的支持，其说法是：之前的联合国安理会解决方案具有"持续的效力"。虽然我们可以举出许多有效的法律理由来反驳这种主张，但其中的一般看法还是有效力的。如果国际社会只能够在如下国际安全领域进行此类行动，即该国际安全立基于授权个别国家或某些国家以其名义开展行动，那么，阻止这些国家发挥自主性来彻底实施既定目标，又有什么意义呢？参见 Adam Roberts，'Willing the End but not the Means'，*The World Today* (May 1999)，8 - 12；以及 'Legal Controversies in the War on Terror'，keynote address，US Pacific Command，International Military Operations and Law Conference，Singapore，21-4 March 2005，4 - 5。

［41］Michael Doyle and Nicholas Sambanis，'International Peace building：A Theoretical and Quantitative Analysis'，*American Political Science Review*，94/4 (2000)，778 - 801.

［42］尤其参见 David Malone，*The International Struggle over Iraq：Politics in the UN Security Council，1980 - 2005* (Oxford：Oxford University Press，2006)。

[43] 参见 Prantl (2005：559 - 592)。

[44] Hans J. Morgenthau，*Politics among Nations*，5th edn. （New York：Alfred A. Knopf，1978），420；也请参见 Henry Kissinger，*Diplomacy*（London：Simon and Schuster，1994），249；以及 John J. Mearsheimer，'The False Promise of International Institutions'，*International Institutions*，19/3 (Winter 1994-5)，5 - 49。

[45] 比如，参见 Michael J. Glennon，'Why the Security Council Failed'，*Foreign Affairs* 82/3 (May-June 2003)，16 - 35。将其与摩根索 1940 年那著名的文章相比较：Hans Morgenthau，'Positivism，Functionalism and International Law'，*American Journal of International* Law，34 (1940)，261 - 284。

[46] "一个和平和稳定的世界符合每个人的利益"这一理念常常和不断加深的相互依存联系起来，正如阿兰·普兰特（Alain Plaunt）在 1934 年所言，"集体安全的理念源自现代世界中的经济和科技之相互依存"。Maurice Bourquin，*Collective Security*：*A Record of the Seventh and Eighth International Studies Conference*，*Paris 1934 - London 1935*（Paris：International Institute of Intellectual Cooperation，1936），133。

[47] 最经典的论述来自 Inis Claude，'Collective Legitimation as a Political Function of the United Nations'，*International Organization*，XX/3 (1966)，367 - 379；最近的论述，请见 Mats Berdal，'The UN Security Council：Ineffective but Indispensable'，*Survival*，45/2 (2003)，7 - 30。

[48] 请参见一直以来都是一本研究联合国的上乘之作：Conor Cruise O'Brien，*The United Nations*：*Sacred Drama*（London：Hutchinson，1968）。

[49] 比如，参见 George W. Downs (ed.)，*Collective Security Beyond the Cold* War（Ann Arbor，MI：University of Michigan Press，1994），esp. part Ⅰ。

[50] F. S. Northedge，*The League of Nations*（Leicester，UK：Leicester University Press，1986），289.

[51] 本章聚焦于联合国在和平和安全中发挥的作用。还有许多复杂的议题，是与如下方面相联系的：更为一般性的联合国"体系"，许多下属机构的问题，以及它们是否及如何相互关联。对联合国作用的概述，请参见 Roberts and Kingsbury (1993：ch. 1)。批判观点，请参见 Rosemary Richter，*Utopia Lost*：*The United Nations and World Order*（New York：Twentieth Century Fund，1995）。

第八章

一个不平等世界中的经济全球化

与其他任何一个理念相比，全球化已经成为当代世界政治修辞中的核心组成部分，也是日渐浩瀚的一个学术分析主题。它是理解全球政治特点中“激进的和不断增加的变革有何意义”这一问题时最常用的术语。对于它，我们无法做出一个单一的或简单的定义，但是，围绕着全球化定义而产生的诸多派别，对分析国际社会之变化特点以及全球治理新理念的涌现至关重要。虽然全球化常常与如下主张联系在一起——当下世界体系正在发生结构性变革，但是实际上全球化理念由来已久。本章将讨论如下四个问题：

1. 何为全球化？

2. 全球化对国家的影响是什么？

3. 全球化和不平等之间的关系是什么？这种关系通过什么方式影响到正当性问题？

4. 在多大程度上全球化强化了国际社会中的共识元素，尤其是“自由连带主义的国际社会观”背后的共识？

全球化

长期以来，一直都有作者强调外部经济制约对民族国家的作用，以及对全球经济进程的变革性冲击。到了19世纪中叶，人们普遍认为，工业革命和资本主义的发展正在改变世界政治。正如马克思和恩格斯所提出的著名观点：

> 资产阶级为了推销其产品，就必须不断扩张市场，因此他们就必须到处栖息，到处殖民，到处建立联系，足迹遍及地球每一个角落。
>
> ……资产阶级通过剥削世界市场，为每个国家的生产和消费赋予了世界主义的特征。……过去，本国的生产就能满足需求，现在我们用新需求来取代这些老需求，为了满足这些新需求，需要从遥远的国度和气候区生产产品。过去，地方和国家闭关锁国、自给自足，现在，我们用无处不在的贸易和普遍的国家相互依存取而代之。[1]

1910年，诺曼·安吉尔认为，“劳动分工的复杂性倾向于在跨越政治边界的团体之间建立起合作，以至于政治不再限制或等同于经济。……从各个方面来讲，联系穿越了那纯粹是约定俗成的国家疆界，使‘人类在生物学意义上被分隔为一个个独立的和相互作战的国家’这一论断变得不再科学”[2]。这样的信念反映了发生在国际主义黄金时代（即从 1850 年到 1914 年这段时期）中的经济关系在规模上急剧扩张，并拥有了全球化的特点——交通和传播革命（蒸汽轮船、铁路、电报以及冷藏技术）；人口的大规模迁徙，以及跨国公民社会的强大能动性；在很大程度上，私营经济主体能够对殖民地社会和此前独立的国家所拥有的财富和命运发挥巨大的影响力——想想看：英国各大银行、贷款公司（finance houses）、保险公司以及公共设施在 19 世纪拉美和亚洲的影响力。[3]

这样的主体在 20 世纪 60 年代末期和 70 年代早期得以复苏，当时致力于研究相互依存和现代化的学者认为，由于国际贸易和投资的快速扩张，越来越多的人意识到生态的相互依存性，军事力量的效用在下降、非国家行为主体（如跨国公司（TNCs）、宗教组织和恐怖主义团体）的实力在增长，这些都构成了一种制度性的变迁，该变迁将越发削弱民族国家的传统角色和首要地位。[4]20 世纪 70 年代有关相互依存的研究成果在两方面的压力之下减少了：首先，超级大国对抗重新出现，第二次冷战貌似证明了如下观点：人们采取了一种更为霍布斯式的视角来看待国际生活，其主宰因素是军事和意识形态对抗，而非经济往来。其次，在学术界，国家主义者和现实主义者对此反应热烈，比如，他们认为，跨国公司与国家和国家间政治局势紧密联系（罗伯特·吉尔平（Robert Gilpin）语）；国家仍然是国际秩序中最重要的机构（赫德利·布尔语）；军事实力的效用并未下降（罗伯特·阿特（Robert Art）语）；最重要的是，国际政治体系及其主导逻辑是大国平衡，这仍然是所有国际政治理论中最重要的元素（肯尼思·华尔兹、斯蒂芬·克拉斯纳语）。

但是，随着冷战的终结，学术兴趣又转回到外部或全球经济因素的作用，这一次是聚集在“全球化”这面大旗之下。全球化作为一个强大的比喻，意味着世界正在变得越来越成为一个整体并相互联系。人们对全球化的主流印象是：全球流动的货币、人口、形象、价值以及理念，它们跨越了旧的国家设障体系，这些体系旨在维持国家自主性和控制力。的确，全球化已经越发地被视为最重要的外部影响力，作用于各个社会的特征和主流治理模式。要想把所有加在“全球化”这一术语之上的各种含义都聚拢在一起，可不是件容易的事。[5]

从单个层面上讲，情况貌似并不复杂。全球化就是关乎如下单个或多个全球进程：该进程产生了多种多样的连接和相互联系，它们超越了组成现代世界体系的国家与社会。它涉及经济、生态和社会相互依存的密集度和深度的急剧增加，“密集度”指的是跨国交易数量、范围和程度增加；而“深度”指的是相互依存在多大程度上和国内社会组织方式相互影响。[6]我们也可以认为，全球化拥有三副“面孔”。第一副面孔关乎“谁在观察什么”：学者、经济学家和其他观察家如何能“观察到”国家（尤其是 OECD 成员国和其他挑选出来的国家）之间交易和相互联系的增加。全球化的第二副面孔关乎“谁体验到了什么”，即全球范围内不同立场的行动者所体验到的对全球化的不同认识、意义和建构。有些人对全球化第二副面孔的理解方式，是把它描述成一种思维方式，一种正在出现的身份以及话语的改变，或者是将世界视为整体意识的强化。全球化的第三副面孔是视之为主要国际行为体运作方式的变革——公司针对全球生产网络发展出组织形式，或者 NGO 在很大程度上开始进行全球性思考，为自己的运作和支持制定全球策略。[7]

实际上，之所以大部分全球化辩论不清不楚、无疾而终，都是因为全球化这一概念的模棱两可性。全球化有时被视为一个因果理论：特定类型的全球进程被认为导致了某种特定的结果。有时，它是一个不同概念的集合，勾画了（但是不解释）人们如何去理解一个变化中的全球体系。有时候，它被理解为某一种特定的话语或意识形态（经常与新自由主义联系在一起）。如下两者之间的区分也很重要：对全球化的经济解读以及社会和政治解读[8]，前者强调日益增长的国家间交易和资本、劳工、商品和服务的流动；后者强调出现了新的治理和权威形式、新的政治行动竞技场（“去地域化”或者“社会空间的重组”），或者对身份或共同体的新认识。在经济解读之中，也要进行如下区分：一方面是传统上注重国家间经济交易，另一方面是如下论断：最重要的变革出现在新的高度整合的跨国生产结构和新的去地域化的市场形式当中。人们也区分了全球化、国际化、西方化和现代化。另外，如下两者之间的区分也很重要：一方面有人主张，全球化应当被视为一系列悠久的历史进程的延续，而另一方面有人认为，当代全球化代表着世界政治中的一个关键的爆发点或基础性的中断点。

全球化与国家

对于论述经济全球化的人而言，他们一个惯常的特点就是号称领土性的、主权性的国家在衰亡。在 20 世纪早期、20 世纪 60 年代末期和 90 年代，情况就是如此。[9] 或许，还存在一个最重要的理念，就是如下几者之间日益脱节：主权国家设定自己未来方向的观念、当下全球经济的动态，以及世界社会日益增长的复杂性。的确，全球化给许多核心的自由主张注入了新的生命气息，这些主张关乎世界政治那些不断变化的特征——不同社会之间存在着多样的和日益增长的联系，这些联系要么是处在政府的直接控制范围之外，要么是政府只能勉为其难地进行控制；数量上更多的行为主体（既包括公司也包括 NGO）的角色得到巩固（如果不是新出现的话）；军事实力越发和解决国际议程中的主要议题无关，不管是促进全球金融稳定还是应对气候变化。那些认为“经济全球化是因为技术发展驱动”的人士尤其强烈地支持这一观点。新技术，尤其是当它们与强大的市场力量结合在一起时，即便是对于那些热衷于施加控制的国家，哪怕国家再强大（对于那些试图运用全球化技术作为其恐怖主义运动一部分的人而言，美国是脆弱的），都会持续不断地创造出新的挑战。全球化挑战和国家应对之间有一个辩证关系。但是，根据这一观点，正是技术驱动的全球化才是更快和更智能的。

之前的章节已经探讨了如下几个一般性论断——全球化在多大程度上为一个更加激烈和活跃的跨国公民社会创造了条件，该公民社会挑战了国家作为主导性身份的载体，以及国家作为政治动员的首要场所的地位；在多大程度上，国家被更深入地网罗在一张国际机构的大网之中。对于经济全球化对国家能力和国家自主性的冲击这一问题，我们应当多看一些更为具体的观点。因此，许多人认为，特定组合的经济政策工具不再是可行的，国家面临着日益增长的压力，要采取日益为大家所熟悉的支持市场政策。因为金融市场的力量日益增长，政府被迫采纳那些能够被这些市场肯定的宏观经济政策。正如加勒特（Garrett）在评论这些文献时所说，政府“被市场绑架了，要价很高，不服从的话很快就会被惩罚”[10]。日益增长的贸易也让政府出于压力，一方面要采纳支持市场的政策，避免那些意味着必须通过税收来伤害商业的政策，或者另一方面由于信贷增长，政府也要提高利率。政府发现自己被迫减少公共部门所发挥的作用，以期吸引那些日益像浮萍般漂泊的跨国公司前来投资，这些公司能通过自己的“退出选择”，迅速惩罚那些偏离经济正道的政府。结果，有人宣称，政府可采纳的政策选择范围被急剧缩小了。尤其是社会民主党派，不得不调整他们的政策建议，因为传统中间偏左的经济草案（这些草案专注于政府干预经济活动），连同慷慨的福利国家供给，会引发跨国公司和市场的愤怒。

人们还提出了许多强有力的观点来反驳上述主张。第一，从一般层面来讲，将国家和市场视为必然相互对抗的观点是毫无裨益的。正如我们已经看到的那样，复杂的全球市场取决于一系列密集的规则和规范、有保障的财产权和契约制度，以及只有国家才能提供的公民秩序。金融市场可以对国家强加高昂的代价，但是全球金融体系的运行取决于一个建制化的国家间秩序，其规则得到广泛尊重，国家经济处在按照合理标准来看运行良好的国家的控制之下。[11]

第二，有些观点夸大了这些体系在现实中的体现，及其对民族国家的影响，有些人从经验角度出发对这种观点表示怀疑，他们举出越来越多的经验证据，比如：不同水平的全球化并没有比先前时期的水平更高或者更剧烈（尤其是一战前的那段时期）；而且，没有明显证据表明国家在倒退，福利国家因为全球化压力而被削减，或者全球化成为解释 OECD 成员国之间不平等水平的最重要因素。我们没法在此详细讨论这一日益增长的浩瀚文献。有一些主要怀疑者否认全球化的重要性，我们也没必要同意他们的看法。我们只是有必要强调，虽然许多全球化的变革和挑战是很现实的，但它们没有一个单一的明确指向；而且没有人能提供确凿的证据，让大家接受如下主张：某种深刻变革或根本变化已在进行。

第三，批评者指出，全球化的驱动力不在于某种不可阻止的技术创新逻辑，而在于由特定政治联盟支持的一系列特定国家政策组合。这表明，国家本身不是被动的参与者，全球化的冲击经常取决于国家层面上的政治和体制因素。同样地，即便是有些地方的自由化可以归功于全球化的影响力，但是，这样的情况并非总是意味着国家的撤退——就好比，国内层面上的私人化和去管制化牵涉到超国家层面上的重新管制化。全球化也不是不可避免地会推动政府去减少国家能动性。相反，它能够对政府施加更多压力，要求政府提供保护，免遭经济和社会失序的影响，以及应对那些源于日渐自由化和外部脆弱性的安全挑战。

第四，批评者仍然不是很信服如下论断：一般意义上的国家（与个别国家相对）已经开始无可救药地被网罗在全球治理的新结构之中。他们强调，在一定程度上，各国为了实现特定目标才成立国际机构，但强国显然有能力反抗甚至抛弃这些机构。正是在全球经济治理这一领域之中，制度主义理论才做出了某些最深入人心的分析。日益增长的融合以及行为主体的高度流动性导致了许多负外部性，也促使人们强烈要求生产国际公共产品。国家成立国际机构并授予它们（有限的）权力，目的正在于管理这些外部性，汲取集体决策和制度化争端解决机制的益处，并加强国内政策投入和"锁定"特定的国内经济政策组合。许多强调这一论断路线的人认为，如果我们按照"国家为了达到特定的有限目标而有控制和有限度地授予特定功能"这一视角来分析国际机制，那么这一分析将是富有成果的。换言之，国家仍然稳稳地坐在驾驶座上。[12]

第五，国家控制经济的程度和性质紧密联系于人们对安全的关切。因此，我们会很难理解经济多边主义的走向，除非是在二战和冷战的背景下。同样地，自从 2001 年以来，世界政治的一个核心主题就是人们试图去重新确立国家对跨国流动的控制——包括人口、理念、军事技术和货币。再者，就像在冷战中一样，军事力量不仅仅在安全领域很重要，同时其他国家对美国的安全依赖也使得华盛顿能够在经济事务中发挥影响力。这导致了一个更为普遍的终极论断，关乎政治和经济之间的关系。毕竟，正是政治和权力，才使得政治经济变得政治化。马克思在其著作中令人佩服地谈论了全球资本主义的扩张性、转变性和普遍化的力量，随着技术和生产关系的转型发展，它会与政治和社会结构的僵硬之处发生摩擦与碰撞，这会导致某些紧张关系反复出现。马克思的主要盲点——许多痴迷于技术的自由派人士也存在该盲点——就是他的如下信念：最终只有经济结构才有至上决定性，同时，他也未能理解安全和权力政治竞争的自主性逻辑——不管我们是讨论国家应对新安全挑战，还是主要国家之间的大国平衡逻辑所持续发挥的作用。

显然，全球化并未导致国家的衰亡。但是，这些非黑即白的支持或反对"国家"的论断并不会帮助我们太多。仅仅说"因为国家自由选择何时开始自由化进程，因此它们就有控制权"是不够的。确实存在由于市场运作发生变革而使得管制从本质上变得更为困难的重要案例。全球金融提供了一个显而易见的例子。比起以前，全球金融市场更为开放、更为流动，其国际融合度也更高，有一系列数量上日增的市场行为主体和范围不断扩大的市场运作。如果把实力看成是可以切成条条块块的东西——“我的实力多了就意味着你的实力少了”，那么，这样的观点具有高度误导性。的确，存在一些不错的理由可以论证说，全球化导致了权力的普遍分散化，以及一个任何人都更难控制或统治的国际和全球体系。

同样地，国家持续地发挥着作用，并不意味着个别国家或者一些国家作为一个集体，就能够或者将能够创造出对于提供有效和正当的经济治理而言是必要的有效机制。毕竟，对功能主义的一个主要批评在于，我们对制度的功能性需求在许多情况下没有得到满足，因为它不符合那些强大的政治、经济主体的利益和动机。再者，全球化的意识形态可能本身就是问题的一部分。正如埃文斯（Evans）所言，“私人跨国行为主体需要合格的、有能力的国家的程度，大大超过它们自己的意识形态所能允许的程度，这一事实并不排除消亡（eclipse）的可能性。再精明的管理者，其精打细算也带有自身意识形态的偏见。跨国资本倾向于最大化自己的运作空间，它很容易就成为帮凶，去破坏那些它赖以获利的公共制度基础”[13]。

分析“全球化”和“国家”之间的关系，推动着我们去思考国家角色所发生的深刻变化，这一变化从 20 世纪早期开始就加快了步伐——远离了人们对主权者财富和权力的狭隘关切，转而朝向日益深入地涉及一系列在数量上日益增长的社会、经济、政治生活的方方面面。在这一进程之中，政府的正当性（无论是民主还是专制政府）开始取决于它们是否有能力满足一系列范围大大扩展的需求、主张和要求。部分来讲，这牵涉到人们越发期待国家在经济管理中发挥作用，从实质方面来讲，这样的期待即便是在一个去管制化、私人化和全球化的时代中，都还是符合实情的。从另外的部分来讲，它反映了发生变革的政治正当性观念以及人们对自决、人权和公民权的扩大认识。在发达国家的例子中，人们看到，出现了一个嵌入型的自由派讨价还价，在其中，人们通过如下两方面来平衡对外开放市场的承诺：一方面是对外开放的限度（尤其是通过控制资本市场），另一方面，也是更重要的方面，一个能动的国家有能力促进社会和经济的稳定性。[14]在后殖民国家和发展中国家的例子中，我们看到，民族发展型国家开始实施“进口替代工业化”（ISI）政策，并平衡“发展”和“自主性”这两个目标。福利国家、管制型国家以及发展型国家的涌现，对于我们理解为何**全球化的政治**在 20 世纪后期和 21 世纪早期会与一个世纪之前如此的不同是至关重要的。在一个世纪之前，各种各样的交往和相互依存的水平相似，甚至更高。

这一变化的原因超出了本章探讨的范围。但是，我们不能简单将其视为“国内层面的因素”。何为国家、它们旨在促进何种目标以及它们是否有能力来促进这些目标，长期以来塑造这些问题的力量都来自“一个世界”的诸多力量和因素，以及国际体系中不断变化的政治和经济实力及主宰模式。在 20 世纪，国家特征中许多最重要的变化是由国际体系中的发展情况来驱动的。因此，欧洲国家实力以及国家功能的极大扩张，很紧密地联系于从 1870 年到 1989 年这段时期内的地缘政治冲突，以及自由主义、法西斯主义和共产主义的跨国意识形态之争。战争和跨国意识形态之争推动了国家的扩张：随着全面战争的来临，国家机构和部门的范围扩大了，税收的预算和水平急剧上升，立法的范围和程度也在扩大。[15]只有在这些体制性压力的语境之中，我们才能理解政治和市场之间、公私领域之间那不断变化的边界，并出现了关于国家对公民责任的新认识，这一新认识在如下两者之中得到了反映：扩大的社会权利构想，以及理所当然的福利的崛起。正如迈克尔·霍华德所言，“战争和福利并肩前进”[16]。

此外，虽然现实主义者告诉我们的内容可能是真的，即国际体系能驯服革命制度并将之社会化，但是，如下状况也同样是真实的：现代的每一场社会大革命都会在国际社会的主流规范上留下一道永不磨灭的印记。[17]在国际关系领域，人们天生倾向于重视国内准则，轻视国际准则。许多国际规范（民族自决、经济自由主义以及可持续发展）之所以强大的原因，正是因为它们通过一定的方式，与跨国结构联系在一起，在这些跨国结构当中所有国家都嵌入其中；同时也由于它们通过一定的方式与广泛的社会力量联系在一起，这些社会力量转变了国家的特点，并改变了国家体系的发展动力。

这是否意味着，我们可以看到一种新型国家的出现？如下情况确实如此：福利国家的发展以及人们对政治正当性的认识不断变化，曾对国际层面上采取的经济管制措施种类产生了深远的影响。的确，国家在国内的扩张，表现为一些特殊形式的管制和行政措施，这些措施已经影响到了当下国际和跨国管制的范围和特点。[18]但是，这有别于如下主张：全球化既联系于也反映了一种新型的国家，这一点要么是从某种典型的意义上来讲的，要么是从某种本质主义的意义上来说的。

在菲利普·博比特（Philip Bobbit）那令人印象深刻的有关国际秩序演进的论述中，他追溯了许多不同类型国家的发展，然后才论证说，民族国家已经让位于市场国家。[19]对于发达国家在 20 世纪 90 年代中期所发生的某些方面的变革而言，这是一个可信的论述。但是，作为一个一般论述，它忽略了民族主义在国家正当化过程当中持续发挥作用，以及人们强烈感受到民族国家是一个命运共同体——这样的观念仍然具有活力。在发达国家中，该观点低估了国家对经济和社会持续的、高水平的干预，即便是在一个国家退让和去管制化的时代；并且，它夸大了从强调福利到强调市场及私营部门的这一转变。在美国这一重要案例中，它顶多代表着该历程的一方面。的确，国内和外交政策的特定方面符合市场国家这一图景。但是，还有许多其他方面是不符合的，包括在塑造外交政策中作为主要因素发挥作用的民族主义、意识形态和安全，以及在实施该外交政策过程中军事力量的持续作用力。在发展中国家的情况中，国家类型的差异是不同发展模式的一个重要特征[20]；而且，尽管人们对通往权力之路的各种认识以及这些认识中的许多方面都有可能已经改变了，但民族主义的发展型国家还活着，且还活得好好的。

全球化和不平等

全球化与不平等之间的关系，有三个方面的内容。第一个方面专注于按照不同的维度来衡量和评估经济结果。这方面的观点复杂且备受争议。那些支持经济自由化和更大程度经济融合度的人认为，全球化已经减少了贫困和不平等，而且“全球化者”的成绩比“落后者”好。[21]其他人则反对这种结论。[22]我们不可能在此深入地讨论这些不同的观点。我只想简单提一下，政治现实显然是受到三种发展的影响：首先，世界上大部分地区都没能共享全球化的好处（最显著的例子莫过于非洲）；其次，在那些采纳了自由经济改革的世界其他地区，其状况和经济改善没关联（比如许多拉美国家）；再次，贫富差距拉大，而且不管国际不平等的状况如何，在一定程度上，全球化发展的时期也见证了许多国家中工资差距的拉大。考虑到持续存在的不平等的程度，出现这一情形并不令人惊讶——许多人仍然对如下主张表示怀疑：全球化正在使这个世界变成一个更平等的家园。

不管全球化对我们从经济上衡量不平等造成了什么样的影响，它通过两种方式对全球政治平等产生了深刻的冲击：首先是通过不同社会和国家在适应全球化能力上的差异；其次，通过对机构间不平等的影响和更加富有侵略性的全球化治理规则。全球化的冲击在国家层面上的机构得到缓和，强烈塑造个人的生活机遇和福利的因素则是“人们是否生活在一个政治稳定和管理有序的国家中”。但是这里的核心问题是：全球化是否与国家的脆弱有关联。在 20 世纪 60 年代和 70 年代，国家被普遍视为全球资本主义体系的创造者和创造物。依附理论曾强调全球支配和依附模式，以及中心资本主义国家对边缘国家持续进行外部控制。[23]早期理论家按照一种死板的欠发达规律来看待依附理论，并认为，参与到国际经济中去只会造成不平等和欠发达永久存在。其他人提出一个更加“具体情况具体分析”的“历史—结构性”方法，该方法接受经济发展的事实，但同时也认为，地区的依附性地位会在区域发展的特点上留下不可磨灭的印记，并使发展受到某种程度的扭曲。因此，焦点就从“欠发达的发展”这一观念转变为分析“依附性发展”。但是，国家的依附性特征仍然是该分析的一个核心元素。到了 20 世纪 80 年代早期，这样的观点持续遭到攻击。批评者的核心批评是，国家不应当被视为潜在的发展引擎，而应视为效率极其低下和代价高昂的结构，这些结构总是很可能被权力寻租的精英们利用。这种观点要表达的基本信息是：不平等和欠发达问题存在于国内社会，而非国际体系。

但是，这样的一种论断，只不过是用另一种极不可信的观点来取代原先不可信的观点。它显然低估了发展中社会在全球市场中的脆弱性、经济自由化（不管其带来什么样的好处）都会不可避免地助长这种状况。它忽略了，在一定程度上，随着时间的推移出现了困扰贫困社会的不利条件，这些不利条件既和外部、全球因素有关，也和内部因素有关。而且，它没有看到，在一定程度上，国内经济政策的选择余地受到国际经济机构和强国的影响；的确，在一定程度上，国际经济机构开始有能力阻止各国采用发达国家此前在自身发展中用到的那些经济政策。[24]经济自由化对国家在许多发展中社会里发挥的作用和所处的位置都产生了一种深刻的冲击，经常是破坏此前建立起政治格局的那些跨越阶级、地区或部门的政治谈判。我们可能会不喜欢那些在进口替代工业化时期中成长起来的家长制或人情型的国家；但是证明的责任貌似落在了如下人士的头上：他们认为经济自由化和更大的开放度将在某种程度上自然地有助于产生更好的、更精简的和更有效的国家。在许多国家，问题不在于经济模式，而是关乎国家如何能够形成一个新的社会和政治契约的基础。我们不需要回到第一代依附理论家那不令人信服地将所有的责任都推到外部因素身上的观点，有足够的证据显示外部影响的重要性以及全球体系带来的冲击，这表明：从分析的角度来看，国家力量必须按照“一个世界”和“多个世界”的角度来理解；而且，从规范的角度来讲，共同责任的理念应当作为我们判断“谁应该对当下病症承担责任”的总体指导性原则。

不平等的第三个方面关乎各种全球经济治理结构通过何种方式既反映又强化了不平等的政治实力。在世界银行和 IMF 的情况中，不平等实力反映在它们的投票制度、治理结构以及这些制度被美国牵着鼻子走的程度中。WTO 则以多种方式反映了不平等实力。[25]谈判实力取决于市场规模。虽然争端解决机制的确代表了“让竞技场平等化”，但是运用该机制则要求有金融资源和技术专家支持，这些只有最大的发展中国家才有。再者，争端解决机制立基于大家认可的去集权化实施方式，其中，市场实力又一次成为关键因素。WTO 是一个成员国驱动的组织，参与取决于各个成员国的技术和外交能力，许多决策是在封闭或半封闭群体以及邀请制会议中达成的。最后，不平等也反映在准入过程中，新成员必须要签署更高水平的规则和条例（“高阶 WTO”），而且，“后进来”的成本很高，即便是对诸如中国这样的大国而言。

等级制在那些制度化不健全的团体中就表现得更为明显了，最显著的莫过于“七国（或八国）集团”（G7/G8）。“七国集团”，现在是“八国集团”，是一个高度工业化国家的俱乐部，每年聚会讨论重要的经济、金融和政治议题。G8 峰会也被用来设置国际优先事项、确定和定义议题、设立新制度和重新激活现有的制度，并为国际组织提供指导性意见。不像联合国或“布雷顿森林体系”，G8 没有宪章、正式规则或永久性秘书处。G8 达成“谅解”而非解决方案，依赖“达成共识”而非正式投票。尽管在一开始，它就只不过是一个非正式的俱乐部，但是，现在 G8 可以被描述成一个包含了复杂、多层次机构的**体系**。自从 20 世纪 80 年代以来，G8 工作组和特别小组已经解决了一些特定的问题，诸如核扩散、有组织犯罪、恐怖主义以及全球环境问题。

最后，正如我们已经指出的，不平等在如下几个方面都有所体现：全球经济治理所涉及的网络之构成和运作当中，大国有能力控制 NGO 准入程度，有能力选择不同的治理形式。大国总是拥有更多的选择：比如决定什么议题通过正式国家间机构来进行磋商，以及什么议题要通过市场机制来解决；塑造那些新国际规范在其中演进的社会、政治、经济进程；影响讨价还价、博弈的规则和什么才能被允许添加到议程中；在讨价还价过程中部署一系列范围广泛的“胡萝卜加大棒”策略，包括威胁要采取直接的强制手段；通过跨国和跨政府联盟等方式，更成功地游走于全球公民社会中；最后，如果任何机构变得过于碍手碍脚，则扭头就走、另起炉灶。

不平等这三个不同的方面是如何与我们在第三章中讨论的正当性联系在一起的？我们先来看进程和程序的正当性。的确，国际经济机构的透明度已经增加了，正如我们从对公民社会组织的开放性程度、有待评估的机制（比如世界银行调查组）数量这两方面可以看到的那样。但是，进程正当性的严重问题显然还在，尤其是如果我们按照如下视角来考虑政治正当性：那些受到权力运用不利影响的人如何有能力获得补救（或甚至拥有话语权），一个机构是否有能力对其中处于主导地位成员的权力运用设置一些有意义的限制。

如果进程正当性仍然是个问题，那么，那些立基于技术官僚和专家知识之主张的正当性，又该当如何？人们普遍地将世界银行和IMF看成是技术官僚机构，它们创造和传播复杂的技术知识。人们也常常说，这些主张被特定的失败案例给严重削弱了——比如，俄罗斯经济改革的那些“令人意想不到的结果”，或者亚马逊流域的“勃洛诺若艾斯特（Polonoroeste）项目”。而且，比我们就具体案例进行辩论更为重要的是如下议题：普遍性的技术知识由谁通过何种方式得到应用。冷战之后，人们为经济自由主义的胜利和优越性而雀跃欢呼，这在许多情况下导致了一种自上而下的制度上封闭的方法，被用来操纵国际金融机构运作，这违反了自由主义那些核心的知识论条件。在结论中，我建议，一般性道德规则的适用，需要充分考虑语境，且必须是解释性的，牵涉到跟来自不同地区的对话者进行对话，并认识到，社会现象的特定方面很容易被我们自己习惯的视角所遮蔽。我们也可以对下列问题做出一个相似的论断：IFI（国际金融机构）的技术官僚正当性被侵蚀，以及在一定程度上导致这个局面的原因正是适用普遍技术知识的困难性（不管这种知识是多么地复杂巧妙），这导致了具体案例中的复杂事实和相差悬殊的情形——不管我们是在讨论在极为不同的语境下如何安排政治和经济改革的“次序”，还是讨论市场改革对产生、维持社会信任的那些机制造成了什么样的冲击。

但是，核心问题，也是最成问题的方面，关乎立足于“有效推广人人共享之价值观”之上的正当性，这些价值观反过来又被人们用一种可理解的和共享的语言争论着。如果回顾全球经济治理的演变，我们可以看到，如何将权力用于破坏或扭曲那些至少在某种程度上已经被众人得以共享的目标。比如，IMF最开始的目标包括维持一个稳定的汇率体系、管理收支账目和金融危机，并促进国家之间和内部的平衡增长。

但是，正如伍兹所言，它的许多实际运作以及大部分的成功，来自它作为“全球化推动者”的角色，使用制度、理念、政治和市场权力来把许多国家更为深入地整合进全球经济之中。[26]在 IMF 的情况中，一个重要的变革发生了，它不再是一个一系列范围广泛的国家有可能依赖的制度（比如英国在 20 世纪 70 年代），而是变成了一个运作的压倒性目标在于某特定国家集团的制度。

人们也用权力来限定大家对共同价值观和目标的讨论。本书的一个突出目的就是追溯规范国际社会秩序的抱负如何极速高涨，即便这些期望和抱负更多的是停留在口头上而非实际行动上。但是，人们对某些问题的明显沉默，最重要的莫过于在经济权利和分配正义等问题上的沉默。到了 20 世纪 70 年代末，发达国家已经有效地击退了众人对“新国际经济秩序”的要求。不管该要求的政策规定是有多么地不足，但它的确体现了一系列有关经济正义的主张。的确，经济和社会权利开始成为人权体系的一部分。但是，我们经常能在主要西方国家内听到有人说，这些不是“真正权利”，而且，这些权利很少能促成政府政策。同样地，所有高收入国家都高度警惕，避免任何会被视为“对经济正义作出正式承诺”的东西。[27]

如果我们把目光对准当下，全球经济治理最突出的特点就是现有机制的混乱和大家缺乏价值观和目标上的共识，为此我们可能需要新型的和改进的机制。与 WTO 之未来有关的谈判处于僵局；IMF 的角色变得越发边缘化；虽然与援助有关的辩论回到了对“增加援助力度”有利的轨道上，大家对“援助制度”应当具有何种形貌这一问题还是没法达成一致意见。

仍然有人强烈声称，全球经济治理应当涉及提供国际公共品，比如金融稳定性或清楚的、实施良好的国际贸易规则。金融危机对特定社会造成的破坏，以及传染体系（system of contagion）的威胁，让人们有了共同的动力，去争取对金融市场进行有效的管制。而且，正如我将在结论中更加详细地进行论述，我们有很好的理由相信，对制度稳定性的威胁有可能增加。但是，在多大程度上生产此类公共品，这更多地取决于特定行为主体的实力和利益，而非治理的功能性逻辑。这方面的例子，最清楚不过地体现在极高水平的国内银行管制和极低水平的全球金融市场管制之间的反差。在贸易这一情况中，WTO 体制所体现的许多目标和价值已经受到持续的挑战。一方面，现有的目标已经被处于支配地位国家的实力以及强大的私营行为主体给颠覆了（比如，要求弱国实施开放政策，但自己又拒绝执行承诺过的自由化，最显著的情况莫过于农业)。另一方面,人们也不断要求,我们需要用保护“合理范围内社会差异”的规范来平衡经济效率(比如与如下态度有关:风险应对、是否重视环境保护,以及文化生产);而且,全球化市场不可避免地会产生脱节,必须要伴以针对“如何在国家内部调整这些脱节”的共同规则。

全球化与共识

几乎所有有关全球化的讨论都承认,全球化的冲击是不均衡的,因为,有些国家被整合进越发密切的相互依存之网络,而其他地区则被边缘化了。在 20 世纪 90 年代,许多分析聚焦于融合—碎片化、趋同—背离这两对关系中的显著二分。众多的评论者强调,到一定程度时,全球化力量会产生碎片化、反动或对抗,涉及至少是类型非常不同的群体:首先,反全球化运动的联合力量在不断变化:一会儿是 NGO,一会儿是 CSO(公民社会组织)[28];其次,从某种形式上看,恐怖主义组织的暴力也许和全球化产生的断裂和异化有关;再次,有许多人反对 20 世纪 90 年代自己所在地区所追求的市场自由化政策,有的政府就靠着这种群众支持而上台(比如委内瑞拉的查韦斯或玻利维亚的莫拉莱斯)。

最明显的挑战很有可能是从对抗运动而来,最紧迫的难题很有可能在那些最缺稳定政府和繁荣的国家中产生。但是,应对这些挑战,建立一个稳定和正当的秩序,将依赖于主要发展中国家之间达成一个更广泛、更坚实的共识,尤其是关乎国际社会的共同规则、价值及制度。[29]我们也要尤其重视那些“过去被称为第三世界而现在被称为全球南部”的观点和政策,因为这些国家在挑战“西方国际社会观”的过程中发挥了历史性的作用。在 20 世纪 60 年代和 70 年代,这一挑战体现为人们呼吁建立一个新国际经济秩序,支持该挑战的行动表现为“77 国集团”(G77)这一形式和“不结盟运动”所体现的“发展中国家日益团结的联合”。这一挑战采取了不同的形式,从中国(至少是修辞意义上的)革命主义,到诸如印度和印度尼西亚等国的硬修正论和诸如巴西等国的软修正论。但是,正如布尔所言,这些呼吁只不过是一个“范围更广、历史更悠久的‘挑战西方支配的国际社会’之行动的一部分”,这一挑战在世纪之交达到了顶峰。这一挑战的早期阶段包含了争取平等主权的斗争、反殖民革命,以及争取种族平等的斗争。[30]

20世纪90年代早期似乎标志着国际社会发展中的一个决定性转折，不仅仅是因为苏联解体，同时也是因为南北关系以及发展中国家外交和对外经济政策发生了剧变。随着冷战的终结和全球化的加剧，许多发展中国家政府似乎都纷纷放弃了第三世界正统论，这些正统论塑造和激发了前半个世纪的政策。这些政策上的“180度大转弯”，也许在国际政治经济中是最显著的。当时，传统上呈片状的国家间联合开始碎片化，而且，人们此前坚决要求修改主流国际经济规范的呼声，也让位于对自由化和参与的强调。发展中国家开始按照IMF和世界银行的要求来调整其国内经济结构。作为GATT的成员国，它们在商品等传统领域承担了更深层次的承诺，开始在服务、“与贸易有关的知识产权”（TRIPs）以及“与贸易有关的投资措施”（TRIMs）等领域遵守新规矩。同时，非成员国貌似争先恐后地想要获得WTO的成员国资格。在1986年乌拉圭回合谈判之初，GATT只有92个成员国；到了1994年乌拉圭回合谈判结束之时，已经增加到128个，到2003年，则是147个。在许多评论家看来，这些转变有一个自然的原因，即发生在发展中国家经济政策中的那些变化——远离了基于“进口替代工业化”、高税收和国家发挥巨大作用的经济模式，朝向市场自由论，并更多强调世界市场的融合。最后，伴随着发展政策中的变化，人们似乎也开始愿意支持20世纪90年代的自由多边主义的许多方面，并加入或至少不那么明确地反对一系列范围广泛的特定制度，包括那些处理环境、人权和人道主义干预以及核扩散和武器控制的制度。

这些变化的重要性日渐突出，因为在一定程度上，全球化让全球性经济势力均衡发生了关键性的转变——中国和印度的高水平增长，并且，在更广泛的范围内，制造业所在地从发达国家转移到发展中国家。那么，在何种程度上，21世纪早期崛起的大国们被带进了自由连带主义国际社会？在趋同和共识这两个貌似一目了然的观念中，有三点需要我们注意。

第一点，我们要批判地看待发展中国家通过哪些方式发生了变化。自由派讲述的是一个“进步之罗网”（progressive enmeshment）的故事。这主要是发扬了康德的如下观念：自由价值观会逐步扩散开来、不断前进，部分原因在于自由经济论和日益增强的经济依存，部分则在于出现了一个自由法律秩序来支撑全球公民社会的自律，部分也是因为“国家间自由资本主义体系在各方面所设立的成功典范”。这是一个动态的过程，可以从如下观念中看到：仿效、学习、规范性说服，以及技术知识。但是，这一图景过于浮光掠影，都没看到强制和附加条件所发挥的作用，而且，它非常巧妙地避开了权力等级和不对称的重要地位。发展中国家通过多种形式来适应后冷战国际体系，这些形式包括位于标尺一端的进步之罗网，以及另一端的直接强加霸权(straightforward hegemonic imposition)。在许多情况下，共识与强制的混合可以通过“强制性社会化”（coercive socialization）这一理念来理解。强制性社会化描述的是如下方式：在一个高度不平等的国际体系中，交往导致人们采纳和融合外来的理念、规范和实践。作为内部化进程的一部分，嵌入在历史中的各种利益观发生了变化，行为主体重新评估自己的政治选择，组织结构得以更正，而且，变化中的制度背景，也为国家与社会之间不断演进的各种讨价还价提供了框架。社会化当然涉及实际力量、动机和限度，它们源自国家间政治竞争以及全球经济中的市场竞争。但是，它也受到如下因素的重大影响：定义和赋意义予这两个实际结构（政治竞争和经济竞争）的那些理念、规范和共同认识及其表现机制。这些进程当然会牵涉到许多南方国家政策中很重要的变化，“自由化进程所导致的国内利益格局转变”常常会强化这种变化。但是，还有一些重要元素持续存在，而且，从变化的“倒逼”程度来看，我们可以预期，变化中的外部因素会导致人们重拾那些先前就存在的观念和偏好。

在最近的许多全球化论述中，巴西总统卡多佐所采纳的市场自由政策被看成是全球自由主义之合理性以及依附理论破产的绝佳例证，卡多佐本人曾是支持该依附理论的一位主要学者。但是，我们可以看到，依附理论中某些重要派别的观点，的确说明了资本主义的变化、动态发展过程，该过程导致南方国家的立场发生了改变。正如卡多佐自己所言：

> 我们正在富有成效地处理一个［比先前各种依附形式］更为残酷的现象：要么南方国家（或部分国家）进入民主—技术—科学竞赛，大力投资研发，并努力转型为“信息经济”；要么它就变得无足轻重，不被剥削也没法被剥削。南方国家发现自己面临双重威胁：它们显然没有能力整合自己、追求自己的利益，但同样也没有能力避免作为更富有经济体的仆人而“被整合”的命运。那些没能力重复当代世界革命的国家（或其部分地区），其结局就是变成“所有可能世界中最糟糕的那个世界”。它们不值得人们花力气去剥削，且会变得无关紧要，对发展

中的全球经济没有任何益处。[31]

第二点，对于所有有关“全球化的要求以及去适应这些要求的压力”的讨论而言，更令人咋舌的是政治和经济发展路径在不断变化。全球化的确涉及要求变化的强大外部压力。但是，这些之所以会出现，是因为存在非常根深蒂固的国内社会、政治和经济结构以及非常独特的民族传统，正是这些因素，才导致各国发展路径依旧是千姿百态的。虽然与全球化有关的体制性压力很强大，但是，重要的是去解析和解构在个别社会尤其是大型和复杂社会中发生的“倒台和适应的复杂进程”。其结果就是，“同质化”这种从直觉上看很强大的理念开始瓦解，随之我们可以越来越清楚地看到，最终结果既不是简单遵从也不是简单拒斥任何一个貌似自由的“模式”。

在后冷战时期，许多对全球化的分析是建立在融合—碎片化、同质化—背离等二元范畴的基础上。一方面，我们拥有一个正在壮大、由自由国家组成的世界，逐渐把他国纳入到它的“和平与合作王国”以及一个把这个世界“扁平化”的动态资本主义经济体系中去。在另一方面，我们拥有一个由如下主体组成的世界：无赖国家，拒绝尊重人民意志或要求人民盲目服从的宗教专制国，以及饱受混乱和无政府状态之苦的地区。这些极端情况的确展现了世界图景的重要部分，但是，它们也表明，“貌合神离”（false similarity）和“过度分歧”（excessive difference）这一对孪生兄弟，仍然还在威胁着我们。[32]

第三点，虽然在 1945 年后的时期中，国内导向的发展模式曾强势联手民族主义的外交政策，但是，走向经济自由化和更大程度地融合在全球经济中的举动，并非就必然和“接受更宽泛的自由秩序”合拍。即便是“在一个大部分都是自由市场的全球经济中进行持续自由市场经济改革”这一背景下，实际上，仍然存在非常广泛的利益和价值观冲突。谁得到了多少？谁制定了全球经济规则？这些规则体现了谁的价值观？从更一般的层面上来讲，所有国家，尤其是自身具有“历史优越感”（a sense of historical entitlement）的和有志于未来的那些大国，能用自己对实力的考量，去平衡对经济福利和发展的追求——目的在于促进安全和自律，加强地区性影响力甚至支配地位，尤其是让他国承认自己是该体系中的主要和正当运作者。实力和繁荣这两个目标总是紧密地纠缠在一起。的确，对于中国和印度国内的重要群体而言，之所以会选择全球化和经济融合，正是因为它们貌似提供了一条最有希望通往民族富强的道路。

我们可以争论说，成功才是最要紧的，并且，挑战的意愿来自经济成功所带来的自信心的恢复。印度和中国以不同的方式表明：民族主义和自由化如何能够共存——不管是自发地还是作为政府积极培育的结果。而且，正如像俄罗斯或日本等在过去就已经现代化的国家（past modernizers）所示，在人们需要和想要“拿来”外部成功模式与“保持文化独特性”之间，总是存在紧张关系。

我们通过这种方式来论证并不意味着就接受了如下新现实主义信条：所有经济实力最终都不可避免会导致军事挑战并加剧大国之间的平衡政治。崛起中的大国最常见的一个特征，就是要求人们承认它们是正当的主要大国，而且它们还体现了某一套特定的价值观。再者，在未来，自由连带主义的一个条件可能在形式上，不是激进地拒斥全球自由价值观，而是要求这些价值因地制宜地得到适用——这些要求已经可以在如下两者之中“窥见”：发展中国家贸易联盟（比如“二十国集团”（G20））重新焕发青春，或者人们呼吁“改革国际制度以更好地反映世界人口平衡以及变化中的世界势力均衡”的呼声（好比呼吁改革联合国安理会或者 IMF 的投票权）。或者，它还可能在形式上要求：如果我们想要进一步严格执行人权或民主规范，那么，这将取决于我们对现有大国的能力进行有效限制，一起决定如何及何时来实施这些执法行为。对实质价值的共识可以与在程序价值方面的深刻分歧共存，而这些程序价值，使得一些国家自行组织起来去实施共同的价值观。

比起当下全球化的自由派评论家，古典自由派分子更深刻地意识到实力与繁荣之间的关系。因此，亚当·斯密那乐观主义、个人主义和普遍主义的一面就被强调民族实力和安全的重要性给平衡了。毕竟他的书的标题是《国富论》，他曾明确说道，“各国政治经济的大目标，就是增加本国的财富和权力”。不仅防御是主权者的首要责任，而且，与邻国在经济上的相互依存可能成为一个威胁；富国更易遭到攻击；按照斯密的观点，商业社会的发展会破坏武士精神，这种发展趋势之所以是成问题的，是因为斯密认为战争是“所有艺术中最高贵的艺术”；虽然商业有能力在国家间产生“一种团结和友谊的纽带”，斯密的现实主义让他得出结论，“人类统治者的暴力和不正义是一种由来已久的罪恶，因此我恐怕不得不说，人类事务的本性几乎无药可医”[33]。

经济全球化的演进将对 21 世纪的势力均衡产生重要的冲击，因而也会对随后出现的国际社会和全球治理的各种形式产生冲击。我们可以再引用斯密的另外一段话来作为本章的结论，这段话强调了实力和贸易之间的关系，同时也展望了本书结论中将论及的实力和正义的观点：

> 美洲及东印度通路被发现时，欧洲人的优越实力，使他们能为所欲为，在此等辽远地方，做出各种不合正义的事体，然后还逍遥法外。今后，此等地方的本地居民，也许会日渐强盛，欧洲人也许会日趋衰弱，使世界上各地的居民，有同等的勇气与实力。只有这样，才可引起相互的恐惧，从而威压一切独立国的专横，使它们能相互尊重彼此的权利。但最能建立此种同等实力的，似乎就是相互传授知识及各种改良方案了，但这种结果，自然会，或不如说必然会，伴随着世界各国广泛的商业而来临。[34]

注 释

[1] David McLellan (ed.), *Karl Marx*: *Selected Writings* (Oxford: Oxford University Press, 1977), 224. 马克思有许多有关资本主义全球扩张的非常强有力的论断，可以在如下著作中找到：Shlomo Avineri (ed.), *Karl Marx on Colonisation and Modernisation* (New York: Doubleday, 1968)。

[2] Norman Angell, *The Great Illusion*: *A Study of the Relation of Military Power in Nations to their Economic and Social Advantage* (London: Heinemann, 1910), 157.

[3] 参见 O'Rourke and Williamson (1999)。有学者对当下辩论的历史背景做了一个杰出的综述，参见 Wolf (2004: chs. 7 and 8)。

[4] 比如，参见 Richard Cooper, *The Economics of Interdependence*: *Economic Policy in the Atlantic Community* (New York: McGraw-Hill, 1968)。

[5] 文献浩瀚。要想从有用的地方开始，参见如下著作：Ngaire Woods (ed.), *The Political Economy of Globalization* (Basingstoke, UK: Macmillan, 2000); Held et al. (1999); Jan Art Scholte, *Globalization*: *A Critical Introduction*, 2nd edn. (Basingstoke, UK: Palgrave, 2005); David Held and Anthony McGrew (eds.), *The Global Transformations Reader*, 2nd edn. (Cambridge: Polity Press, 2003); Joseph S. Nye and Robert O. Keohane, 'Globalization: What's New? And What' s Not? (And So What?)', *Foreign Policy*, 118 (2000), 104–112; 以及 Michael Zürn, 'From Interdependence to Globalization', in Walter Carlsnaes, Thomas Risse, and Beth Simmons (eds.), *Handbook of International Relations* (London: Sage, 2002), 255–274。

[6] 参见 Andrew Hurrell and Ngaire Woods, 'Globalisation and Inequality', *Millennium*, 24/3 (1995), 447–470。

[7] 参见 Thomas J. Biersteker，'Globalization as a Mode of Thinking in Major Institutional Actors'，in Ngaire Woods (ed.)，*The Political Economy of Globalization* (Basingstoke，UK：Macmillan，2000)，147 - 172。

[8] 强调全球化的某个特殊方面决定了人们理解全球化历史的方式。比如，按照经济学的观点，显然，在 1918 年到 1945 年这段时期中，全球经济的开放度和整合度都急剧下降。但是 1918 年的大流感也是一个全球化联系的表现（尤其是从军人活动的角度来看）。该感冒致死的人数是一战的两倍，预示了我们当下对传染性疾病之跨国特征的关切。

[9] 比较如下观点："国家作为一个经济单位即将灭亡"（Charles Kindleberger，1966）；"四百年来，领土政治单位和经济单位首次不再合一"（Peter Drucker，1969）；国家是一个"非常过时的理念，无法自我调整，以服务于我们当下复杂世界的需求"（George Ball，1969）；"民族国家已经变成一个不自然甚至是运行不良的单位，在一个无边界的世界中组织人类活动和管理经济的努力。它不代表任何真正、共同的经济利益共同体；它不能定义任何有意义的经济活动流转"（Kenichi Ohmae，1993）。

[10] Geoffrey Garrett，'Global Markets and National Politics：Collision Course or Virtuous Circle'，*International Organization*，52/4 (1998)，793.

[11] Peter Evans，'The Eclipse of the State? Reflections on Stateness in an Era of Globalization'，*World Politics*，50/1 (1997)，62 - 87.

[12] 这就是为何授权这一理念以及"委托人—代理人"模式应用变得如此的有影响力。比如，参见 Daniel L. Nielson and Michael J. Tierney，'Delegation to International Organizations：Agency Theory and World Bank Environmental Reform'，*International Organization*，57 (2003)，241 - 276；以及更为一般的观点，参见 Kahler and Lake (2003)。

[13] Evans (1997：72).

[14] John Ruggie (1998).

[15] 关于国家日益增长的经济角色，参见 Vito Tanzi and Ludger Schuknecht，*Public Spending in the 20th Century* (Cambridge：Cambridge University Press，2000)。

[16] Michael Howard，*The Lessons of History* (Oxford：Oxford University Press，1991)，156.

[17] 参见 David Armstrong，*Revolutions and World Order* (Oxford：Oxford University Press，1993)；以及 Fred Halliday，*Revolution and World Politics*：*The Rise and Fall of the Sixth Great Power* (Basingstoke，UK：Macmillan，1999)。

[18] 比如，参见如下有关欧洲管制型国家的著作：Giandomenico Majone，'From the Positive to the Regulatory State：Causes and Consequences of Changes in the Mode of Governance'，*Journal of Public Policy*，17（1997）。

[19] Philip Bobbitt，*The Sword of Achilles*：*War*，*Peace and the Course of History*（London：Penguin，2003），esp. ch. 10.

[20] 参见 Peter Evans，*Embedded Autonomy*：*States and Industrial Transformation*（Princeton，NJ：Princeton University Press，1995），esp. chs. 1－3；以及 Robert Wade，*Governing the Market*：*Economic Theory and the Role of Government in East Asian Industrialization*（Princeton，NJ：Princeton University Press，1990）。

[21] 比如，Wolf（2004：ch. 9）；David Dollar and Aart Kraay，'Spreading the Wealth'，*Foreign Affairs*，81/1（2002），120－133。

[22] Branko Milanovic，'The Two Faces of Globalization：Against Globalization as We Know It'，*World Development*，4/4（2003），667－683；Robert Wade，'Is Globalization Reducing Poverty and Inequality?'，*World Development*，32/4（2004），567－589.

[23] 参见 Fernando Henrique Cardoso and Enzo Faletto，*Dependency and Development in Latin America*（Beverly Hills，CA：University of California Press，1979）；Peter Evans，*Dependent Development*：*The Alliance of Multinational*，*State and Local Capital in Brazil*（Princeton，NJ：Princeton University Press，1981）；以及 Gabriel Palma，'Dependency and Development：A Critical Overview'，in Dudley Seers（ed.），*Dependency Theory*：*A Critical Reassessment*（London：Pinter，1981），20－78。

[24] H. Chang，*Kicking Away the Ladder*：*Development Strategies in Historical Perspective*（London：Anthem Press，2002）.

[25] 在浩瀚和复杂的文献中，参见 Amrita Narlikar，*The World Trade Organization*：*A Very Short Introduction*（Oxford：Oxford University Press，2005）；以及 Bernard Hoekman and Michel M. Kostecki，*The Political Economy of the World Trading System*，2nd edn.（Oxford：Oxford University Press，2001）。

[26] Woods（2006：186）："到目前为止，它们（世界银行和 IMF）已经成功地放大和加快了全球贸易的扩张。但是，它们被创造出来是为了帮助调节和平衡全球化，而不是简单地加快全球化"。

[27] 比如参见美国对 1995 年哥本哈根峰会《宣言和行动纲领》的保留条款。在美国看来，这

些条款“不具有法律约束力……包含了关乎国家如何能够和应当如何促进社会发展的诸多建议”。我们要记住，美国从未批准《经济、社会、文化权利国际公约》，正如福赛思（Forsythe）所言，“当美国谈论自己支持《世界人权宣言》时，它简单地略过不谈那些支持如下基本权利的条款：充足的食物、衣服、住所、医疗和社会保障的标准”（Forsythe 2000：145）。在 2000 年，加拿大和欧盟为 2000 年日内瓦“社会发展世界峰会”提出一个宣言草案，谈及“我们有决心和义务去消灭贫困”；但是这一义务并未明晰化（“我们将尽快努力履行那尚需努力才能实现的国际协议目标，即发达国家拿出国民生产总值（GNP）的 0.7%用于针对全体的官方开发援助（ODA)”）。哪怕是非常善良的全球公民，都在反对 G77 草案，该草案要求“在各国内部和之间公平分配财富”。

［28］比如，参见 Emma Bircham and John Charlton（eds.），*Anti-Capitalism：A Guide to the Movement*（London：Bookmark，2001）。

［29］显然，有其他重要的方式来考虑这些问题。一个方式就是跟随世界社会理论家们的脚步，追溯在多大程度上，全球化要求或促进了社会生活组织得以重构。参见 Drori，Meyer and Hwan（2006：esp. chs. land 2）。另外一个方法是在意识形态体系的层面上考虑共识，比如：Fukuyama，*The End of History and the Last Man*（London：Penguin，1992）。一个更进一步的方法是确定群众和精英态度发生了何种转变——要么朝向自由连带主义议程的某些特定方面，要么作为指标，说明出现了一个更广泛的现代性文化，该文化在某些时候有可能往上或往外溢出，影响到人们对秩序和全球治理的认识。

［30］布尔说得很明白，一方面，在这一“革命”过程中，权力从西方转移出去了，另一方面，国际社会的共识因素大为减少。参见 Hedley Bull，‘The Revolt Against Western Dominance’，in *The Hagey Lectures*（Waterloo：University of Waterloo，1984）。

［31］Fernando Henrique Cardoso，‘Relações Norte-Sul no Contexto Atual：Uma Nova Dependência’，in Renato Baumann（ed.），*O Brasil e a Economia Global*（Rio de Janeiro：Editora Campus，1996），12.

［32］就前者，参见 Thomas L. Friedman，*The World Is Flat：A Brief History of the Twenty-First Century*（New York：Farrar，Straus and Goroux，2005）；就后者，参见 Robert D. Kaplan，*The Coming Anarchy：Shattering the Dreams of the Post-Cold War World*（New York：Vintage，2001）。

［33］Adam Smith，*An Inquiry into the Nature and Causes of the Wealth of Nations*（Chicago：University of Chicago Press，［1775］1976）. 虽然比起斯密，科布登更是一位自由世界主义者，且众所周知，他攻击势力均衡为“幻象”和“邪恶偶像”，但是，至少他的部分观点是说，传统干预

主义势力均衡政治已经被工业革命带来的变革给取缔了。实力仍然重要。问题在于，领导者在进行一种错误的权力博弈。参见 Richard Cobden，*Political Writings of Richard Cobden*（London：Routledge/Thoemmes Press，［1867］1995），79 and 147－148。也请参见 Ceadel（1996：110－111）。

［34］Smith（1976：book Ⅳ，ch. Ⅶ，p. 141）. 我要感谢桑卡尔·穆图（Sankar Muthu）提醒我注意这一段落。[①]

① 中文译文出自［英］亚当·斯密：《国民财富的性质和原因的研究》（下卷），195 页，郭大力、王亚南译，北京，商务印书馆，1974。有改动，因中译文有漏译。——译者注

第九章

生态挑战

从直觉上讲，许多日益严重的环境问题提供了一个最可信的理由，让大家都相信传统国际社会形式存在不足，而且民族国家和国家体系有可能面临一场危机。在大部分和该主题有关的著作之中，普遍弥漫着这样的一种感觉——有时候是明确提出，而更经常的是含蓄提出——即国家和由主权国组成的碎片化体系越来越没能力保证有效和公平地管理一个从一般意义上讲相互依存的世界，尤其是全球环境。[1]环境议题(尤其是“全球性”环境议题)，给各国和国家体系提出了复杂程度前所未有的新挑战。要处理这些问题，国家被广泛地视为既太大又太小：对于“设计可行、只可由下而上制定而成的可持续发展策略”这一任务而言，太大了；对于有效管理诸如应对全球气候变化或保护生物多样性等全球性问题而言，又太小了，这些问题从本质上讲，要求实行范围日益广泛的各种国际合作形式。

有三种主要观点，认为“国际社会没能力应对生态挑战”[2]。第一个观点关乎作为整体的国家体系。从这一视角来看，民族国家组成的体系可以说面临危机或运行不良，因为它再也不能提供一个可行的政治框架来集体管理全球环境。虽然没怎么提及替代性路径，但在许多人看来，一个单一、整合、极其复杂和深度相互依存的生态体系，与我们仍然占支配地位的全球政治组织形式，这两者之间存在着根本区别：一个由主权国家组成的碎片化体系，从规范角度而言其基础是相互承认主权，从政治角度来看形成了一个无政府的体系，在其中，从历史上看合作很有限，而且战争和冲突是一个根深蒂固的且在许多人看来是内在的特点。正如《布伦特兰报告》(Brundtland Report）指出，“到现今为止，经验应当已经教育我们，一个碎片化和不协调的政治秩序，没法有效应对一个复杂的、全球性的生态圈，以期保护或理性管理后者”[3]。

第二个观点认为，数量上日益增长的民族国家不再有能力提供本地化的秩序以及在其领土范围内进行充分的环境管理。许多国家和国家结构的缺陷显而易见。更难察觉的是这种缺陷的程度和意义。在一些人看来，许多弱小国家对环境问题束手无策，这就说明了特定政策面临危机，或者最糟糕的情况是，特定政治或经济制度面临危机。但是，在其他人看来，有一些从整体上看影响更为深远的事物正在发生。比如，利普舒茨（Lipschutz）和孔卡（Conca）认为，我们正在见证“一个根本性的社会新动力的出现，对这种动力，政府及其批评者和观察家们可能会束手无策”。全球生态相互依存正引导双方朝如下方向迈进：“在主流国际体系中的行为主体之间进行更为紧密的制度性联系，同时，世界政治中传统权威结构在瓦解和碎片化”[4]。在这些权威结构中，国家的位置尤其不稳定，他们认为，“政府根本就没能力控制其中涉及的破坏性进程”[5]。

第三个观点超出了“国家实际有效处理新挑战”的范围。按照这种观点，环境问题正在侵蚀国家在规范上的吸引力，以及“民族国家是人类忠诚的首要（即使不是唯一）对象”这一理念的吸引力。部分而言，这一正当性丧失源于许多国家国内的环境缺陷。但是从另一方面来看，它是源于在一定程度上，人们日益意识到全球环境问题，以及深刻的、不可避免的环境相互依存之现实，这种意识创造了一种新的地球意识感，导致了新形式、而不是基于领土的政治身份。再者，这一地球意识感切实体现在人们日益发动“新型社会行动者”去应对环境议题上。之前大家笼统地称为“全球环境运动”的事物，现在得到了巩固，这无疑是和其他的全球化进程联系在一起的，这一巩固被视为一个正在涌现的跨国公民社会最重要的和实质性的一个支柱。根据这种观点，我们由此正在见证新形式、而不是基于领土的政治身份的出现，以及新的政治组织和行动机制，这些机制超越了民族国家，挑战了国家主义世界政治的霸权地位。

生态挑战之所以如此重要、深刻，是因为它以一定的方式质疑了这一“基于国家的多元主义全球秩序观”的实际可行性和道德完备性；也因为从某种方式上讲，我们对生态挑战的应对措施推动着国家朝新形式的国际法和全球治理前进。本章分为三部分。第一部分审视人们所提出的挑战的性质和程度。第二部分把生态挑战的应对措施设定在变化中的国际社会宪政结构的背景中——一方面朝一个连带主义国家体系前进，另一方面，出现了日益增多的跨国治理元素。第三部分将描述不平等实力和价值冲突如何使那些貌似“明显促进环境合作的公益事业”变得复杂化。

生态挑战

生态挑战有四个主要方面。第一个源自人们日益意识到如下进步观和发展观：按照这种观念，西方建构了传统上对政治秩序的认识，同时也源于如下可能存在的真实情况：当下主流的政治组织形式可能不足以在一个持久的和可持续的基础上调整人类和自然环境的关系。在国际政治中，环境议题的显著性大大增加，原因在于环境加速恶化，科技知识日益增长，以及大众日益意识到人类面临的生态挑战的严重性。理解最紧迫的环境问题的主要方式，从20世纪70年代对地方化污染和自然资源限度的讨论（人们关注人口和自然资源、“增长限度”理念的出现、OPEC（石油输出国组织）的冲击等等），转向了日益强调“全球环境变迁”这一观念，以及地球承载“经济活动所生产的废弃物”的能力有限：简而言之，是从“资源限度”到“承载限度”的转变。[6]虽然上述描绘的大部分内容仍然富有争议且模糊不清，但是，越来越多的证据表明，人类社会和经济活动给生态圈的生态极限造成了过多的压力，而且，从一个粗略但实际的意义上讲，我们正在耗尽那些可用的生态空间。[7]

该挑战的第二个方面关乎当下环境议题那日益全球性的特点。我们可以从三种意义上来说环境已经成为一个全球性的议题。首先，也是最明显的是，人类现在面对一系列强烈意义上的全球性环境问题，因为它们影响到了每个人，且只能在所有国家或至少全世界大部分国家进行合作的基础上才能得以有效治理：控制气候变化以及温室气体排放，保护臭氧层，保护生态多样化，保护诸如南极和亚马逊之类的特殊地区，管理海床，以及保护公海——这都是一些主要的例子。在气候变化的情况下，我们处理的是一个全球性的、不确定的和长期的过程，自身携带着“大规模和不可逆转之变化”的显著风险，该变化能改变世界的物理地貌，破坏现有的社会经济组织形式。

其次，许多本来是地区性或地方性的环境问题——比如：大范围的城市恶化、滥伐森林、沙漠化、盐碱化、剥蚀作用或水和薪材（fuelwood）短缺——的规模日渐扩大，这可能加剧了国际震荡，通过的方式有：破坏弱国和穷国的经济基础和社会肌理，导致并恶化国家内部或国家间的紧张和冲突，刺激日益严重的难民潮。[8]再者，虽然许多此类问题是“地方化”的，因为它们的**效应**只有当地人才能感受到，但是，它们的**起因**常常超出了国家疆界，因为地方性的生态系统紧密地与跨国生产和交换的结构交织在一起。

日益全球化的第三个方面，源自造成环境问题的原因与当前高度全球化的世界经济运作方式之间存在复杂、密切的关系。一方面，有一系列环境问题是由如下原因造成的：工业化国家的**富裕**，这一富裕在很大程度上立基于高水平的、不可持续的能源消费和自然资源枯竭之上；以及这些经济体在整个经济体系中所投下的“生态阴影”。另一方面，人们普遍承认，下列因素之间存在关联：**贫困**、人口压力和环境恶化。从内在方面来讲，可持续发展是一个全球性的议题，这既是因为世界经济中的许多方面在经济上相互依存，也是因为它提出了一个在贫富之间进行财富、权力和资源分配的基本问题。视环境为一个全球性议题，这不是暗示说所有的环境问题都会有全球震荡效果，更不是要说所有的问题都需要在全球基础上进行治理。相反，我们是要说政治和社会秩序的物质基础必然受到整个地球“负载能力”（the carrying capacity）的限制，而且，政治在全球组织的方式已经变成一个重要因素，影响到人类和自然世界关系的长期可持续性。

挑战的第三个方面涉及处理环境问题所需之合作的特点。全球化治理必然会牵涉到创造具有深度渗透性的规则和制度，人们也会辩论在不同社会中的国内组织方式。这是一个结构性挑战。格拉布将气候变化问题描述为一个从本质方面来讲是全球性的问题：“……因为排放的地点与后果无关，而且，它牵涉到如下两者之间的直接互动：一方面是与经济发展相关的两大最基本活动：能源消耗和土地使用；另一方面是生物圈的两大基本驱动力：碳循环（以二氧化碳和甲烷的形式）以及大气层的扩散性”[9]。因此，有效的国际环境政策必然会牵涉到一系列复杂的国际和跨国行为主体、中央政府与一个范围更为广泛的国内主体之间的互动，以及与国内社会组织有关的辩论。美国总统老布什在1992年的里约大会上说，美国的生活方式不容辩论。全球环境治理必然会涉及人们讨论各个人的生活方式。

该挑战的第四个方面指出，数量上激增的个别民族国家不再有能力提供地方化的秩序，并在其国土范围内进行程度充足的环境治理。许多最严重的可持续之障碍，必定与特定国家的国内缺陷和国家结构有关。在某些情况下，这些缺陷源自经济发展的局限性：脆弱、无效以及政府官僚体制的腐败；缺乏适当的人力、金融和技术资源；广泛存在根深蒂固的经济问题；以及越发容易受国际和跨国经济力量的影响。但是在许多情况下，问题直接与政治有关：从不可持续之发展形势中受益的强大政治利益集团的反对，以及国家难以规范自己的行为和直接干预经济生活的众多领域。

显然，这些问题在许多最弱小的国家中是相当严重的，比如海地、萨尔瓦多以及许多非洲国家。但是，即便是在那些从任何意义上讲都不算“失灵”的国家中，政府控制或管理自然资源使用的能力常常是不甚明晰的。巴西亚马逊流域的故事是一个寓言，关乎一个强大的发展主义的国家如何陷于悲情之中：一个范围广泛、国家主导的发展规划立基于一个强有力的民族融合及民族发展之意识形态；试图去达到直接的集权控制，把传统地方精英连根拔起，用新式官僚控制结构来代替他们；逐渐侵蚀国家控制“那些被释放出来的强大的矛盾性力量”的能力。再者，巴西的案例不是独有的，正如我们在如下场景中所见：环境恶化和环境抗议在苏联和东欧共产主义制度的倒台中发挥了作用。而且，还出现了一些令人担心的迹象，表明中国岌岌可危的环境基础有可能会迫使大家戏剧性地重新评估那备受推崇的“中国奇迹”和中国作为一个强国的形象。[10]

这些挑战将会是严重的，即便我们将国家视为一种从环境上讲是中立的社会组织形式。但是，对于许多生态理论家而言，国家绝不是中立的。[11]首先，生态思维必定关乎关系、相互联系和共同体。国家顶多只是构成这一范围更广之整体的一部分。其次，绿色政治理论长期以来都怀疑，韦伯式国家机器的官僚逻辑是否真的就与如下观点“水火不容”：我们不能根据最狭隘的技术视角来看待自然。再次，随着国家在历史上的出现，它已经紧密地联系于资本主义的发展，由此联系于生产主义、扩张主义以及强调日益增加的物质消费水平，而生态批评主要针对的目标就是这种过分的强调。最后，对于许多生态主义者而言，国家间政治的无政府特点产生了一个重复出现的安全竞争逻辑，这导致了暴力冲突，并伴随着破坏环境的后果；该安全竞争逻辑也逼迫政治领袖盯着自己的短期利益以及相对于其他国家的实力地位；同时，它也强化了那些狭隘的和排他的民族共同体观。

针对许多环境问题的严重性，各种看法不一，人们就难免莫衷一是。对于环境乐观主义者而言，生态挑战没有像我们之前说的那么严重，技术和持续的经济发展都会让人类社会达到更高水平的可持续性，并成功适应那不可避免会发生的环境变化。[12]环境悲观主义者的回答则是，人类控制自然环境的能力一直以来被过于高估了，尤其因为人们没有充分注意到复杂性、非线性和不可预见性。在气候变化的情况下，正是不断累积的不稳定力量，才是最重要的因素。再者，即便我们戴上一副浪漫的眼镜去看待问题，甚至假设适应的成本低于结构性变化的成本，那么，乐观主义的许多方面取决于存在一套运行良好的政治制度，有能力实现历史上前所未有的合作水平。也许技术能解决许多问题，但是该技术必须要得到应用，并传播到需要该技术的地方。也许世界作为一个整体有能力处理特定类型的缺陷。但是，这如果要成为一个有意义的解决方案，我们必须要有一个全球性机制来传播和分配，该机制也得有能力考虑效率和公平。正是这些乐观主义者，才最依赖于一些国际关系面临的最棘手的政治问题的解决。对于这一点，乐观主义者尽管有所承认，但承认得还不够。不管我们对国家本身采取何种观点，生态挑战无疑已经让我们去质疑那基于国家的多元主义国际秩序的实际可行性和道德可接受性。

应对措施

生态挑战的严重性以及对国家的怀疑已经让有些人开始寻求激进的政治解决方案。在标尺的一端，这涉及要么支持世界政府要么支持强势全球集权主义的论断，这样的一种集权肯定会改变国家的角色和国际社会的特点。“我们迫切地需要一个世界政府，对支离破碎的民族国家拥有足够的强制力，去实现那些人们合情合理地视为地球共同利益的东西”[13]。但是，支持世界政府的观点总是面临着非常强大的反对意见，最重要的是：任何有效的权力集中都会对自由产生严重威胁。毕竟，如果一个运行良好的政治体系的目标之一就是反映和促进某些共同善的构想，那么，另一个目标就是限制霸道的支配地位，或将其降至最低。再者，有许多生态论断坚决反对任何形式的全球集权主义，最重要的就是因为多样性极其重要——不仅仅是与自然进行互动的形式的多样性，同时，也包括生态理念、可能性和思维方式的多样性。

在标尺的另一端，生态思维长期以来强调分权的价值观。[14]把权力赋予个体和社区，加上有力强调分权形式的政治组织，已经成为生态著作中的一个大主题。分权和赋权以不同的方式促进了可持续性：将消费和生产更为紧密地结合在一起；加强地方性民主，将政治反对意见聚焦于现有环境问题的严重性之上；加大力度，让地方群体和社区拥有不同形式可持续发展的专业知识，并提供各种社会组织，用于知识的有效实践。但是，不管这些观点多么的有价值，生态挑战的全球性本质要求我们进行很大程度上的合作、管制和长期规划。即便分权或更多地区性或地方性的社区能够取代国家，我们仍然需要创制或重新创制某些形式的对外或全球性政治关系和制度。很难看到这些举动就能完全避免“重走”当下基于国家之治理方式的“老路”，既包括其积极的一面，也包括那些重复出现的困境。

现实的情况是，某些非常重要的适应生态挑战的过程已经在个别国家发生了，主要通过以下方式：“绿化”国内政治；在国家行政中日益强调环境议题；不同的生态现代化进程；以及通过不同的方式，将环境与国家正当性问题联系在一起。[15]这也许会令人吃惊，考虑到人们一直在不停呼吁，我们需要改革，我们也能发现国家主义和民族主义思维中重要的环境治理观。国家主义这一派认为，朝向全球化和一体化的强大压力需要被扭转，世界经济需要被“带回至国家掌控之下”。[16]民族主义那一派则认为，有意义的可持续性需要反映特定民族共同体的各种价值观和传统。这常常是以一个“柔性伯克式保守主义”的面貌出现。[17]但是，这一立场会渐变为排他的和反移民的民族主义，这提醒我们要注意历史上发生过的存在于环境主义和欧洲法西斯主义不同变种之间的紧密关系。

但是，将国家视为一个孤立起来的离散的机构，这样的观点一直以来都是问题多多，最有问题的莫过于将之与环境联系在一起来看。[18]正如我们已经看到的那样，有很好的理由说明，为何在讨论生态挑战时，如此之多的用语都是“超越主权”——这样的改革要么是已经发生，要么就是亟待发生（如果我们要想应对生态挑战的话）。考虑到该挑战的严重性，许多生态思维和几乎所有的环境实践都倾向于追溯国际社会规范性结构在如下两个维度上的演变：一方面，是朝更为连带主义的国家间合作形式前进；另一方面，是出现超越国家的新治理形式。

连带主义合作

我们没必要将绝望的呐喊当成真理。的确，我们完全有可能提供一种乐观的解读，来看待全球环境治理的演变。按照这种观点，国际社会已经开始通过构建国际社会的共同利益、共同规则和共同制度，来断断续续地、慢吞吞地处理不断涌现的环境问题。[19]

首先，乐观主义者可以指出，出现了一个日益复杂的全球环境治理结构，并且，政策制定者和政客越发注意到国际环境议题。不管他们关心的程度如何，现在很难想象人们对环境的关切会完全从政府议程中消失。不仅环境制度如雨后春笋般涌现，而且，从承认问题到采取国际行动之间的时间间隔也大大缩短（例如，比较一下海洋法谈判与臭氧层保护机构，以及将以上两者与生物多样性和气候变化的框架协议进行比较）。在这里我们也可以看到 500 个左右多边环境协议，构成了全球环境治理结构的核心——这些协议的六成是自从 1972 年斯德哥尔摩大会以来签订的，85%覆盖国内（相对于跨国）行为。[20]

其次，国际社会已经看到，出现了一系列种类繁多的新式国际法概念，用来处理环境问题。防止对环境造成伤害的法律义务、对环境伤害负法律责任、告知和咨询义务、采取环境评估的义务，所有这些概念都已经坚实地确立起来了。再者，相当激进的原则也在国际舞台上出现，只不过通常是以一种“较为柔性”的面貌出现，比如，预警原则、代际公平原则；共同遗产、共享资源以及共同关切等理念；以及工业国家承认有义务通过资金和技术转让来协助保障发展中国家的可持续性。这样的一个规范性转变无疑是重要的，需要被视为“国际法通过不同方式来理解‘主权’的过程中所发生的一个更宽泛之转变”的一部分：不再强调国家的权利，转而更多地强调义务和共同利益。这样的发展也让大家都意识到，在很大程度上主权需要被理解为不是一个单一、离散、仅仅基于国家实力的主张，而是一个历史建构起来的“不同职能之组合”，其精确定义取决于整体国际法律秩序那不断变化中的建制。[21]环境治理因此开始包含一系列在数量上日增的正式制度，特定的法律规则和原则，以及广泛的政治规范。在南北关系的背景下，这些政治规范中最有潜力成为领头羊的是“共同但有等差的责任”，即承认共同利益，但同时也承认成本之分担必须有等差，要根据各国的发展水平、支付能力以及某种（不那么明晰的）历史正义观来进行分配。

第三，乐观主义者强调，在一定程度上，人们对环境制度的认识和评价，应当被视为是一个不断进行中的管理和谈判进程的一部分。对于乐观主义者而言，揪着某特定协议的失败和错漏之处不放，这样做是错误的。相反，环境制度的有效性源自国家在一定程度上参与到一个持续和制度化的进程：因此，几乎所有环境协议都明确针对定期会议制定条款，并制作和发布信息；由此，有人将制度视为框架，正是在此基础上人们才发动大家在政治上对国家施压。比如，《京都议定书》的重要之处，不在于它将对气候变化产生很大的影响（它是不会产生这样的影响的），而是它创造了一个政治框架，在其中，大家可能会就更有效的协议进行谈判。再者，即便是在强国政府拒斥国际协议的时期内（比如美国拒绝1991年《生物多样性公约》、1997年《京都议定书》以及2000年的《卡特赫纳生物安全议定书》），国内和跨国层面上都还是发生了不少变化。因此，美国的几个州在气候变化上采取了行动，一些美国公司不得不调整自己的行为去遵守生物技术和跨基因水稻领域中的国际规章。

第四，乐观主义者指出，在一定程度上，和主权有关的冲突已经减少了。对主权的态度，尤其是在发展中国家，自从1972年的斯德哥尔摩大会以来，已经发生了实质性的转变。诸如中国、印度、巴西这样的发展中国家不再拘泥于在斯德哥尔摩大会上还可见得到的“环境与发展”严格二分论。它们开始更加注意保护环境的重要性，并朝更可持续的经济发展模式前进。如此一来，就“环境保护能够以何种方式强化经济发展”这一议题，人们的共识在日益增加。人们也日益意识到，无法遏制的环境恶化对南方国家提出了诸多威胁。再者，南方国家也开始接受外部世界关心某个国家内部的环境恶化是正当的，这既是一个“国际关切”的事项（这表明，其他国家参与进来是正当的），而且也日益成为“人类的共同关切”。最近的宣言也承认NGO既有权参与到发展中国家的“国内”环境事务，也有权参与全球谈判。

最后，许多乐观主义的观点都有赖于我们对科学知识的信心，无论是提出环境问题的解决方案，还是去促进和推动国际合作。的确，该领域论述的一个主要议题，就是在一定程度上，日益增长的科学知识水平能用于重新引导国家利益，推动国际合作，促进“环境学习”。在这一语境中，许多人都关注一个由科学家和专家组成的跨国“知识群体”的角色。[22]从自由主义的视角来看，人们对环境问题的认识日渐科学化，将有助于重新引导国家利益，推动国际合作。“环境治理的规范、规则和策略不再是备受争议的了”[23]。

超越国家的复杂治理

在许多议题上（比如滥伐森林、生物多样性、臭氧层、捕鱼以及有毒废品），环境治理的特点是一系列复杂且变动中的行为主体，包括国家、非政府组织、跨国社会运动、公民社会组织以及专业性的跨国共同体。[24]当然，这说明非政府组织在全球环境治理中开始扮演日渐重要的角色：改变和环境相关的公共和政治态度，越来越多的国家将环境议题放在政治议程的重要位置；公布环境问题的性质和严重性；作为传播科学研究成果的一个渠道；组织和发动公众对政府、公司和国际组织施压；提供一个最重要的机制，来帮助确保有效地执行环境协议。[25]尽管自由派人士对国家总是感到不耐烦，他们倾向于认为，从内在角度来讲，这一跨国公民社会的出现，是一个积极的发展趋势。[26]

正如我们在第四章中讨论的那样，环境思维和环境实践倾向于沿着两条道路发展。第一条推动着大家往功能—契约性方向走。在这一主题之下，我们会囊括如下环境治理方面：技术专家组成的知识群体，以及负责制定、传播和实施一系列数目日增的环境规范、规则和规章制度的许多监管网络。按照这种观点，制度，包括国家制度，不应当被视为代表主权权力或者体现某特定共同体，而是应被视为功能性机构——它们互相竞争，针对治理方面的难题提供有效的解决方案。针对“何种治理功能应当在哪一个层面上得到什么类型行为主体或何种社会机制（国家、市场和公民社会）的采纳”这一问题，不存在任何先在的规范性偏好。国家功能是可替代的，可以由外部机构、私营主体以及一系列跨国行为体（考虑到生态挑战的性质）来操办。按照这种观点，国家将仍然存在；但是由主权这一规范授予国家的那种地位和保护将不再。第二条道路推动着我们往协商—民主的方向走。伴随着地方社区拥有更多实质性的权力，不同种族和地域群体日增的自主性，以及对公民社会组织在法律上的承认，生态挑战的性质促使我们走向更开放和更多样的治理安排。在此处，国际法成为一个世界主义共同体的法律。它规范着国家，但是其存在、内容或实施，都不再依赖于国家的意志。至少从部分程度来看，国家是由跨国公民社会的意志建构起来的。在未来，国家会继续存在，但是它失去了作为一个自主性制度的地位，相反，它成为一个更为广泛和更为复杂的社会、政治和法律进程中众多参与者中的一员。

实力与价值观

第一，自由派分子仍然倾向于相信，生态相互依存的现实所创造出来的问题，只能通过新式的和影响更深远的合作机制来解决。地球上剧烈的环境恶化将使被牵连到的所有人都受到损害，且国家受困于如下状况：它们无处可逃，将被迫就该状况进行合作。因此，对于现代自由派分子而言，环境问题的严重性，以及环境相互依存的不可避免性，都将越发倒逼着国家进行合作。比如，罗西瑙（Rosenau）认为，环境议题“迫使中央和地方政府开展更大程度的跨国合作”[27]。环境主义的语言满是谈论“必要性”和“紧迫性”，常常以如下理念为基础：对灾难迫在眉睫的恐惧，将不可避免地有助于催生改革。

第二，怀疑论者持续强调合作中的许多障碍。首先，“全球环境相互依存”这样不精确的说法掩盖了许多问题，这些问题的特殊特征有时候还可能有助于促进合作（比如以臭氧层为例），但也有可能削弱合作（比如以全球气候变化为例）。其次，许多现有法律制度的缺陷太多了，我们没法视而不见。协议的数量可能很庞大，但是对违犯行为的制裁措施太弱。国家的态度表明了一种对非约束性目标或指导方针的显著偏好，它们可以自由实施这些目标或方针，按照自己认为合适的步调来进行，而不是接受某种切实的和明白无误的义务。大部分协议都像撒胡椒粉一样地充斥着各种中止条款、限制条款和规避上的漏洞，缺乏清晰的、可衡量的承诺，现有环境条约中很少包含某种不可规避的要求，国家可以求助于有约束力的第三方程序来解决争端。国家还是极热心于保持自己对报告、监督和调查程序的切实控制。美国在20世纪90年代不愿意加入处理生物多样性、气候变化和生物安全等事项的协定，该行为为以下事实提供了鲜明的证据：如何调节不平等的实力仍然是一个持续进行中的问题。

第三，存在强大的压力，要求国家和国家代表将自己的切身短期利益以及保护政治自主性设置为较高的优先考虑级别。显然，在如下两者之间存在明显的错配：一方面是政客的时间维度和政治进程，另一方面是需要延长时间框架来说明和处理许多最严重的环境问题。再者，很难轻易地把如下几者连接起来：日增的科学知识、环境的政治显著性，以及国际合作的增加。虽然从一般角度来讲，环境议题在过去30年中的重要性大为增加，但是，这一进程既不是呈线性发展的，也不能把它与政治脱离开来。20世纪80年代末高水平的环境能动主义销声匿迹了，环境政党在20世纪90年代在许多国家中失去了民众的支持。一方面，议题涉及科学和科学知识的政治化，并且只能通过一些“极不简单”的方式，我们才能达成科学共识，并推动大家制定一个特定的政策应对方案。另一方面，环境关切的政治显著性取决于一系列范围广泛的政治因素，这些因素常常完全与环境本身无关，也与科学知识和理解无关。

第四，国家在努力管理全球经济以使之有利于生态理性的过程中面临着严峻的难题。从传统上看，国际环境管制取决于把议题和“特定问题、特定协议”的谈判分开。然而，要想把生态与国际政治经济作为分开的领域来对待，已经变得越来越难了。比如，起作用的制度不能被局限于那些拥有一个特定“环境”标签的制度（比如“联合国环境项目”“可持续发展委员会”或者“全球环境基金”），而应当是管理（或至少旨在管理）世界经济的核心制度（世界银行或者IMF、关贸总协定以及“七国集团”）。不同环境议题之间以及环境和许多其他社会经济生活领域之间那些内在的和复杂的相互关系，对国际环境合作的主要技术造成了越来越多的压力。要把这些议题割裂开来，已经变得日渐困难了。试图在国际层面上赋予可持续性意义，必然会涉及管理一系列多元和高度政治化之关系在环境上的不同意义（比如，贸易与环境、债务与环境、军事开支和环境等之间的联系）。出现以下情形并不令人惊讶：国际社会发现这是一个令人胆寒的任务，朝这一方向迈进的最显著的一步（1992 年人们在里约就长达 800 页的《二十一世纪议程》进行谈判），其标志就是：漏洞百出，缺乏整体一致性，且人们极不情愿说明如何通过有效行动来实现那些令人惊叹的伟业。最近在 WTO 内部针对“贸易与环境的关联”问题出现僵局，为我们提供了另一个清晰例证，说明这其中所涉及的重重困难。

怀疑论者的队伍包括政治现实主义者，他们总是愿意指出“国际制度的虚假承诺”。但是这些人也包括激进的生态主义者，他们怀疑如下改良版自由主义（这种观点已经在国际环境思维里如此深入人心），即促进全球增长（当然是具有更可持续的特点）是避免未来环境灾难的核心组成部分。有些人则看到，在我们继续强调增长和地球生态系统的有限性之间存在一个深刻的矛盾，在这些人看来，最重要的是贫富之间的分配性冲突，其程度有可能会比那隔靴搔痒的“可持续发展”说法所表明的程度更为剧烈，具有更大的政治意义。

环境提供了一个尤其重要的例子，帮我们看清斩获共同利益的难题如何被不平等以及人们在价值观和正义观方面的冲突所激化。

实力与不平等

环境至少通过如下四种方式被深深地隐含在了继续支配世界政治的不平等实力的格局之中。

第一，过去对环境资源的使用在如下几者之中发挥了作用：帝国主义的实践、工业化国家的成功发展，以及创造了当下的不平等局面。[28]富国和穷国在资源使用上的巨大不平等，以及各自造成的“生态足迹”的相对规模构成了当下全球环境治理的格局，开启了一个最基本的分配性困境：发展中国家如何能够增加其公民的福利以及国家的实力和财富，而又避免复制现今富人和霸权者铺张浪费的生活方式以及不可持续的消费和资源使用方式？发展中国家选择的政策会对未来生态产生何种影响？而且，在一个经合组织国家所代表的世界人口和全球经济份额正在日渐减少的体系中，我们如何在政治上治理全球环境？

第二，环境保护对各国和各社区的影响不一，国家和社区处理和适应环境变化的能力也存在较大差异。本书中反复说明的一个主题就是全球化进程如何在全球范围内造成了程度不一的冲击，并且这种程度不一的冲击如何成为全球不平等的一个主要特征。许多原本是地方性的问题，其规模在日渐扩大，比如土壤表层流失和水资源匮乏，这威胁到了不少发展中国家。通过如下途径：水资源压力飙升、农民收入下降、营养不良和疾病增多以及源于环境压力的武装冲突有可能加剧，不受遏制的气候变化会不公平地对发展中国家造成更多的影响。再者，资本主义经济日益全球化所产生的压力和限制，会极大地影响到许多显然是“地方性”的环境问题的产生，以及国家去面对这些问题时的能力——比如，结构性调整政策与环境恶化之间的关系，或者从更广泛的角度来讲，通过“兜售各种西方生活方式”和“从某种特定视角去看待现代性和进步”等方式进行传播。

第三，实力在设定环境政治议程方面发挥作用，包括“什么才能被称为全球性挑战”这样一个备受争议的议题，以及通过何种方式将生态理念转化为政策。部分而言，这与设定广泛议程有关，比如如下议题以一定方式支配着政治辩论：那些北方国家有特殊利益的议题（生物多样性、气候变化以及滥伐热带森林），或者那些尤其吸引北方公众情感的议题；环境辩论也避开了那些不那么吸引眼球但南方国家民众很关心的问题（沙漠化，水资源和薪材资源短缺，缺乏安全饮用水、清洁空气和体面的卫生条件），而且，最重要的是避开了经济持续发展这一紧迫的需求。因此，注意力被分散，不再集中于“工业化国家应改革经济发展模式”这一紧迫的需要，这一改革包括：减少资源消耗，环境外部性的完全内在化，严格地减少污染措施，以及相对更少地占用地球的资源及其“容量”。但是，实力也会塑造人们认识和发扬特定环境理念的方式。“自由环境主义”就提供了一个很好的例子——以一定的方式，可持续性这一概念在 20 世纪 80 年代末被经合组织和国际金融制度挑中，并被改造成一套技术理解方式，这些理解方式清除了这一概念中的激进成分，以便尽可能地不损害正统的经济发展观。[29]

大约从 1985 年到 1992 年这段时间内，冲突的主要轴心显然是围绕着南北之间的关系。环境与发展如何能够得以协调？在何种程度上北方愿意对自己过去造成的环境问题负责，并转让必要的技术和金融资源，使得并说服发展中国家采取更可持续的发展模式？再者，发展中国家很抗拒那些“将进一步为外部势力干预国内事务正名”的举动（森林一直以来都是一个尤其备受争议的议题）；在“制度性地控制那些旨在帮助我们走向可持续性的机制”这一方面，也有不少冲突（比如“全球环境设施机构”（Global Environmental Facility）中的相对投票权）。在 20 世纪 90 年代的大部分时间里，人们对实力的辩论偏到了一个不同的方向上去，关心的是国际社会在面对一个全球性霸主之时如何作出反应（该霸主要么没能支持那些旨在建立环境制度的努力，要么就是积极运作来反对这些努力）。[30]在这里，值得注意的是，美国之所以拒绝《京都议定书》，不仅仅是因为它将其视为一个有缺陷的协议，有悖于自己的经济利益，也是因为它不同意豁免诸如中印这样的主要发展中国家的义务，认为这种豁免从内在角度而言是不公平的。

随着美国重新参与环境议题尤其是气候变化问题，南北轴心的重要性重新体现出来，分配性和体制性冲突也重新出现（有关控制技术和资源转让，以及构建《京都议定书》缺乏的那种有效实施机制）。但是，发达国家需要一份气候变化协议的程度，以及在多大程度上该协议必须要包含主要的发展中大国（诸如中国、印度、巴西等），这些问题引出了一个从潜在角度而言相当不同的实力分布问题。在这种情况下，有效和正当治理的问题大可围绕着如下两者之间的关系来运转：一方面是主要环境参与者组成的俱乐部，另一方面是范围更广泛的贫富关系（rich-poor relations）问题。

正义、价值观和语境

在与环境相关的著作中，亨利·舒（Henry Shue）提到了“正义之不可避免性”[31]。环境挑战（气候变化乃其中尤其显著者）提出了一系列范围广泛的棘手伦理议题。[32]这些议题中的很多都直接源自我们在上面勾画出来的那些分配性和程序性问题：我们如何理解与环境有关的历史责任并就此展开行动？防止那些可避免之变化的成本应当如何分担？谁来担起责任去适应那些不可避免的变化？如何在全球环境治理制度中确保程序性公平，尤其是考虑到在财富和实力分布上那些现存的不平等？但是，人们对不断变化的环境问题之本质进行反思，也同样激发了大家对规范性框架的辩论，在其中人们可以就许多具体议题进行辩论。

在许多人看来，全球环境问题的出现，以及各个民族都大大提高的“全球共同利益”意识，以期保护环境和保障人类的未来，这极大地刺激了世界主义道德意识的增长。在观念上，“大家共享一个世界”；全球环境在本质上是互联和相互依存的；以及正因为人类可用资源是稀缺的，所以我们需要在本代人之间和代际内进行分配——所有这些观念都制造了一种氛围，让大家越来越难以接受如下观念：“对正义（一般来讲就是正义，具体来讲就是分配正义）的考虑止于国家边界”。在许多人看来，全球环境相互依存让各种世界主义全球共同体的愿景开始拥有更大的实现可能性。

但是，我们也可以说，有利于多元主义和多样性的一般社群主义观点，在环境领域中有着特殊的重要性。与自然和自然世界的关系常常是用来定义某共同体自我感觉的一个特征。再者，可能不存在什么可持续发展的普遍定义，并可以机械地适用于全球各地。各国（以及各个共同体）在环境政策和优先取舍上的区别将是不可避免的，也是正当的。这反映了存在于如下几个领域之中的巨大差异：物质世界、环境挑战的性质和范围，以及人们对源自不同经济发展水平的环境问题采取了不同的视角。当然，在不同的目标和优先取舍之间，存在许多空间来进行积极的强化行为。但是，可持续性不可避免地要先在如下取舍之间进行妥协：最大限度地保存自然环境与追求持续高水平的经济发展；快速的经济增长与保护传统文化或改善公平与社会正义；或者，进口最先进技术与保障传统实践和文化。有人说，我们可以用自由治理的方法来解决全球环境谈判的问题，这种观点常常忽视了我们缺乏一个共同的文化或认知脚本，这一脚本能使“可持续性”这一在很大程度上只不过是在修辞层面上的共识价值，转化为稳定的和有效的运行性规则。这一点尤其可以在如下情况中看到：对赋予自然世界及其保存以内在价值的行为；而且，我们要看到，自然之所以对人类有价值，正是因为它具有“自然性”和不可替代性。

文化和语境上的差异，建构了人们对“自然”和“人类”的不同认识。比如，美国有一个非常强大的传统，让许多人从“保护野生动物”的角度来看待环境保护。[33]这反映了某种非常特殊的社会和环境历史。即便是在发达国家阵营内部，各国还是存在差异，美国的这一传统显然区别于德国环境主义，后者强调，我们要对工业化社会进行批判。在盎格鲁-撒克逊国家中，许多生态思维区分了“人类中心主义”立场与“生态中心主义”立场，前者指的是自然的价值在于它发挥作用，去满足人类利益和价值，后者则坚持自然世界的道德地位以及“自然的权利”。[34]相比之下，在法国，环境思维倾向于探究和质疑“自然”与“人类”之间的区分，以及这两者通过何种方式相互建构。[35]在南北分歧的情况下，古哈（Guha）和阿利耶（Allier）区分了北方环境主义与南方环境主义：前者强调人类权利与自然权利之间的二分，该结构的基础常常是文化和美学的目标和价值；后者的基础是贫富之间的二分，强调不同社区的存续及其利用资源的权利，以及转变全球经济结构的必要性。[36]最后，对于许多土著民族而言，我们不能从功利的角度来理解自然，相反，我们需要理解自然的内在价值通过多种方式与共同体和身份关联在一起。[37]

结　论

国际社会和环境之间日益紧密地相互交织在一起，可以让我们得出三个结论。

首先，几乎没有可能避开国家的中心地位。人们有可能还是关注国家那不平衡的和备受争议的角色及其与环境之间纠缠不清的关系：一方面，作为一个主体，国家和许多最严重的环境的破坏过程有深入的牵连；另一方面，作为一个仍然占据主流地位的政治组织形式，它将不可避免地不得不在促进环境朝进步方向变化方面发挥核心作用。许多人会发出这种疑问，他们强调，有许多限制和障碍会阻挡进步；他们还认为，大量此类限制都和国家的局限性以及国内和国际政治的束缚性逻辑有关。国家可能不会在短期内消亡，但是很显然，主权的“绿化”是一个极为困难的进程。从这个角度来看，我们的任务在于想象并慎重思考一些新颖的方式，来遏制国家那破坏环境的潜能，并加强其解放性的潜能。

其次，虽然环境从各个方面来看最明白无误地体现了“一个世界”的逻辑和动态过程，但是，可持续性必然涉及认识到、参与到许多不同的世界、许多不同的声音和对“何为可持续性”的许多不同理解中去。从政治上看，在这个议题上，自上而下的治理方法很有可能会失败，理由既在于效率，也在于正当性。从规范角度来看，生态思维和实践都诉诸道德直觉。作为一种推理和辩论方式（而非抽象的理性主义），这推动着环境主义参与到存在于世界各地的不同和有差别的道德文化之中去。在环境思维和环境实践中处于核心地位的，一方面是多样性和特殊性，另一方面是共同性和共同体，使得它成为一个尤其丰富的资源，让我们能够三思“一个世界”和“多个世界”之间的伦理关系。

再次，考虑到和环境有关的全球政治秩序强调的不仅仅是一个世界和多个世界，还有旧世界和新世界之间的紧密关系，环境问题自然会导致人们去主张说，我们正在见证由国家组成的体系发生了根本性的断裂。环境著作经常走在前列，认为我们正在见证一场政治空间的重新布局：在其中，有关国家和国家主权的传统观念得以改造。正如本章所言，生态挑战的确是那些最重要的因素中的一个，推动了发生在国际社会那变化中的规范性结构的各种变动。但是，与环境问题有关的是，还存在一个真实的威胁，即转型主义的主张夸大了实际发生之变化的规模，而且更重要的是，这种夸张可能导致我们误判所面临的挑战。我们**既**要理解和说明那仍然非常重要的国家中心主义的“传统”国际环境政治之议程，**也**要理解环境问题通过何种方式正在改变主流的参考框架，并开启人们对全球政治秩序性质的新认识，这两个认识都很有必要。我们不能将它们视为两个互不相干的计划，全球环境政治的很大一部分将在于处理这两者之间通过哪些复杂的方式进行相互关联和互动。

注 释

[1] 比如，有人认为，“首先，主权原则阻碍了旨在缓解严重生态难题的行动。其次，它自己本身是一个主要原因，导致了人类所面临的环境问题”，参见 Joseph A. Camillieri and Jim Falk，*The End of Sovereignty? The Politics of a Shrinking and Fragmenting World*（London：Edward Elgar，1992），179。

[2] 大部分文献都在环境和生态之间做出区分。根据一派观点，“环境主义说明的是一种管理环境问题的方法，他们坚信，解决这些问题可以不用从根本上改变目前的价值或生产消费模式。……生态主义则认为，一个可持续和圆满的（fulfilling）存在，其前提条件是我们要大力调整人类与非人类、自然世界的关系，以及我们的社会和政治生活模式”。参见 Andrew Dobson，*Green Political Theory*，3rd edn.（London：Routledge，2000），2。

[3] Lynton Keith Caldwell，*Between Two Worlds：Science，the Environmental Movement and Policy Choice*（Cambridge：Cambridge University Press，1992），151.

[4] Ken Conca and Ronnie D. Lipschutz，‘A Tale of Two Forests’，in Ronnie D. Lipschutz and Ken Conca（eds.），*The State and Social Power in Global Environmental Politics*（New York：Columbia University Press，1993），9.

[5] Ronnie D. Lipschutz and Ken Conca，‘The Implications of Global Ecological Interdependence’，in Ronnie D. Lipschutz and Ken Conca（eds.），*The State and Social Power in Global Environmental Politics*（New York：Columbia University Press，1993），332.

[6] 针对这些议题和回应的有益概述，请参见 Elizabeth R. DeSombre，*The Global Environment and World Politics*（London：Continuum，2002）。

[7] 有关“负载能力”的理念是非常有争议性的。关于其中的一派观点，请参见 Joel E. Cohen，*How Many People Can the Earth Support?*（New York：W. W. Norton，2004）。

[8] 有许多文献是针对与环境相关的安全议题。一派观点关注环境压力以何种方式和暴力冲突发生关联。其目的在于超越环境作为“终极安全议题”的一般化论断（比如：Norman Myers，*Ultimate Security：The Environmental Basis of Political Security*（New York：W. W. Norton，1993），与此相反，要朝着确定“在何种条件下环境恶化被包含在暴力冲突之中”的方向前进。比如，参见 Homer-Dixon（1994：5-40）。该辩论的重要特征包括如下论断：正是自然资源（木材、钻石和石油）的存在，而非其缺乏，才激发了暴力冲突；而且，环境压力和政治不平等之间的互动非常重要。参见 Paul F. Diehl and Nils Petter Gleditsch（eds.），*Environmental Conflict*（Boulder，CO：Westview，2001）。批评意见，请参见 Marc Levy，‘Is the Environment a National Security Issue?’，*International Security*，20/2（1995），35-62；以及 Nils Pieter Gleditsch，‘Armed Conflict and the Environment：A Critique of the Literature’，*Journal of Peace Research*，35（1998），381-400，也请参见 chapter 7，fn. 28。另一派观点专注于“资源战争”这一理念以及因为争夺水和能源资源而引发的国家间冲突。在此处，早期的传统智慧认为，此类冲突不可能成为一个未来冲突的主要特点，该观点后来遭到挑战。比如，参见 Michael T. Klare，*Resource Wars：The New Landscape of Global Conflict*（Place：Henry Holt，2002）。

[9] Michael Grubb，‘Seeking Fair Weather：Ethics and the International Debate on Climate Change’，*International Affairs*，71/3（1995），465-466.

[10] Judith Shapiro，*Mao's War against Nature：Politics and the Environment in Revolutionary China*（Cambridge：Cambridge University Press，2001）.

[11] 参见 John Barry and Robyn Eckersley（eds.），*The State and the Global Ecological Crisis*（Cambridge，MA：MIT Press，2005）。

[12] 参见 Bjørn Lomborg，*The Skeptical Environmentalist. Measuring the Real State of the World*（Cambridge：Cambridge University Press，2001）。

[13] Ophuls（1992：278）.

[14] 参见 Dobson（2000：chs. 3 and 4）；以及 Robert Goodin，*Green Political Theory*（Cambridge：Polity Press，1992），ch. 4。

[15] 有学者近期对这些变化做了一项比较研究，参见 J. S. Dryzeck，D. Downes，C. Hunold，and D. Scholsberg（eds.），*Green States and Social Movements：Environmental Movements in the U-*

nited States, United Kingdom, Germany and Norway* (Oxford：Oxford University Press，2003)。

[16] 比如，参见 Herman E. Daly and John B. Cobb，*For the Common Good* (London：Earthscan，1990)。

[17] 比如，参见 Roger Scruton， 'Conservatism'，in Andrew Dobson and Robyn Eckersely (eds.)，*Political Theory and the Ecological Challenge* (Cambridge：Cambridge University Press，2006)，7－19。

[18] 参见 Karen T. Litfin (ed.)，*The Greening of Sovereignty in World Politics* (Cambridge，MA：MIT Press，1998)。

[19] 在有关国际环境合作的浩瀚文献中，参见 Ronald B. Mitchell， 'International Environment'，in Walter Carlsnaes，Thomas Risse，and Beth Simmons (eds.)，*Handbook of International Relations* (London：Sage，2002)，500－516；Michael Zuern，The Rise of International Environmental Research：A Review of Current Research'，*World Politics*，50/4 (1998)，617－649；Matthew Paterson，'Interpreting Trends in Global Environmental Governance'，*International Affairs*，75/4 (1999)，793－802；Peter M. Haas，Robert O. Keohane，and Mark Levy (eds.)，*Institutions for the Earth* (Cambridge，MA：MIT Press，1993)；以及 Oran R. Young (ed.)，*Global Governance：Drawing Insights from the Environmental Experience* (Cambridge，MA：MIT Press，1997)。

[20] Peter M. Haas，'Social Constructivism and the Evolution of Multilateral Environmental Governance'，in Aseem Prakash and Jeffrey A. Hart (eds.)，*Globalization and Governance* (New York：Routledge，1999)，109.

[21] 更为详细的法律分析，请尤其参见 Patricia Birnie and Alan Boyle，*International Law and the Environment*，2nd edn. (Oxford；Oxford University Press，2002)。

[22] 参见 Peter M. Haas， 'Epistemic Communities and the Dynamics of International Environmental Governance'，in Volker Rittberger (ed.)，*Regime Theory and International Relations* (Oxford：Oxford University Press，1995)。

[23] Haas (1999：103) .

[24] 有关这一主题，尤其参见 Ken Conca， 'Old States in New Bottles? The Hybridization of Authority in Global Environmental Governance'，in John Barry and Robyn Eckersley (eds.)，*The State and the Global Ecological Crisis* (Cambridge，MA：MIT Press，2005)，181－205；以及 Frank Bierman，'Global Governance and the Environment'，in Michele Betsill，Kathryn Hochstetler，and Dimistris Stevis (eds.)，*Palgrave Guide to Environmental Politics* (New York：Palgrave，2005)。

[25] Thomas Princen and Matthias Finger（eds.），*Environmental NGOs in World Politics：Linking the Local with the Global*（London：Routledge，1994）.

[26] 有学者分析不同非国家群体在特定谈判过程中所扮演的角色，请参见 Christoph Bail，Robert Falkner，and Helen Marquand（eds.），*The Cartegena Protocol on Biosafety*（London：Earthscan for RIIA，2002），27、28 and 29。

[27] James Rosenau，'Environmental Challenges in a Turbulent World'，in Ronnie D. Lipschutz and Ken Conca（eds.），*The State and Social Power in Global Environmental Politics*（New York：Columbia University Press，1983），71－93.

[28] 有关帝国主义的论述，参见 Alfred W. Crosby，*Ecological Imperialism：The Biological Expansion of Europe，900－1900*，2nd edn.（Cambridge：Cambridge University Press，2004）。

[29] Stephen Bernstein，*The Compromise of Liberal Environmentalism*（New York：Columbia University Press，2001）.

[30] 参见 Robert Falkner，'American Hegemony and the Global Environment'，*International Studies Review*，7/4（2005），585－599。

[31] Henry Shue，'The Unavoidability of Justice'，in Andrew Hurrell and Benedict Kingsbury（eds.），*The International Politics of the Environment*（Oxford：Oxford University Press，1992），373－397.

[32] 对此，有一个精彩的分析性综述，参见 Stephen M. Gardiner，'Ethics and Global Climate Change'，*Ethics*，114（April 2004），555－600。

[33] Roderick Frazier Nash，*Wilderness and the American Mind*，3rd edn.（New Haven，CT：Yale University Press，1982）.

[34] Robyn Eckersely，*Environmentalism and Political Theory*（London：UCL Press，1992）.

[35] Kerry H. Whiteside，*Divided Natures：French Contribution to Political Ecology*（Cambridge，MA：MIT Press，2002）.

[36] Ramachandra Guha and Juan Martinez-Allier（eds.），*Varieties of Environmentalism*（London：Earthscan，1997）；and Juan Martinez-Allier，*The Environmentalism of the Poor：A Study of Ecological Conflicts and Valuation*（London：Edward Elgar，2003）.

[37] 有关例子，参见 Laura Rival，'The Growth of Family Trees：Understanding Huaorani Perceptions of the Forest'，*Man*，28/4（1993），635－652。也请参见 Darrell Posey and Graham Dutfield，*Beyond Intellectual Property：Toward Traditional Resource Rights for Indigenous Peoples and Local Communities*（Ottawa：IDRC，1996）。

第三部分

替代方案

第十章

一个世界？多个世界？

本章考虑不同地区在我们理解全球国际社会中所处的位置。正如标题所示，我们尤其感兴趣于提出有关一个世界和多个世界之间关系的问题。一方面，我们所处的是这样的一个世界：资本主义全球化、全球安全动态和在许多人看来以一个单一霸权大国为轴心的全球政治体系，全球制度和全球治理，以及大家都有动力去制定和推行全球世界主义伦理；另一方面，在一定程度上，不同地区和地区层面上的实践和分析都已经更为坚实地被确立为全球政治秩序的构成元素；而且在一定程度上，我们正在见证一个正在涌现中的多地区国际关系体系。

本章将讨论如下三个问题：

1. 地区主义的位置如何？地区主义这一标题之下涵盖的内容是什么？

2. 地区主义在国际社会中所处的位置如何？何以解释人们重新开始朝着地区主义方向迈进？

3. 地区主义以何种方式关联于国际秩序和全球治理？笔者会考虑四个观念：地区作为保护多样性和差异性的载体；地区作为“极”或实力；地区作为一个多层次全球治理体系中的不同层级；以及地区作为国际社会特点发生变化的先驱者。

地区主义在国际社会中所处的位置

从最早期政治共同体之发展来看，经济和政治关系自然会从某个强势的地区主义焦点开始，最主要的是因为技术、贸易和沟通的有限性。许多帝国制度的发展都强烈地围绕在某个焦点地区：正如美国和俄罗斯的例子所示，向周边扩张；如法国在非洲北部和西部那样，向海外扩张。在第一次世界大战期间，德国和日本两国都寻求建构用蛮力把地区秩序强加给他国。在第二次世界大战之前，美洲洲际体系一枝独秀，因为它发展出了一个正式的（尽管当时还比较弱）制度性框架。但是，1945 年后的时代，一个基础是以两大主权国家为支柱，另一个基础则是多边制度。联合国和“布雷顿森林体系”旨在为一个由主权民族国家组成的世界提供安全和一定程度上的经济稳定性，而不是要替代国家。地区主义并未被完全从底本中抹除。人们广泛相信，民族国家的末日来临了，加上人们强烈反对以民族主义名义犯下的极端罪行，这两者刺激了地区主义思潮，尤其在欧洲。其他人（既包括像丘吉尔这样的政治家也包括像沃尔特·李普曼（Walter Lippmann）这样的评论家）则偏好一个以“地区责任范围”（regional spheres of responsibility）为基础的国际秩序体系。但是，整体而言，地区主义发挥的作用是从属性的、次要的。

这一状况后来有所改变，最重要的原因在于冷战带来的压力。[1]在多边秩序中，地区主义本来是个例外情况，但是现在，它变得日益重要（尤其是 GATT 的第 24 条和联合国宪章的第 52 条规定）。当然，欧洲作为成功的经济地区主义是最重要的催化剂，它的成功鼓励了后殖民世界各地一波效仿和输出的浪潮。我们应当记住，这种努力的目的不是进行有限的国家间合作，相反，该目的常常是完全成熟的联邦化，一股脑儿地拥有航空公司、共同货币和统一的旗帜。在这一波能动主义之后，从 20 世纪 60 年代开始，欧洲一体化运动进程减速，在欧洲之外地区进行的地区主义经济制度安排近乎完全失败。但是，在幻想破灭的十多年后，地区主义又开始再一次在 20 世纪 80 年代末期加快步伐，评论家指出，“东盟”（ASEAN）获得了成功和持久性，且亚洲的安全合作在扩大；一系列广泛的经济地区主义在回归，其行动通常包括深度一体化和雄心勃勃的地区性经济一体化。在欧洲之外的发展案例中，北美自由贸易区（NAFTA）和南方共同市场（Mercosur）最为突出。在 58 个地区性团体中，有 20 个是在冷战结束后创立的。形形色色的地区性团体几乎在全球各地涌现出来，人们也越发关注这种“新地区主义”。[2]

即便我们上述的勾画只有寥寥数笔，但是，我们还是能明显看出，“地区主义”是一个“箩筐”术语，什么都可以往里装——它涵盖了一系列范围广泛的、非常不同的发展和进程。人们对它涵盖的范围争议不断。术语本身的精确性并不重要。但是根据该术语来进行一系列的区分却是非常重要的。许多地区主义的分析之所以含混不清，正是因为评论家们意在解释非常不同的现象，或是因为他们不能清晰地说明在“地区主义”这面大旗统摄之下人们所描述的各种进程之间有何关系。虽然地理邻近和接壤本身没有告诉我们任何有关地区定义或地区主义动态发展过程的信息，但是，它们的确有助于将地区主义区别于其他“没那么全球性”的组织形式。没有一定的地理边界，“地区主义”这一术语就会变得过于发散和没法管理。在 20 世纪 60 年代末期和 70 年代初期，定义地区和地区主义的难题吸引了许多学者的注意力，但是结果却很少产出什么清晰的结论。我们分析地区主义的视角常常包括：社会凝聚力（民族、种族、语言、宗教、文化、历史以及共同遗产意识），经济凝聚力（贸易模式和经济互补性)，政治凝聚力（制度类型以及意识形态)，以及组织凝聚力（存在正式地区性制度)。[3]人们尤其关注各个地区相互依存这一理念。[4]但是，“科学地”去定义和描绘地区的努力，很少会产生任何清晰的结果。[5]不存在什么“天然的”地区，对“地区”的定义和“地区性”指标的讨论会随着具体难题或问题的改变而改变。[6]再者，政治主体如何看待和解释地区这一理念才是关键：所有地区都是在社会层面上建构起来的，因此在政治上会存在争议。这使得区分描述性的地区主义和规定性的地区主义，变得尤其重要——地区主义是作为道德立场，还是作为关乎国际关系应当如何得以组织的教义。

在如下五种不同进程之间进行区分还是大有裨益的。(1) **地区化**：这指的是社会一体化以及那些常常无人指导的社会和经济互动过程。这就是早期地区主义著述者所讨论的、作为非正式一体化或柔性一体化的内容，它不是基于某国或某个国家集团的有意政策，而是一系列范围广泛的经济、社会和文化力量的产物。非正式但紧密一体化的经济和社会空间，其范例包括：“大中华地区”（包括香港、台湾和中国大陆南部）或者墨西哥北部—加州南部地区，或者欧洲内部数个跨国的增长三角洲。(2) **地区觉悟和身份**：“地区觉悟”（regional awareness)、“地区身份”和“地区意识”（regional consciousness）从内在角度来讲都是不精确和模糊的观念。但是，我们没法忽视它们，因为在范围更广的身份政治之中，它们已经变得对我们分析当下地区主义而言更加重要。正如民族一样，地区可以被视为是想象出来的共同体，立基于心理地图，该地图的描画突出了某些特征而忽略了其他的特征。人们在讨论地区觉悟时非常强调如下因素：语言和修辞；地区主义话语以及一直以来我们定义和重新定义地区主义和地区身份的政治进程；并且，对于各种参与主体的政治活动，我们会赋予一些共同认识和意义，这些认识和意义是历史建构起来的。(3) **国家间合作**：这指的是在多个议题领域，进行更紧密的国家间合作，建构一系列相互重叠的政府间协议或者一个泛地区的制度网络。这样的合作性制度安排可以服务于多种目的。一方面，它们可以作为一种手段应对外部挑战，在国际制度或谈判论坛中协调地区立场。另一方面，它们可以进一步发挥，保障人们获得福利，促进共同价值或解决共同问题，尤其是那些源自地区之间日渐相互依存的问题。(4) **国家主导的一体化**：这指的是国家制定特定政策、决策来减少或扫除障碍，以便进行商品、服务、资金和人口的相互往来。这是前一个范畴的子集，作为核心范畴，被很多人自然而然地用来定义地区主义和地区一体化。(5) **地区巩固**：早期一体化理论家沉溺于一个最终目标的理念，该目标能通过主权集中共享（the pooling of sovereignty）来转变民族国家的角色，并引导一些新形式政治共同体的出现。事实上，我们可以从不同的维度来思考出现一个巩固地区的可能性。我们的确可以称之为某种程度上的身份或共同体。也会有人指出另外的情况，在其中，地区发挥的作用，就是定位在该地区之内的国家与世界其他国家之间的关系，或者该地区开始成为该地区内一系列议题的政策组织基础。对于那些地区外的国家而言，从该地区将成本转嫁给局外者的能力大小来讲，地区主义是具有政治意义的：不管是因为优惠性地区经济安排造成了负面冲击（所谓的"恶意地区主义"转移了贸易和投资），还是因为在政治权力分配中，它导致了某种转移。其政治意义也在于，当局外者准备制定自己针对该地区内各国的政策时，它们将不得不按照地区主义的方式来进行。对于那些地区内国家而言，如果被排除在地区性安排之外意味着巨大的经济和政治成本（比如丧失自主性或外交政策选择余地减少），或者当该地区成为该地区内一系列重要议题的政策组织基础，那么，地区主义就会显得格外重要。

即便地区主义的形式和主流话语和经济有关，但是人们对新地区主义的研究强调，在一定程度上，地区主义是一个极为复杂和动态的过程。其组成部分不是铁板一块，而是一系列不断互动且常常相互竞争的逻辑：经济和技术变迁以及社会一体化的逻辑；权力政治竞争的逻辑；安全（国家间和社会安全）的逻辑；以及身份和共同体的逻辑。地区主义最好是被视为一个不稳定的和未决的进程，拥有多种和相互竞争的逻辑，且没有压倒性的目的或单一终结点。动态地区从内在角度来讲是不稳定的，不可能囿于现状不变。对新地区主义的分析也强调，即便我们强调地区的建构（包括话语建构），但是，实力也仍处于核心地位。命名和塑造某地区身份和疆界的实力很重要，正如我们看到的，美国决意要通过 APEC（亚太经济合作组织）来实现一种横跨太平洋的地区主义观，其追求的方式削弱了其他范围较窄的亚洲地区形式的地位[7]；巴西努力创造一种把墨西哥排除在外的南美地区主义形式。

一个世界变成多个世界

从解释的角度来看，主流趋势就是审视地区的内部情况。地区主义理论的核心，在于关注如下因素的冲击：日渐密切的地区社会和经济往来，以及经济一体化、制度和身份这三者之间的联系。其核心逻辑常常反映了我们在第三章中分析的自由制度主义，只不过表现为许多亚变种（sub-varieties）形式和重要的建构主义替代方案。众所周知，该理论的大部分内容都源自欧洲经验。它倾向于将如下因素作为自己的起点：创造一个共同市场的愿望，以及有意赋予跨国经济利益集团特权，既是为了避免反复出现的战争和冲突，也是为了促进一般意义上的经济福利并保护某种特殊意义上的经济模式。最重要的分歧存在于如下两类人中：一类人主要是从国家利益和国家间安排来看待地区主义，另一类人则认为一体化导致了日益复杂的地区政治。[8]

虽然地区内济济一堂的实力、利益和身份，从根本上讲仍然具有重要性，但是，由国际体系组成的一个世界和由不同地区主义组成的多个世界，这两者之间的关系所获得的显著地位低于其应有的水平。[9]要想理解所有地区主义的安排，我们就必须将其置于和体系或“局外—局内”因素的关系中来看待——即便在特定案例中，地区主义最重要的条件是此类因素的相对弱化。请允许笔者简要地审视以下四个领域。

首先，正如人们常说的那样，经济全球化的时代也是一个地区化的时代，许多对新地区主义的分析都致力于研究上述两者之间的联系。因此，地区主义被视为全球化政治经济以及国家（及其他行为主体）在面对全球化时所采纳的诸多策略中的一个核心组成部分。有时候地区主义被视为一系列相互争吵的世界秩序规划中的一个，尤其是被视为特意努力去重新树立对经济日渐自由化和全球化的政治控制。在其他人看来，地区主义具有一个更为具体的政治经济重心——要么在地区层面上再生产主流的新自由经济治理形式，要么作为一种反抗全球化的形式和作为一个制定替代性规范和实践的平台，正如南美最近崛起的强烈反自由化（且常常是反自由的）地区主义所示。但是，从这一视角来看，重点在于，我们需要在全球实力和生产转型的背景中来理解地区主义的诞生及其命运。多个世界的特征与命运，是和一个世界的特征和命运异常紧密地联系在一起的。比如，一个可能出现的情况是：在电器和计算机行业中，中国和东南亚紧密的地区性生产链条网络最好被视为美国大公司董事会进行决策的产物。核心驱动逻辑是全球性的，即便其表现形式可能是地区性的。

笔者想斗胆在这里总结一下多个相关的观点：在地区层面上，我们能最适当、最可行地把如下两者协调起来：一方面是全球资本主义的竞争压力不断变化和加剧，另一方面是政治管制和管理的需要；考虑到价值及社会共识有可能会更高，而且超国家治理的政治问题有可能变得更便于管理，我们更容易就“深度一体化”以及具有深度渗透性的规则展开谈判，用以在地区层面上管理全球化；对于许多发展中国家而言，地区主义可以作为部分进程，帮助自己有控制地或是通过谈判方式去和全球经济融合在一起，而且，尤其是对于发达国家而言，它提供了一个优势平台，可以重塑 1945 年后在市场自由化和社会保护之间的讨价还价。

地缘政治和国际政治体系又将如何？体制性因素显然是欧洲一体化出现和成功的基础。这些因素也是我们理解冷战时期亚洲不同安全关系模式的关键。在许多分析家看来，冷战的终结扫清了安全障碍，这些障碍要么支配要么至少是强烈影响了世界许多地方的地区性安全模式。地区被“解放”了；地区性逻辑成为了制造不安全的罪魁（这些不安全常联系于由于日益发展的地区交流和相互依存而导致的负外部性，并常常可见于一些问题连连的边缘地区，聚集在具有强大整合力的地区中心周围）；从管理不安全的角度来看，地区国家越发有动力去处理它们自己的问题，外部大国干预或牵涉进来的动力就越小。[10]请注意，这一模式不仅有别于冷战，也有别于古典欧洲帝国主义时代的全球化安全模式，我们还可以说，有别于两次世界大战之间那段时期的意识形态冲突，这些冲突要么具备全球性特征，要么具备强烈的跨地区性。

但是，在本世纪早些时候，我们已经看到如下观点的强势回归：人们强调全球和全球化安全逻辑的重要性——既直接地关联于恐怖主义和大规模杀伤性武器，同时在一定程度上，这些威胁本身是和全球化进程捆绑在一起的，又关联于美国回应这些威胁的特定方式，它强加了一个非常强大的全球视角和一系列政策。因此，最近的实践和许多分析都阐释和强化“一个世界”的观念。对地区主义的冲击具有两面性。一方面，这些发展情况有助于激活如下地区主义的旧理念：地区主义作为一种手段，让地区免于外部干预，或者更雄心勃勃的是，把该地区作为一种平衡或反抗美国实力的手段。另一方面，这些发展情况也会破坏地区主义，因为人们在一系列问题上存在分歧：“到底是优先考虑恐怖主义还是扩散议题”，以及“哪些类型的应对措施才合适”；而且，还有一个原因是，一个参与力度更大的美国给地区内国家提供了机会，它们要将美国拖进来并牵绊住，以便对本地区有利。从分析角度来讲，挑战在于批判地看待一个世界和多个世界之间的平衡。具体而言，我们有很好的理由去质疑最近安全辩论中那种过度的全球主义。尽管大部分的安全威胁在全球范围内盘根错节，但是，它们大都与当地和地区状况有关联，为此，我们必须通过复杂的文化和语境过滤器才能理解。好比在冷战中，有人将外部范畴强加到地区现实情况之上，这种做法就包含了一种真实的危险（好比人们想要把中东分成“温和派”和“激进派”，这是一个简单化和弄巧成拙的想法）。

我们还应当注意到两组其他的“局外—局内”因素。首先一组涉及联合国和地区性机构之间的关系。我们对如下观点习以为常：弱国之所以继续存在，是因为外部承认，因此，它们的法理主权比实际主权更重要。同样地，许多地区性组织之所以得到支持，并能维持下去，至少部分原因在于外部行为主体以一定方式支持它们，为它们提供正当性。地区性组织的正当性源自它们在更广的全球治理结构中发挥作用（或至少准备发挥作用）。另外一组因素关乎地区主义理念本身的传播：既包括“地区很重要”这个理念，也包括通过一定方式特定地区主义模式开始在全球范围内得以传播——通过制度性竞争（尤其是在欧盟和北美自由贸易区之间，这两者都提供了地区经济一体化的模式）；通过教学与支持（正如欧盟积极地支持其他地方的地区主义）；以及通过成员国加入条件的运作（正如欧盟扩大进程所示）。更好地理解这些进程及其出现的方式，并更多地关注范围更广的“跨地区主义”（inter-regionalism）现象是未来研究的一个重要课题。

多个世界变成一个世界

本节将考察四个论断，在地区主义中，多个世界如何已经或者有可能与国际秩序发生关系：地区作为多样性的和差异性的载体；地区作为“极”或实力；地区作为一个多层次全球治理体系中的不同层级；以及地区作为国际社会特点发生变化的先驱者。

地区作为文化和价值多样性的载体

正如我们已经看到的那样，国家主义、多元主义的国际社会观所具有的一个恒久吸引力，就在于它似乎提供了一种方式——也许是最不坏的方式——来在如下世界中组织全球政治：在该世界中，人们实际上就基本价值达成的共识很有限，或者人们普遍怀疑，我们要如何去为一个跨文化的道德奠定基础。人口的大规模迁徙，社会之间增加的联系和互联，以及已有思维方式和做事方式多处发生脱节，这些都加剧了世界各地的身份政治。它们常常更尖锐地并破坏性地扭曲了人们为争取文化认同而进行的斗争。它们已经破坏了国家作为文化多元主义之载体的充分性（以及道德可行性）。如果情况的确如此，那么，重新创造某种形式的全球多元主义，以更为紧密的、更为连带主义的地区为基础，这种可能性又如何？

地区是、也应当是文化独特性的体现，这一理念由来已久，可见于泛地区理念和运动的悠久历史。人们倾向于假设：条条大道都会不可避免地通向民族国家，这一假设或许扭曲了我们对此类运动的解读，或至少导致我们轻易就把它们归类到死路一条的历史道路上去。该看法强调了这种理念的持久性以及在一定程度上，它们持续提供了一系列强大的集体理念和想象方式，不同的政治行动者可以从中各取所需。思考一下，泛伊斯兰理念实力犹存，并且，借由不同方式，全球化已经为一个跨国伊斯兰共同体的可能性提供了一种新动力；或者玻利瓦尔主义（即统一南美的努力——译者注）的复活；以许多不同的方式，各种亚洲身份的理念都重新出现。再者，即便民族国家“胜出”了，但是，从泛地区主义和民族国家之间的显著冲突这一角度来提出不同的选择，我们就看不到：通过不同的方式，这两个强大的力量持续地跨时空进行互动，并为人们针对全球政治秩序的辩论提供养分。

但是，旨在重新创造地区层面上的、基于身份的多元主义面临着严峻的难题。这是我们从 20 世纪 90 年代人们就亚洲价值进行的辩论中发现的一个主要教训。面对着一个干预日增、被西方支配的国际社会，在地区经济发展成功的赋权下，在 20 世纪 90 年代早期和中期，人们常常提出如下主张，即存在一种独特的亚洲人权方式，以“共同价值”理念为基础：一个不同的个人—国家关系观；尊重共同体；个体对群体的义务具有核心重要性；以及在言论自由和结社自由层面上这些价值观所带来的具体差异。[11]

但是，人们开展亚洲价值辩论的行为强调了，尽管这一地区主义建构号称“和谐”，但是其内部声音仍然很多元，这表现在文化和文化传统的多样性；范围同样广泛的经济和政治制度；社会和经济的极速变革，改变了社会，重塑了传统；事实上，几个主要国家（最显著的莫过于日本）与亚洲价值讨论保持着距离。因此，即便是在官方层面上，我们也需要谨慎对待有关“一个统一和连贯的亚洲价值组合”的观念。

在政府层面之外，NGO提出了一条迥异的人权信息，支持强烈的普适观，并为公民和政治权力以及社会正义和基层赋权争取更突出的地位。正如我们此前所说的，文化最好不要被理解为某种封闭和不可渗透的体系。我们也不清楚，不同地区之间的实质性差异是否真如人们常说的那样深刻。比如，天主教和基督教民主中的人权传统包含有社群主义和社会价值，它们和盎格鲁-美利坚个人自由主义一样，都是西方价值观的一部分。最后，许多和亚洲人权有关的冲突关乎传统和直接的政治因素，比如，内部政治维度，并逐步树立起一个关于亚洲价值及其“威胁”的话语体系，该威胁是一种增加政治正当性的手段；发展主义的主张以及如下理念的复苏：经济发展和国家建设的迫切性应当胜过公民和政治权利的西方自由观念。

我们在如下情况中也可以看到相似的教训：当下欧洲有关伊斯兰的辩论；美国有关“我们是谁”的论断；甚至是在伊斯兰世界中正在发生的动态变化过程，其复杂性和动态性的最佳典型莫过于当下的伊朗。长久以来，斯彭格勒提出了一种“无窗户文化”（windowless cultures）的图景，如果是作为实证主张来看，则完全是无稽之谈；如果是作为规范性观点来看，则是危险重重。一个整齐划一的多元主义全球秩序之所以被打入冷宫，乃是因为身份政治的全球化和去地域化，这一点，无论是在地区还是国内层面上，皆是如此。正如塔利提醒我们的那样：

> 从内在角度来讲，文化并非同质性的。它们持续地得以博弈、想象和重新想象、转变和谈判，既由本国成员进行，也通过他们与其他人的互动来进行。……文化多样性是一个纷繁交错的迷宫，由相互交织的文化差异性**和**相似性组成，不是一幅由固定的、独立和不可通约的世界观组成的全景图，如果按照这些世界观来看，我们要么就是被囚禁在中央高塔之中的犯人，要么就是作为一群有世界情怀的观光客。[12]

地区作为“极”或实力

对于人们努力在一个全球化世界中最大化自己的谈判实力而言，许多地区主义安排至关重要。[13]即便用别的术语来包装它，许多地区主义活动还是具有一种外向联合的特点。有一种潜在的实力形式，直接关注谈判和联合策略，但是，潜伏在其背后的实际上是市场规模这一核心议题（当然是从贸易的角度来看），该市场规模，不但塑造了一系列能力（比如，有效地进行谈判，在 WTO 框架下实施报复，以及参与“管制型重商主义”（regulatory mercantilism）），还塑造了一定的方式，让那些在大经济领域发展起来的规范、实践和标准在国际层面上得以确立。

一直以来，地区作为“极”这一理念是人们对欧洲角色进行辩论的一个特征。有些人强调将欧洲视为一极或作为美国的抗衡力量。不管欧洲发展出了何种新形式的治理、国家和主权，它对外发挥影响力的途径，将必须通过创造一个古典意义上的大国来进行。另一条路径是很不同的。在这里，欧洲不是作为抗衡力量而是作为一个参照。实力至少不是通过传统的强硬形式体现出来。相反，重要的正是欧洲的民生实力、规范实力和转型实力。欧洲影响力的基础在于它能提供一种模式——一种社会秩序模式和自主品牌的先进资本主义，强调大家都需要平等和团结；但是，最重要的是，它是一个超越国家的治理模式。在许多人看来，欧洲应当努力输出的正是这种类型的软实力。换言之，欧洲应当努力将其内部政治规划及其相关的社会和政治价值输出到外部。其他国家和地区可以取材或者诉诸的，也正是这些价值和这一模式。正当欧洲旨在打造自己的军事能力之时，运用军事力量的首要目的不是作战，而是支持国家建设和治理等此类柔性目标。[14]

但是，这两个选择都遇到了问题。针对实力政治输出模式，人们并未达成共识。尽管欧洲正在蹑手蹑脚地超越自己作为一个纯粹民生实力的存在状态，但是，它作为实力政治参与者的缺陷是路人皆知的，尤其是在政治局势领域。最近的一些严峻挑战让人怀疑，从军事和地缘政治的意义上讲，欧洲是否是个“真正意义上”的政治参与者？我们对其严肃性提出基辛格式的问题，这些问题是否已经解决了，还是在短期或甚至中期来讲会继续存在？欧洲的困境犹存。欧洲巨大的成功曾在于克服了一个过时的霍布斯式的、由战争和冲突构成的世界，其途径正是通过创造一系列政治制度安排，不再按照传统民族国家那种老式的实力政治逻辑来运作。

软实力道路更为可行和更富吸引力。但是，显然，此处也困难重重。这部分原因在于，有效地运用软实力涉及机会成本、风险和长期承诺。软实力可不是一个软选择。造成困难的部分原因在于欧洲内部实践和对外行动之间，存在一条令人不安的鸿沟和多处的不一致（比如它的农业政策；它的移民和难民政策以一定方式削弱了它自称对人权的重视；从方式的角度来看，它的准入政策几乎没有给对话或谈判提供任何空间；或者从方式的角度来看，它与“ACP 国家”（与欧盟订有优惠关税协议的非洲、加勒比海及太平洋发展中国家——译者注）的关系仍然反映了殖民主义态度和实践）。部分而言，这些难题的一部分原因还在于欧洲如下两个身份立场之间的紧张关系：一方面，它是一个旨在协调差异的治理模式；另一方面，它旨在促进一系列普世价值。从其他国家的眼光来看，美国和欧洲在国际秩序上的立场有惊人的相似之处——其实质内容在一定程度上都涉及修正有限的多元主义国际社会观，且并未持续地征求其他国家和地区的意见。

在欧洲之外，就是如下情况了：实力的动态变化情况在许多地区之内发挥了核心作用——比如在亚洲，软形式的安全多边主义得以促进，作为一种手段来调节中国实力的崛起，并防止该地区更广范围内的实力平衡被打破。许多最近的地区主义例子有一个特点，就是人们开始变得有更多的安全需要，因此，我们强调这些需要是同样重要的。由此，我们可以看到，人们一直都在强调，地区主义能应对经济危机和失灵，而且，在地区内大家有一个共识，即“在一个从政治上和经济上讲都很险恶和咄咄逼人的世界中，我们需要和邻国互为伙伴”，而地区主义也是这种共识的产物。有一个很好的例证：人们因为政治上的需要，不断努力尝试重新发起“南方共同市场”(Mercosur)，并十分强调其作为一个“政治企划”的特点。亚洲地区主义提供了另一个例证，不管是面对金融危机，还是外国直接投资（FDI）分流到中国。对于 20 世纪 90 年代末期的金融危机，纯粹亚洲式应对措施哪怕再有局限性，它们都至少说明了如下情况的重要意义：本地区需要发展出一个更强的自我身份感，以及对自身处理经济脆弱性能力的更强认知（尤其是在金融和货币领域）。非洲的情况提供了一个更为令人“大跌眼镜”的例证：尽管存在危机、天灾人祸以及广为流传的政治和经济失灵，但是，地区主义还是蓬勃地发展起来了。

但是，几乎没有什么证据表明，在欧洲之外的地区发展起来的或貌似有可能发展起来的地区性制度，可以作为让某地区变成一个大国的基础。如下两者之间还是存在巨大的差异：不同地区集团相对成功地确保本地区内国家更少内讧，以及在面对外部世界时创造条件以便积极合作。

但是，那些以强国为中心的地区，又如何呢？可能会出现如下情形：由于某地区内一个国家可能在该地区之内具有压倒他国的支配性地位，是一个“天生的霸权”，可以贯彻自己的意志；或由于它成功地在地区之内创造了“共识性霸权”（consensual hegemony）（也许是通过提供经济好处或维护地区安全，或者通过主张自己体现某种特定的世界观或者一系列价值观）。所有地区领袖都需要地区追随者。但是，我们也应当承认，地区实力的运用常常是成问题的。地区可以是陷阱，减少而非增加实力的展现；地区大国会深陷非常不稳定的地区“后院”和“邻国”（near-abroads）；尽管在外人看来，该地区存在“天生”的领袖，但是，该地区内的其他国家也许会非常抗拒它的领导（考虑一下人们对巴西和印度人常的反对）。

对地区性大国的支持，也有可能是来自地区外。比如，美国有时候旨在建立起地区性实力或“地区性的影响力”（regional influentials），并参与到“地区权力下放”（regional devolution）政策当中去——尤其是当它自己的帝国声誉受到质疑之时（比如在20世纪60年代末期或者当下）。对有望成为地区性大国的另外一种外部形式的支持，是大家都在呼吁，现有的寡头全球治理形式，其基础是一个相对较小的主要西方国家集团（比如G8），要扩大到包含主要地区大国，尤其是要符合代表制的正当性。我们有各种理由期待这些争论会持续下去。

尽管存在这些更长期的难题，我们也要对如下可能性保持开放态度：一个由大型“地区国家”组成的世界秩序，这些“地区国家”可能会拥有一系列内部政治组织形式（老式势力范围、以霸主为中心的制度主义，以及不同形式的联邦）。这种全球政治秩序模式可能就是源自富有活力的经济中心所散发出来的魅力（欧洲、北美和中国）；它也可能源自如下重新出现的功能主义观点，即尽管民族国家“恒久远”，但是，还是有一个基础性和长期的转型，即它们朝向更大规模的经济和社会组织单位运动；或者它也可能源自大国竞赛的回归，在其中，势力范围又一次开始发挥核心作用。

地区作为一个多层次全球治理体系中的不同层级

正如制度化和治理在全球、地区和地方的不同层面上都有所发展，我们发现如下自由主义远见的重新回归：在这些不同层次之间构建一个富有成效的伙伴关系。人们常常强调如下三种看法：授权、治安和相互强化。授权的理念在安全竞技场上是一个共同理念，尤其是从联合国和地区性机构之间的关系来看。理由很清楚易懂。联合国负担过重。地区性国家有更大的动力去负担成本，并且承担安全管理的风险，地区性组织和联合能有助于共同担责，针对所涉及之问题提供更多的信息，并确保该地区之内更大的正当性，尤其是针对要求深度和长期干预的和平合作而言。但是，允许地区性国家担起主要责任的天然好处，会受到人们质疑。我们并不清楚，地区性大国是否会因为平衡利益与动力的压力，而担负起地区性安全的责任。地区政治的复杂程度可能相反地会使得地区性机构更难展开有风险和政治上有分歧的行动。地区国家和帝国群体可能缺乏资源来开展有效的行动。历史上的参与记录和党派利益可能破坏人们在地区层面上开展不偏不倚的行动的可能性。而且，20 世纪 90 年代的教训显然是：地区行动的正当性仍然取决于联合国那独一无二的“一个世界”之特征。[15]的确，存在重要的理由，去质疑如下观点：在全球正当性政治之中，某地区性机构授权使用武力是仅次于联合国授权的最佳方案。在一个霸权大国主导的地区（比如美洲或者俄联邦(CIS)），我们无法明确的是，人们必将会达成一致意见，或者地区内民众会以相同的方式来看待这样的正当化进程。

贸易体系为治安这一理念提供了一个例证，以 WTO 为表现形式的全球性制度在管理着日益增多的地区性经济制度安排。但是，作为一个例子，它也证明了这种管理将会面临诸多难题，WTO 大部分时间内都没能力确保有效的多边监管。[16]但人权体系为积极强化这一理念提供了例证。联合国体系应当在标准设定以及促进和保护人权的过程中扮演核心角色。地区性机构的参与，主要是通过更为详细地制定权利细则以及更为有效的实施方案——这被约翰·文森特（John Vincent）称为“全球信息的当地传播者”[17]。但是，全球颁布和地区实施之间的界限很成问题，地区集团有时候作为助推器，激发了人们就权利本身和如何去促进权利等问题的不同观念产生冲突。

地区作为国际社会特点发生变化的先驱者

人们将地区看成是国际社会特点发生变化的先驱者，这样的看法由来已久。在 20 世纪 50 年代，分析家们看到了欧洲、斯堪的纳维亚和北美这些“和平之岛”的存在，该存在貌似代表了一种对现实主义的挑战，并强调合作性制度具有真正的潜力。更为晚近以来，许多人将欧洲视为一种新型的政体。由此约翰·鲁杰将欧洲视为一个后现代地区，它已经把过时的多元主义世界主权和领土远远地抛在脑后；或者安德鲁·林克莱特（Andrew Linklater）主张，“对后威斯特伐利亚世界的模仿，在西欧是显而易见的”；或者扬·杰隆卡（Jan Zielonka）认为“作为帝国之欧洲”——“不是一个超级大国而是一个多中心的政体，渗透到而非控制着自己的周边”[18]。在有些人看来，欧洲政治已经被如此地国内化，以至于我们应当使用比较政治而非国际关系的工具来分析它们：欧洲应当被视为一个“正常”的联邦国家，其天然的比较对象不是其他地区性国家体系，而是其他的联邦体系。

我们应当如何解读这种主张？首先，很显然欧洲的确提供证据表明，存在具有显著意义的政治、法律和制度变迁，但是即便是在欧洲，承认变迁的局限性也是同样重要的。其次，没有证据表明，欧洲体现了某种可以普遍化的后威斯特伐利亚秩序，该秩序要么已经在其他地区出现，要么就是有待在这些地区出现。再次，这不意味着说，在治理模式领域其他地区就没有见证重大的变迁过程，相反，这些变迁过程正在崛起，从程度上看，加剧的地区化模式正在挑战老式的地区政治模式。教科书和一般性评论常常收集卷帙浩繁的地区组织清单，好像仅仅靠这些组织首字母大写的分量，就已经表明了在一般层面上我们正在走向“超国家主义”或者不同地区法律和宪政结构上的深刻变革。非常重要的变迁的确正在发生，但是戴着欧洲眼镜来看待这些变迁并去说明这些变迁的特点是一种具有极度误导性的方式。

请允许笔者对这些观念提供一些简要的说明。我们首先从欧洲开始，然后转向欧洲以外的其他世界地区。

毫无疑问，欧洲代表了一个独特的案例，一群国家同意在范围日益扩大的一系列领域内交出主权，以追求共同利益。变迁的范围可以在如下事物的出现中看到：法律和制度化治理的结构，该结构与传统国际法有质的区别（我们尤其可以看到的是，原来的体系是由条约组成的，现在这个体系被宪政化了，同时还出现了关于至上性（supremacy）和直接效应（direct effect）的学说）[19]；治理体系的增长，该体系不能被简化为一系列国家间的关系，在其中，高水平地授权给超国家机构、政策网络、欧盟特别委员会（comitology）的圈子以及盘根错节的利益集团政治，都发挥了重要的作用[20]；并且，实力的逻辑和语言从根本上被改变了。变迁的局限性可以在如下事物中看到：民族主义和民族国家持续拥有实力；欧洲安全仍然具有依赖性，自身军事能力有限，且一体化进程在形式上有限，授权也有所局限[21]；而且，或许也是最重要的是，还存在一些法律和实力交汇的场所，以及非正式规范和老式多元主义实践持续处于支配地位的场所。在这里我们不可能试着去对欧洲的复杂性“一言以蔽之”。相互竞争的不同理论能够抓住重要的解释性逻辑，常常能够收集重要的证据来支持自己的论断——但是这样做的代价就是忽视或者低估那些力道相反的趋势和同样强大的发展状况。要点就在于我们要承认，从巩固连带主义制度和复杂的超国家治理这两方面来看，体系究竟在多大程度上发生了变迁，并强调欧洲的发展是在一系列非常特殊的场景下进行的。

在欧洲之外，美洲提供了一个最清晰的案例，来说明我们走向一个地区性的自由连带主义。从历史上讲，拉美可以被稳稳地置于一个传统的多元主义国际法和国际社会的位置上。的确，该地区的政府（而且更重要的是拉美独特的国际法律人传统）从独立后的早期岁月就开始有志于建立一个地区性的法律体系，该体系能实现雄心勃勃、影响深远的目标。这些志向包括：创立正式的地区性组织，创建机制以和平地解决争端，而且，从 20 世纪中叶开始，将人权和民主理念整合到地区法律当中去。虽然取得了一些成果（比如解决领土争议的外交商议以及仲裁），但是，这些朝向更完备的地区治理和更雄心勃勃的连带主义目标的志向，通常大多只不过是包装在法律腔和道德腔修辞之中。最具政治显著性的规范是那些有关古典多元主义国际社会的规范：主权平等、严格的不干预、日渐趋紧地限制使用武力；领土状况和功利地适用“占领地保有原则”（*uti possidetis*）来稳定边界。的确，拉美国家走在世界斗争前列，把欧洲式多元主义国际社会观，出口到非欧洲的世界里，在争取平等主权的斗争（比如有关外国公司和外国公民的待遇问题）和限制使用武力（比如与追缴债务相关）中发挥了尤其核心的作用。

20 世纪 90 年代见证了地区制度的急剧扩张和美洲地区性治理在志向、范围和密集程度等方面的重要变迁。这些变迁部分原因在于人们创制了地区性经济一体化机制（比如 NAFTA 和南方共同体），部分原因则在于美洲自由贸易区（FTAA）所进行的谈判进程。从政治关系的角度来看，20 世纪 90 年代见证了美洲国家组织（OAS）重新作出努力，随之而来的美洲峰会的议程（1994 年在迈阿密；1998 年在圣地亚哥；以及 2001 年在魁北克）也揭示了一系列范围极其广泛的议题。即便是在数年之前人们都很难想象，许多这样的议题会成为美洲之间辩论（更遑论行动）的正当题目——诸如腐败、洗钱或民事军事关系。尤其具有相关性的是地区性人权体系日渐活跃，OAS 内部和周边地区的地区性民主规范日渐严格。地区性人权体系发展成为一个就规范层面而言具有渗透性的制度，制定了一个影响深远的规定，要求调整地区内各国的国内政治规范和实践。20 世纪 90 年代见证了数量上日增的地区性人权政策工具得到批准，人们也日渐接受美洲人权法院（Inter-American Court of Human Rights）的司法管辖。地区性“民主体系”既创立了合作性机制，以便开展行动去保护民主，又将主权更为紧密地和民主正当性联系在一起。[22]即便一个一般性的、针对民主治理的国际法律权利可能还未完全清晰化，但是，许多人仍会将美洲在 20 世纪 90 年代的诸多发展看成是“开风气之先”，2001 年的《美洲国家民主宪章》（Inter-American Democratic Charter）被采纳，让这一领先地位达到新的高度。同时，它也朝更加强制性的连带主义迈进，其形式既包括提高成员国加入条件（OAS 和南方共同市场都设立了成为成员国的明确民主标准），也包括干预（比如 1994 年的海地）。

20 年之后，图景大为不同。利益模式没有被转化为有效的地区性制度，最重要的原因在于相互依存和不平等之间的联姻（比如巴西在南美和美国在西半球这两个孪生不对称地位）。人权和民主制度显然没有嵌入在一个稳定的半球合作结构之中。和半球经济一体化有关的谈判已经破裂，最惊世骇俗者，莫过于如下两者之间的天壤之别。1994 年迈阿密的“美洲国家组织首脑会议”，以及 2005 年满是痛苦分歧和争议的“马德普拉塔峰会”。南方共同市场处于深刻危机之中；FTAA 已经后退，变得高度政治化；在处理该地区不安全的真实缘由方面，OAS 被日益边缘化。再者，在 20 世纪 90 年代，在监督选举和促进民主等方面的进步遭到了美国和大部分南美国家之间分歧日增的威胁。一方面，据称该地区在“左倾化”，而且，美国还看到对“民粹主义”和“民主帝政主义”（cesarism）的滥用，对这两者，美国都进行了谴责。另一方面，该地区之内民众广泛不满民主和自由经济改革的结果；他们呼吁更多关注社会议程；人们也大声疾呼更“名副其实”“分配性”和“参与性”的民主方式（最显著的例子就是委内瑞拉和玻利维亚）。不管这些不同主张的真相究竟是什么（双方都过于简化了所提供的该地区政治变迁的图景），但是，此处的要点是，我们要注意到，当人们几乎没有就民主的含义以及民主变迁前进的方向达成共识之时，促进民主是件很困难的事情。

在北美，从贸易、投资、能源、环境、移民和安全方面来看，地区化模式已经加快了步伐。[23]的确，从许多方面来看，该地区是地球上一体化程度最高的地区之一。在有些人看来，该地区看上去就像是一个教科书案例，关乎一体化和相互依存如何创造了越来越多的功能性合作需求，而且迥异的历史、社会和文化发展模式，使得我们没法仅仅通过形式上和更深程度的制度化就能满足这些需求。当然，强调 NAFTA 形式中制度化治理的局限性是很重要的，并且，我们要说明，即便是 NAFTA 的正式争端解决机制，都没能创造一个接近于平等的竞技场。[24]但是，在另一方面，值得注意的是，NAFTA 已经被证明是相对持久和有效的，而且，美国仍然留在 NAFTA 之中，尽管布什政府有强烈的单干倾向。在一个实力如此不对称的地区，也许正是因为存在某种程度上持续的制度性参与，才说明了这种参与的重要性而非局限性。注意到如下情形也很重要：人们对正式制度的共同反感刺激了不同形式的国家周边和国家之外的复杂政体，最明显的例子是在加拿大和美国之间。比如，在加拿大和美国之间，约有 270 个条约存在；在 NAFTA 周围有 60 个机构；在北美防空联合司令部（Aerospace Defence Command）的基础上进行的紧密的非正式合作，以及 34 个有关防御事务的正式协议；从执法到跨国界电力线路的运行，多种行政网络无所不包。

该地区也提供了一个地区性的范例，表明如下更宽泛的看法：美国的有效实力是有限的，对此，我们将在第十一章中进行详细说明。[25]美国控制自己地区的实力已经被削弱了。华盛顿的确投入了大量的精力去重新建立自己对边界及其管理的控制，不管这种举动会在多大程度上有悖于经济一体化的逻辑以及可持续的移民管理。[26]加拿大和墨西哥在当时都别无选择，只能加强在边境安全上的合作。但是，以边境和强制为基础的毒品和移民政策，其成功案例屈指可数。美国安全已经变得日益受到如下因素的影响：发展起来的密集社会和经济一体化；由此产生的安全负外部性——其形式是跨国组织犯罪、大规模的麻醉剂非法流动，以及日渐高企的非法移民水平；在其南部边缘地区的国家能力不足，包括墨西哥。

也许，在本书看来，对美国最重要的教训不是治理，而是日渐高企的一体化水平和出现地区性共同体这两者之间的关系。在北美地区，不管“社会价值和偏好究竟是趋同还是分化”的资料如何显示，但是，显而易见的是缺乏一种人人共享之共同体或共同精神的感觉。即便我们把标准设置得再低，情况都依旧如此。比如，在评论家和政治理论家之间，他们会共同论证说全球化与日渐一体化和互联正在改变我们对偏远区域人们的认识和责任。但是，如果如下观点想要具有说服力：“不断密集化的一体化导致了人们改变自己对道德共同体的认识”，那么，北美、NAFTA 以及美国、加拿大和墨西哥之间的关系就应该是一个可能的候选案例。该关系的特点是极高水平的经济和社会相互依存：对墨西哥的高水平剥夺，许多方面都牵连到那些有可能对美国产生负面“溢出效应”的问题之中；两个富有和占优势的伙伴国家很有能力提供帮助。但是，人们完全没有就最低水平的协助义务或者分配性正义展开辩论；虽然北方国家越来越多地关心墨西哥国内的人权状况，但是“哪怕是最低限度的地区性权利保护共同体”这一理念仍然毫无进展。地区化对改变该地区的道德面貌毫无帮助。的确，考虑到地区化重新激起人们有关种族和身份的过时辩论，地区化有可能会把我们推向相反方向。一方面，即便是美国的自由派（以及美国法院）都倾向于将权利视为国家领土之内公民的所有物，并且，他们倾向于令人发指地漠视本国国内以及周边国家之内的“外国人”的权利，包括那些在周边地区自身权利遭到制度性侵犯、因此拼命寻求入境的人（最明显的例子莫过于关塔那摩）。另一方面，尽管加拿大在道德上故作各种姿态，它和美国一样，都游离于地区性的人权制度之外。

非洲提供了一个最有意思的范例，来说明存在持续的动力，朝地区建设和日益增多的自由连带主义之元素迈进，尽管存在很长的一段历史，记录了此前的失败和困扰该地区的多种问题。“西非国家经济共同体”（ECOWAS）在 1975 年得以创立，但是在 20 世纪 90 年代偏离了经济发展，转向了地区安全。在这一新的语境中，民主和善治在 ECOWAS 正式规范结构之中开始占据一个更为核心的地位，人道主义因素也被提出来，以证明对利比里亚和塞拉利昂的干预是合理的。“南部非洲发展共同体”（SADC），在 1980 年最初创建时被称为“南部非洲发展协调会议”（SADCC），也在朝一个更为公开地强调地区安全的方向迈进，在该安全之内，捍卫和维持民主又一次占据了更为正式的位置。最显著的是，用新的“非洲联盟”来替代“非洲统一组织”（OAU）的决定，不仅牵涉到一个在很大程度上参考了欧洲模式的宪章，也赋予成员国在如下“严重情形中去干预的权利，即战争犯罪、种族屠杀以及反人类罪”（《非洲联盟宪法法案》第 4（h）条规定）。这样的发展态势明显对立于如下那普遍存在的观点：“发展中国家一致反对那些新兴的人道主义干预之规范”。

规范性变迁的程度常有争议。在一些人看来，这是一个清晰的案例，表明规范性变迁（最显著的就是对卢旺达的反应）以及自由价值在更广范围内得到传播。在其他人看来，这是一种廉价的姿态或举动，通过将规范制度化，允许国家控制得以重新树立。但是，更广意义上的问题关乎非洲地区性制度的明显缺陷，这一点从如下角度可以看出：其秘书处的能力，成员国授予实质性权力的意愿，以及在多大程度上，地区主义服务于国家领导人的直接利益——该利益通常也是国内的利益，而非代表了对共有问题的共同应对。[27]非洲也被视为是如下两者之间那日渐不受控制的脱节：一方面是国家间地区主义的政治结构，另一方面是社会、经济和军事加剧地区化的格局。它和中东都是最重要的案例，提醒我们地区主义的困境，即如果我们要想成功地超越国家，那么，这取决于事先存在运行合理的、良好的国家。[28]

在“东盟”（ASEAN，创立于1967年）的基础上，亚洲在20世纪90年代也见证了地区主义活动的扩张，包括：“亚太经合组织”（APEC，1989），“东盟自由贸易区”（AFTA，1992）；“东盟地区论坛”（ARF，1994）；以及“东盟＋3”（APT，1997）。在20世纪90年代的大部分时间里，辩论的大部分内容关乎东盟成功地发展出一个地区性安全共同体，其基础是一系列建立信任的措施和外交协调。在经济动力的刺激下，东盟在缺乏欧洲式地区制度的情况下取得成功，这被视为反映了以一整套特定规范和某种特定外交文化为基础的“东盟方式”。[29]时间上更近的是，更加严厉的经济环境，出现的新型的跨国威胁，以及中国所带来的政治和经济挑战日益严峻，这些都推动着地区合作在功能性上大大增强，也提出了“弱制度化合作方式之持久性”的问题。该地区不是走向一个东盟版本的后威斯特伐利亚体系，也没有什么看上去特别明朗的强大地区制度前景。但是，日益密切的社会和经济地区化格局，正在对国家之间和国家内部的实力格局产生重要影响。再者，虽然该地区基于势力的经历（主要是中国、美国，勉强再加上日本，所建立起来的“宏观势力结构”（macro-power structure））正在变得日益显著，但是，地区性制度作为一个潜在手段去软化这些大国关系的重要性也在持续发酵。换言之，在如下两者之间划出一条泾渭分明的界限于事无补：针对该地区基于势力的论述，以及针对该地区基于制度和身份的论述。

结　论

在之前的地区主义论战中，地区主义涨潮了，但是接着就破裂和退潮。地区主义永存的预言不攻自破。在欧洲之外，截止到20世纪70年代初期，不同的地区充斥着各种失败和失信的地区主义机制，不管是关乎经济一体化还是政治合作。过了这一时期之后，令人惊讶的是，在世界各地政治家和分析家们似乎都被说服，地区合作必须超前迈进且必须要努力使其奏效——尽管存在着困扰NAFTA的局限性，南方共同体的脆弱，东盟艰难地适应着一个更为严苛的地区环境，以及地区主义在世界其他地方只取得了极为有限的成果。从某个视角来看，这强调了我们区分描述性地区主义和规定性地区主义的重要性——地区主义作为一个规范性立场、一个政治企划或者作为一条有关国际社会应当如何得以组织起来的教义。随着相互依存的理念越来越一般化，人们经常会有一种强烈的感觉，就是在某个给定地区之内，所有国家都在同一条“地区之船”上，无论是从生态的、战略的还是经济的角度而言；它们不是在互相拉近，而是要么明说要么暗示，它们应当搁置民族自我中心主义，设计出新的合作形式。地区项目、愿景和具有伦理建构力的故事，对于成功的地区建设而言是重要的，好比这些故事在国家建设中所发挥的重要作用。但是地区主义不能免于经济可行性的残酷现实，以及势力和利益的冷酷逻辑。

正因为存在各种各样的限度，这幅图景就不是静态的。马丁·怀特广为人知地将国际关系归纳为一个循环和复制的竞技场，并认为国家体系是“所有我们到目前为止已知的政治组织之中最为松散的”[30]。但是，当我们总览那由不同地区性国际社会组成的“多个世界”之时，显然，深刻和显著的变化已经发生了，将那些已经发展起来的地区中的不同社会、经济和政体归纳为“松散”的说法毫无助益。它们没有指向一个清晰或统一的方向——在多数情况下，不是指向稳定和有效的制度化，也不是指向舒适和令人心安的自由连带主义，更不是指向某种后威斯特伐利亚类型的变迁（即便是在欧洲）；但是，它们也不仅仅只是关乎循环和复制。在多个世界中，这些发展态势是我们理解如下事物不同发展方向的核心：治理移动的方向，人们面临的一系列困境，以及通过不同的形式去超越基于国家的多元主义地区性政治。尽管存在各种各样的令人沮丧之处，但这就是欧洲的实际情况，也是欧洲最重要之处；顺带一提，这也是为何我们应当欢迎人们重新开始就欧洲的建制开展辩论的原因。

在一个世界中，笔者已经讨论了地区如何通过某些方式和国际秩序与全球治理发生关联。没有任何事物是完美无缺的。而且，地区有可能在我们寻找全球政治正当性的过程中发挥作用，再没有什么任何其他东西比这更重要了。“我们可以借由目前霸主国所提出的那些价值，来捍卫当下全球决策权力的分配”，这样的观念有可能会受到越来越多人的挑战。地区的组织，地区生产和推广不同的全球秩序理念的能力，以及不同地区主张自己应当得到更充分和更平等的代表，这些都有可能在未来有关全球政治正当性的斗争中发挥核心的作用。

注 释

[1] 有关历史变迁，参见 Louise Fawcett，'Exploring Regional Domains：A Comparative History of Regionalism'，*International Affairs*，80/3（2004），429-446。

[2] 有关新地区主义，参见 Louise Fawcett and Andrew Hurrell（eds.），*Regionalism in World Politics*（Oxford：Oxford University Press，1995）；Andrew Gamble and Anthony Payne（eds.），*Regionalism and World Order*（Basingstoke，UK：Palgrave/Macmillan，1996）；Edward D. Mansfield and Helen V. Milner，'The New Wave of Regionalism'，*International Organization*，53/3（1999），602-608；Björn Hettne，András Inotai，and Oswaldo Sunkel（eds.），*Globalism and the New Regionalism*（Basingstoke，UK：Macmillan，1999）；以及 Shaun Breslin，Christopher W. Hughes，Nicola Phillips，and Ben Rosamond，*New Regionalisms in the Global Political Economy*（London：Routledge，2002）。也请参见 Mary Farrell，Björn Hettne，and Luk van Langenbove（eds.），*Global Politics of Regionalism：Theory and Practice*（London：Pluto，2005）；以及 Amitav Acharya and Alistair Ian Johnston（eds.），*Crafting Cooperation：Regional International Institutions in Comparative Perspective*（Cambridge：Cambridge University Press，2007）。

[3] 比如，参见 Louis J. Cantori and Steven L. Spiegel，'International Regions：A Comparative Approach to Five Subordinate Systems'，*International Studies Quarterly*，13/4（December 1969），361-380；Louis J. Cantorj and Steven L. Spiegel（eds.），*The International Politics of Regions：A Comparative Approach*（Englewood Cliffs，NJ：Prentice-Hall，1970）；William Thompson，'The Regional Subsystem：A Conceptual Explication and a Propositional Inventory'，*International Studies Quarterly*，17/1（1973），89-117。

[4] 很好的一个例子是：Joseph S. Nye（ed.），*International Regionalism：Readings*（Boston，MA：Little，Brown and Co.，1968）。

[5] 参见 Bruce Russett，*International Regions and the International System*（Chicago，IL：Rand McNally，1967）。

[6] 对于区分地区制度的难题，有一个仍然非常具有相关性的讨论，参见 David Grigg，'The Logic of Regional Systems'，*Annals of the Association of American Geographers*，55/3（September 1965），465-491。

[7] 美国实力的一个重要特点源于其自主决定参与什么地区，以及它自己拒绝做出无条件的承诺。一脚在里面、一脚在外面，把玩“退出”的可能性，并发出含混的信号，这些做法一直以来都对华盛顿的权力政治有利。可以考虑一下欧洲、亚洲和南美的情况。

[8] 文献浩瀚。综述请参见 Ben Rosamund，*Theories of European Integration*（Basingstoke，

UK：Macmillan，2000）；以及 Jack Hayward and Anand Menon（eds.），*Governing Europe*（Oxford：Oxford University Press，2003）。有一些视角是最重要的，参见 Moravcsik（1998）；Philippe Schmitter，'Neo-Neo-Functionalism'，in Antje Wiener，and Thomas Diez（eds.），*European Integration Theory*（Oxford：Oxford University Press，2003）；and Wayne Sandholtz and Alec Stone Sweet（eds.），*European Integration and Supranational Governance*（Oxford：Oxford University Press，1998）。

[9] 尽管涉及面广、论述详尽，布赞（Buzan）和韦弗尔（Waever）主要关心的是地区内安全逻辑，他们倾向于把地区看成是相互排斥的。Barry Buzan and Ole Waever，*Regions as Powers：The Structure of International Security*（Cambridge：Cambridge University Press，2003）。卡岑施泰因（Katzenstein）的重要研究的确审视了地区在更广体系中的地位，但是大部分是从一个美国霸权秩序的视角来看待的。Peter Katzenstein，*A World of Regions：Asia and Europe in the American Imperium*（Ithaca，NY：Cornell University Press，2005）。

[10] 尤其参见 Buzan and Waever（2003）。

[11] 有一个杰出的范例，参见 Bilahari Kausikan，'Asia's Different Standard'，*Foreign Policy*，92（Fall 1993）。有人对该辩论做了一个精彩的详细论述，参见 Yash Ghai，'Human Rights and Governance：The Asia Debate'，Occasional Paper，Center for Asian Pacific Affairs，November 1994。

[12] Tully（1995：11）.

[13] 早期的讨论，参见 Roger D. Masters，'A Multi-Bloc Model of the International System'，*American Political Science Review*，LV/4（1961），780－798；以及 Bull（2003：254－257，294－299）。

[14] 比如，参见 Kalypso Nicolaidis and Robert Howse，' "This is my EUtopia..." Narrative as Power'，*Journal of Common Market Studies*，40/4（2002），767－792；Ian Manners，'Normative Power Europe：A Contradiction in Terms?'，*Journal of Common Market Studies*，40/2（2002），235－258。Zaki Laïdi，*La Norme sans la Force：L'énigme et la puissance europénne*（Paris：Presses Sciences-Po，2005）。

[15] 有关该议题的讨论，参见 Alex J. Bellamy and Paul D. Williams，'Who's Keeping the Peace? Regionalization and Contemporary Peace Operations'，*International Security*，29/4（2005），157－195。

[16] 比如，参见 Hoekman and Kostecki（2001：ch. 10）。

[17] Vincent（1986：101）.

［18］John G. Ruggie，‘Territoriality and beyond：Problematizing Modernity in International Relations’，*International Organization*，46/1（1993），139－174；Linklater（1998：9）；Jan Zielonka，*Europe as Empire：The Nature of the Enlarged European Union*（Oxford：Oxford University Press，2006）.

［19］在此处颇有助益的论述是：J. H. H. Weiler，‘The Transformation of Europe’，in *The Constitution of Europe：‘Do the New Clothes Have an Emperor?’ and Other Essays on European Integration*（Cambridge：Cambridge University Press，1999），10－101；以及 Alec Stone Sweet，Wayne Sandholtz，and Neil Fligstein，*The Institutionalization of Europe*（Oxford：Oxford University Press，2001），especially ch. 1。

［20］在浩瀚的文献中，参见 Dinan（1999）；以及 Simon Hix，*The Political System of the European Union*（Basingstoke，UK：Palgrave，1999）。

［21］有关这些局限性的简要说明，参见 Andrew Moravcsik，‘In Defence of the“Democratic Deficit”：Reassessing the Legitimacy of the European Union’，*Journal of Common Market Studies*，40/4（2002），603－624。

［22］有关人们如何看待这些变迁的说明，参见 Heraldo Muñoz，‘The Right to Democracy in the Americas’，*Journal of Interamerican Studies and World Affairs*，40/1（Spring 1998），1－18；Domingo E. Acevedo and Claudio Grossman，‘The Organization of American States and the Protection of Democracy’，in Tom Farer（ed.），*Beyond Sovereignty*（Baltimore，MD：Johns Hopkins University Press，1996），132－149；R. J. Bloomfield，‘Making the Western Hemisphere Safe for Democracy? The OAS Defense-of-Democracy Regime’，in Carl Kaysen，Robert A. Pastor，and Laura W. Reed（eds.），*Collective Responses to Regional Problems：The Case of Latin America and the Caribbean*（Cambridge，MA：American Academy of Arts and Sciences，1994），15－28。

［23］有关综述请参见 Robert A. Pastor，‘North America and the Americas：Integration among Unequal Partners’，in Farrell，Hettne，and van Langenhoven（eds.），*The Global Politics of Regionalism*，210－221。

［24］有关 NAFTA 的论述，参见 Frederick M. Abbott，‘NAFTA and the Legalization of World Politics：A Case Study’，in Judith L. Goldstein，Miles Kahler，Robert O. Keohane，and Anne-Marie Slaughter（eds.），*Legalization and World Politics*（Cambridge，MA：MIT Press，2001）。对现有地区治理的强有力批判，参见 Stephen Clarkson（with Sarah Davidson Ladly，Megan Merwart，and Carlton Thorne），‘The Primitive Realities of North America's Transnational Governance’，in Edgar Grande and Louis W. Pauly（eds.），*Complex Sovereignty. Reconstituting Political Authority in the*

Twenty-first Century（Toronto：University of Toronto Press，2005）。

［25］参见 Andrew Hurrell，'Hegemony in a Region that Dares Not Speak its Name'，*International Journal*（Summer 2006），545－566。

［26］参见 Peter Andreas and Thomas J. Biersteker（eds.），*The Rebordering of North America：Integration and Exclusion in a New Security Context*（New York：Routledge，2003）。

［27］对非洲地区主义种种自负说法的有力批判，参见 Jeffrey Herbst，'Crafting Regional Cooperation in Africa'，in Amitav Acharya and Alistair Ian Johnston（eds.），*Crafting Cooperation：Regional International Institutions in Comparative Perspective*（Cambridge：Cambridge University Press，2007）。

［28］有关我们按照非洲国家特点来理解地区国际政治的基本必要性，参见 Christopher Clapham，*Africa and the International System*（Cambridge：Cambridge University Press，1996）；以及 Douglas Lemke，'African Lessons for International Relations Research'，*World Politics*，56（2003），114－138。

［29］参见 Amitav Acharya，*Constructing a Security Community in Southeast Asia：ASEAN and the Problem of Regional Order*（London：Routledge，2001）。

［30］Wight（1977：149）.

第十一章

帝国重生？

本章主要思考帝国和全球政治秩序之间的关系。考虑到当下国际体系的性质，这将不可避免地意味着我们要关注美国。但是笔者的目标是将美国的角色和立场放置在一个广泛的概念和历史语境之中，并努力脱离当下大家讨论的“华盛顿已经做出、正在做出或将来应当会做出何种战略选择”的那种应景性（immediacy）。本章分为三部分。在第一部分，笔者将剖析我们常对帝国做出的一些假设，尤其是有关帝国终结的必然性；帝国作为一种政治秩序形式已经多余和过时，这接下来就意味着，国际关系天然地就应该关注国家间或民族国家间的关系。光看美国的实力，以及“我们生活在一个单极世界中”这一路人皆知的观点，就把我们拉回到了帝国的语境中，让许多人视美国为一个大帝国。

第二部分审视我们如何理解该实力。笔者认为，各种非正式帝国的观念具有一定的分析力度，但是忽视了如下两者：军事实力和强制在美国外交政策的演变过程中发挥了一贯的重要作用，以及规则、规范和制度的重要性——对这些我们可以称之为所谓“非正式帝国”的正式的一面。笔者也认为，从分析的角度而言，我们将美国视为一个霸主而非帝国将是更有助益的，因为这样一来，分析家就会被迫直接关注如下重要问题：谈判、正当性和“跟随者身份”（followership）。与帝国相比，霸权通常被视为一个更为狭隘和不那么具有渗透性的控制方式。虽然在某种程度上讲的确如此，但是笔者认为，美国霸权具有复杂性，在于许多历史和结构性力量，推动着美国走向更深入和更具渗透性的干预，并且，这些力量很有可能会持续地复杂化美国的实力运用。

第三部分考察五个人们最常用的理由，来说明帝国的衰落，和从更一般性的层面上来讲，那些自上而下、基于等级的国际秩序观的终结。笔者不是想要直接比较美国与其他霸主国的实力程度和特点，相反，笔者要问的是，这五个因素如何可能改变了一些途径，让霸权秩序变得可行并有可能是可持续的。显然，美国的实力资源是巨大的。但是，尤其当我们将其放置在“国际社会和全球政治的方式已经发生变化”这一背景之中时，最令我们吃惊的反而是该实力的局限性、不稳定和不确定性。这些局限性可以最直接地适用于对强制性武力的使用，但是其意味更为广泛，质疑了“美国作为一个没有对手、各方面都很强大的霸权大国”这种简单化的描述。

帝国与秩序

长期以来，帝国一直是各种世界秩序观的核心。在古典欧洲式国家体系出现之前，国际关系的情况曾经一度就是如此。但是，正如我们在第二章中所言，帝国主义也曾经是如下事物的核心：古典国家体系中的政治运作，经济发展，国际法和规范之需要的特点，以及（正如最近许多著作论证所示的）政治理论。古典国家体系曾是一个强国肆无忌惮地进行治理的世界。但是，比起帝国的历史中心地位，更为有趣的是从方式的角度来看，不同政治立场的评论家都没有把帝国视为某种封建历史的“借尸还魂”，而是作为未来国际关系的一个核心元素，尤其是作为一个措施，去应对资本主义发展以及后来被人称为全球化所带来的那些变革。现在让我们来简要地审视一下三个时刻。

正当维多利亚式帝国自信高涨的时候，约翰·西利（John Seeley）在其著作中强调实力规模的转型，贸易、投资和移民那“强大的团结力”；从程度上看，技术和传播的变迁催生了新型的政治组织形式。“我已经说过，在现代世界中，空间距离已经在很大程度上失去了效力，有迹象表明，如下时代正在来临：国家将变得比以往任何时候都要广袤”[1]。与许多 19 世纪思潮相一致的是[2]，约翰·西利看到了经济一体化和相互依存的支配性逻辑，正指向不同政治结构的融合和巩固。而且，就像他的许多同时代的人一样，他将美国视为典范：“最令人吃惊的自信和成功扩张的范例”，一个自由制度“最充分地与无限扩张结合在一起”的典范；“……我们这个时代的各种状况天生就呼唤这样的一种合众国”[3]。

在其 1926 年的著作中，艾尔弗雷德·齐默恩——自由思想家之集大成者以及捍卫国际联盟的人——也将帝国视为未来世界秩序中一个必要和有益成分。与西利一样，他认为正是经济转型，改变了国家实力和国际治理的双重需要。但是，在当时寻求治理的过程中，帝国将持续扮演一个核心角色。一方面，在齐默恩看来，“英联邦”代表了一种模范，供国际联盟参考——一种国家和民族共同体自由、和平联合的模范。另一方面，国际联盟对英联邦的存续和可持续而言至关重要，因此，齐默恩才会有如下看法：“一个联盟套在一个更大的联盟中，一个社会处于一个更大的社会中”[4]。不只是齐默恩会在自由国际主义与自由帝国之间随意切换。由此，威尔逊在巴黎和会上捍卫“门罗主义”（the Monroe Doctrine），不是作为一个霸权性的地区性安排，以反映自私的美国利益，而是为国际联盟树立了一个模范。这一理念早在 1914 年 11 月就得以讨论，在多篇文章中，以及在 1917 年 1 月 22 日威尔逊在参议院的演讲中也都有所表达。部分而言，这是因为人们努力去使得国际联盟被美国的公众意见所接受。但是它也反映了，由众议院提议、威尔逊后来极度热情和欣然采纳了如下真心实意的信念：受门罗启发的泛美国主义的确可以为战后国际组织提供一个范本。[5]

到二战结束之时，风向还是朝着更强劲地反对帝国的方向吹。的确，战争本身在去殖民化过程中发挥了核心作用。欧洲核心国家被严重削弱，超级大国崛起（该术语在 1944 年被提出），战争导致对殖民土地的直接控制丧失（尤其在亚洲），而且，人们试图动员帝国参战，这反而加剧了反殖民民族主义。20 世纪上半叶的灾难性冲突貌似强化了人们一个若有若无但无处不在的感觉，那就是民族国家日暮途穷，国际政治力量和全球资本主义的发展正在推动我们走向新形式的政治秩序化。[6]但是，在这些辩论之中，等级制还是处于核心地位。有时候，等级制和秩序之间的关联主要是基于制度，就像在联合国的情况中，丘吉尔始终热切而罗斯福只是最初热切地希望，在“四个警察国家”的基础上建立一个秩序，每一个警察国家在其各自的势力范围内维持地方秩序。有时候，人们更直接地聚焦于帝国本身。亚历山大・科耶夫（Alexandre Kojève）这一伟大的黑格尔阐释者和法国政府官员，提供了一个尤为有意思的范例，展示了人们所察觉到的那些变化是如何指向了帝国那持续的中心地位及其变化中的特点。

在成书于 1945 年 8 月的《法国国是纲要》中，科耶夫写道，“目前，正是这些民族国家，正在不可抗拒地让位于那些跨越国家疆界的、可被称为‘帝国’的政治实体。在 19 世纪仍然强大的民族国家，现在已经不再是**政治**实体。……现代国家，以及目前的政治现实，都要求拥有一个比国家在严格意义上所体现的基础还要大得多的一个基础。如果想要在**政治**上可行，现代国家必须立基于一个‘广袤的、由附属国组成的帝国联盟’。现代国家，只有当它是帝国的时候，才是真正意义上的国家”[7]。在科耶夫看来，纳粹德国确实是承认了这些变迁，正如人们就扩张理论（*Grossraumtheorien*）和豪斯霍费尔（Haushofer）的地缘政治（该作者对斯派克曼（Spykman）和接下来的凯南（Kennan）产生了巨大的影响）展开的广泛辩论所示。[8]但是，对于科耶夫而言，德国所寻求的民族解决之道是注定要失败的，它一方面要面对苏联的“帝国式社会主义”，另一方面要面对盎格鲁-撒克逊的“帝国式资本主义”。“因此，我们可以说，德国之所以战败，是因为她想要以**民族国家**的身份来获胜”。与齐默恩一样，科耶夫将英联邦视为一个模范，但是他认为英联邦还是民族性过强，以至于不能成为一个模范。他的观点又一次和齐默恩一样，认为未来在美国身上，体现在结构更为松散的去地域化安排之中。“正是盎格鲁-撒克逊帝国，即英美政治经济圈，是今日管用和实际的政治现实情况”[9]。科耶夫自己的解决方案正是指向了地区主义（这是除了民族国家之外另一块显见的构造世界秩序之基础），而且，非常令人难以置信地，指向了“拉丁帝国”（Latin empire）这一观念。

当然，从政治上来讲，二战后时期见证了对欧洲海外帝国的挑战日渐强大，导致了第三波去殖民化浪潮（反抗欧洲海外帝国），并最终导致了第四波浪潮（随着苏维埃帝国和霸权体系的解体）。从分析的角度来讲，国际关系前所未有地坚持将自己的研究领域描述为“国家之间的政治”或者一个无政府状态下国家间体系的政治，尽管以等级制为基础的秩序化在冷战中分裂的双方内部都发挥了重要作用。乔治·利斯卡（George Liska）不同寻常地指出，该体系具有双重的或混合的特点。“当下国际政治”，他在1967年写道，“是一个由两种成分组成的混合体：重新复苏或重新得以确立的民族国家之政治，以及帝国和帝国间关系的政治”[10]。

美国崛起成为单极世界的核心，再一次把人们的目光都吸引到全球重新集权所包含的诸多意味之上——不仅仅关乎美国的战略选择，而且，从更广泛的范围来讲，我们可能得从通过等级制、霸权甚至帝国的方式来实现秩序的可能性的角度来考虑。将美国说成是一个不可或缺的国家，这样的说法变得越发固执，并且在许多人的眼里，这样的说法也变得更有说服力了；克劳萨默（Krauthammer）对单极时刻的描述让位于如下信念：世界已经进入到了一个单极时代。[11]帝国和霸权这两者都要求有实力、目标和政治支持。正如许多记录和统计实力数据者所示，美国的实力资源是无可比拟的：美国军费预算比紧随其后的15个国家的总和都要多，经济规模比紧随其后的三个国家的总和都要大。在有些人看来，美国拥有现代国家体系历史上最大的实力储备。[12]当然，正是“9·11”之后的一系列事件，才貌似提供了更为清晰的目标（也许还包括一个规划），以及更高水平的国内政治支持，去采取一种积极和参与式的外交政策。美国身上出现的更为鲜明的单边主义和民族主义外交政策，又更进一步地强化了帝国语言的回归。结果，越来越多的评论家们开始用帝国主义的术语来谈论美国在世界中的角色。[13]而且，越来越多的人（右派和左派都是这样）开始捍卫美利坚帝国的美德——比如，该政策最适于保障美国的国家利益；它是唯一一个能够提供全球安全和其他国际公共品的国家；它是唯一一个有能力承担干预主义和国家建设任务的国家，安全问题不断变化的特点使得这些任务日益重要；而且，它是至关重要的实力政治轴心，在全球范围内拓展自由主义。

定义和区分

将美国描述成一个帝国式大国总是困难重重、争议不断。因此，欧内斯特·梅（Ernest May）对美国内部缺乏一个帝国式思维的经典描述可以区别于威廉姆斯（Williams）早期有关“帝国作为一种生活方式”的论述。[14]显然，美国长期以来将自己树立为反殖民大国的强大形象，反对欧洲的实力政治；它不断和重复地在修辞中用到“自由”和“自决”的字眼；它发挥了决定性作用，把自决确立为国际政治规范，而且它直接对欧洲国家施压，要求它们终止帝国行径，包括荷兰在印度尼西亚，以及法国和英国在苏伊士。

但是，在这个背景下，美国应当被视为欧洲扩张的一个产物，该扩张曾牵涉到建立殖民地并征服土著和独立的民族。这就是贯穿 19 世纪的强大和成功的领土扩张主义——通过殖民、购买和战争（在 1807 年到 1904 年之间超过百次地使用武力）。再者，如果它的确脱离了领土扩张和征服，那也只不过是部分地由于自由因素在起作用。的确，对自由的关切曾发挥了作用，这可从如下两方面看出。人们察觉到，海外帝国扩张对国内自由带来了威胁，而且，要把帝国现实及海外统治和美国的价值观协调起来，是一件难事。但是，种族和奴隶制也是导致美国终止向南扩张的主导因素，并推动美国走向新形式的领土控制——好比“非并入式领土”（non-incorporated territories）或者诸如《普拉特修正案》（the Platt Amendment）之类的摄政式安排，为海地、尼加拉瓜和多米尼加共和国树立起一个模范，这反过来又是取材自英国统治埃及的模式。正如摩根索和其他人所示，人们从来就没感觉到对地缘政治的需求。“一个大国不大可能在缺乏信念、决心和目标感的情况下，还能去实施一项征服政策。对于美国而言，超过北美大陆范围的征服从一开始就是一件令人尴尬之事，而非某民族目标的成就”[15]。在这种要求的确存在的情况下，比如在所谓“战略托管地”（Strategic Trust Territories），那么，征服就无可避免。同样，当地缘政治主导了领土重新安排和各个民族以及主权者之间的讨价还价（如 1919 年①的巴黎和会和 1945 年的雅尔塔会议）之时，美国就愿意跟着自己的利益走，而非它那些所谓的价值观（如霍夫曼所示），并接受重新出现的职责——披着威尔逊的羊皮，行马基雅维利阴谋之实。

但是，美国的确曾远离了正式征服与领土附庸，走向了对外经济扩张和门户开放。正是这一点，逼着我们大家去抓住美国实力中非领土的因素，并把正式帝国和非正式帝国、直接政治统治（升国旗和绘制地图）与非政治经济控制（开放经济门户）区分开来。[16]这一区分对于我们理解美国实力很重要，但是存在两个严重缺陷。首先是它忽略了美国继续愿意用武力和强制来达到自己的利益。正是这一意愿，才是将霸权和大家自由承认的首要地位（primacy）区分开来的最重要的特征之一。在美国的霸权得以长期树立的地区（比如拉美），随着在更广范围内国际体系的特点发生剧烈变革，事实证明，干预主义和使用武力是一直都存在的。比如，干预主义不能被理解为冷战中诸多限制条件在发挥作用。再者，随着美国相对实力的增长，随着冷战中限制条件的放宽，它使用武力的意愿也得以继续。[17]

第二个问题是它倾向于忽略非正式帝国的“正式”方面。这是原来那个表述的一个缺陷，如果要用该表述来描述美国，则该缺陷更甚。从历史上看，非正式帝国的实践牵涉到一系列复杂的制度规范和安排（除了其他事物之外，还关乎治外法权、摄政政治、非并入式领土、势力范围以及与主权、自决（或不自决）使用武力相关的规范）。国际社会的基础规则曾有一个不可磨灭的双重印记：既是一个国家间体系，又是一个帝国间体系。今日，非正式帝国的正式一面已经变得对实力运用越发重要，因为那些塑造全球化的规则和制度已经变得越发富有扩张的野心、影响深远和全面渗透。在许多时候，美国是通过国际社会那变化中的法律和规范性结构——通过美国对核心规范的影响（例如，与使用武力或不断变化的主权特征有关的规范）——来运用实力；美国对那些自己选择不加入的制度和机制的影响；它有能力去影响人们选择究竟是用市场还是用各种政治治理方式；它也可以树立起另类的治理方式（比如扩大管

① 原文为 1918 年，误。——译者注

制网络或者将自己国内法律在国外进行适用)。认为美国要么“支持”要么“反对”国际法和制度的观点是极为误人的，其风险在于将我们的注意力从美国实力得以真正运用的方式上转移开。[18]

这就导致了第二个议题，即如下两者之间的区别：直接强制性控制方式，以及通过规则和制度来实施并用谈判来斡旋的控制方式。在许多人看来，“帝国”这一术语的不可避免之处，貌似是自然地从如下两者之中产生的：一是华盛顿可以处置的巨大实力资源，尤其是美国那非同寻常的军事能力，令它获得了超越对手的显著压倒性支配地位。帝国（而非霸权或首要地位）貌似尤其适用于直接强制弱国和附属国，而不必通过政治谈判、相互同意的规则或共同制度来斡旋。但是，从纯粹强制性和物质性的角度来看待实力，对于理解实力而言其基础非常狭隘，本质上毫无助益。为了理解国际关系中的实力，我们必须将它看成是一种社会关系，将其与其他社会性质的概念放置在一起，比如声望、权威和正当性。许多为争取政治权力而进行的斗争是追求权威和正当的控制，避免高代价和危险地依赖于粗暴武力的强制。

帝国主义边缘—中心（pericentric）理论家很久以前就教导我们，正是因为帝国取决于各种各样的间接统治，从某种非常重要的意义上讲，当帝国主义者身边所有心甘情愿的合作者都跑光了的时候，就是帝国的终结。如果正式帝国的情况真是如此，那么，非正式帝国和霸权体系的情况就更是如此。正是因为这个原因，霸权的概念才如此重要。毕竟，稳定的霸权立基于强制和共识之间的微妙平衡，以及如下两者之间的平衡：一方面是霸主运用直接实力与间接实力，另一方面是提供一定程度的行动自主性和在一定程度上尊重弱国的利益。虽然人们强调的重点、说话的意味各异，但这一总体的图景就是如此，不管我们对霸权的理解是采用了现实主义的、自由派的还是新葛兰西主义的视角。[19]不像直接的征服，霸权必然是基于某种持续且通常是不稳定的、强弱者之间进行谈判的过程。谈判和培育正当性不可避免地要发挥作用，尤其是考虑到在一个全球化世界中政策内容的性质在不断变化。

如果我们理解控制方式的最佳术语是“霸权”，那么，第三个议题就关乎卷入（involvement）的深度。最显然的直觉是，霸权和非正式帝国意味着范围更窄的卷入和不那么具有渗透性的努力，既是为了按照霸主的偏好来塑造附属国的制度，也是为了击退战略竞争对手。在加拉格尔（Gallagher）和罗宾逊（Robinson）看来，非正式帝国更为灵活，更廉价，风险更小，这就是为何英国只要有可能就会偏爱这一形式。

尽管美国在与自己的价值观保持一致方面走得更远，但是，同样的逻辑和权益应当也适用于美国。

但是，与此相对的是，有明显的例子说明美国已经变得深入地卷入到重新打造和重新塑造附属政治单位的努力中去。我们可以在此处指出，曾经存在殖民地进行国家建设的尝试，这发生在干预主义热潮高歌猛进的阶段（从 1898 年到 1933 年的“睦邻友好政策”，尤其是在古巴、海地和菲律宾）。基普林（Kipling）的“白人的负担”（the White Man's Burden）这一说法毕竟不是针对也不是献给大英帝国，而是针对美国占领菲律宾而言。[20]再者，冷战的诸多限制逼着美国采取更具扩张性和更雄心勃勃的意图，去促进政治民主、经济发展和和平社会改革，最显著的例子莫过于 20 世纪 60 年代的“争取进步联盟”（the Alliance for Progress）。这是在 20 世纪 40 年代占领日本和德国以及 20 世纪 90 年代试图重新开始进行民族重建这两段时期之间，美国进行此类努力的最大一次尝试。但是它几乎完全失败了。[21]

但是，更重要的一个问题是，是否还有更逼人就范的压力使之“深度卷入”。一组压力源自重复出现的美国政治和道德野心，去改善全世界，并出口其价值观。“我正在寻找对‘使他们变好’而言是必要的、最低程度的干预”，这是西奥多·罗斯福总统在 1908 年有关古巴和中美洲的演讲中说的。但是，不管我们谈论的是 1908 年还是 2004 年，我们根本不可能做到的是，通过一次最小限度的干预，就能实现“让他们变好或者甚至只是稍微不那么坏”。另一组压力源自美国经济利益那变化中的特点。不像英国卷入贸易和投资组合，美国经济利益在整个 20 世纪当中的扩张涉及生产投资和掠夺原材料，经常躲在那些成功进行“进口替代”的经济体所树立起来的关税壁垒之后，这些经济体在 20 世纪大部分时间中支配了经济增长。“到那里去”并“亲临现场”，使美国最终要比大英帝国更为深入地卷入到别国的国内政治中。再者，全球经济管制的特点发生变化，大部分都以这样那样的方式与美国利益有关，已经日益牵涉到具有深度渗透性的规则，这些规则的价值取决于它们在国内社会被内部化并得以实施。

我们可以从更一般的角度来说明这一重要观点。在一个全球化时代，为了推进美国的利益，深入地渗透到不同社会的国内组织方式变得日益重要。这是一个结构性的变化。如果国家想要制定有效的经济发展、环境保护、人权、解决难民危机、打击毒品或反恐斗争政策，那么，它们就需要和一系列范围广泛的国际和跨国行为体交流，并不仅是与中央政府互动，还要去和范围更广的国内政治、经济和社会参与者进行互动。如果你想要在一个全球化的世界中解决问题，那你就不能仅仅说服或挟持政府去签订条约，然后由此不可避免地被拖进泥潭，卷入其他民族的社会组织方式当中去。这一趋势被安全议程的转变给强化了，而且，正如笔者在后面还要说明的那样，这是重新塑造我们对正当性的辩论，而且又一次使得霸权实力的运用变得复杂化的最重要的因素之一。

最后，一直以来，帝国和霸权大国都极难定义和限定它们自己的利益。国际关系作为一个学科已经变得太习惯于用新现实主义的眼光来看待国际政治体系：在该世界中，各种体系通过威逼利诱国家去以特定方式行动来设置“限制条件”。不平等实力和缺乏传统意义上的实力政治竞争者使得分析家自然地聚焦于国内因素。由此，一个常见的观点会说，在单极时期中，美国政策要用利益集团（商业或石油利益）或意识形态（新保守主义的崛起）的观点来进行解释。而且，如此一来，人们也注意到，霸权或帝国国家以各种方式被驱使着去做出政策选择，且尤其是被如下主体诱惑着去进行过度扩张：国内利益集团，以及在国内进行生产和宣传杰克·斯奈德（Jack Snyder）如此强有力地分析的那种“帝国神话”[22]。

这一思维方式有很多优点，但也有实实在在的局限性。帝国总是面临许多真正的战略性困境，这些困境源于该体系的本性，而不是源于国内政治；而且，分析家需要更多地强调各个体系设置“限制条件”的方式，不是通过互相推挤，而是通过设置陷阱和布下天罗地网。维持一个成功的帝国是一件极为困难的事情。在英国这一例子中，驱使着人们远离非正式帝国的因素有时候直接来自符合新现实主义方式的战略对抗；但是经常发生的情况是，源自边缘国家社会经济的变迁，貌似威胁到稳定控制和帝国大国声望的地方性危机，以及各种各样的、把处于外围的帝国势力和地方内部势力勾结起来的帝国桥头堡。[23]随着我们逐渐走出正式帝国的时代，主要大国可选的方案一再地受限于弱国的行动和边缘国家的不稳定。与新现实主义者（尤其是防御型的新现实主义者）的主张相反，可能不存在什么稳定的势力平衡，也不存在什么毫无争议的利益定义。正如霍夫曼所言，“几乎所有事情都可以被描述为核心利益，因为甚至是那些边缘性的失序都能颠覆超级大国的显赫地位”[24]。这也应当对如下企图发出警告：用美国自己那浮夸的战略选择方案去理解美国的政策。正如跟随者身份和正当性的议题所显示的那样，研究重心应当放在美国实力的客体以及美国政策目标之上。

地方性平衡和讨价还价可能会与这些大型战略的讨价还价一样重要。

有关美国扩张之一贯性以及美国利益不同部分之间达成平衡的辩论过于庞杂，没法在这里一一赘述。我们不难反驳如下观点：将美国视为一个纯粹消极应对外部世界中发生的事件的国家。从某种重要的意义上讲，美国一直都是一个修正主义国家，不管这是否反映在“正义征讨运动”（crusading）还是“范本论”（examplarism）之中。[25]但是，“邀请来”的帝国（empire by invitation）也还是历史图景中很重要的一部分（尤其是与欧洲有关）。获得支配性实力也是如此，如果不是通过偶然方式获得这种实力的话，那么也一定是由于追求其他更为重要的目标，尤其是在主要战争中获胜。但是笔者在此处想特别强调的是在美国政策背后的“推”动因素（push factors）需要被放置在一系列复杂的“拉”动因素（pull factors）的背景之中，即便是在缺乏一个直接战略竞争对手的情况下，也会在维持势力的过程中涉及这些“拉”动因素。

霸权的可持续性

在本节，笔者将考察五个人们常常引用、处在 20 世纪帝国终结背后的因素：军事力量的效用降低，人们反抗外国统治，世界核心地区发生变迁，国际法和道德氛围发生变化，以及反对者和挑战者的存在。这些因素也促成了实力在更广范围内的分散和分权，在诸如布尔和沃森（Watson）等作者看来，这种分散和分权乃是从 1900 年到 20 世纪 70 年代末期这段时期的特征。按照这种观点，去殖民化和帝国的终结只是人们反抗之前西方主宰国际体系的一个因素而已。其他因素还包括为争取主权平等、种族平等、经济正义和文化解放而进行的斗争。[26]因此，这一分散或分权在多大程度上已经被扭转了，这不仅仅是我们理解美国角色的核心，也是我们理解更为一般层面上国际体系特点和发展的核心。

第一个因素关乎军事力量的效用，人们认为它的效用在降低。这是 20 世纪 70 年代的一个经常性的话题，无论是在有关实力和相互依存的更为广泛的文献中，还是在关乎军事力量以及为何大国貌似日益在小型战争中失败的更为专业的著作中。这些辩论的特殊元素不需要在此赘述。只要看到如下情况就足够了——如果我们对该立场进行一个强解读，那么，我们就可以追溯出一条清晰的路线来：从自我确证的支配地位

（如 1900 年八国联军集体镇压了义和团运动）到如下军事上的失败案例：欧洲帝国在阿尔及利亚、南部非洲或者印度支那地区的失利，以及美国在 1975 年的越战中败北，还有苏联从 1979 年入侵阿富汗开始直到 1989 年撤军这段时间内在阿富汗所碰到的困难。[27]

军事实力也许是一个最显而易见的领域，在其中，那些支持“重新树立霸权主义”（hegomonic reassertionism）的人可以指出重要和影响深远的变革。这样的主张常常聚焦于军事技术的演变、军事事务中的革命，以及由新技术、巨额开支和组织能力所带来的在美国和所有其他国家之间那令人吃惊的鸿沟。由此，人们强调重叠技术所产生的一些影响：处理信息以及穿透战争迷雾的能力急剧增长，武器系统日增的范围、精确度和致命程度，以及出现了一种动态、灵活和以网络为中心的战事新格局。[28]由此，人们也说：除了在战争中取胜之外，这些发展有助于减少使用军事力量所带来的负担和危险，包括减少伤亡人数，更好地分清敌我，确保国内支持和在国外遵守人道主义法律，并且减少对盟国和海外基地的依赖程度。

从这些发展的态势来看，有些人难耐诱惑，会去修正（如果不是去反转的话）上述那种历史轨迹。因此，尼尔·弗格森（Niall Ferguson）将当下美国的军事力量与英国 1898 年在恩图曼（Omdurman）的情况对比，当时英国大获全胜，总数为 52 000 人的马赫迪军队有 45 000 人阵亡，而英国这一方的伤亡人数才 48 人。[29]因此，人们也倾向于回顾希莱尔·贝洛克（Hilaire Belloc）的说法：“不管怎样，我们有马克沁重机枪，而他们没有”。美国在 20 世纪 90 年代的经历在许多人看来也是以相对的低成本重新树立强制性军事力量的效用：不仅 1991 年的海湾战争涉及的伤亡人数远远低于预期，而且在海地、索马里、波斯尼亚和科索沃地区的伤亡人数只有不到 50 人。

但是，如果这一描述一开始听上去是体现了某种根本性变革，那么，现实情况则更为复杂。第一个反应是众所周知的，即理性反对者选择避免用有利于最强者的方式来进行战斗——由此有了如下观念：不对称反应，求助于恐怖主义、叛乱以及追求大规模杀伤性武器。其他两个怀疑的理由可以姑且称之为克劳塞维茨式的理由。在克劳塞维茨看来，我们要成功地使用强制性力量，即通过一系列生理和心理暴力的复杂混合，来摧毁对手的意志。成功地使用强制性力量涉及有能力去改变和控制他人的心智——让他人屈从于某个人的意志，并且在其身上强加某种特定的对现实的看法。不管技术多么有效和多么具有破坏力，军事力量如果不直接和粗暴地作用于对手的意志，且不愿意承担成本和伤亡，那么，这种军事力量是不太可能满足这种成功的核心标准。[30]因此，承诺的不对称性（一方面是所谓的战争选择，对抗的另一方面是自杀性爆炸袭击者做出某种极端和确实是自我毁灭的承诺）仍然是美国军事实力中一个重要的限制性因素。

另外一个更为强有力的克劳塞维茨式怀疑直接源自如下经典论断：我们的战略目标不是纯粹的军事胜利，而是改变政治关系的状况。战场上的胜利只应当被视为一种实现政治目的的手段。我们很难将军事目标与可持续的政治结果联系起来，这一直以来都是人们有关军事力量之效用的诸多辩论的一个最重要的议题。对于20世纪60年代许多有关打击叛乱的辩论而言，以及对于20世纪70年代人们分析为何美国在越战中败北的观点而言，上述难题也处于核心地位。它也源自如下情况："军事化"几乎没能缓解或解决一个范围更为广泛的政策失灵，该政策失灵的根源在于政治和社会，好比我们在打击毒品的斗争中所看到的那样。而且，从维和行动和实施和平过渡到冲突后重建和成功的国家建设是一件极为困难的任务，在这个任务之中，该难题同样处于核心地位。

这就把我们引向了第二个因素：反抗外国统治。去殖民化的核心之处在于，此前被驯服的民族和社会，日益在社会和政治层面被动员起来。一般性的外部干预和形式更为具体的外国直接统治这两者的现实状况，再加上资本主义发展所带来的变迁，世界大战所导致的脱节，教育的扩张，以及有关政治自由之理念的传播，所有这些因素都刺激了反殖民民族主义的发展。虽然并不是所有地方的情况都是如此，当然其程度也肯定不一；但是，它们所造成的重要直觉印象是，帝国的成功发展自身携带着自我毁灭的基因。反殖民民族主义的力量，民族自决这一理念的力量，以及在大众和先锋这两个层面上都出现了对外国统治的反抗，这些都反映了之前被驯服的民族在社会结构和心理图景上发生了深层次的变化。在许多方面，这都表明某个一般性和普遍性的社会变迁和发展进程在世界各地"遍地开花"。

在某些情况下，令人吃惊的是出现了连续性，其运转强化了有关使用军事武力之困难的论断。面对民族主义的反抗，即便是愿意承担重大伤亡的国家都会发现，控制领土变得困难了。车臣的人口只有105万，但是在1994年到1995年，它的民族主义运动打败了俄罗斯的军队，莫斯科直到现在都没能力重新树立起稳定的控制，尽管莫斯科愿意承担高昂代价并实行粗暴镇压。其他例子包括以色列在占领区的状况，或者斯里兰卡的例子。民族主义也使得人们找寻稳定合作模式的尝试变得复杂化。正如我们之前所言，直接干预的高昂成本持续不断地推动着帝国式和霸权式国家使用代理方。但是此处的挑战是严峻的，且有可能变得越发严峻：这样的代理方必须是可以有效地提供地方安全并实现更广泛的安全目标（比如反恐）；它们也必须是“守规矩的代理方”，考虑到美国及其盟国对民主及人权的承诺，很难逃避跨国人权政治；这些代理方还必须既要保持自己外部支持者的信心，又要对当地居民的情感和需求做出回应，它们的立场最终要依赖于这些当地居民。

审视一下人们贬低民族主义的原因，兴许对我们会有所帮助。部分而言，这大概和人们之前过度浪漫化地解读去殖民化历史所留下的强大遗产有关——即独立是帝国诸多目的中的一部分，而非一个武装反抗和暴力冲突发挥根本性重要作用的进程。部分而言，它也许和如下隐晦的自由预设有关：这些预设既标志着多边主义在 20 世纪 90 年代的复苏，也标志着最近的黩武的威尔逊主义的复苏——即如下观点：如果一国成功获得内部自决权，那么外部自决权就会自然衰退。

部分而言，它或许也和如下倾向有关：人们会在那些极为危险和具有威胁性的暴力方式中看到新颖之处。许多人将新一波跨国宗教恐怖主义视为代表了在非国家群体所发动的恐怖主义的演进过程中的一个决定性环节。的确，其条件、运作手段以及（在某些情况下）目标和目的的许多方面都是新的。但是民族主义和争取民族自决的主张一直以来都是恐怖主义一个突出的特点，到现在都仍然如此。[31]这显然适用于如下情况：恐怖主义行动在反殖民斗争和创建诸如爱尔兰、以色列、肯尼亚和阿尔及利亚等国的过程中发挥了作用。同样地，虽然许多发生在 20 世纪 70 年代的激进运动讲的是国际主义的语言，但是，民族主义目标仍然处于突出位置，正如巴斯克、爱尔兰和巴勒斯坦的例子所示。而且，在 20 世纪 70 年代末期发展起来的所谓宗教浪潮之中，宗教和种族身份之间的联系常常是很紧密的，可相比于恐怖主义暴力与自决和反抗外国统治的目标之间的关系。从这一视角来看，真正跨国的宗教恐怖主义运动只不过是最边缘的一种运动。如果我们关注自杀式恐怖主义，可更清楚地看到如下要点：“从黎巴嫩到以色列、斯里兰卡、克什米尔、车臣，从 1980 年到 2001 年的每一次自杀式恐怖主义运动都是被恐怖主义集团煽动起来的，他们的主要目标是建立或维持他们自己共同体之祖国的自决，以强迫敌人退出”[32]。

“重新树立霸权观”很大一部分取决于如下信念：威胁和敌人是地方化（比如无

赖国家）或个人化（比如萨达姆·侯赛因或米洛舍维奇）的；而且缺乏某种意识形态，为反叛或反抗正名，或者把人们团结起来进行反叛或反抗。没有理由相信，20世纪反殖民民族主义的具体形式就一定会无限期地持续下去。相反，反殖民民族主义应当被视为只是表现了一个范围更广泛的、可被称为“下层反抗”（subaltern resistance）的现象。这样的反抗也许瞄准的是不同的目标（比如“西方”或“全球化”），或者地方掌权者和外部或外国力量；比起那些一心想着要建立新民族国家的反殖民民族主义者，它的目的可能远没那么清晰；它也可能紧密地联系于跨国化和去地域化的进程。[33]很可能还有如下根源性的原因：与全球化相关的趋同和整合，民主治理的传播，以及美国软实力的魅力和引人仿效的潜力，将使得针对外国控制和自上而下的治理模式这两者的下层反抗变得没有以往那么重要。但是我们有充分的理由去质疑当下人们在讨论霸权时可以随便忽略民族主义；我们要相信，下层反抗以及被支配和被边缘的群体为争取认同而进行的斗争仍将具有强大的力量。[34]在如下几者之间也有很重要的连续性因素：国家、运动、意识形态、超级大国干预主义在冷战时期在第三世界中所导致的危机，以及困扰着当下世界的冲突和危机。[35]我们将无法理解当下在诸如伊朗、玻利维亚或委内瑞拉等国内民众对美国的反抗，如果不考虑美国在冷战中对这些国家的政策的话。

第三个要考虑的因素关乎帝国核心之实力（metropolitan power）的政治。帝国终结故事里面的一个主要部分是聚焦于帝国核心的发展：不愿意承担帝国的成本，从战事到福利的转移，帝国思维的衰退（在一个多世纪之前，这种思维还是当时主流社会中一个异常强大的组成部分）。欧洲帝国主义的特点，不单单是某种特殊形式的外交行为，而是无论是社会还是意识形态都极具帝国主义性，这种帝国主义性既存在于公共舆论层面，也存在于“官方思维”层面。有时候，人们从帝国意志力的方面来进行辩论：当欧洲人失去了统治意志以及承担帝国成本的意愿时，欧洲帝国倒台了。

那么，美国的情况又如何呢？从许多方面来看，美国的地位貌似相对有利。科耶夫和内格里及哈特（Negri and Hardt）的如下观点是错误的：他们认为现代帝国的形成，不需要有一个国家作为核心。[36]美国毕竟是一个帝国式民族国家，有强大的能力进行民族主义动员，其国家长期以来比历史神话所讲述的国家要“强大”很多。的确，正是这些特点与实力运用中的非领土和跨国特征相结合，才成为其成功和可持续性的主要基础。存在许多限制和裂痕（尤其是在其扩张、移民和经济发展的重要时期)，尽管存在卷土重来的保守派疑虑（之前的凯南以及最近的亨廷顿），但是，无论按照任何标准进行比较，美国曾经是且现在仍然是一个有效且社会和谐的民族国家。[37]

霸权需要具备许多方面的国内先决条件，这些方面常常难以互相平衡并在一个整体判断中兑现。有一种越战后观点，认为美国外交政策，尤其是对武力的使用严重受限于公众舆论，这种观点貌似已经让位于如下观点：它强调公共舆论的一致性，并认为公众舆论虽然对伤亡人数敏感但是并不反对“伤亡”（casualty-phobic)，且会有现实的意愿去支持外部规划，这些规划既是“可行的”（do-able)，也符合美国的价值观。但是从牺牲生命和财产的角度来看，承担帝国成本的意愿既不是唯一方式，也不必然是让国内因素显著起来的最重要的方式——正如传统上人们有关克服越战幽灵的辩论所示。正如我们之前所言，如果霸权关乎强制和共识，且有能力奖赏盟友并与合作者达成交易，那么，这些复杂和不断变化中的外部讨价还价就必须在美国国内政治中得以兑现。因此，真实的国内限制，可能不那么关心成本，而更多的是关心使如下两者吻合在一起的那种极端难度：一方面是对外进行霸权管理，另一方面是拥有极端复杂性、封闭和内省式等特征的美国国内政治。

第四，变迁在营造法律和规范氛围中也发挥了作用。从这一视角来看，许多国际社会主流规范的重要变迁体现了人们开展反对帝国的进步斗争，而且，这些变迁还强化了这种斗争的开展：对使用武力有越来越多的限制，尤其是关乎征服、强迫性控制（forcible control）及占领；自决这一规范的核心地位日益显著。但是，在某些方面，20 世纪 90 年代的规范性和法律变迁貌似与上述趋势背道而驰。比如，越来越多的人接受有必要重新思考和重新构思主权；越来越多的人接受如下观点：新型安全挑战必然牵涉到深入地干预他国国内事务尤其是弱国的国内事务；建立国际行政机构来管理那些主权已经被实际悬置的领土，在更广泛的范围内，摄政理念在回归，以及 20 世纪之交法律人著书立说时所熟悉的那种“分层次的（graduated）主权观念”也在回归；如下理念得到传播：人道主义干预、人类安全以及保护的责任。

但是，我们需要注意到四点。第一，虽然法律秩序的特点的确可能反映了霸权实力的格局以及主要国家的利益，但是，我们也要看到如下情形：在今天，要想控制一个日益复杂和多元的法律秩序，比 100 年前要困难得多。在 19 世纪，国际法主要是由大帝国制定，也是为它们服务的；今天，国际法律体系已经变得更为复杂、多元和更难控制。这就是为何美国会对国际法感到日益沮丧的一个结构性原因。第二，主要的规范性限制仍然存在，尤其是那些反对征服和有利于自决的规范。再者，其他规范性发展，尤其是在人权领域，已经使得强制手段的运用变得大大复杂化。确实，反恐战争代表了在世界各地对人权的深刻挑战。但是，我们也的确看到，对这些挑战的反应至少在某种程度上表明人权文化的嵌入性，这种人权文化已经成为自由连带主义国际社会观的一个非常核心的组成部分。

第三，想要利用法律秩序的潜在益处，美国就必须参与到该秩序中来。的确，从外部来看，后“9·11”时代最显著的特征就是它没能更系统地参与到联合国和国际法中去，在当时，法律秩序的许多方面都对美国有利。第四，美国在朝反方向运动之时，捡起了两套规范，这两套规范很难在国际社会中达成共识——如果没有对进程和程序做出更为深刻的补偿性承诺，那情况当然是如此。我们要处理的情况是：一方面是使用武力，另一方面是提出一个既关乎范围扩大的预先占领（pre-emption）又关乎预防的学说，这显然说明，人们在法律上对正当使用武力的已有认识方式发生了影响深远的变革。其他方面则涉及我们要采纳已经出现的有限或有条件主权的观念，但是要赋予该观念更大的分量，比如，可以通过如下方式：论证特定类型的国家已经丧失了拥有特定类型武器的主权权利，或者有条件或有限的主权能为干预提供正当理由，去改变一个政治制度。

最后，还有一个反对者和潜在挑战者的问题。正如笔者努力在上述篇幅中论述的那样，这虽然不是我们需要考虑的唯一因素，但这是一个绕不开的因素。欧洲帝国的终结紧密联系于全球势力平衡的存在以及如下动态过程：超级大国竞争和由此给弱国和民族主义运动所创造出来的机会。同样地，不管我们赋予外部压力以何种精确的角色，但脱离了冷战以及两极竞争的背景，我们就不可能理解苏维埃帝国的终结。笔者不敢妄称自己能够代表全部观点，但是，我们至少可以划定两种立场。

第一种立场是主要但不完全基于实力。这一观点是基于三个命题。第一个命题是：美国的支配地位是稳定的，这源自单纯的美国实力水平以及不可能出现任何可预见之挑战或强大的挑战者。其次，我们可以达成足够的交易，去确保人们持续地支持美国的地位。在某些情况下，支持来自安全上的依赖性，考虑到集体安全的失败、美国对于地区势力平衡的重要性以及如下观念：只有美国的实力能处理诸如恐怖主义和大规模杀伤性武器的共同挑战。在其他情况下，它立基于美国的经济实力，既有胡萝卜也有大棒。即便是新保守主义分子也都开始接受正当性的重要性，他们努力论证说，美国实力是正当的，因为只有美国才能提供一些公共品，而且它的实力立基于广泛共享的社会价值，尤其是自由和民主。[38]

但是，这一观点遇到了许多严峻的难题。它仅仅从军事挑战和挑战者的角度来看待势力平衡政治。不平衡之实力的问题不是说，不受约束的实力将不可避免地导致坦克碾压过境，而是说，极度不平衡的实力将使得强者能对不那么强的一方“定下规矩”，扭曲合作条款，谋取私利，把自己的价值观和处事方式强加在别人头上，并且破坏那些带来稳定和可持续合作所不可或缺的程序性规则。正是基于这一理由，人们在当下才“觉得”有必要去“限制”美国的实力，这一需要是一个理性的多元主义回应，它不需要关联于什么政治上或文化上的反美情绪，更不会关联于如下观念：从一种老式的军事意义上讲，美国代表了一种“威胁”。即便势力平衡只是个背景条件，但它仍然很重要。照此看来，如下情况并非巧合，欧盟和WTO，作为成功制度建设两个最为完备的案例，反映了一组相对平衡的实力关系。

第二个问题在于，它低估了受美国实力影响的主要国家是否愿意参与到一个修正过的平衡行为形式中来。“硬平衡”（hard-balancing）可能不可取，但是软平衡或有限的平衡还是有可取之处。由此，潜在对手的确有意愿与美国进行交易，但是它们也愿意在某些国际制度中将美国政策的成本复杂化并提高这些成本（通过否认其正当性），并且在其他国际制度中挑战占主导地位的美国偏好（正如发展中国家在WTO中的表现）。“平衡”和“跟风”（bandwagonning）虽没创意，但是它们仍然是我们用来理解主要二线国家在面对美国实力时所采取的外交政策之范畴的核心。第三，正当性主张很显然并未在世界上大部分地方受青睐，即便是在那些与美国共享许多同样政治和文化价值观的国家里。

另外一种审视霸主战略选择的方式就是从“努力将其实力制度化并赢取大家接受自己‘鹤立鸡群’之地位”的角度来看。这一理念由来已久。在阿隆（Aron）看来，一个潜在的霸主，显然要做出如下选择：“要么一个大国不能容忍存在和自己旗鼓相当的对手，然后必须前进到极端的帝国形式；要么它同意在所有主权单位中独占鳌头，且必须要赢取大家接受这种排头兵的位置”[39]。在赢取大家接受这方面，尤其重要的是战略限制这一理念，以及体现该战略限制的那些制度所发挥的作用。如果支配性大国希望维持自己高高在上的地位，那么它就应当有战略限制地采取行动，以便防止潜在对手的出现。一个理性的霸主会进行一定程度的自我克制和制度上的自我约束，以期减少他国将其视为威胁。约翰·伊肯伯里提供了关于这一逻辑的一个最清晰的论述。在其颇丰的著作中，他强调了美国霸权那独特、开放和制度化的特征，以及华盛顿运用了某种“自由式”的讨价还价，去弥补“美国实力的不确定性”。

> 亚洲和欧洲国家同意接受美国的领导，并在一个大家都同意的政治—经济体系当中运行。作为回报，美国开放了自己的大门，将自己与伙伴国家绑在一起。这实际上建立起了一种制度化的伙伴联盟关系，通过使自己变得“对用户更加友好”，强化了这些长期关系的稳定性——即通过按照规则来行事和创制某种连续进行、和这些其他国家发生关联的政治进程，这些进程促进了协商和共同决策。[40]

要判断美国是否有能力通过这样一条路径来重新稳定自己的霸权地位，还为时过早；但是有三个议题是很重要的。第一个就是在多大程度上，存在一个真正的制度参与。是否如理查德·贝茨（Richard Betts）所言，华盛顿走一遍“协商动议的过场，而且，即便它把国际制度甩在一边，它还是要说一些场面上的应酬话”，就足够了？[41]在北大西洋之外，华盛顿参与到某种近乎真正协商或“共同决策”的机制的意愿到底有多强？第二个议题是在多大程度上，大国的制度性参与会削弱而非增强其实力。的确存在一种推动弱国走向制度方向的非常强大的动力，但是，如果制度所代表的实质性价值和利益被扭曲（以便有利于强国）的程度如此之深，或者弱国没法有效运用那些旨在缓解实力不平等的程序（或者强国可以轻而易举地规避这些程序），那么，人们也会遇到一个临界点。第三个议题有关满意度的平衡，以及人们以何种方式通过一系列范围足够广泛的政治意见来视平衡为正当或不正当。毕竟，我们对大国的经典定义是：某国愿意对自身利益采纳一个足够宽泛的定义，并愿意去创立一个体系，让大部分的国家和民族都认为自己与之休戚相关。

结　论

美国的实力资源的确巨大。但是，更为令人吃惊的是实力的不稳定性和不确定性，以及把实力转化成可欲之结果（尤其是在一个日益复杂的世界中那些渴望和持久的结果）的永恒难题。只要美国寻求的是一个硬性、排他性的自我利益观，并提出一个狭隘的霸权式秩序观，那么，它有可能导致的结果，不是一个“美国控制下的和平”（Pax Americana），而是一个既对自己又对他人造成不安全感的帝国。对国际社会传统结构的挑战有可能会变得日益严峻，制度修复的难题将会变得越发棘手。但是，同样重要的是，即便进入了一个霸权解体的时期，我们仍需要问：在多大程度上本章所考察的那些因素也让我们寻求替代方案的努力变得复杂。毕竟，批评布什政府的那些人，都幻想着说，在幕后还有一个简单的、唾手可得的多边替代方案在等待着我们。随着时代的前进，20 世纪 90 年代的自由多边主义之正当性已经遭到许多国家（以及社会运动）的质疑。在许多国家和其他群体看来，自由多边主义的修辞掩盖了如下真相：它具有一种自上而下的、规定性的和常常是强制性的特征。实质性结果似乎都是被最强者攫取，集体安全已经变成了选择性安全；人权议程偏好民主以及公民和政治权利，但是忽略了经济和社会权利，并漠视人们为争取更大经济正义而进行的呼吁；虽然经济全球化被各方大力促进，但是，人们几乎没有注意到那些不满的声音和负面影响。硬心肠式的霸权——“我们可以单干”的作风显然是错误的。但是自由式版本的霸权——“我们可以一起干”，则取决于“我们”是谁，干“什么”以及“一起”是什么意思。

注 释

[1] J. R. Seeley, *The Expansion of England*, edited and introduced by John Gross (Chicago, IL: University of Chicago Press, [1881] 1971), 234.

[2] 比如：Richard Cobden, ‘England, Ireland and America and Russia’, in *Political Writings of Richard Cobden*, 4th edn., reprinted by Kraus Reprint (New York), 5-119, and 122-258。关于科布登那令人称道的美国实力观，参见 E. H. Cawley, *The American Diaries of Richard Cobden* (Princeton, NJ: Princeton University Press, 1952)。

[3] Seeley (1971: 235-236).

[4] Alfred Zimmern, *The Third British Empire*, 3rd edn. (Westport, CT: Greenwood, [1934] 1979: 61).

[5] 参见 Mark T. Gilderhus, *Pan-American Visions: Woodrow Wilson and the Western Hemi-*

sphere，1913 - 1921（Tucson，AZ：University of Arizona Press，1986），135 - 139；以及'Pan-American Initiatives：The Wilson Presidency and "Regional Integration"，1914 - 1917'，*Diplomatic History*（Fall 1980），especially 415 - 417。

［6］比如，E. H. Carr，*Nationalism and After*（London：Macmillan，1945）。

［7］Alexandre Kojève，'Outline of a Doctrine of French Policy'，2（27 August 1945）. Translated by Erik de Vries and with commentary by Robert Howse. Reprinted in Policy Review http：//www. policyreview. org /aug04，访问日期：05/11/2004。

［8］有关科耶夫更宽泛的国际关系观，参见 Jan-Werner Müller，*A Dangerous Mind：Carl Schmitt* in *Post-War European Thought*（*New* Haven，CT：Yale University Press，2003），尤其是'Visions of Global Order：Schmitt，Aron，and the Civil Servant of the World-Spirit'，87 - 103。

［9］Ibid.，3.

［10］George Liska，*Imperial America：The International Politics of Primacy*（Baltimore，MD：Johns Hopkins University Press，1967），3.

［11］参见 Stephen G. Brooks and William C. Wohiforth，'American Primacy in Perspective'，*Foreign Affairs*，81/4（2002），20 - 34。

［12］Stephen M. Walt，*Taming American Power：The Global Response to US Primacy*（New York：W. W. Norton，2005），31.

［13］这方面的文献急剧增加。有关综述，请参见 Michael Cox，The Empire's Back in Town：Or America's Imperial Temptation—Again'，*Millennium*，32/1（2003），5 - 6。尤其参见 Andrew J. Bacevich，*American Empire：The Realities and Consequences of U. S. Diplomacy*（Cambridge，MA：Harvard University Press，2002），142 - 143；Niall Ferguson，*Empire：The Rise and Demise of the British World Order and the Lessons for Global Power*（New York：Basic Books，2003）；G. John Ikenberry，'America's Imperial Ambition'，*Foreign Affairs*，81/5（2002），44 - 62；以及 Jack Snyder，'Imperial Temptations'，*The National Interest*，71（Spring 2003），29 - 41。

［14］Ernest R. May，*American Imperialism：A Speculative Essay*（New York：Atheneum，1968）；and William Appleman Williams，*Empire as a Way of Life*（Oxford：Oxford University Press，1980）.

［15］Hans J. Morgenthau，*The Purpose of American Politics*（New York：Alfred A. Knopf，1960），99 - 101. 摩根索的讨论很有吸引力，因为他抓住了道德目标所扮演的角色（尽管不那么令人信服）。"传统上，我们用夸张的道德主义来为美国的扩张进行辩护，这些道德主义包含有主观真诚的元素，也有客观真理的元素。美国对世界上没那么幸运的民族负有使命，这样的理念当然是一

个政治意识形态，是对那些因为其他和主要是自私的理由而采取的政策进行理性化和辩护。但是，该理念也表达了对如下目标的严肃承诺：该目标只是一个被放大到超越美国领土范围的美国目标，仅仅受限于美国的势力范围”。有关美国扩张及其限度的解释，参见 Fareed Zakaria，*From Wealth to Power：The Unusual Origins of America's World Role*（Princeton，NJ：Princeton University Press，1998）。扎卡里亚（Zakaria）几乎没有关注种族的角色，参见 Lars Schoultz，*Beneath the United States*（Cambridge，MA：Harvard University Press，1999）。

［16］有关经典解释，参见 J. Gallagher and R. Robinson，'The Imperialism of Free Trade'，*Economic History Review*，Ⅵ/1（1953），1－15。

［17］有关后冷战时期对武力的使用，参见 Bacevich（2002：142－143）。

［18］正如罗伯特·卡根所言，美国对国际法的态度不能在脱离该国变化中的实力政治地位的情况下进行简单解读。*Paradise and Power：America and Europe in the New World Order*（London：Atlantic Books，2003），8－41。参见 Jonathan Zasloff，'Law and the Shaping of American Foreign Policy From the Gilded Age to the New Era'，*New York University Law Review*，78（2003），239－373；有关二战后时期的论述，参见 Ikenberry（2001：ch. 6）以及 Edward C. Luck，'Article 2（4）and the Non-Use of Force：What Were We Thinking?'，in David P. Forsythe，Patrice C. McMahon，and Andrew Wederon（eds.），*American Foreign Policy in a Globalized World*（London：Routledge，2006）；近期的论述，参见 Nico Krisch，'Weak as Constraint，Strong as Tool：The Place of International Law in U. S. Foreign Policy'，in David M. Malone and Yuen Foong Khong（eds.），*Unilateralism and U. S. Foreign Policy*（Boulder，CO：Lynne Rienner，2003），41－70。

［19］自由派和新葛兰西主义的进路在文献中多有论述。在保守的那一端，最重要（而且也是严重被忽略）的理论家是海因里希·特里佩尔（Heinrich Triepel）（1938）。

［20］Paul A. Kramer，'Empires，Exceptions，and Anglo-Saxons：Race and Rule between the British and United States Empires，1880－1910'，*The Journal of American History*，88/4（March 2002），1348.

［21］令人奇怪的是，在最近人们有关国家建设可行性的辩论中，进步联盟被完全忽略了（尤其是更普遍地被历史学家给忽略了）。虽然有一些成功之处，到了 20 世纪 60 年代末期，其局限性和失败是如此的明显，以至于大家都有目共睹。失败的原因仍然具有相关性。首先，民主和发展的长期目标一直以来受限于短期的安全需求，尤其是反叛乱的需求。其次，减少负担的需要推动着美国敞开胸怀拥抱一大批令人起疑和令人作呕的代理伙伴。他们是在 20 世纪 60 年代出现民主曙光时就攫取了权力的陆军上校和将军。随着他们的权力地位日益巩固，华盛顿发现，间接控制变得越来越难（代理人这条“尾巴”反过来摇动霸权国这个“狗身子”）。美国密切地支持那些与民主为敌的

人，还有那些严刑拷打自己党羽的罄竹难书的行为，这些都令美国声名扫地。的确，正是在这一时期内积累起来的大量罪证，才颠覆了“美国被视为一贯支持民主和人权”的观点，正是人们对这一现实熟视无睹，才如此严重地引发了国外的怀疑态度。第三，进步联盟失败了，因为即便是在如下地区中，国家建设的难度还是太大了：在该地区，美国势力具有压倒性的优势；美国既拥有智力又拥有文化资本；美国已经做了一个诸如此类的公开承诺。正是这一失败，才激发了一些人做出了对该时段最有影响力的分析，尤其是 Robert Pakenham's *Liberal America and the Third World*（Princeton，NJ：Princeton University Press，1973）以及 Samuel Huntington's *Political Order in Changing Societies*（New Haven，CT：Yale University Press，1968）——对于那些寻找理由来佐证“美国支持威权制度有理”的人而言，这些书就是圣经，直到第三波民主化浪潮以及冷战终结推动了许多右派人士，从“民主不可能主义”这一极端走向另一个极端：认为民主和促进民主具有普遍的可能性。

［22］Jack Snyder，*Myths of Empire*：*Domestic Politics and International Ambition*（Ithaca，NY：Cornell University Press，1991）.

［23］参见 John Darwin，‘Imperialism and the Victorians：The Dynamics of Territorial Expansion’，*English Historical Review*，CⅫ/447（1997），614-642。

［24］Stanley Hoffmann，‘Why Don't they Like Us?’，in Eugene R. Wittkopf and James M. MacCormick（eds.），*The Domestic Sources of American Foreign Policy*：*Insights and Evidence*（Lanham，MD：Rowman and Littlefield，2004），35.

［25］不管我们如何解释这两者之间的平衡，“肩负一个改造世界的使命”这种强烈的感觉，也许解释了一个令外人困惑的问题——在外部分析家看来，明明不存在威胁与挑战，但是，人们仍然会在主观上觉得自己脆弱。威廉姆斯如此写道，“……笃信美国是独一无二的，但其他国家却没能复制美国的完美革命，这两者结合在一起，产生了一种深刻的孤独感。美国人认为自己永远都是处在四面埋伏的境地”，他还引用了温伯格（Weinberg）的说法——“感到自己命中注定有权享用理想中的安全状态”。Williams（1980：53-54）。

［26］Bull and Watson（1984）. 20 世纪 70 年代的许多著作都强调实力的分散（diffusion）和分权，这被视为不仅使得老式的正式帝国复杂化，同时也使得自上而下的秩序观复杂化，正如基辛格的观念（“一个由超级大国支配的体系，或由大国组成的寡头集团去进行秩序化”）所示。

［27］有一些更宽泛的论述，关于强调日渐难以使用军事武力，参见 Jeremy Black，*War and the World*：*Military Power and the Fate of Continents*（New Haven，CT：Yale University Press，1998），especially chs. 7 and 9。关于我们在 20 世纪 70 年代所看到的那些趋势，参见 Andrew Mack，‘Why Big Nations Lose Small Wars：The Politics of Asymmetric Conflict’，*World Politics*，27/2

(1975)，175－200；以及 Klaus Knorr，'Is International Coercion Waning or Rising?'，*International Security*，1/4 (1975)，92－110。

[28] 有关方面的清晰引论，参见 Lawrence Freedman，*The Revolution in Strategic Affairs*，Adelphi Paper 318 (London：IISS，1998)。

[29] Ferguson (2003).

[30] Carl von Clausewitz，*On War*，edited and trans. by Michael Howard and Peter Paret (Princeton，NJ：Princeton University Press，1978)，bk Ⅰ，chs. 1 & 2 and bk Ⅲ，ch. 3.

[31] 参见 David C. Rapoport，'The Four Waves of Modern Terrorism'，in Audrey Kurth Cronin and James M. Ludes (eds.)，*Attacking Terrorism：Elements of Grand Strategy* (Washington，DC：Georgetown University Press，2004)，46－73。

[32] Robert A. Pape，'The Strategic Logic of Suicide Terrorism'，*American Political Science Review*，97/3 (2002)，344.

[33] 去地域化以及反抗的持续性是罗伊（Roy）著作中两个最主要的议题，有关讨论请参见 Roy (2002，esp. 41－45 and 328－340)。

[34] 在斯蒂芬·克拉思纳最近有关悬置主权（suspending sovereignty）和失灵国家的讨论中，民族主义没有被视为一个问题。按照这一观点，贪婪、绝望和选举会成为人们接受半主权（semi-sovereignty）的基础。Krasner (2004：esp. 113－118)。

[35] 参见 Westad (2005)。

[36] Michael Hardt and Antonio Negri，*Empire* (Cambridge，MA：Harvard University Press，2000).

[37] Huntington (2004).

[38] 比如，参见 Robert Kagan，'America's Crisis of Legitimacy'，*Foreign Affairs*，83/2 (2004)，65－88。

[39] Aron (1966：70).

[40] Ikenberry (Winter 2001：27)；也请参见 Ikenberry (2001)。

[41] Richard Betts，'The Political Support System for American Primacy'，*International Affairs*，81/1 (2005)，13.

第四部分

结　　论

第十二章
国际社会形势以及对正义的追求

本书旨在描绘国际社会那变化中的结构，并解析由此导致的最重要和最困难的一些困境。所有这种对政治地貌的描绘都必然是阐释性和规范性的。最后这章的开头部分是把之前笔者描绘的国际社会图景拼凑在一起，然后更为直接地审视其规范性意味。如果国际社会的确是以本书讨论的那些方式在变化，那么，我们应当有何作为？我们应当如何前进？而且，更为重要的是，努力去创立一个从道德上来说更为令人满意的国际社会形式的主体——“我们”究竟是谁？

国际社会形势

一个稳定且形式正当的国际社会面临着三个核心挑战：把握共同利益、调节不平等实力，以及调和差异和价值冲突。从深刻的意义上来说，这一挑战是政治层面上的。国际社会的特点是一系列复杂的多元理念、观点和价值观。其特点也包括：寻求认同时政治身份的多元，某些身份在已经建立起来的国家中相对有保障，而许多其他身份则与现存的制度和政治结构存在模棱两可的或高度冲突的关系。全球仍然极度不平等，许多日常治理进程和许多基本社会选择的做出都处在不平等和常常通过强制运用实力所造成的阴影之中。许多道德理念和规范现在已经嵌入到国际社会的制度和实践之中，但是观点、价值和身份的多元性不能通过直接诉诸共同道德原则来进行协调。虽然利益驱动的合作逻辑发挥了根本性作用，虽然分析性的国际关系研究已经在理解“这些合作逻辑发挥此类作用需要具备条件”这一问题上取得了巨大的进步，但是，全球治理不能被简化为提供国际公共品或者为具有广泛共识的集体行动问题提供解决方案。

20 世纪早期见证了许多针对国际法和社会之组织架构的挑战，尤其是对那些在十年之前就已经看到了“使世界朝向一个更为雄心勃勃的、有效的和可持续形式的自由连带主义之方向移动”这一前景的人士而言。布什政府的行动和说辞加剧了这些挑战，毫无疑问，美国政策对我们理解国际社会的传统方式提出了一系列实力政治、法律和道德方面的挑战。但是“国际社会面临的问题只和美国有关”这样的观念是一个狭隘和不值得深究的观点。各种困难都深深地根源于历史和结构原因。

面对着诸多挑战的范围之广和严峻程度，其中的诱惑就是努力把形势推回到基于国家的多元主义。正如此前所言，多元主义观点反映了一系列既有原则又切实际的论断，关乎为何民族骨架仍然应当作为全球秩序的基石，在这里面，从传统上讲，有一个预设强烈倾向于支持不干预（或至少是高度克制的干预）。再者，考虑到在我们所处的世界中，针对那些更为雄心勃勃的合作形式，大家尚未形成足够的共识，而且更为完备的国际制度倾向于被特殊利益和最强国的特殊价值观所掌控，多元主义者仍然将这一有限的国家间秩序视为一个从道德上讲很重要的手段，去促进共存并限制冲突。在多元主义者看来，没什么迹象表明，"没有国家"的政治代表了一条通往限制或减少社会暴力目标的可持续道路。多元主义者也有可能重新举出过时的、源自康德和密尔的自由论断，要么认为出口民主的企图在道德上是不可接受的，要么指出这些企图实际可操作性很有限。

其次，现代多元主义者会提出许多限制条件和警示，这些内容出现于最新一轮有关全球化及据称它对国家有冲击的著作之中——不是说全球化的冲击力不够深刻，而是说它最重要的效应就是恶化如下两者之间已有的不平等：那些有能力适应全球化的国家，和那些没有这种能力的国家。从相关的角度来看，多元主义者看到了许多理由，去继续相信我们仍然住在一个由民族组成的世界中：民族主义作为一种力量，作为一个人人都强烈感受到的命运共同体，没有什么迹象表明，它在许多世界上最大规模的国家中正在消亡（而且美国还火药味儿十足地重新树立起了民族主义）；对民族自决的要求以及反抗外国统治的新形式持续鼓动着世界各地的多个暴力冲突，包括许多与恐怖主义增加有关的暴力冲突。

第三，当代多元主义者也会坚持认为，国际社会的核心制度还是具有时代意义的。面对着一个几乎很少听从外部世界意见的超级大国，用托马斯·弗兰克（Thomas Franck）的话来说，它"从未学会聆听自己的意见，就好像自己的意见都是敌人说出来的"，而且我们还面对着一个全球化的世界，在其中，越来越多的沟通貌似反映了人们之间的相互理解越来越少，在这个背景下，外交的作用貌似就比以前任何时候都要重要。在国际法的情况中，现代多元主义者会强调"走过头"（overreach）的危害。多元主义者理解方式的核心是如下信念：除非法律与实力政治秩序的现实情况相适应，否则，按照斯通的说法，它就会像"一只飞蛾，年复一年、不可避免和危险地扑进霸权那破坏性的大火之中"[1]。在多元主义者看来，错误源于国际政治制度化过程中所发生的一些事情，尤其是在"9·11"之后的时期内。相反，许多人（尤其是在美国）都认为，对于那些支持“一个从本质上来讲是‘瓦泰勒式’（Vattelian）的有限法律和主权观”[2]的规范性论断而言，我们应当承认这些论断是有力的，并且接受，国际法的“现实”在于在多大程度上它反映了那些合情合理的、切身的本国利益。[3]

重要的是，多元主义者的观念是建立在实力持续发挥作用和限制实力运用之需要的基础上的。多元主义和势力平衡之间的联系从历史上讲就很紧密，人们视势力平衡为一个确保国家（但不是所有国家）独立的主要手段；作为一个手段去限制和约束最强国及有可能成为霸主的国家；作为一个诱因，去引出外交政策上的节制和约束；最后，还作为一个主要的背景条件，以便利国际法和制度的运作。最近许多持不同政见的人都表达了有关“势力平衡不再重要”的看法。但是，在现代多元主义者看来，“势力平衡属于那业已消失的19世纪或者属于一个几乎同样遥远的冷战世界”这种观点混淆了势力平衡那些特殊的历史表现形式与实力在政治生活中的中心地位（以及由此而产生的那些永恒的病症）。

不平衡实力的问题不是说，它令人咋舌地导致了军事威胁，而是说，非常不平衡的实力将允许强者为弱者“制定规矩”，扭曲合作条件让自己受益，强加自己的价值观和处事方式，以及破坏那些稳定和正当合作不可避免要依赖的程序性规则。势力平衡理论的相关性和有用性不只是体现在如下情形中：不平衡实力对他国造成了直接的安全挑战，这需要包含“软”平衡战略和“硬”平衡战略。[4]正是因为这个缘故，势力平衡思维才持续在二线国家（比如中国、印度、俄罗斯或巴西）的外交政策中持续发挥如此核心的作用，而且它还有助于塑造美国对其他主要地区的政策（比如美国寻求与印度建立一种盟国关系）。同样地，我们不可能从分析的角度去理解世界各地的安全，除非以势力平衡作为参考。让我们来看一下亚太地区这一非常显著的例子。势力平衡政治常常在多变制度的运作之中发挥了一个决定性的作用，尤其是在主要国家之间达成非正式谅解和妥协，如果没有这种谅解和妥协，多边主义就很难被证明是有效的。如此看来，如下两者之间的联系是紧密的和恒久的：一个过时的多元主义实力政治世界，以及一个由各种制度组成的连带主义世界。

艾伦·布坎南（Allan Buchanan）对一个基于正义的国际法正当性之观念的阐发令人印象深刻，他接受如下观点：如果我们抛开了程序正当性，更具体一点讲，如果我们抛开了“国家认可”这一规范，那么，这会牵涉到强国掠夺弱国的危险。但是，他接着说，首先“如何最好地遏制掠夺是我们为国际法体系设计宪政框架中遇到的一个复杂议题”；其次，“……即便现在遵守国家认可这一超级规范（作为一个遏制掠夺的工具）对于体制正当性而言是一个必要条件，这种情况也有可能发生改变。如果我们能够建立起替代性的方法去保护弱国的话，那些现在对体制正当性而言是必然的东西，将来就可能未必如此”[5]。对于这一点，多元主义会回应说，法律或宪政解决方案取决于国际政治安排。没有什么可靠的理由去相信，在缺乏势力平衡或至少在小国没能力提高大国强制成本的情况下，会有证据表明这会是一个解决掠夺问题的可持续的方案。的确，集体安全中那些持续不断的结构性失败，严重地限制了这些替代性的安全和保护手段的有效性。从更为一般的层面上来讲，那些捍卫一个由国家组成的有限社会观的多元主义者不会认为，国家体系体现了达到诸如安全、经济正义或环境可持续性等此类目标的最佳方式。恰恰相反，这样一种有限的全球政治秩序的形式缺陷颇多。我们能说的，只不过是：它仍然是我们能找到的最佳选择。[6]仅仅指出现在我们有 WTO、欧盟或者联合国，这不等于表明，其他的合作形式也有可能——部分原因是因为此类机构的缺陷和脆弱性，同时也是因为在一定程度上，它们的运作既反映了又取决于一个可行的、由国家组成的社会所体现的那种宏观政治秩序。不管替代性世界主义政治结构的道德说服力有多强，多元主义仍然对其可行性表示怀疑，并担心人们试图去建立这种结构时会产生失序（且可能产生不正义）。

第四，现代多元主义者仍然极为怀疑如下主张：不同的价值观、文化正在同质化，或者西方自由价值观得以普及。按照这种看法，没有什么理由相信，价值冲突和文化分歧的难题已经过时了。恰恰相反，西方政治理论的许多著作都聚焦于信念和宗教信心的丧失，以及缺乏形而上学的支撑或者超验的保证条件。后现代理论家们告诉我们，我们应当接受自身道德承诺的偶然性，而且很有可能的是，如果我们对宽容采取一种讽刺态度，就会增加宽容的机会。但是，全球政治的问题与此恰恰相反。问题不在于怀疑论，而在于过度信仰。政治挑战在于，世界满是那种人，他们对“什么才应当是普遍道德秩序”的看法过于清晰；他们过于相信，他们自己的道德愿景建立于某种绝对稳固的基座之上；他们相信，他们有关世界的愿景应当得以推广，并强加在别人头上，甚至不惜动用武力。“有信仰的人应当对真理采取一种讽刺的立场”，这种说法会被认为是荒唐的。对于所有类型的宗教原教旨主义分子而言，道德真理是神给定的，服从该真理就是他们信仰的核心。政治行动应当针对的对象是：解放那些宗教上被制裁的国家、地区或共同体，创造一个理想世界，并摧毁罪恶的世界。因此，我们看到如下情景就不会觉得吃惊了。在国际社会中，人们退回到“圣战”这种语言，而且，人们也退回到以前的一个观念，即不管是代表国家还是恐怖主义活动，都可以正当地用暴力去追求那些得到宗教支持的目标。在我们强调价值的作用时，重要的是，不仅要聚焦于一些最显著的例子，如价值冲突和那些根本不可相容的世界观（比如有关伊斯兰和西方的辩论），而且也要承认文化和语境的多样性，以及由此带来的差异性遍布连带主义法律和制度的方方面面之中。

许多有影响力的理论家仍然坚持这一多元主义观点[7]；并继续表达许多主要国家的核心偏好。尽管中国、印度、俄罗斯和巴西都进行了不同程度的调整以适应后冷战时期的变化，它们都还是共享一个相对“硬”的国家主权观，而且，虽然有时候它们号称喜欢多边主义，但是它们也倾向于抗拒将权力真正地交给国际机构。当然，在这一方面，它们与美国有许多共同点。在这样一个背景下，欧洲对更为完备的制度化全球治理形式的偏好就代表了一种另类。当然，如果我们从其政治实力以及一系列有原则的论断来看，那么，把多元主义视为仅仅属于一个业已消失的威斯特伐利亚世界，这样的观点是完全错误的。

退回到多元主义？

但是，不管多元主义有多么吸引人，我们还是没有一个可以让大家接受或可行的方法去重新树立一个多元主义的国际社会观。有五个强大的理由可以说明这一点。

第一，治理挑战的复杂性必然牵涉到干预和深度参与。对全球化的管理不可避免会牵涉到创制具有极大渗透性的规则和制度，人们也会就不同社会的国内组织方式进行辩论。这是一个结构性变迁。如果国家能够制定出有效的经济发展、环境保护、人权、解决难民危机、对毒品宣战或反恐斗争的政策，那么，它们需要和一系列范围广泛的国际和跨国行为主体进行互动，而且，其互动对象不仅包括中央政府，还有一系列范围更为广泛的国内政治、经济和社会参与者。这一趋势已经有所增强，原因在于对国家和国际能力的侵蚀，以及世界各地许多国家越来越没能力扮演分配给它们的地方秩序提供者的角色。因此，很难预见会出现如下形式的国际社会：在其中，干预的规范和实践并没有发挥出主要的并可能是越来越重要的作用。

在要求治理的这一代人中间，正在起作用的结构性逻辑也反映在不同议题日益复杂的相互联系方式上。正如我们已经看到的那样，当下安全议程反映了新的互联形式的重要性，这些新的互联形式将如下因素联系在一起：当下许多不同形式的暴力（宗教、政治、企业和犯罪）、全球传播、移民和侨民政治的格局，以及经济和社会不平等的格局。和以前一样，重要的是要追问与此类联系有关的重要问题，而不是假设此类联系从某种程度上讲是天然的。移民和安全之间的联系——所谓的“移民—安全联结”——是一个很好的例子，说明了西方国家如何寻求通过反映了自己偏好和关切的方式去塑造移民和避难议程。即便我们允许实力起作用，即便我们仍然一直心存疑虑，但是，在全球治理不同领域和层面之间还是存在重要的结构性联系——在环境与发展之间（正如可持续发展这一理念所言）；在贸易规范和健康、劳工标准以及环境之间；或者在民主、国家建设以及冲突解决方案之间。正如谈判理论（bargaining theory）所言，“议题联系”（issue linkage）可以发挥一种积极作用，推动一致意见，允许政府在不同议题上妥协，并参与到单边支付（side-payments）中来。但是它也创造了一个强大的功能性逻辑来面对治理的扩张，这反过来又提出了严峻的正当性问题，以及不同制度或法律规章的机构如何能够相互联系在一起的问题。比如，如果没有处理“贸易与环境如何相互联系”的问题，如果我们在考虑 WTO 和多边环境条约之间的关系时没有直面其中制度性和法律问题的话，那我们怎能理解全球环境治理问题？

再者，国际社会面临的治理挑战的规模也有可能受到全球化许多方面之中多种不确定和不稳定因素的深刻影响。考虑一下如下几者之间的关系：一个极为复杂但管制力度不够的全球金融体系；一个复杂的生态圈，其特点是非线性、多种回馈环（feed-back loops）以及不可预见性；一个全球能源结构受制于不稳定的技术、市场和地缘政治的制约；以及日益扩散的国家间和跨国暴力的形式。当我们将它们放在一起的时候，它们持续造成冲击的能力就急剧下降，而从潜在方面而言，其累积的不稳定之力量就变得非常危险。自然和人类系统表现出高水平的动力复杂性，现有的理论都试图去理解这些复杂的系统。[8]这一斗争随着技术、经济活动和社会组织形式的变化而变得越发困难。

笔者不想在这里花费过多笔墨去进行未来学的讨论。但是，重要的是承认在一定程度上，社会、环境及最为重要的技术变迁，有可能影响到治理挑战的**规模**、控制和治理的**源头**，以及控制的**主体**。[9]不受控制的气候变化，森林和土壤表层的持续丧失，水资源匮乏的恶化和在全球范围传播的新型疾病，所有这些都有可能导致长期的和全球性的后果，并有可能会侵蚀国家并催生新形式的暴力。治理将需要面对那些我们仍然认识得不够的自然系统、人类和社会系统的日益复杂性以及越来越快的技术变化速度。新技术（尤其是呈几何级数增长的宽带、光纤和计算能力）有可能持续地将全球社会网罗在一个日益密集的生产、计算和传播网络之中。这样的技术可能会通过市场、网络和自我管理，来强化超越国家之分权治理模式的吸引力和可行性。但是，技术变迁的其他方面（比如植物基因改造，在人类社会的未来，持续的有机污染物、纳米技术和自我进化技术、核技术的持续传播和使用，以及生物恐怖主义的可能性，这些都会产生长期的影响），都会制造新的危险，我们需要通过那些具有规范、监督和执行能力的机制来加以控制。如下三大挑战：抓住共同利益、调节不平等（且可能会越发不平等）实力，并调解价值冲突，有可能会仍然处于核心地位。但是，很难想象未来会是如下样子：在其中，这一挑战通过一个狭隘的、基于国家的全球政治秩序观就能得以解决。

第二，还有一个身份政治以及为承认而斗争的问题。大规模的人口迁徙，不同社会之间接触和相互联系的增强，以及传统思维和处事方式的多处脱节，所有这些都激化了身份政治。它们常常更尖锐并破坏性地扭曲了人们争取文化认同的斗争。但是，这些相同的发展态势也摧毁了将国家视为实证上可行或道德上可接受的文化多元主义之载体的观点。身份政治的全球化和去地域化是最重要的原因之一，导致一个干净利落的多元主义全球秩序被扫地出门。即使是寻求在地区层面上重建基于身份的多元主义这样的努力也都遇到了严峻的难题。

第三，多元主义是脆弱的，因为在一定程度上，在一个全球化世界中处理这些治理挑战要求我们有社会化的实力。这在安全领域之中表现得最为明显。即便国家成功地增加了安全管理中的集体因素，支配性实力的困境还是会出现：除了少数的例外情况，我们现在对不安全的集体应对措施，已经非常依赖于主要大国的资源、意志和利益。出现任何稍微有点严重的安全威胁，就都有可能牵涉到美国。但是，社会化实力的需求也适用于经济秩序。比如，考虑到国家只有拥有足够的正当权力和权威，才能有效地去对跨国公司征税，或在管理金融危机中进行公平的共同担责。自由理论中有一个经典的学派强调解除武装的重要性；其他人则宣称主权分散和权力分解的国际（以及地区）秩序观。[10]但是分散主权模式的基本问题在于，虽然它们正确地承认集权的危害，但是它们没有承认集权对社会秩序和推进共同道德目标的必要性。非国家群体、网络和跨国共同体所作的贡献在于，它们构成了对跨国治理模式和方式的一个主要限制。

第四，还有一个全球不平等的问题。之前的章节追溯了不同形式的不平等以何种方式反映于国际社会在特点上的变化，并反映在那些已经发展起来的新形式全球治理之中。它们也旨在说明通过何种方式，这一制度性不平等关联于那些定义了全球体系的、更广泛的不平等——比如，全球经济、环境、不安全以及暴力冲突。多元主义的直觉，就是旨在防止不平等导致直接出现政治挑战的情况。在大多数情况下，他们认为，这不是源于激进的被剥夺或最穷群体的抗议。相反，它源自崛起中的修正主义国家：那些现在被排除在由富强之国组成的理事会之外的国家，在这些国家看来，被排除在外既是对实质利益的威胁，也是导致民族主义反感的潜在缘由。多元主义的回答在于，把崛起中的大国吸纳进势力平衡，并把崛起中的国家吸收进一个管理大国的稳定体系。按照一种相关的看法，其他人强调等级制和寡头制的历史作用，并视其为当下治理挑战的根本。这可能牵涉到强国组成的临时性机构，也许会牵涉到G8的扩大，以囊括主要的崛起中和地区性大国。或者它可能也会牵涉到把那些发展中国家拉进来，这些国家对于我们管理某个特殊议题而言是很重要的，比如：在气候变化议题上，中国、印度和巴西就很重要。大国俱乐部的规则和特点也许要改变了，但是大国俱乐部的根本逻辑——多元主义仍然不变。

我们有很多理由相信，多元主义秩序的这一个方面将继续在21世纪发挥重要作用。但是同时，我们不禁要怀疑，这一有限的多元主义应对措施是否足以管理不平等所造成的诸多挑战——安全缺失和暴力，及其中牵连到的不平等和贫困；在一定程度上，贫困处于许多不可持续之发展模式的方方面面的核心；人们也看到全球治理体系的不正当性，该体系创造了新的包容和排斥模式。当然任何形式的治理，只要貌似反映了发达国家（发达国家占全球人口的比重在下降，而且将进一步减少）中优越精英的价值观和偏好，那么，它就有可能面临不可逾越的正当性问题。不管我们去衡量和评估特定联系有多困难，我们都不太可能相信，居住在高收入国家、占全世界人口20％的人可以孤立于其他国家的不稳定和不安全，并孤立于修正主义对变革的要求。

更加扩大和扩展的治理模式有可能对处理如下两者之间的关系而言是必要的：一方面是不平等，另一方面是一系列范围广泛的安全、政治和环境问题。并且，在这些治理模式之中，全球民主的问题，将开始在全球秩序的政治中发挥一个更为核心的作用。

第五，还有一个人们要求正义的问题。在这里，重要的是区别如下两者。一个是一般性议题：正义如何关联于全球秩序，另一个是具体正义进程的命运。老式多元主义者有冲动去把秩序与正义分开，这样的冲动长期以来面临着许多难题。秩序的价值不存在于任何一般性伦理论述或框架之中。[11]布尔、基辛格或凯南所分析的秩序意味着某种伦理观，因此也是一种正义观："我们应当追求特定目标"这种观点就等于是说，追求这些目标是正确的，并且，那些这么做的人，其行为就是正义的。但是，这些特定目标并未以一种清晰的和前后一致的方式来进行论证。它们也没有和谐地与其他价值关联起来。再者，退回到视实力为所有政治的最终裁判者，并打消所有对道德的关切，这样做显然会失败。正如霍夫曼在很久以前就指出过的那样，现实主义那号称天下无敌的主张——捍卫国家利益、甚至保证国家存续——其含义必然是备受争议的，且牵涉到一系列的规范性假设。

正如我们在此前章节所示，正义的问题最终会在全球治理那不断变化的格局之中产生，因为相互冲突的社会价值观和不同的社会、文化和经济偏好会以一定的方式进行排序。再者，世界上那些主要的宗教体系，没有一个会接受如下理念：在"国家间秩序"和"全球正义"之间作一个泾渭分明的区分，而且，尤其是有利于发展中大国的分权，有可能会让人们在正义的推动下提高要求变革的呼声。

但是，自由连带主义这一具体正义议程的命运，则不可同日而语。之前的章节强调，国际社会的规范性结构发生了一些非常重要的变革，因为它关乎人权、人道主义干预以及主权等理念中所蕴含的各种责任。它们旨在说明，这些变革在多大程度上已经反映了跨国实践并巩固了一个相对宽泛的和深厚的人权文化。但是它也强调西方在推广人权过程中的伪善、双重标准和前后矛盾；人们也会正当地怀疑，即便是对于那些核心的西方自由国家而言，人权规范在多大程度上已经事实上被有保障地内化在这些国家的外交政策和公共态度之中。

类似的问题和难题也出现在西方追求民主的活动中。但是，在如下两个背景之下——发展中国家社会动员出现历史性增长，以及全球化拥有诸多赋权的可能性，不太可能出现的情况是：民主这一妖怪能轻易地被收回到瓶子里。这并不意味着，民主理念的力量会轻易或恰好吻合于当下强国的那些利益。已经出现的明显证据表明，人们促进民主传播的努力会以一定的方式与其他更为切身的外交政策优先考虑事项相冲突。更重要的是，有些问题可能会反复出现，比如超国家的民主理念，其适当范围多大，以及民主价值如何能够被适用于全球治理以及全球社会选择，而这些选择会塑造21世纪所有个人和共同体的生活机会。在诸如中国和印度等修正主义大国的施压之下，“目前的决策权分配现状可以通过民主方式来进行捍卫”的观念有可能会越来越受到挑战。的确，这样的观点也可以像20世纪民族自决理念所发挥的重要作用一样，在21世纪也发挥一种类似的重要作用。

因此，与全球化联系在一起的那些变化，以及全球各个社会之间日渐的互动和互联，既破坏了传统上基于国家的多元主义的实际可行性，也破坏了后者的道德可接受性。马丁·怀特曾在经典的多元主义观下进行了大量的分析性研究，并提出了一个区分：一方面，我们拥有作为政治竞技场的国内社会，在其中，人们可以就自己对“好生活”的不同理解进行辩论、发挥，还有可能按照自己的理解去实现“好生活”；另一方面，我们对国际关系的理解却永远停留在将其贬低为一个仅仅追求生存权的竞技场。[12]如果我们现在仍然以怀特的这种区分来看待世界政治，那就不再有任何意义了。我们只需来看一下一个最明白的例子：与保护全球环境有关的生存权，基本上取决于社会的国内组织方式，以及我们通过何种方式把人们有关“好生活”的不同构想整合在一起并相互协调。正如我们在之前的章节所示，物质和道德场景已经迫使我们像纳尔丁（Nardin）那样，将国际社会视为一个实际的协会——“一个由独立和多样的政治共同体组成的社团，每一个共同体都致力于自己的目的和自己对善的构想”[13]。

体现在哈耶克和奥克肖特（Oakeshott）的著作中的保守主义理想，认为政治生活应当只关乎有限的、调整人们共存的程序性规则，这一理想不能令人满意地适用于21世纪全球政治生活状况，这些状况要求认同实质性的集体目标，并创立制度化的治理结构来实施这些目标。这些变革也决定性地削弱了我们在当代主要的自由理论家（比如罗尔斯）著作中所发现的那种“强”多元主义。考虑到全球政治的性质以及国际社会的规范性结构已经发生了变化，如果人们对全球政治的规范性愿景的基础是如下理念：国家被视为是紧密联系在一起的政治共同体，其基本结构的定义是“旨在实现人类生活中所有核心目标、自足的合作机制”[14]，那么，这样的愿景也不再具有任何意义了。这些变化也反对后现代主义对差异性和多样性的欢呼。不是说，差异性和多样性不值得庆祝。但是，如果我们庆祝的是处在一个紧密整合在一起的世界中的差异性和多样性，但是却没有直面“我们需要说明一般性全球原则和程序”（我们**必然地、不可避免地**要通过这些原则和程序来规范互动）这一问题，那么，从智识的角度来讲，这种庆祝是空洞的。

追求正义

以国家为基础的老式多元主义以及非常单薄的国际社会观吸引人的特点之一就在于，它貌似提供了一种处理多样性和意见分歧的方式。如果多样性和价值冲突是国际生活中如此重要的特点，那么，我们应当寻求以如下方式来组织全球政治：赋予不同群体在其自身的事务中集体自治和文化自主的范围，并且减少它们在“世界应当以何种方式得以秩序化”这一问题上冲突的程度。同样地，如果强国掠夺的危险具有深刻的根源，即便这不是由结构所引发的，我们也应当继续重点强调主权以及势力平衡。再者，持怀疑态度的多元主义者被如下理念所深深吸引：我们也可以在最低限度的规则之上发展出一种跨文化的共识，并在此基础上建立一个有限的国际社会。由此，国际社会著述者们都被吸引到哈特有关自然法之最低限度内容的观点（该观点的基础是霍布斯式的假设）上去。[15]而且，因为这个原因，布尔强调“社会生活的基本条件”，他试图去分离出一个由国家组成的社会中那些基础的、首要的和普遍的目标；而且，他还努力分析了把这些目标联系于国际社会历史制度的理论。

但是，正如笔者之前所示，如果没有可行的道路，可以让我们退回到多元主义和一个每个群体都可以“自扫门前雪”的世界中，那么，大家就有限共存的条款来进行谈判就再也不够用了。相反，我们倒霉的地方在于，大家必须要就如下条款进行谈判：这些条款关乎不断进行中的和日益扩大的协作和积极合作形式。这并不意味着就不存在多元主义和宽容差异的空间，也不意味着在国际或跨国层面上就不存在什么治理范例，可以回馈给国内政治制度。但是，它的确意味着这一空间已经缩小了，而且有关合作条款的意见分歧已经变得更为棘手。并且，还出现了如下情况：失败的成本有可能变得日益令人难以接受，这一点从道德和实际的立场上都可以看出。我们可以从“特定议题领域中基于利益的合作”这一角度来思考全球治理，这样的思维方式对于学术分析和政治实践而言都仍然是很重要的。但是，治理那变化中的特点增加了我们就共同目标和共同价值达成一致意见的重要性，这些目标和价值影响到人们以何种方式去理解各个议题领域范围内的问题，我们如何来建构这些议题领域本身，以及这些议题领域如何相互联系在一起。

从本质上讲，就合作条款进行谈判当然是一个政治举动。但是，它也同样是一个从内在角度来讲具有规范性的举动，这既是因为在世界中开展行动要求我们思考道德上值得追求的变化，而且也因为道德辩论构成了我们如何开展该政治举动的一部分。正如我们在本书之中多处提到的那样，在政治理论和政治哲学中，人们对全球正义的辩论，其范围和完备程度都大大增加。“我们如何去应对正义战争、人道主义干预、分配性正义以及全球民主全球政治理论”这一问题，其潜在回答日渐丰富。但是，至少在笔者看来，对“在将全球社会作为一个整体的情况下，人们如何有意义和富有说服力地捍卫、辩护和批判特定的道德原则”这一问题，人们的关注远远不够。全球政治秩序的脆弱性使得如下观点变得不那么令人信服：将这一挑战视为一个道德方法论的二阶议题。笔者认为，有三个问题是重要的：道德上通俗易懂、制度权威，以及政治能动性（political agency）。

道德通俗易懂

我们如何能够建立某种有最低限度保障的基础，以便在一个多样化的和分歧深刻的世界中进行理性的道德辩论，并提出一些在广泛范围内通俗易懂的全球正义观？在这些问题上，有两种广泛和重复出现的思维模式。第一种信赖人类理性。许多政治理论家会说，确实，正是人类理性以及人类理性的普遍性，才既提供了道德观点的基础，又是最有希望成为人人皆可公开辩论和在全球范围内进行实践的对象。我们的目标在于让正义成为各种观点的基础，实现这一目标的方式，是尽可能地避免任何特定的历史或文化传统，并且找到那些没有任何一个人可以合情合理地拒斥的道德原则。我们可以避开具体情况和偶然性，方式是诉诸那些真正普遍和独立于传统的规范。人类理性有潜力详细说明一组内在一致且具有普遍适用性的规则和评判标准，这些规则和标准可以作为我们思考全球正义的框架。规范理论家首先从他自己最深思熟虑的判断开始，这种判断的基础是前后足够连贯、可普遍化的理由，然后他再提出一些任何人都没法合情合理地拒斥的观点。不管人们实际上可能会相信什么，该理论家旨在找到好的理由，解释为何其他人应当改变自己的信念及行为模式。

但是，这样的一种立场存在严重问题。什么样的道德含义可以被附加在哪怕是最纯粹和最平静的普遍主义声音之上？不管是宗教信徒、自然法学家或者康德式自由派，他们都在试图将自己的道德理念从山峰的高处向下呼喊，但是，如果这种喊声针对的那些人，不认为自己属于任何共同体，哪怕是一个最单薄和最脆弱的共同体，那又该如何呢？有时候，怀疑论者的轻声细语具有颠覆性且会重复出现，就是因为存在深刻分歧这一经验事实以及特殊主义在知识论上的力量。正如自然法批评者重复提醒我们的那样，这个世界上有太多的案例说明那些似乎毋庸置疑的道德观实际上取决于特定的社会和历史场景。对于许多其他人而言，他们自然而然地、不可避免地追随如下世界观：道德、宗教、甚至科学的确定性并不存在。对自然法、理性主义以及人类进步发展之经历的信仰，已经被质疑、疑问和怀疑削弱了，而启蒙时代的人们曾经一度用同样的质疑、疑问和怀疑去攻击宗教和迷信。

对于坚定的怀疑论者（arch-sceptic）以及坚定的反原教旨主义者而言，疑问常常聚焦于理性这一理念本身。“理性”的含义是什么？我们谈论的是谁的理性？正如阿拉斯泰尔·麦金泰尔所言（Alasdair Maclntyre），“……启蒙时代的遗产就是一个大家憧憬着用理性证明一切的问题，该憧憬被证明是不可企及的”[16]。

> ……在历史上，人们都试图去为没有传统观念的个体（tradition-free individuals）建构道德，不管是诉诸某种可普遍化的观念的道德，还是诉诸那同样多元的效用观中的道德，或者诉诸大家共享的直觉或这些因素的某种结合，结果，这段历史……成为一段关乎人们一直未能解决之争端的历史，以至于并未出现任何不受争议和无可争议的论述，关乎独立于传统的道德包含何种内容，由此也没有出现任何一组中立的标准，以供人们对那些相互竞争和争论中的不同传统所提出的主张进行裁决。[17]

但是，人们对理性之普遍性的疑问，其基础形式也可以是更为中肯的怀疑论人文主义。这样的怀疑论者不会否认人类理性的重要性，而是视其为无常的、多变的和有可能蜕化的；他们怀疑，不管普遍理性在形式上宣称何种普遍性，它实际上却是反对价值的多样性和人类社会形式的多种样态。当我们填补了康德道德法则所留下来的巨大开放空间之时，就会出现一个恼人的惯常现象：某理论家提出的具体内容会很贴近地反映他自己的狭隘视角和特定价值观。[18]再者，过度信仰形式主义和理性主义的正义模式会导致我们看不到人们以正义之名而犯下的错误。我们可以认为理性提供了一个脆弱的基础，以进行跨文化比较和评价，并让不同的道德生活构想变得可以相互理解。但是，我们也可能仍然会怀疑，人类理性是否有能力生产出吸引人的全球正义原则，并能够提供相应的指引，让这些全球规则在特殊和非常多元场景中，能够转化为支持或反对特定政策的理由；或者，倘若我们要想解决道德冲突，那么，我们可以借助大规模地、富有想象力地运用罗尔斯式的理性，不管其完备程度如何。至少，这是笔者本人的立场。

到了这里，我们其实并没有向前走多远。但是，重要的是，对于如下人士而言：他们想要从理性开始，从自己最深思熟虑的、有关正义要求的判断开始，他们追求的目标，是在一个任何只要有理性的个体就都会选择的普遍原则的基础上建构起正义理论，尽管，这些人中间的许多人的目标远不止于此。他们坚持，有效的正义原则必须以公开的方式进行证明。它们必须关联于某个给定社会的政治或道德文化中所具有的价值观和话语资源。一个选择方案是得出如下结论：这样的一个进程只有在某个给定社会中才是可能的，而且只有在那些已经致力于某种形式的政治自由主义的社会中，也许才真正可能。[19]另一个选择方案是，既要推进有关全球正义的论断，又要在国际和跨国社会那不断演进的政治和道德文化中公开地证明这些论断——这一点，部分的视角是在于该文化所代表的实质性价值，部分是作为一个由个人组成的共同体，这些个人尊重一个共同的理性协商进程。

另外一个同样具有深刻根源的思维方式，不是从理性开始，而是从现有共同体和文化传统的规范性实践开始。正如迈克尔·沃尔泽所言，“正义原则……不可避免的是历史和文化特殊主义的产物”[20]。规范理论需要以具体共同体的现有规范性实践为基础。政治理论应当发现、阐释和批判地发展人们对正义和道德的不同认识，这些认识存在于具体历史和文化语境之中。理论家或社会批评者“表达了本民族最深刻的、关于‘我们应当像谁一样活着’的感觉”；他不应该寻求某种隐藏起来的道德真理，而应当发现和阐释存在于特定共同体“共同生活”之中的“社会意义”。按照这种观点，正如大卫·米勒（David Miller）所言，“不存在普遍的正义原则。相反，我们必须将正义视为某特定政治共同体在某个特定时间创造出来的产物，我们给出的论述必须放置在这样的一个共同体的语境之中”[21]。由此看来，理论应当阐释和发现不同的规范性认识，这些认识是在某特定社会中发展起来的，而且，理论应当根据那些已经开始扎根的价值观和推理方式来构建各种观点和建议，以期达致更大程度的正义。

显然，这样一个传统或基于规范的道德推理携带着一种种族中心主义和眼光狭隘（parochialism）的高风险。正如奥尼尔（O'Neill）所言：

> 如下事情曾经一度微不足道：那些住在一个同质化但是却被孤立起来的社会中的人，其推理的方式对于那些与这些人没有接触的外人看来是不可理喻的。但是今天的社会、文化和传统不是边界分明、老死不相往来的。……对于那些试图进行跨国界交流的人而言，种族中心主义的推理将失败或失效；它将会缺乏权威——在外人看来，它可能被证明是不可理喻的。基于规范的各种理性观在一个多元主义世界中是不够的。如果任何组织思维或行动的方式要想具有非常普遍的权威性，它们就不能预设某个特定时空的规范和意见。[22]

但是，这一批评意见的力度取决于我们如何阐释“特定时空”以及进行道德质询的范围。对于全球正义之阐释性或解释性方法而言，一个更为开放的版本是将目光放远，超越特定共同体的主张，并寻求发现那些已经嵌入国际和世界社会的话语、实践和制度之中的价值观和道德论断。从原则上讲，没有什么理由证明，阐释性或传统主义的正义观就必须要被限制在国家疆域之内，并用于支撑社群主义的立场。理论家可以在如下两者之间来回穿梭：一方面是道德抽象化，另一方面是道德直接性；一方面是存在于特定国家和社会中的共同道德意义，另一方面是在国际社会作为一个整体中的共同道德意义。

那么，处理道德易懂性问题会牵涉到哪些方面呢？首先，它意味着找出稳定、公共和大家共享的正义词汇，作为在全球整体范围内（而不仅仅只是局限于西方世界或者局限于范围更为狭窄的自由政治理论）进行观点交流的媒介。分析性质询和理性规范性辩论都要求作出清晰和连贯的定义和范畴。但是，这两者的努力都必须要建立在如下概念之上：这些概念——国家、民族、民主、权利、安全的含义和意蕴随着时间发生了急剧的转变，即便是在自由西方国家里，情况也是如此；而且这些概念的生产和演进一直是社会冲突和博弈的主题。其次，处理道德易懂性问题还牵涉到寻求稳定的制度性框架，以供全球道德共同体这一理念容身，在其中，这些不同的道德理念和规划可以获得某种协商力（deliberative purchase），甚至还可能获得说服力。再次，实现这些目标意味着不同的观点需要关联于国家社会和全球社会中的价值、方式和规范性结构，作为一个宽泛的公共证明和说服公众之进程的一部分。那么，核心的焦点就在于道德共同体这一理念，该理念不是仅仅由人类理性来进行提议、想象或论证，而是反映在国际和全球社会中的共同实践、理解以及更广泛的道德意识之中。

在之前的章节中，笔者追溯了国际社会的制度性和宪政性架构是如何从传统上强调多元主义过渡到扩展自由连带主义规范和制度以及正在涌现中的超国家治理实践。现在有了一个更为密集、融合度更高、人人共享的制度、话语和实践的网络，在其中，对全球正义和不正义的社会期望已经以更有保障的方式得以确立起来。伴随着如下这一过时观念——“行动者创建和维系国际法的原因在于它给他们提供了功能性好处”，1945 年后世界见证了一系列在国际层面上得到大家一致认可的核心原则的出现——尊重基本人权、禁止入侵，以及自治——这些也许能支持某种“世界共同善”的观念，以及某种更宽泛的、用来评价特定规则的基础。因此，国家和社会已经卷入其中的那些一致意见、规范和原则，其密集程度、范围和复杂性提供了某种基础，让我们能够提出一个共同体利益或者一组大家都能同意的目标和价值，用来评判新的实质性规范，即一个客观共同体利益或全球社会共同利益的理念。我们最好不要视其为自然法观念偷偷摸摸的复辟，而应当将其理解为一个从哲学上讲没有固定点，但却合理稳固且又实际可行的共识。

国际社会的规范性结构的演进方式有助于削弱如下人士的观点：他们否认存在一个全球正义共同体或对全球正义采取了一种限制论（restrictionist）或强多元主义立场。在如摩根索这样的经典现实主义者看来，“在国际领域内诉诸道德原则**没有任何普遍性的意义**（着重号为作者所加）。它要么是如此模糊，以至于没有任何切实含义，能为政治行动提供理性指导；要么它就只不过是反映了某个特定国家的道德观点”[23]。在卡尔看来，“没能力提供任何绝对和不偏不倚的国际事务行为标准”意味着国际法和道德必然被揭示为“自私的既得利益之狼披着的透明羊皮”[24]。或者，更为一针见血的是，在施米特看来，“哪个人要是敢为人类代言，那他就是在撒谎”。但是，这些一分为二的意见过于泾渭分明了。许多道德原则的意义可能不是普适性的，但是它们的确会广泛地散布在全球各地，并嵌入许多制度和实践之中。现在有一个更为密集和融合度更高的、有关共同制度和实践的网络，在其中，对全球正义和不正义的共识已经以更有保障的方式得以确立起来。

有很好的理由相信，国际社会的密集程度提供了一个有意义的基础，让人们得以辩论我们对远方陌生人中那些最脆弱和被剥夺最多的群体应当担负何种责任。因此，我们已经看到，国际社会出现了一种国际和跨国人权文化，这一人权文化涉及一种在广泛范围内大家共享的共同语言，一个包容性的道德词汇，以及一种权威性和制定完善的规范性结构，很少有群体会想着要让自己不受该结构的约束。这一共同话语意味着在一般层面上大家接受了特定的一般性原则和程序，以及某种特定类型的理性和论证方式。它限制了可接受证明方式和动机的范围；它赋权给特定群体和特定的机制；它有助于激发动力去进行社会化和内部化。当然，它也是被某个特定文化中的历史源泉给塑造出来的；但它是开放的、动态的，反抗被任何一个特定利益或实力政治集团永久性掌握在手里。不管人们从多么不同的哲学、政治或文化背景出发来接近这一话语体系，这一跨国道德和法律话语体系的出现和传播本身就代表了一个核心的历史发展进程。

虽然国际社会的密集程度毫无疑问大为增加，但畸形的元素仍然还是非常地明显。畸形存在于利益和代价的分配之中：比如，我们以何种方式来定义安全，或者，不同制度和国家采取何种选择方案来保护谁的安全；而且，很明显的是，全球经济秩序存在极度的不平等。畸形也存在于谁来设定国际社会的规则。不像许多自由派、中立派理论所说的那样，制度不是解决共同问题的工具，而是实力的竞技场，甚至是支配地位的争夺之地。绝大多数的小国都是“规则接受者”，外部制定的规则在不断影响着国内社会、经济和政治生活的许多方面。畸形也存在于不同国家和社会适应全球经济要求的能力大小不同，这一点要与如下因素结合起来，在多大程度上发展中国家的经济选择是被那些强国支配的制度给塑造（如果不是直接命令的话）出来的，而且在背后支撑着这些选择方案的是强制，其形式是一系列范围正在不断扩展的各种各样的条件要求。最后，畸形还明显可以在如下情况中看出：在有效限制强国的单边且常常是非法的行为上，国际法和制度的能力还很有限。借用一个早期国际社会著述者的口头禅，有大量证据表明，我们应当深深地怀疑如下人士的主张，他们将自己树立为“全球共同善的地方代理人”（布尔语）或“全球信息的地方传达者”（文森特语）。

所有的这些都不是说，国际社会那更有雄心的规范性目标不是当下国际关系之结构的一部分。相反，我们是要说，这个社会一直受到权力的污染，而且，政治理论家如果无视这一结构性污染的恒常性，那么，这种无视就只能是以理想化为代价；当连带主义合作式微或失败的时候，老式的多元主义秩序的法则就会持续生根发芽，这不但取决于实力，并在推广过程中强化了实力，还取决于处于支配地位的某个或某些国家的特权。

那么，一个超越了由国家组成之社会的世界，又将如何呢？市场的日渐一体化——不仅仅是跨国交易，还有一体化的跨国生产结构——貌似从直觉的角度来说，具有重要的规范性意味，并支持了道德世界主义的主张。全球化的许多作为，就是侵蚀了政治共同体的边界性，而社群主义者非常强调这些共同体中特定的文化、传统和生活方式。对于世界各地的许多人而言，它也为“大家共享一个世界”的这种感觉，以及多元性的、联系的和有限性的性质，赋予了一种新的现实感。[25]正义的不同场景以及社会合作的性质已经在许多重要的和道德上有意义的方面被改变了。在一个非常重要的思想流派看来，全球相互依存的扩张有助于创立或强化一个全球性的“基础结构”，而正是该结构，才是正义的首要主题。[26]按照某些互动主义的论述，正义议题源于在这一基本结构中参与合作的所有人；在其他人看来，正是全球基本结构所导致的危害，以及我们参与到那些有危害性的活动中去，才导致了道德上的义务。[27]

但是对于那些如此强调经济全球化的观点而言，它们碰到了真正的难题。部分而言，这些难题关乎如下经验性研究，这些研究表明经济全球化的局限性，以及在多大程度上它既不具有某种不证自明的新颖性，其影响力也不比以前更深远。部分而言，它们反映了关乎如下问题的模棱两可性：全球基本结构是否是一个正义理论要努力去规范的经验性事实，还是某种自身通过实施正义原则而建构起来的事物。换言之，在多大程度上，互动主义理论家们所强调的道德义务是取决于对如下备受争议问题的经验性分析：经济相互依存程度，以及事实上已经发生的制度发展态势，还有其中实际的好处、坏处分配情况（这一点也同样是备受争议的）?[28]部分而言，这些问题反映了一个过时的难题：将一个日渐一体化的世界的经验论述联系于关乎世界共同体之出现的规范性论述。[29]不管经济往来如何密集和强劲，它不能轻易或自动转化为一个大家共享的共同身份意识或者一个共享的共同体。正如我们在第十章中所看到的那样，即便是在那些极度密集的一体化模式的地区之中，如下两者之间都没有什么清晰的关系：实质一体化，以及政治或道德共同体的构想。

如此看来，有关“一个在经济上全球化和一体化世界”的许多说法就没能区分

“统一”这一理念当中所包含的三种含义：作为相互依存和相互联系的统一；作为“组成全球体系之国家和社会具有同样特点”的统一；作为一个共同人性或致力于某一组共享目标之意识的统一。

本书之前的章节已经指出跨国倡议群体、社会运动以及跨国网络在全球政治当中所发挥的重要作用，更具体一点而言，它们在国际社会那些连带主义和跨国治理模式中发挥了重要作用。人们提出了非常重要的主张，关乎全球公民社会在规范上有潜力成为一个政治竞技场，该竞技场有能力超越传统政治中“局内—局外”的特点，并塑造和提供空间给新形式的政治共同体、团结和身份。有时候，重点在于全球公民社会作为一个相对自主的、自我组织的公共领域，在其中，相互竞争的立场之间能够进行真正的协商，而且通过全球公民社会，某种国际公共理性的观念能够得以形成和发扬。在其他情况中，全球公民社会及与其有关联的、由“国内”公民社会组成的网络，可以通过提供正当性和认同，积极地回馈国家间秩序，并积极回馈以市场为基础的秩序，该秩序作为信任和其他社会资本形式的储备地，对于市场运行而言是不可或缺的。但是，从以上两个视角来看，全球公民社会都代表了一种多元主义和开放的竞技场，以便人们谈判规则和规范，使得这些规则和规范能够立基于真正的和未受强制的同意。它作为一个规范性理想，其潜力可以交由世界政治那变化中的实际实践来衡量。

但是，正如跨国市场一样，跨国公民社会存在真正的问题，而且如此一来，就有需要去反对某种对跨国公民社会之潜力的浪漫化——虽然正如我们在目前的危害当中可以看到的那样，我们也不要在相反的方向上走太远。公民社会毕竟是一个和其他因素一样的政治竞技场，在其中，善与恶共存，社会运动和 NGO 广泛地对外宣称自己具有真实性和代表性，这些主张需要得到验证和迎接挑战，而且，和国家间政治世界一样，结果可能也同样受制于强大行为主体的直接操纵。虽然国家行动可能受到全球公民社会的塑造，但是，经常发生的情况是，正是国家行动，才是首先推动公民社会出现的重要力量，并提供制度框架，使得公民社会能够繁荣发展。重要的是，国家权力的决定因素越发地取决于政府有能力在公民社会之中成功运作，并利用跨国和跨政府之间的联合来实现自己的目标。全球公民社会变成一种政治竞技场，这其中存在一种永恒的威胁，国家和其他经济社会组织都想要在其中占据支配地位，并加以利用，目的是使自己主张权力的行为正当化。

制度权威

有三个主要理由可以解释为何制度是如此的重要：作为一种手段，它有助于保障一个框架，使得人们能够相互理解彼此之间的道德辩论；作为一种方式，它能保障共同规则得到稳定的执行；并且，它有潜力促进一个全球道德共同体的发展进步。

第一，如果我们寻找的是跨文化的共同点，那么一个很好的例子就是从程序开始，从那些有关程序公平的、近乎普遍的理念开始：聆听另一方的意见，为自己的行动进行论证，找到某种机制对相互冲突的道德主张进行裁决。所有稳定的社会都必须要找到某种大家一致同意的进程和程序，通过这些进程和程序，道德冲突可以得到裁决和调节，如果不是得以解决的话。在世界政治之中，挑战则更为令人心怵，考虑到如下因素的多样性和分歧性：情绪、情感依附、语言、文化和生活方式，这些还与范围广泛的实力、财富和能力的不平等挂钩。斯图尔特·汉普希尔（Stuart Hampshire）认为，不同的正义程序观念都有一个不可缩减的最小底线。

> 每一个特定制度都有自己特殊的程序，以裁决相互竞争的、有关实质性公正和公平的不同构想，这样的制度在历史上不断变化。决议程序一个最一般的特点，就是作为限制程序的必要条件被保留下来。不管发生什么情况，只有满足这个必要条件，程序才会被认为是本质上公正和公平的，即兼听则明。一个不公正的程序，如果违反了这一程序性公平的必要条件，就会永远是不公正的，在任何地方都是如此，而且也不用诉诸任何独特的善观念。[30]

这样一种对进程的关注印证了如下观点：理性和合理性不是某种抽象和普遍的东西，而是“自然地发端于社会生活的必要性，即发端于那些不可避免会重复出现的冲突。如果共同体想要存续下来，这些冲突就必须加以解决”[31]。全球正义不是某种可以从抽象理性原则当中演绎出来的东西，它也没法反映某种单一的世界观，不管是宗教的还是世俗的；相反，它是一个人们对话和协商、经过谈判的产物，因此，它永远都会被修正和重新评估。

第二，制度也是必要的，因为规则需要实施。自由连带主义者或世界主义道德主义者大声疾呼，认为我们需要新规则以满足新状况。恐怖主义要求国际社会重新思考与自我防御和使用武力相关的那些规则。在一定程度上，国际社会在道德上和实践上都受到人道主义灾难的影响，这意味着我们需要有关人道主义干预的新规则。对于这两个命题而言，存在不少真知灼见。但是，有些情况是不现实的，比如，有关人道主义干预的某个新规则将让我们不再需要制度以及制度化的辩论。即便大家一致同意该规则，即便大家一致同意那些用来评估的背景性标准，但是，所有的规则都需要进行阐释，并加以实施。颁布某个有关人道主义干预的新规则，不可能避开“将该规则用于某案例中的具体情况”这一需求。一方面，这不可避免地会提出如下基本政治问题：哪个机构拥有权威去解释和实施该规则？正如达尔梅厄（Dallmayr）所言：

> 但是，**实践**（praxis）这一观念带来了一个普遍主义道德通常回避或避开的领域：政治领域……即便假设人们广泛接受普遍规范，但是，至少我们知道，自从亚里士多德开始，规则就不会直接转化成**实践**，而是要求细致的解释和实施。在这一刻，政治问题非常突出地体现出来，谁有解释权？而且，在冲突的情况下，谁有权在不同的解释之间做出裁决？这一权利或资格不能简简单单地留给“普遍”理论家或知识分子——在缺乏一个明确**政治**授权或赋权的情况下。这些考虑表明，从道德和实践的基础来看，如下做法是不够的：将普遍规则的重担扔到人类头上，却同时没有关注公共辩论以及形成政治意志所发挥的作用。[32]

另一方面，我们面临的问题存在于解释和适用这一理念的内部。因此，文化和历史复杂性使得我们很难仅仅依靠一般性或普遍性的道德律法就能得出具体案例的判断意见，有很好的理由去相信，对21世纪价值和伦理的许多辩论将必然是依赖于各种语境（context-rich）和解释性的。在某个层面上，这可能就简单意味着普遍原则需要显示自己对地方语境的敏感。但是，挑战比此更深刻。因此，塔利用维特根斯坦的方法批评了那些过于渴望普遍性的人，并且尤其批评了那些在态度上藐视具体情况的人。“要想理解一个普遍性术语，且由此知晓你自己要走一条什么样的道路，去穿越该术语用法上的迷宫，我们总是需要与从本城其他地区来的对话者进行对话，聆听他们的‘进一步描述’，并勇于承认他们所提出的、所涉及的现象的方方面面，这些方面是我们在自己熟悉的那些范例集合当中没有注意到的”[33]。从全球秩序制度化的层面来讲，这样的一种立场为某种形式的实践推理提供了支持，该推理一直不停地在如下两者之间穿梭前进：一方面是一般性规则（不论是法律的还是道德的），另一方面是它那总是备受争议的应用于具体案例中的事实和情况。

第三，制度很重要，因为它们有动力去进行自我强化的潜力。一旦得以创立，制度就成为如下事物的平台：不断进行中的规范性辩论，发动大家来关心，并辩论和修改有关“国际社会应当以何种方式组织起来”的诸多理念。不管社会科学家（以及技术官僚操作者们）多么坚持要仅仅从国际公共品供给的层面来分析国际制度，我们也不能一直将规范性议题排除在外。再者，所有规范性体系（尤其是得以合理、良好制度化的司法体系）还有一个内在的趋势：去扩张和发展，并将行为主体网罗在特定的话语、推理和论证模式之中。最后，正如已经看到的那样，我们有很好的理由相信，国际制度已经成为强大的动因服务于规范的扩散和社会化。

现存的制度在实证记录上总是毁誉参半，评估这样一个记录可以对我们观察全球正义具有重要的意味。比如，托马斯·内格尔（Thomas Nagel）发展出了一个全球正义的政治构想。他取材于霍布斯式的传统，认为正义源自那些一起受约束于强制性权威的人。

> 从政治构想的角度来看，主权国家不仅仅是在人类当中实现前制度（preinstitutional）正义价值的工具。相反，它们的存在正是在于实施了正义价值，将一个主权国家的公民都放置到一个关系当中去，这样的关系不存在于这些公民与世界上其他人之间，而是一种制度性关系，必须通过特殊的公平和平等标准来进行评价，正是这些标准才是正义的内容。[34]

内格尔对“当下”（for the moment，着重号为作者所加）这些国际制度和全球治理的一个评价是，它们都没能通过一个重要的测试，即“我们不是以那些生活受制度和治理方式影响的全体人员的名义，来以集体方式制定并以暴力方式强加这些制度和治理方式”[35]。但是，这一正义观过于强调强制性和非强制性场景之间的区别；而且，更为重要的是低估了变革的程度，这些变革事实上已经发生在如下事物之中：密集的国际制度；在一定程度上，它们熟练地运用那些可以说是国家与个体两者共同制定出来的、且与两者紧密相关的权力。[36]

其他人要么否认国际分配性正义的可能性，要么仅仅认为它只能是一个有着高度局限性的形式，这些人非常强调国际制度或其他合作性制度安排的缺乏或缺陷。

> 现在，虽然在当下世界中显然有发生于全球层面上的各种形式的互动和合

> 作——国际经济提供了最显著的范例，但是也存在许多形式的政治合作，从全盘的防御条约到环境保护协议——这些都不足以建构一个全球共同体。它们自身都没法创造一种共同身份感或一种共同的社会风气（ethos）。最重要的是，没有一个共同的制度性结构能让我们理直气壮地将不平等的结果描述成不同形式的不平等对待。[37]

按照现在的情况来看，这一观点提出了许多问题。首先，它没有提及，当某种具有道德意义的事物正在发生之时，什么样的标准能帮助我们做出决定，我们何时达到了一个制度变化的节点。“足以建构一个全球共同体”，这大概的意思是什么？这是尤其重要的，因为我们处理的不是非黑即白的选择，而是一个不确定的且具有高度可变性的制度化和治理进程。其次，制度不能被理解为简单地反映了某种事先存在和静止不动的共同体。制度反映了但同时也积极塑造了共同体。因此，国家制度在创建和发展国家共同体的过程中发挥了巨大的作用。因此，我们如何能够就“制度与具有道德重要性的共同体这两者之间的联系”这一问题达成一个更为动态的看法？也许非常令人奇怪的是，我们可以在罗尔斯那里找到答案的某些元素。一方面，《万民法》（*The Law of Peoples*）中最令人吃惊的部分是它那停滞不前的、向后看的特点。罗尔斯所展现的国际体系图景，其老式程度令人咋舌，且与哪怕是有关国际变化和演进的一些最基本的主张都存在深刻的分歧。但是，另一方面，罗尔斯自己的著作强调了有可能在如下两者间产生一个双向和自我强化的联系：一方面是基本结构的制度，另一方面是在这些制度统治下的那些人民的政治文化。

因此，社会的“主要政治、社会和经济制度，以及它们如何吻合为一个统一的社会合作体系”决定了基本结构，并规范着“如何思考正义事项”这一“最初的关注点”(initial focus)。[38]但是，此处的重点应当是在“最初”两字上，因为罗尔斯也承认有可能发生自我强化的变革。“再者，基本结构的制度具有深刻和长期的社会效应，它们通过一些基本的方式，塑造公民的性格和目标，以及他们成为或想成为什么样的人”[39]。当人们就国内社会进行著书立说之时，这给人一种强烈的感觉，即制度发挥了一个核心角色，让人们远离了自私自利的合作，走向了一个完全的重叠共识。它们对公民产生了重要的社会化影响力，罗尔斯从心理学角度进行了论述，并讨论了人们如何开始接受正义原则，并将其内在化。同样地——当我们审视国际生活之时——变化、演进和学习都得到了承认。“一个合情合理的、由不同的遵纪守法之民族组成的公正性社会，这样的理念将不会在国际政治理论中拥有重要的一席之地，除非是等到这样的民族的确存在，并学会了在更广泛的政治、经济和社会合作形式中协调各自的行动”[40]。或者，“鼓励政治家发挥作用的因素在于，亲密关系不是固定的，而是随着时间的推移，随着不同民族开始在它们自己制定出来的合作性制度之中一起共事，这种关系有可能会持续地变强。……在世界上，相互照顾的不同民族之间那相对狭窄的圈子，可能会随着时间而扩张，一定不能看成是固定不变的”[41]。

在一个全球道德共同体中，有关正义的主张既可以巩固权威的地位，又可以真正地惠及全人类中的大部分人。这样的一个共同体，其基础将会是某种最低限度的公正程序观，它会优先设置那些体现了程序公平性的制度，还会培育一种共同政治文化，以及论证和协商的习惯，这样的制度必然取决于该政治文化和这些习惯。正如朱迪思·什克拉尔（Judith Shklar）所言，“程序性正义不仅仅是一个形式仪式，正如人们常常指责的那样。它是一个体系，从原则上讲，它给了每一个人某种门路去接触有纠正权的机构，更重要的是，它是有一定效力地（至少偶尔能如此）去表达某种不公平感的可能性”[42]。

在政治理论之中，我们还要下很多工夫去说明全球政治正义的潜在原则，包括确认全球公共权力的各种表现形式，这些表现形式需要受约束于不同类型的规范性原则，而且，我们还要将特定的政治正义原则从总括性的全球正义观之中分离出去。在国际法领域，这种思维方式将会把我们推回到对程序的重新验证，以及具有历史嵌入性的法律论证和证明实践。实证主义主张，诉诸“法律”可以提供一种安全手段去保障国际合作，这样的主张长期以来面临着许多强大的和有说服力的反对意见，正如试图去分离法律和道德的实证主义学说一样。但是，其核心直觉仍然还很强大，即国际社会的特点是深刻和基础性的价值冲突，并常有调节不平等实力的难题，在这样一个国际社会中，一种可行的和稳定的国际法律秩序应当立基于如下几个因素：共同程序和进程，大家都接受的理解法律渊源的方式，并致力于外交谈判和对话。其他方案既是规范上不可接受的，又是政治上不可行的，只能对如下状况敞开大门：某一个国家或国家集团的力量就能决定什么能被算作是法律。道德法则本身不能创制法律，我们也没有其他替代性的正当途径去说明道德承诺反映了那些体现在共同规则和制度当中的共同理解方式。

在此处重要的一点是，我们要避免在如下两者之间做出过于泾渭分明的区分：一个基于认可的国际法律正当性观点，以及一个基于正义的观点。[43]程序正当性不仅仅只是关乎国家认可。一方面，认可本身可能借由法律程序的复杂性来加以调节和中和，即便是在认可还没有完全从国际法律秩序中消失不见的情况下。另一方面，国际法的程序当中还有其他重要的价值。这一点可以借助有关法律“内在合道德性”和法治的老式论断来进行理解（比如，法律应当是一贯地、一般地且不偏不倚地实行，它应当是前瞻性的、稳定的和公开的）。[44]或者它可能涉及公法原则，这些原则可用于指导国际和全球立法（比如：程序透明、理由充分的裁决、审查机会或者诸如按比例分配这样的实质性标准）。[45]或者，从更一般的层面上讲，它可能牵涉到如下一个人们坚持的意见：证明某种立场或情况正确，依据的是一种表达清晰的、可识别的且前后一致的法律论证模式，该模式取材于一系列与那些已经广为人接受的价值观能够兼容的类比、先例和原则。最后，法律可以被视为是从社会学角度来看具有嵌入性的跨国文化实践，在其中，人们可以表达和辩论主张和反对意见，并且还会有规范从中出现，这些规范至少拥有某种确定性和论证力（argumentative purchase）。如此看来，法律可以发挥沟通性和知识论的作用，塑造一系列条件，在这些条件下，人们可以提出主张（包括正义主张），并就这些主张进行辩论。格劳秀斯的现代信徒会倾向于强调如下两者之间那进行中的、不稳定的和微妙的互动：一方面是法律和法律程序的渊源，另一方面是法律和法律规则的内容。

根据本书所提出的、在现实中存在的国际社会图景来看，把程序神圣化将是一个天真的做法。程序永远都不代表全部的实情，理由有四。第一，我们自己的伦理承诺要求，我们在政治上参与的基础是我们自己的价值，我们也寻求推广和支持这些价值观。第二，即便是最为开放的程序也总是会有特定种类的、隐含的规范性预设，关乎谁应当出席，以及如何走程序。第三，即便是根据效率这一理由，我们都还是有必要去承诺实现结果公平和公正，以保障合作行为和共同制度的有效性和正当性。第四，程序和实力之间的关系从来就不是一个简单的关系。一般而言，本书捍卫的观点是，通过共同规则和规范而得以表达的实力，从潜在角度来讲，比不借助规则的实力更能让人接受。但是笔者也试着去说明，在多大程度上，如下两者之间的平衡常常是一种非常微妙的平衡：一方面法律反映和强化了实力，另一方面法律调节实力。再者，成为全球治理众多方面之特点的那些特殊化的法律和制度程序，同时也是排他性的。具体而言，它们排除了如下人士：他们缺乏知识、技术语言和游刃有余地穿梭于跨国化现代性之中的技能。正是这一点，才导致思考“有效政治能动性应当具备什么条件”变得重要起来。

政治能动性

我们应当聚焦于制度、谈判以及对话和协商，这样的观点已经是老生常谈了。虽然存在显著的差异，但是许多人仍然受到诱惑，走上了一条非常哈贝马斯式的道路——强调在一定程度上，一个公正的全球秩序的条件不能立基于强制，也不能立基于不同国家和社会碰巧有能力谈妥的某种条件，而是相反，要求有批判性反思，理性能动者通过一个共同的协商程序和理由充分的证明程序而不受强制地达成一致意见。[46]还有一些重要的观点支持创建全球制度性框架，以便扩大对话式共同体的边界。[47]

如果我们试图沿着这条路前进，就会出现许多开放式问题，关乎“要囊括进来谁的声音”以及从制度的角度来看，“如何囊括这些不同的声音”。我们首先也是最方便说的内容，就是全球道德政治的参与者将一定是来自一系列范围广泛的文化、宗教和语言背景。我们不必信奉文明冲突论，或者激进的不可通约论，就可以相信人类多样性和价值冲突仍然会是重要的，而且，世界各地对国际秩序和正义诸议题的视角也会存在巨大的差异。这可能是由于具有强烈意味的文化差异；但是，正如笔者在此前章节中所示，它很有可能是源自国家和地区历史的不同，社会经济状况和情形的不同，以及政治语境和路径的不同。但是，不管原因是什么，重头戏在于理解这些不同的世界观并领会沟通的困难之处。不太可能发生的事情是，任何一个单一的意识形态或者世界观就能为21世纪的价值和伦理提供一个整体性的框架或宏观论述。相反，对正义议题的辩论、协商和博弈将发生在一系列范围广泛的圈子和领域之内，牵涉到一系列的行为主体：国家、NGO、公司以及国际组织。在一定程度上，的确出现了人们趋同于某个单一的世界观，从这方面来讲，只有当该趋同是源自说服和不受强制的接受而非强加和帝国主义之时，才是可行的——这既是出于道德原因，也是因为以帝国或霸权方式去建立秩序，包括自由帝国主义，都不可能被证明是稳定的、有效的或正当的。

但是即便我们假设存在这些多样的声音，而且也找到一个稳定的共同道德词汇和某种程度上的制度稳定性，那么，我们仍然需要问，有效政治能动性的条件是什么。在国内社会，哈贝马斯对于如下问题的认识是含糊不清的：在多大程度上，商谈原则所要求的变革是仅仅针对谈判程序，还是要求那基础性的谈判实力平衡发生变革。

> 商谈原则，它应当确保一种无强制的同意，却只能间接地发生效力，也就是说通过在公平角度下**调节**谈判的程序来发生效力。这样，那种不可中立化的谈判力至少将受到（它们）在各方之间的平等分配的约束。只要关于妥协的谈判是根据确保所有利益相关者以平等参加谈判的机会的程序进行的，只要这种谈判允许有平等的机会彼此施加影响，并同时为所有有关的利益创造大致平等的实施机会，就有根据做出这样的假定：所达成的协议是公平的。[48]

但是，不管我们怎么去思考国内社会的权力问题，全球社会的条件使得我们没法绕开不平等谈判实力的问题。实力和状况的巨大不平等；持续发生战争和干预，并且主要国家持续有意愿使用军事实力作为国家政策的一个工具；实力发挥作用，去扭曲资本主义全球经济的条件，以及存在于全球化和不平等之间的那些紧密联系；许多核心国际社会制度的畸形——所有这些都指向了如下紧迫需求：我们需要考虑那可能会支撑全球性道德共同体的最低限度政治前提条件，在该共同体中，理由充分的协商和不受强制的共识甚至可以开始变得有可能起来。虽然政治理论家们可能会自然地被诱惑着去提出一个自上而下的观点，但是，存在于世界政治之中那些在规模上完全不同的不平等状况应当推动着我们去努力思考一个大家可以接受的国际政治程序所需要的最低限度前提条件。从最低角度来看，这可能包括：在某种程度上接受地位、尊重和考量的平等性；承诺互惠，公开证明自己的行动是正确的；有能力在合理信息的基础上进行自主的决策；不受强制的参与意愿；存在某种状况，在其中，哪怕是最弱势的群体，都会认为该体系关乎自己的利益；还有某种制度程序，通过该程序，弱者和弱势群体有能力发出自己的声音，并表达有关不公正待遇的主张。

除了关心最弱势群体的苦痛，罗尔斯还给了两个非常好的理由，去解释为何我们应当关心不平等。首先，贫富之间的巨大差距“常常导致某些公民被污名化，并被当作下等人来对待，这是不公正的”；其次，因为“在那个由各民族组成的社会中，公平在其基本结构的那些政治进程中发挥了重要作用”。但是，尽管存在大量证据表明有些民族被污名化，被当作下等民族来对待，而且，还有更多的证据表明国际政治进程中存在大量的不公平现象，但是，罗尔斯仅仅得出一个最经不起推敲的结论，说明为了实现正义，我们需要在全球层面上改变哪些事物。[49]

最近有关全球正义的自由话语有时候看上去就像是一个关乎“富人和强者亏欠了穷人、弱者和被压迫者”的话语。弱者、被压迫者以及被剥夺者在很大程度上是作为我们（潜在）行善的被动客体而出现的。他们的声音、愿景以及对世界的理解很少被聆听或很少被人们考虑。这是我们在道德世界主义和政治世界主义之间划出一条过于泾渭分明的界线所带来的一个危害。当然，现在有一个回答，就是对一系列范围更为广泛的对象开放决策过程和政治进程。正如此前所示，全球治理的民主化议程包含如下两方面，一方面人们提出改革议案，针对我们以何种方式在国际组织内代表国家；另一方面，人们越发注意到，公民社会群体主张自己代表特定的文化和跨国对象，并为其代言。

但是在缺乏真正参与能力的情况下开放决策过程，则顶多只是一部分答案。参与到政治进程中去，要求的不仅仅只是出席，而是拥有一种有效的声音要求“有意义的政治参与”所依赖的实质能力和条件。如此看来，公平程序不会减少我们对全球不平等和分配性正义的关心。情况恰恰相反。它提供了那些最强大的道德理由中的一个理由，去解释为何我们应当慎重考虑分配的问题。由此，就有一个很强大的观点认为，改善全球政治生活中的公平政治程序将要求我们实质性地把资源从富国重新分配到穷国。同样地，我们也许会认为，支持一个理想的全球人权体系要求我们应当在权利议程自身之中，囊括进对如下权利的一个严肃考虑：有法可依、依法办事的权利。同样，正义主张的实质必须联系于现实和政治条件，只有通过这些条件，我们才可能有效地表达这些主张。

但是，即便是在个体之间进行显著的重新分配，就能解决政治能动性这一核心问题了吗？从政治上讲，强者很少轻易地让步于正义前进的步伐；要说正义是利他主义的结果，那就更少发生退让的情形了。相反，正义是政治斗争的结果，而政治斗争要求有高效的政治能动性。在自由派看来，能动性很重要，或者应该很重要。正如此前所示，许多人经不住诱惑，重新树立起帝国主义招牌。但是，帝国主义从道德上说是有问题的，因为它代表着全盘否定那些被统治者的政治能动性。这样的能动性存在许多形式，也有许多有成功潜力的工具。相比于现实主义者强调硬实力，重要的是，我们要看到存在许多情况，民间实力以及道德理念的力量对于政治朝进步方向变化而言是至关重要的。同样地，不是所有形式的政治能动性都牵涉到国家，不同形式的国际主义历史悠久，正如本书此前所言，不同的实质性全球化场景已经开放出新的、有效的跨国政治活动的可能性。

但是，回到本书开始的地方，即便是在21世纪，要想避开国家，那也会是一件困难的事情。对于那些舒适地生活在繁荣昌盛之国家的人而言，他们要想对一个后威斯特伐利亚世界中的美德夸夸其谈，这太容易做到了。即便我们大家都对个体有一种世界主义的关怀，但是，我们还是需要承认，国家实力是一个重要的因素，它决定了个体和群体是否有能力去管理全球化的成本和收益；国家在保障和保护文化认同上发挥重要的政治作用；我们如果想要实现相互性和互惠性，则国家在国际层面上有所作为的政治能动性是必需的，这样的相互性和互惠性，对于一个**人人共享**的全球社会合作机制以及一个有意义的全球正义共同体而言都是至关重要的。批评基于国家的多元主义的那些人不费吹灰之力就指出了许多国家的压迫性特征，然后说明人类是被组织成特定的政治民族的方式，产生了如下不公正的做法：排斥、冲突和否认权利。世界主义政治理论家正确地提醒我们注意所谓“国家道德性”的诸多缺陷，以及如下主张的谬误：分配性正义的主体应当是国家而非个人。但是，对于所有动机不纯和利益纠缠不清的严峻难题而言，要想实现哪怕是最低限度的程序性正义，都有可能要求实质性地重新分配政治权力，而且需要激发弱者和边缘群体身上那有效的集体政治能动性，我们需要这种能动性去挑战当下的强者和支配者。

由此，笔者认为，我们需要更多地注意到政治和道德世界主义之间的关联，以及有可能影响这些关联的潜在全球政治正义原则。重新验证程序正当性和程序性正义对于实现国际社会稳定、有效和正当的发展，以及培育讨论全球正义的公共基础而言是至关重要的。从某种重要的意义上讲，国际社会中的伦理主张的基础是如下观点：这样的社会一直都是一个最稳定的各种全球政治进程制度化的集合，通过这些进程，规范和规则可以在对话和共识的基础上进行谈判，而不是仅仅由最强国来把它们强加在他国头上。几乎没有什么理由假设，我们能够容易地朝着实现一个在道德层面上通俗易懂、制度稳定的或者更为平衡和公平的政治代理形式的方向大踏步前进。这有可能完全没法实现。但是，我们有很好的理由相信，朝着这一方向持续迈进是十分重要的。如果我们能够理解绳索是如何拧在一起，结成桥梁去跨越大峡谷，则我们也可以采用同样的方式在21世纪抓住实现世界秩序的机遇，更大程度地推进正义在全球的实现。

注　释

［1］Stone（1969：38b）

［2］比如，参见 Jeremy Rabkin，*The Case for Sovereignty*：*Why the World Should Welcome American Independence*（Washington，DC：AEI Press，2004）。

［3］参见如下缺陷颇多但非常有影响力的观点：Jack L. Goldsmith and Eric A. Posner，*The Limits of International* Law（Oxford：Oxford University Press，2005）。

［4］参见 Andrew Hurrell，'Hegemony，Liberalism and Global Order'，*International Affairs*，82/1（January 2006）：12－16；Stephen G. Brooks and William C. Wohlforth，'Hard Times for Soft Balancing'，*International Security*，30/1（Summer 2005），103。

［5］Allen Buchanan，*Justice*，*Legitimacy and Self-determination*：*Moral Foundations of International* Law（Oxford：Oxford University Press，2004），312.

［6］对这一看法，参见卡内（Caney）对布尔的批判，Simon Caney，*Justice Beyond Borders*：*A Global Political Theory*（Oxford：Oxford University Press，2005），160－167。

［7］尤其请参见 Robert Jackson，*The Global Covenant*：*Human Conduct in a World of States*（Oxford：Oxford University Press，2000）。

［8］参见 Robert Jervis，*System Effects*：*Complexity in Political and Social Life*（Princeton，NJ：Princeton University Press，1997）。

［9］对这些潜在变化的看法，参见 James Martin，*The Meaning of the 21st Century*（London：Eden Project Books，2006）。

［10］比如，参见 Thomas Pogge，'Cosmopolitanism and Sovereignty'，in *World Poverty and Human Rights*（Cambridge：Polity Press，2002），168－195。

［11］Ian Harris，'Order and Justice in "The Anarchical Society"'，*International Affairs*，69（1993），725－741.

［12］Martin Wight，'Why Is There No International Theory?'，in Martin Wight and Herbert Butterfield（eds.），*Diplomatic Investigations*（London：Allen and Unwin，1966）.

［13］Terry Nardin，*Law*，*Morality and the Relations of States*（Princeton，NJ：Princeton University Press，1983），9.

［14］John Rawls，*Political Liberalism*（New York：Columbia University Press，1993），301，着重号为作者所加。

［15］Hart（1961：188－195）.

［16］Alasdair Maclntyre，*Whose Justice? Whose Rationality?*（London：Duckworth，1985），6.

[17] Ibid.，334.

[18] 比如，罗杰斯·史密斯（Rogers Smith）分析了罗尔斯的思想是如何符合并成长于一个独特的美国式自由传统。Rogers M. Smith，*Civic Ideals：Conflicting Visions of Citizenship in US History*（New Haven，CT：Yale University Press，1997），481 - 485。关于一个更广泛的批判西方自由政治思想的意识形态特征，参见 Michael Freeden，*Ideologies and Political Theory：A Conceptual Approach*（Oxford：Oxford University Press，1996），ch. 6。

[19] 罗尔斯从《正义论》（*A Theory of Justice*，Cambridge：Cambridge University Press，1971）那众所周知的普遍主义主张，转变到了《政治自由主义》（*Political Liberalism*，New York：Columbia University Press，1993）的论断，后者的理论建构源自公共政治文化中隐含的基本理念，对于这一转变，本文所提到的上述举动是至关重要的。

[20] Michael Walzer，*Spheres of Justice：A Defence of Pluralism and Equality*（Oxford：Martin Robertson，1983），5 - 6.

[21] David Miller，'Introduction'，in David Miller and Michael Walzer（eds.），*Pluralism，Justice，and Equality*（Oxford：Oxford University Press，1995），2.

[22] Onora O'Neill，*Bounds of Justice*（Cambridge：Cambridge University Press，2000），22 - 23.

[23] Hans Morgenthau，*American Foreign Policy*（New York：Alfred A. Knopf，1951），35.

[24] E. H. Carr（2001：80）.

[25] Onora O'Neill，*Towards Justice and Virtue：A Constructive Account of Practical Reasoning*（Cambridge：Cambridge University Press，1996），4.

[26] 在新罗尔斯主义者看来，全球基本结构的定义非常宽泛，以便涵盖主要社会制度（既包括市场也包括政治制度）分配各种物质资源的方式。参见 Charles R. Beitz，'International Liberalism and Distributive Justice：A Survey of Recent Thought'，*World Politics*，51（1999），269 - 296。

[27] 尤其参见 Charles Beitz，*Political Theory and International Relations*（Princeton，NJ：Princeton University Press，1979）；以及 Thomas Pogge，*Realizing Rawls*（Ithaca，NY：Cornell University Press，1999）和 Pogge（2002）。

[28] 笔者的这一观点受惠于特里·麦克唐纳（Terry MacDonald）。

[29] 参见 Chris Brown，'International Political Theory and the Idea of a World Community'，in Ken Booth and Steve Smith（eds.），*International Relations Theory Today*（Cambridge：Polity，1995）。

[30] Stuart Hampshire，*justice Is Conflict*（London：Duckworth，1999），27 - 28.

[31] Ibid.，25.

［32］Fred Dallrnayr，'Cosmopolitanism，Moral and Political'，*Political Theory*，31/3（June 2003），434.

［33］Tully（1995：110）.

［34］Thomas Nagel，'The Problem of Global Justice'，*Philosophy and Public Affairs*，33/2（2005），120.

［35］Ibid.，138.

［36］参见 Andrew Hurrell，'Global Inequality and International Institutions'，in Thomas Pogge（ed.），*Global Justice*（Cambridge：Polity Press，2001），32－54；以及 Joshua Cohen and Charles Sabel，'Extra Rempublicam Nulla Justitia?'，*Philosophy and Public Affairs*，34/2（2006），147－175。

［37］David Miller，'Justice and Global Inequality'，in Andrew Hurrell and Ngarie Woods（eds.），*Globalization and Inequality*（Oxford：Oxford University Press，1999），192.

［38］Rawls（1993：11－12）.

［39］Rawls（1993：68）.

［40］John Rawls，*The Law of Peoples*（Cambridge，MA：Harvard University Press，1999），19.

［41］Ibid.，112－113.

［42］Judith Shklar，*Faces of Injustice*（New Haven，CT：Yale University Press，1990），124.

［43］Buchanan（2004：esp. ch. 7）.

［44］更重要的是，参见 Lon Fuller，*The Morality of Law*，rev. edn.（New Haven，CT：Yale University Press，1969）。

［45］参见 Kingsbury，Krisch，and Stewart（2005：37－42）。

［46］对哈贝马斯政治思想的介绍，参见 Chris Thornhill，*Political Theory in Modern Germany：An Introduction*（Cambridge：Polity Press，2000），ch. 4。

［47］这方面最令人瞩目的作品，参见 Linklater（1998）。

［48］Jürgen Habermas，*Between Facts and Norms：Contributions to a Discourse Theory of Law and Democracy*（Cambridge：Polity Press，1996），166－167.①

［49］Rawls（1999：114－115）.

---

① 中文译本取自［德］哈贝马斯：《在事实与规范之间：关于法律和民主法治国的商谈理论》，204 页，北京，三联书店，2003。——译者注

译后记

1. 缘起：最开始接触到这本书，是我和同事顾肃老师在去悉尼的路上。在机场候机的时候，顾肃老师和我提到了这本书，问我是否愿意翻译。我当时心里还很忐忑，因为毕竟之前没有做过英文著作的中文翻译，而且又是一本国际关系的书，不是我自己的专业（我自己的研究兴趣是法哲学和政治理论，在我的印象当中，国际关系都是偏实务的，虽然从专业角度讲，我自己所学和国际关系不算“风马牛不相及”，但是“隔行如隔山”的观念还是深深地烙在我的意识中），怕自己心里没底，就答应先看看这本书，然后再决定是否接手翻译。因此，在悉尼开会期间，我就把这本书大致读了一遍，发现作者其实还是用到了许多政治理论，思想史上的许多人物（比如霍布斯、卢梭、格劳秀斯等等），也都出现在他的论述中。当时我就觉得，这是一本偏理论的国际关系著作，因为它与政治理论在诸多方面都有契合点，所以我还是愿意斗胆尝试翻译一下。当时在悉尼大学任教的王安国（Jeffrey Riegel）教授也热情地帮助我复印了本书的版权页，然后进行了一番技术处理，为我后来的翻译增加了许多便利，在此衷心感谢王安国老师及其悉尼大学的办公室同事所给予的帮助和支持。

2. 四大难题：其实，读一本书是一回事，写一本书和翻译一本书，那又是另外一回事。等到我开始着手翻译的时候，才发现自己碰到了不少难题。先是人名翻译的难题，作者所引用的许多国际关系理论学者，其实也都早就通过各种渠道被译介到国内学界。但是由于我较少读中文翻译的著作，加上较少涉足国际关系及其理论的领域，因此，许多人名的翻译都拿捏不准。对此，我就只能采取最笨的办法——查阅新华社译名室编的《世界人名翻译大辞典》（上下卷）（中国对外翻译出版公司 1993 年第 1 版，下简称《辞典》）。这本书可能因为年代毕竟比较久远，有些人名没有收录，比如 Ngaire、Kalypso、Ceadel、Ruggie、Sudhir、Kornprobst、Mattli、Shlaim、Biersteker、Gelson、Tussie、Perival、Hopgood、Yasmin、Mastanduno 等；有些人名的中文译名不止一种，比如 Anand，印度人名为阿南德，泰国人名则为阿南；而 Ivor，英文人名是“艾弗”，匈牙利、西班牙人名是“伊沃尔”。对于这样的例子，我们只能回到学界，看看有无作品已经翻译成中文，或者学界当中有无约定俗成的翻译。如果这些都没有，那就只能上不列颠百科全书、大英图书馆或者美国国会图书馆看看这个人的生平介绍和著作目录，判断他“应当”是哪国人，然后再选择对应的翻译。

还有一种情况是《辞典》里面有，但是约定俗成的翻译与之不符，比如诺贝尔和平奖获得者英国人诺曼·安吉尔（Norman Angell），《辞典》里面的翻译是“安杰尔”；《论自由》的作者——J. S. Mill 也是一例，《辞典》里面的翻译是“米尔”，但是，学界通常的翻译是“密尔”或者“穆勒”，笔者在此取“密尔”这一通常译法；《帝国》的作者之一 Hardt，学界现在流行的译法是“哈特”，而《辞典》里面则是“哈尔特”，为了不至于混淆，笔者还是遵从学界目前流行的译法。相似地，法国哲学家雷蒙·阿隆（Aron），《辞典》里面翻译成“阿龙【法】”，笔者在此都遵从学术界的翻译惯例或者约定俗成的通译。

还有些人名是《辞典》里面没有，但是学界翻译不一，比如 Dallmayr，有翻译成多迈尔（万俊人）、达尔马（杜维明）、达尔梅厄（徐贲）、达尔迈尔（马恺之）、达尔梅耶尔（廖广翏）、达尔马约（郭官义、李黎）等等，不一而足。我特地请教了和 Dallmayr 教授刚刚合著了一本书的赵汀阳老师，他告诉我这是个德国名字，慎重起见最好找一个会德文的人请教。我就又请教了子辰和我的好友章可，他们都建议说，选择“达尔梅厄”这个和德文发音最接近的翻译，笔者在此采纳他们二位的意见。

第二个难题就是时间。由于我自己正处在学术生涯的起步阶段（the early-career stage），必须要考虑学术体制对年轻人的考核要求和内容。如此一来，我的整个翻译过程就被大大地拉长了，从接到书到翻译完交给出版社，整整两年的时间过去了。在此我要感谢顾肃老师对我的信任和支持，很大一部分的交稿压力都是他帮我承受的。同时，他还帮我阅读了部分章节，提出了格式、修辞上的建议和意见，在此要对顾肃老师表示深深的谢意。当然，在感谢之余，我也必须在此自责一下。如果不是因为我“偷懒”，译本还能早点和读者见面，不至于被“雪藏”了这么久。

第三个难题涉及翻译，考验的是译者本人的理解能力和语言功底。在此我要如实向读者诸君承认，由于本人此前在读书的过程中更多关注西文的学习和训练，因此中文的表达反而落下了，没有进行很好的磨炼，以至于现在中文表达经常出错。在我工作的单位里，流传着不少和我的“烂中文”有关的段子。比如，由于我的老家是福建，小时候说兴化方言长大，许多普通话的发音都不准。上中学的时候读到白居易的诗云：“樱桃樊素口，杨柳小蛮腰”。我们当地人前鼻音、后鼻音是不分的，所以我当时在念诵的时候，就多了个后鼻音，把“蛮”（man）念成了“蟒蛇”的“蟒”（mang）。后来以讹传讹，以至于自己都认为应该是“小蟒腰”，结果可想而知，甫一出口，立刻成为众同事的笑柄。如果白居易九泉之下有知，定会气得在棺材里面翻几道身。这也从侧面说明我的中文的确“不咋地”。

因此，我特定请来我的好友姜渊卉以及我的前同事、现在《同济大学学报》（社科版）编辑部工作的王晨丽，来帮我把中文关，避免出现那种“从英文直译过来、中文读着云里雾里”的硬伤。渊卉是学英美文学出身，中英文娴熟，而且文学背景让其注重不同语言的阅读习惯以及行文措辞之间的美感。晨丽则是复旦社会学系毕业，平常工作十分严谨踏实，她利用自己的工作之余，从杂志编辑对文字表达严格要求的角度，细致地帮我校对了中文的表述以及注释的格式和翻译，帮我做了许多查缺补漏的工作。在翻译的过程中，注释是一个尤其容易被忽略的部分，容易出现错误，要么是误译、漏译，要么就是标点符号等格式不符合中文编辑的要求。多亏晨丽认真地帮我对注释进行了一遍细致的校对，否则在注释上说不定就很容易出现“千疮百孔”的局面。

除了文字校对，还有一些术语的翻译我必须要在此做一些解释。在文中，有三个词的翻译我是严格区分的：正当性（legitimacy)、合法性（lawfulness)、合法律性（legality)，对此安德鲁·赫里尔也进行了严格的区分，他在原书的第79页以及第91页特地提到了正当性和合法性这两个词汇的区别，提醒读者注意不能将这两个词汇混淆在一起。因此，我在本书中对此进行了严格的区分，尽管在中文翻译中legitimacy经常被翻译成“合法性”（比如“政治合法性”、哈贝马斯的《合法性危机》等)。

还有一些术语，是我与渊卉和晨丽讨论之后斟酌决定的。(1) justify，我一开始按照哲学界的一般译法，都翻译成“证成”，但是渊卉认为这个翻译词比较冷僻，不好理解，所以她建议我斟酌翻译成“为……辩护”，或者“证明”，这样好理解。(2) shape，一般都喜欢直译成“形塑”，但是这个翻译词，在中文里面读起来也比较拗口，所以渊卉建议我翻译成“塑造”，在此我采纳她的意见。(3)“reduce”，因为有“化约论”（reductionism）的译法，所以有人会倾向于翻译成“化约”，但是这个译法比不上

"简化"来得更为清楚明了。(4)"unintended",邓正来在翻译哈耶克的著作时,将其翻译成"非意图的"(见哈耶克:《法律、立法与自由》(上册),邓正来译,中国大百科全书出版社 2000 年版,第 38 页),读上去有点拗口,在这里我采纳渊卉的意见,将其翻译成"出乎意料的",这样读上去更顺一些。(5)"tacit",邓正来也同样翻译成"默会性的"(同上书,第 107 页),出于中文的阅读习惯,我酌情把它翻译成"不言而喻""心照不宣"。(6)"incommensurable",我还是保留了"不可通约性"的译法,但是偶尔会进行变通,使之符合上下文的通顺和起承转合。(7)"state consent"里面的"consent"不好翻译,"国家同意"或者"国家授意"感觉都不是特别顺口,最后渊卉建议我改成"国家认可"。(8)"authenticity"这个词,程炼把它翻译成"本真性"(查尔斯·泰勒:《本真性的伦理》,程炼译,上海三联书店 2012 年版,另见刘擎为此书写的中文版序言《没有幻觉的个人自主性》),但是渊卉认为这个太拗口,建议改成"正宗性",我觉得虽然"正宗性"感觉比"本真性"要来得更容易懂,但学术性不够强,故仍然将其翻译为"本真性",不过会时而根据上下文对其进行变通翻译,如"名副其实"。(9)第十二章的"moral accessibility"让我伤透了脑筋,按照《美国韦氏大词典》(Merriam-Webster)的解释,"accessibility"有如下几层含义:(a)可接入的;(b)可抵达的;(c)可被影响的;(d)可及的;(e)易于理解和领会的。参照原文的论述,我认为,此处"accessibility"的意思应当取第(e)种的解释,作者要说明的意思,应该是"在道德上是否方便大家理解",就是道德的简单易懂程度。渊卉的建议是"道德的可接近程度"或者"可接受性",我觉得还是没有达意。我本来准备采取"道德理喻程度"的译法,但是晨丽对此表示有疑义,认为不好理解。斟酌再三,我还是决定把它翻译成"道德易懂程度"或"道德上通俗易懂",虽然比较冗长,但是这样至少不至于偏离原文太远,如果读者诸君有更好的译法,也请来函告知,帮忙指正。(10)regionalism,国内有"区域主义"和"地区主义"两种译法,我特地请教宋新宁老师,看哪个术语的翻译更常用,他建议用"地区主义",因此,笔者在此采纳宋老师的建议。(11)enmeshment,文中出现了两次,一次是和 institutional 搭配(原书第 66 页),另一次是和 progressive 搭配(原书第 211 页),我一开始是翻译成"笼子",因为"institutional enmeshment",其实和我们最近两年流行的"把权力关进制度的笼子里"说法很接近,但是这个译法意译成分太重,晨丽建议改成"罗网",窃以为晨丽这个建议很妙,既能和原文贴近,又能照顾中文里的意思，“罗网”虽然比不上“笼子”，但是总体而言，要传达的也是某种具有闭合性、约束性的机制，故此采纳晨丽的建议。

其实，对于这些术语的翻译，有一点我和渊卉、晨丽是有共识的，意思只要没有理解偏差，具体用词则是译者自行斟酌，这里面很容易产生“见仁见智”的争议情景。有时候自己翻译自己的东西，都会出现争议的情况。比如，我本人有一篇文章，讲的是法官在审判过程中应当更多地进行主动干预，借此来弥补当事人在诉讼地位、性别、社会经济关系等上面的不平等，在中文里，我把这种司法模式称为“有担当的司法”，在英文中，我就把它翻译成“engaged justice”。结果，在全国法理学年会上，有位与会的老师硬是说我这个翻译是错的，因为“engaged”从字面上直译就是“参与式的”，他认为我说的那个“司法担当”，应该翻译成“responsible justice”，而不应该是“engaged”。对此我只能说，这个是翻译上的“见仁见智”，只能靠各自的语感来进行，并没有“绝对对错”的翻译。

当然，有些翻译实在是明显的错误。比如，有一次牛津大学的伦理学学者 David Rodin 来我们院里做讲座，我做陪同翻译。在问答环节，我们社会科学高等研究院（下简称“高研院”）的“四大金刚”（其实说白了就是“青年学术剩男”，只是美其名曰“金刚”而已）之一——陈润华博士（现已成功脱离“剩男”行列，可喜可贺!）用中文问了一个问题，提到了中国传统社会中的“性命观”——这个词，连中文我都不是很懂，不要说怎么翻译成英文了！正当我“踌躇不决、面露难色”之际，坐我旁边的刘清平老师使坏，开玩笑地说，“你还不如翻译成‘sex and life’”。当时我的脑子“短路”了，还真的接过了刘老师的话头，对 Rodin 说，“the conception of sex and life”，这一说，把大家都逗乐了。显然，这是一个“错误”的翻译。于是，我连忙改口为“the conception of human nature and life”。后来，主持讲座的邓正来老师建议了一个折中的办法，说你可以这么翻译，除了你刚才的那个翻译，你还可以添加一句，加一个“括号”，说，中文的发音是 xingmingguan。但是我相信，当时 Rodin 肯定听得云里雾里的，后来他在回应之中也没有对这个“性命观”做出回应。不过，这种“脑子短路型”的错误翻译，就又变成了我被众人抓住的一条“小辫子”。当然，这都是后话了。

从术语的翻译，就过渡到第四个难题，也就是译文的整体风格问题。对于翻译，我们传统上有个说法，就是追求“信、达、雅”，我个人认为，要想同时达到这三个要求是难上加难。大多数的译者都只能在着重追求其中一方面的基础上同时兼顾其他二者。比如，“信译”派注重译文要绝对地忠实于原文，相对而言，“达译”和“雅译”的优先程度就相对靠后，一旦出现难以两全的局面，则一定是以后两者为代价来追求绝对或者最大程度上的“信译”，这一派的译法可以在邓正来先生身上得到明显的体现。过去几年邓正来先生在执掌高研院期间曾在多个场合强调译文要忠于原文，他要求学生和研究者的翻译要达到“精确”“精准”（accuracy），即便这样的译法会有损中文翻译的可读性。

“雅译”派则是注重中文译文的阅读感受，强调一定要符合中文的行文、表达习惯，最好能够和颇有美感的古典中文结合起来，在翻译中含蓄或者明确地表达一种阅读上的“审美体验”。这一派的译法，最突出的领军人物莫过于严复，他翻译的“物竞天择”“适者生存”成为了妇孺皆知的译文，相比之下，英文原文“survival of the fittest”（斯宾塞语）、“natural selection”（达尔文语）反而显得逊色，尽管在“信译”派看来，这样的翻译过于脱离原文。在最近几年出版的译著中，尹宣新译的《联邦论》（*Federalist Papers*，原译《联邦党人文集》，尹宣这个译本在2010年由译林出版社出版）比较杰出地体现了这种“雅译”风格。她自己在译者前言里面记述了整个翻译的过程，她每天会让一位学生给她朗读《红楼梦》，借此来不断地强化自己的中文节奏感和流畅感，因此，她的译文就显得铿锵有力，以排比句、断句见长，读起来有中文的“美感”（参见笔者的一篇书评：《〈联邦论〉译文中的信、达、雅——评尹宣的新译本》，载《中华读书报》，2010年9月8日）。

最后，比起“信译”派，“达译”派其实更接近于“雅译”派，它和“雅译”的区别更多的是在于“文言文”和“白话文”之间的区别，因为“雅译”派可能会有更多古典美文的旨趣，而“达译”派更看重的是用平白流畅的现代中文来翻译学术作品，力求让读者能够以最小的努力来理解、读懂原作者想要表达的意思。这一派的集大成者，乃是邓晓芒先生。他自己以译介、解释、句读康德的作品闻名。在他看来，康德的作品已经非常地晦涩难懂了，如果还要在中文译文上设置障碍（比如采用“文言文”的翻译方式），那就更难懂了。因此，邓晓芒先生强调的是翻译的“达译”——不管你翻译的文字有没有“美感”，最重要的是，在不偏离原作者意思的基础上，力求“通顺流畅”，让读者能够读得清楚、明白、易懂。当然，这不是说邓晓芒对“雅译”没有追求，实际上，他一直强调我们可以通过阅读“世界文学名著”的方式来提高自己的中文修养和语文功底（参见氏著：《康德〈道德形而上学奠基〉句读》，人民出版社 2012 年版，第 5～6 页），只不过，对他而言首要的价值是“达译”。

我认为，这三个派别虽然各自侧重点不同，但是其实最终的目的都是一样的，那就是在准确理解原文的基础上，把原作者想要表达的意思用另一种语言表达出来，传递给读者。而且，各个派别的译法各有千秋，难分伯仲。在实践中，唯一有区别的就是具体译者自身的偏好和翻译风格的选择。就我本人而言，我更欣赏严复和尹宣的“雅译”派风格，但是自知文言文功力有限，因此只能转向在短时间内更容易接近的“达译”派。我希望，能够用尽量通顺的语言，在力求精确领会原文意思的基础上，把原作者想要表达的意思，以尽可能符合中文表达、行文和阅读习惯的方式翻译出来，让读者诸君领会原作者旨在表达的内容。毕竟，既然是用中文来表达，且受众也是中文读者，那么，我们就不能完全采取直译、硬译的方式，那样会有违中文的阅读习惯。尽管我可以想象得到，“信译”的读者也许会批评我的这种翻译方式不时会偏离原文，但是我坚持认为，翻译一定要服务于被翻译语言的阅读习惯。也许我们可以通过一些直译的方法来“塑造”读者的阅读习惯，但是对于不习惯阅读这种“直译”方法的读者而言，阅读体验肯定好不到哪里去。翻译的词语选择得不好，是译者本身的中文功底不够，我坚持认为，在面对这种困境时，采用“直译、硬译”并不是最好的解决方案，哪怕翻译有偏差，也一定首先要保证中文读者的阅读习惯。

在译文的修订过程中，晨丽帮我做了大量的文字上的“润色”，她刚刚拿到手稿的时候，第一反应就是，“翻译体味道太重了，看着中文就知道人家英文原文是怎么写的。有一些固定的翻译格式，比如‘在一定程度上’‘通过如下方式’‘在如下两者之间’等等，一看就可以对应到英文原文”。我说，这个我也没办法，只能说我本人的功力不够，没法翻译得更中式一些。尽管如此，晨丽还是帮我做了不少文字上的修改，比如，有时候，我为了把英文的长句断开，会用很多“在其中”或者“一方面、另一方面”等等词语，晨丽会帮我把这些用语尽量多样化，这样就不会显得译文“太愣”，如果文章读着到处都是“在其中”，那未免就会损害译文的美感。晨丽做文字编辑的中文语感在这里发挥了很大的用处，也多亏她的用心，译文才不至于“太硬、太直、太愣”。在此，我要对渊卉和晨丽二位美女表示深深的感谢，她们在百忙之中帮我修改我那“翻译体”的中文表达，实属不易。当然，对于文中出现的任何错误，文责都由我承担，毕竟，针对所有校对意见的最终取舍决定，都是我做出的。

其实，许多译者在翻译的过程中会经常碰到的一个难题就是原文的“模棱两可性”，或者由于语言表达的模糊性，造成理解上的偏差，而导致拿捏不准。之前，由于技术的限制或者年代的间隔，使得译者难以及时和作者沟通，澄清这些译者在翻译过程中在认知层面上的“偏差”。这大概也是翻译过列维纳斯著作的学者理查德·柯恩为何慨叹，翻译是一个“吃力不讨好”的活儿的原因（a thankless labour，语出 Richard A. Cohen，“Introduction”，in Emmanuel Levinas，*Humanism of the Other*，translated by Nidra Poller，Urbana，Chicago：University of Illinois Press，2003，p. xi）。所幸，信息化和全球化时代的一个好处，就是能够缩短时空的距离，让地球真正变成一个“村落”。这一好处的直接效应，就是译者在翻译本书的过程中，得以通过电子邮件和原作者保持“零时差的沟通”。赫里尔先生一一耐心解答了我提出的各种问题，对我理解拿捏不准的地方都进行了细致的解释，帮助我更好地理解原作的精髓。故此，我要特别感谢赫里尔先生的耐心和细致。也正因为此，我在翻译的过程中对不少地方的文字都做了调整，以期更符合原作者的意思，这些地方可能不一定和著作中的原文有“严丝合缝的对应”，我在此提醒读者注意到这一点。当然，即便如此，在翻译、校对的过程中，我还是难免会挂一漏万，为此，我也恳请读者诸君能来函批评指正（邮箱地址：xilin@fudan. edu. cn），帮助提高本书的翻译质量。

3. 我生命中的重要“他者”：在过去的两年中，我得到了许多家人和朋友的帮助。首先，感谢子辰帮我把一部分手稿录入到电脑里面。因为在过去的两年中，我一直在断断续续地翻译本书，在没有办法用电脑的时候（有许多“重要”的场合是不能携带电子产品的）就只能手写在纸上。关键的问题是我从小就不喜欢练字（尽管老爸花费不少，给我买了“文房四宝”，但是可惜心里太抵触，总是偷懒），所以到现在写出来的字都是歪歪扭扭的，连小学生的字都不如。因此，我可以想象在帮我打字的过程中子辰看着手稿上一堆蝌蚪一样的“火星文”时抓得头发掉满地的样子。在此要特别感谢子辰耐心地帮我一张一张地录入文稿。多亏他不是一个性急的人，否则，在看到这些手稿之时，他肯定会“头昏眼花、呕血数升不止”。他现在已经回贵阳工作了，再也不用被我“抓差”做打字的苦力活了；在此祝愿他工作和生活都顺利，也特别感谢在一起的岁月中他给予我的奉献与支持。

我还要感谢我在高研院的同事们：邓正来先生虽然已经驾鹤西去，但是在过去几年中他对我的忠告和建议仍然历历在耳。我们院里的几位“长老”——郭苏建、刘清平、顾肃、纳日碧力戈等诸位老师都曾经在学术上给了我许多关怀和提携。我们在复旦有一个文科青年教师跨学科讨论小组——“为社”，在上海有一个“海上对角线”读书会，我要感谢社团的兄弟姐妹们（褚荣伟、李辉、马建标、肖志国、熊易寒、章可、邹怡），我们平常在共同讨论、交流和切磋中相互砥砺、一起成长。我在 2013 年底到 2014 年初是在北京度过的，当时虎哥和老爹悉心照料，让我能够在恢复身体健康的同时全心全意投入到本书的翻译和校对之中。最后，我还要感谢我的老爸玉辉、老妈秀烟和其他几位亲人——碧钦阿姨、建清叔叔和加森叔叔。这么多年来他们一直在支持我、鼓励我去做自己喜欢的事情，尽管我知道在很多时候自己做得还不够，并未达到他们的期望。

林曦

2016 年春

上海“阳复居”

On Global Order: Power, Values, and the Constitution of International Society, First Edition was originally published in English in 2007. This translation is published by arrangement with Oxford University Press.

《全球秩序的崩塌与重建》英文版 2007 年出版。简体中文版由牛津大学出版社授权出版。

图书在版编目（CIP）数据

全球秩序的崩塌与重建/（英）赫里尔著；林曦译．—北京：中国人民大学出版社，2017．4
（人文社科悦读坊）
ISBN 978-7-300-22488-6

Ⅰ．①全… Ⅱ．①赫… ②林… Ⅲ．①社会秩序-研究 Ⅳ．①C912．3

中国版本图书馆 CIP 数据核字（2016）第 028738 号

人文社科悦读坊
全球秩序的崩塌与重建
［英］安德鲁·赫里尔（Andrew Hurrell） 著
林曦 译
Quanqiu Zhixu de Bengta yu Chongjian

出版发行	中国人民大学出版社		
社 址	北京中关村大街 31 号	**邮政编码**	100080
电 话	010－62511242（总编室）		010－62511770（质管部）
	010－82501766（邮购部）		010－62514148（门市部）
	010－62515195（发行公司）		010－62515275（盗版举报）
网 址	http://www.crup.com.cn		
	http://www.ttrnet.com（人大教研网）		
经 销	新华书店		
印 刷	北京中印联印务有限公司		
规 格	185 mm×260 mm 16 开本	**版 次**	2017 年 4 月第 1 版
印 张	23 插页 2	**印 次**	2017 年 4 月第 1 次印刷
字 数	370 000	**定 价**	68.00 元

东亚大局势：日本的角色与东亚走势
[美] 彼得 ·J. 卡赞斯坦　[日] 白石隆

谁在反对美国
[美] 彼得 ·J. 卡赞斯坦　罗伯特 ·O. 基欧汉

大国博弈（第六版）
[挪威] 盖尔 · 伦德斯塔德

政治学的思维方式
[英] 安德鲁 · 海伍德

政治的常识（第三版）
[英] 安德鲁 · 海伍德

政治学与生活（第 12 版）
[美] 迈克尔 ·G. 罗斯金 等

政府未来的治理模式
[美]B. 盖伊 · 彼得斯

官僚制内幕
[美] 安东尼 · 唐斯

政治学与社会（第五版）
[美] 安东尼 · M. 奥勒姆　约翰 · G. 戴尔

全球秩序的崩塌与重建
[英] 安德鲁 · 赫里尔

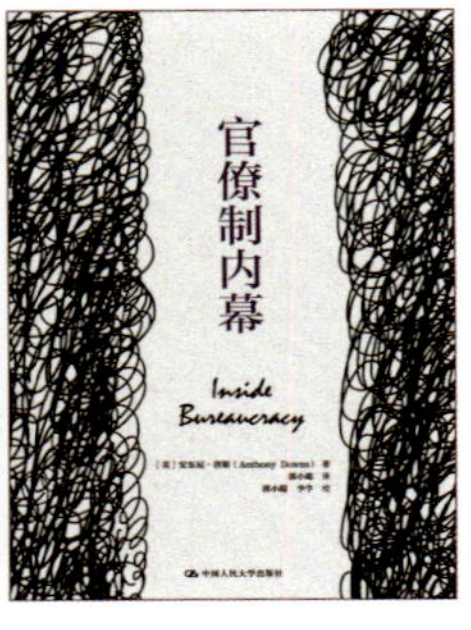